정태화

소방학개론, 소방관계법규

정태화 편저

빈칸 채우기 및 OX형 문제

소방직 공무원 시험대비

이 책의 머리말

소방학개론 및 소방관계법규 빈칸 채우기와 OX형 문제는 단원별로 구성되어 기본서와 병행하여 공부하기 편하게 구성되어 있습니다. 빈칸 채우기와 OX형 문제는 기본기를 다지는 필수 암기 사항과 전통적으로 많이 나오는 기출 지문들로 구성되어 있습니다. 빈칸 채우기를 통하여 필수 암기 사항을 정확히 암기하고 있는지에 대해 테스트하며 필수 암기 사항을 정리하고, OX형 문제를 통하여 쟁점의 지문들에 대한 적응성을 기른다면 고득점으로 가는 길에 도움이 될 것입니다. 시험과 유사한 유형의 문제를 단원별로 반복적으로 풀어 봄으로써 그동안 익혔던 이론들을 적용해 보는 시간과 부족한 부분을 메우는 시간을 충분히 가질 수 있는 공부법입니다.

이제는 고득점을 노려야 하는 사정상 실수를 줄이고 정확한 암기를 위하여 주관식인 빈칸 채우기가 많은 도움이 될 것입니다. 이 교재를 기반으로 필수 암기 이론들을 정리하시기 바랍니다.

수험생 여러분들의 합격을 기원드립니다!!

정태화 편저

소방직 시험 절차 안내

❶ 1단계 : 필기시험

(1) 시험과목 및 시간

구분	시험시간	시험과목	
공채	10:00~11:15 (75분)	소방학개론(25문항), 소방관계법규(25문항), 행정법총론(25문항)	
경채	10:00~11:05 (65분)	일반	소방학개론(25문항), 소방관계법규(40문항)
		구급	소방학개론(25문항), 응급처치학개론(40문항)
		화학	소방학개론(25문항), 화학개론(40문항)
		정보통신	소방학개론(25문항), 컴퓨터일반(40문항)

(2) 필기시험 절차 : 출제문제 공개 및 이의제기 → 성적공개 및 이의제기 → 필기시험 합격자 공고

(3) 필기시험 합격자 공고 : 필기시험 매 과목 40% 이상, 전 과목 총점의 60% 이상의 득점자 중 아래의 배수 범위에서 시험성적을 고려하여 높은 점수를 받은 사람부터 차례로 결정한다.

분야	공채		경채	
	선발예정인원	합격자 배수	선발예정인원	합격자 배수
필기시험 합격자 배수	1~10명	3배수	1명	3명
	11~20명	2.5배수	2명	6명
			3명	8명
	21~50명	2배수	4명	9명
			5명	10명
	51명 이상	1.5배수	6~50명	1.8배수
			51명 이상	1.5배수

❷ 2단계 : 체력시험

(1) 시험종목 : 악력, 배근력, 앉아윗몸앞으로굽히기, 제자리멀리뛰기, 윗몸일으키기, 왕복오래달리기

※ 합격자 결정 : 6종목 총점(60점)의 50%(30점) 이상을 득점한 자

(2) 측정방법 : 「소방공무원 채용시험 처리지침」 별표 5 적용

※ 2025년 이후 체력시험 종목과 채점 방법 등은 변경 예정

(3) 체력시험 절차 : 도핑테스트 → 체력시험 합격자 공고

❸ 3단계 : 서류전형 / 신체검사

(1) 필기시험 합격자는 응시자격, 경력증명서 등을 119고시 온라인으로 제출한다.

(2) 체력시험 합격자는 소방청장이 지정한 의료기관에서 신체검사를 받은 후 기한 내 '소방공무원 채용 신체검사서'를 제출한다.

소방직 시험 절차 안내

❹ 4단계 : 종합적성검사 / 면접시험

(1) 체력시험 합격자는 시·도별로 운영되는 종합적성검사를 받는다.

(2) 체력시험 합격자는 소방청 주관으로 운영되는 면접시험을 치른다.

구분	평정요소(5개 분야 50점)	S	A	B	C	D
발표면접	① 문제해결능력(10점)	10	8	6	4	2
	② 의사소통능력(10점)	10	8	6	4	2
인성면접	③ 소방공무원으로서의 공직관(10점)	10	8	6	4	2
	④ 협업능력(10점)	10	8	6	4	2
	⑤ 침착성 및 책임감(10점)	10	8	6	4	2

(3) **합격자 결정** : 평정요소에 대한 시험위원의 점수를 합산하여 총점의 50% 이상을 득점한 사람을 합격자로 결정한다. 다만 시험위원 과반수가 어느 하나의 평정요소에 대해 40% 미만의 점수를 평정한 경우 불합격으로 한다.

❺ 최종합격자

(1) **최종합격자 공고** : 119고시에 공고하며, 시험단계별 성적 반영비율은 다음과 같다.

채용분야	시험방법	반영비율
공채	필기시험 + 체력시험 + 면접시험	50% + 25% + 25%
경채	필기시험 + 체력시험 + 면접시험	50% + 25% + 25%
	필기시험 + 면접시험	75% + 25%

(2) **최종합격자 결정**

① 「소방공무원임용령」 제46조에 따라 최종합격자의 결정은 면접시험 합격자 중에서 시험단계별 취득성적에 반영비율을 적용한 합산점수(소수점 이하 둘째 자리까지 계산)가 높은 사람부터 차례로 선발예정인원에 달할 때까지 합격으로 한다.

② 선발예정인원을 초과하는 동점자는 모두 합격으로 한다.

(3) **최종합격자 교육**

① 교육장소 : 소방학교 및 교육대

② 교육기간 : 입교일부터 약 6개월(교육기관 입교 시기는 시·도마다 다를 수 있다)

③ 임용유예 : 학업의 계속, 6월 이상의 장기요양을 요하는 질병이 있는 경우, 「병역법」에 따른 병역의무복무를 위하여 징집 또는 소집되는 경우, 임신하거나 출산한 경우 등

※ 추후에 발표되는 소방공무원 채용시험 시행계획 공고문을 통해 자세한 시험일정과 개정내용을 반드시 확인하시기 바랍니다.

이 책의 **차례**

정태화 소방학개론, 소방관계법규
빈칸 채우기 및 OX형 문제

소방학개론

문제편

01 연소의 개념

1. 연소란 가연물이 공기 중의 산소(O_2) 등과 반응하여 열과 빛을 발생하면서 (　　　)하는 현상을 말한다.

2. 완전연소는 공기 중에 산소(O_2)의 공급이 (　　　)할 때 일어나며, 불완전연소는 공기 중의 산소(O_2)가 (　　　)할 때 일어난다.

3. 액체나 고체의 경우에는 공기의 공급에 따라서 주어진 산소의 양만큼만 연소하게 되므로 (　　　)는 일어나지 않지만 기체의 연소의 경우에는 산소가 공급되는 방법에 따라 (　　　) 또는 (　　　)를 하게 된다.

4. 주로 완전연소 시에는 (　　　)가 불완전연소 시에는 (　　　)가 발생하며, 이산화탄소의 연기의 색상은 (　　　), 일산화탄소의 연기 색상은 (　　　)을 나타낸다.

5. 가연물질을 실제로 완전연소하려면 (　　　)보다 많은 공기가 필요하다. 실제공기량($A°$)이란 이때의 공기량을 말한다.

6. 이론공기량(A)의 산출공식은 $\dfrac{\text{이론산소량}}{(\ \ \ \ )}$이다.

7. 가연성 가스를 공기 중에서 연소시킬 때 공기 중의 산소농도 증가 시 점화에너지는 커진다.
　　　　　　　　　　　　　　　　　　　　　　　　　　　　　　O | X

8. 불완전연소의 원인은 주위의 온도가 너무 낮기 때문이다.
　　　　　　　　　　　　　　　　　　　　　　　　　　　　　　O | X

9. 가연성가스인 탄화수소계(C_mH_n)을 완전연소시키면 이산화탄소(CO_2)와 물(H_2O)이 발생된다.
　　　　　　　　　　　　　　　　　　　　　　　　　　　　　　O | X

10. 탄화수소계의 완전연소 방정식 : $C_mH_n + (m + \dfrac{n}{(\ \ \ )})O_2 \rightarrow (\ \ \ \ )CO_2 + \dfrac{n}{(\ \ \ )}H_2O$

11. 탄화수소계 가연성가스 중 산소원소(O)를 포함한 경우의 완전연소식 :
$C_mH_nO_L + (m + \dfrac{n}{(\ \ \ )} - \dfrac{(\ \ \ \ )}{2})O_2 \rightarrow mCO_2 + \dfrac{n}{2}H_2O$

12. 파라핀계 탄화수소의 탄소 수가 증가할수록 연소범위는 좁아지고, 연소속도는 늦어진다.
O | X

13. 파라핀계 탄화수소의 탄소 수가 증가할수록 열과 닿는 표면적이 증가하여 발화점이 높아지고, 위험도는 작아진다.
O | X

14. 최소산소 농도(MOC) = 완전연소를 위한 산소의 몰수 × 연소범위의 (   ) 값

15. 연소불꽃의 색상에 따른 온도는 암적색은 (   )℃, 휘적색은 (   )℃, 휘백색은 (   )℃ 이다.

16. 인화점은 연소범위에서 외부의 직접적인 점화원에 의하여 인화될 수 있는(불이 붙을 수 있는) 최저 온도를 말한다.
O | X

17. 액체가연물의 인화점은 다이에틸에터는 (   )℃, 휘발유는 (   )℃ ~ −43℃, 벤젠은 (   )℃, 등유는 (   )℃ ~ 60℃, 중유는 (   )℃ ~ 150℃이다.

18. 발화점은 외부의 직접적인 점화원 없이 가열된 열의 축적에 의하여 발화가 되고 연소가 시작되는 최저온도, 즉 점화원 없이 스스로 불이 붙을 수 있는 최저온도를 말한다.
O | X

19. 화학적 활성도가 작을수록, 활성화 에너지가 작을수록, 금속의 열전도율이 낮을수록 발화점은 낮아진다.
O | X

20. 가연성가스와 공기의 조성비와 발화를 일으키는 공간의 형태와 크기는 발화점에 영향을 미치는 요인이다.
O | X

21. (   )이란 점화원을 제거해도 연소상태가 지속될 수 있는 온도를 말한다.

22. 열이 물질에 가해졌을 때 상(기체·액체·고체)의 변화는 없으며 온도의 변화만을 가지는 열을 (   )이라 한다.

23. 일반적으로 온도가 (   )℃ 상승하면 연소속도는 2~3배 정도 빨라진다.

24. (   )란 공기 중 산소와 가연성증기가 혼합된 상태에서의 증기부피를 말하며, 공기 중 연소에 필요한 혼합가스 농도범위를 의미하는 것이다.

25. (　　　)의 연소범위는 압력이 증가하면 반대로 좁아지고, (　　　)의 연소범위는 압력이 낮거나 높을 때 일시적으로 좁아진다.

26. 대체적으로 온도와 압력이 상승하면 연소범위가 넓어져 (　　　)은 증가한다.

27. 불활성가스를 첨가할수록 연소범위는 좁아진다.　　　　　○ | ✕

28. 가연성 기체의 위험도를 구하는 공식은 $\dfrac{상한계 - 하한계}{(\quad)}$ 이다.

29. 연소의 3요소는 가연물, 산소공급원, (　　　)이고, 3요소에 (　　　)이 일어나면 4요소이다.

30. 가연성가스는 수소, 일산화탄소, 천연가스, 암모니아, 부탄, 메탄, 에탄, 프로판 등이다.
　　　　　○ | ✕

31. 조연성(지연성)가스는 산소, 공기, 염소, 오존, 불소, 사이안화수소 등이다.　　　○ | ✕

32. 점화원의 종류

구분	종류
(　　　)	고온표면, 적외선, 복사열 등
(　　　)	단열압축(압축열), 충격 및 마찰(마찰불꽃·스파크)
(　　　)	연소열, 용해열, 분해열, 생성열, 자연발화에 의한 열
(　　　)	정전기, 낙뢰, 전기불꽃, 유도열, 유전열, 저항열, 아크열

33. 제1석유류인 가솔린은 인화점이 섭씨 $-43℃ \sim -20℃$로써 전기 (　　　)이며 공유결합으로 인해서 500ml 비커에 20ml의 가솔린을 넣은 후 담뱃불을 던져도 (　　　).

34. 정전기 방지 대책으로는 공기 중의 상대습도를 (　　　)% 이상으로 높인다.

35. 햇빛에 방치한 기름걸레는 (　　　)이 축적되어 자연발화를 일으킬 수 있다.

36. 연소범위 안에 있는 가연성기체가 공기와 혼합하여 발화하는 데 필요한 최소한의 에너지를 최소발화에너지(M.I.E : Minimum Ignition Energy)라 한다.　　　○ | ✕

37. 농도가 높으면 (　　　) 간의 거리가 가까워져 최소발화에너지는 (　　　)진다.

38. 가연성가스의 조성이 (　　　) 부근일 경우 최소발화에너지가 최저가 된다.

39. ( )란 가연성가스를 가스버너 주변으로 확산시켜서 산소와 접촉하도록 하면 연소범위의 혼합가스를 생성하면서 연소하는 형태를 말하며 발염연소라고도 한다.

40. 예혼합연소는 발생되는 화염은 짧고 고온이며 확산연소보다 반응속도, 즉 연소속도가 더 빠르게 진행된다. [O | X]

41. ( )란 액체 가연물의 가장 일반적인 연소형태로 액체 가연물질이 액체 표면에 발생한 가연성 증기와 공기가 혼합된 상태에서 연소가 되는 형태를 말한다.

42. ( )란 점도가 높고 비휘발성인 액체의 점도를 낮추어 버너를 이용하여 액체의 입자를 안개상태로 분출하여 표면적을 넓게 함으로써 공기와의 접촉면을 많게 하여 연소시키는 형태를 말한다.

43. 파라핀(양초), 왁스, 고형알코올, 나프탈렌($C_{10}H_8$), 황(S) 등은 증발연소를 한다. [O | X]

44. ( )란 휘발성이 없는 고체 가연물이 고온 시 ( )나 증발 없이 표면에서 가연성가스를 발생시키지 않고 산소와 급격히 산화 반응하여 그 ( )가 불꽃이 없이 연소하는 형태로서 가연물이 ( ) 되며, 불꽃연소에 비하여 연소속도가 느리다.

45. 표면연소는 화학적소화(부촉매 · 억제 소화)가 가능하다. [O | X]

46. 고체가연물의 ( )란 불꽃연소의 한 형태로 가연성 고체가 뜨거운 열을 만나 으스러지면서 분해생성물이 공기와 혼합기체를 만들어 연소하는 현상이다.

47. 자기연소란 가연물의 분자 내에 ( )를 함유하고 있어 열분해에 의해 가연성가스와 ( )를 동시에 발생시키므로 공기 중 ( ) 없이 자체의 ( )에 의해 연소하는 형태를 말한다.

48. 유염연소와 무염연소
① 불꽃연소 = 유염연소 = 표면화재 = 발염연소 = 화염연소 = 훈소화재 [O | X]
② 불씨연소 = 무염연소 = 표면연소 = 직접연소 = 백열연소 = 작열연소 = 응축연소 = 심부화재 [O | X]

02 열의 전달

49. 전도(Conduction)란 (　　　) 또는 정지 상태의 (　　　)의 열전달 방식으로 물질의 이동 없이 고온의 물체와 저온의 물체를 (　　　)시킬 때 고온의 물체에서 활발하게 일어나는 분자운동이 접촉면에서 분자들의 (　　　)로 저온 물체의 분자운동을 활발하게 하여 에너지가 전달되는 현상이다.

50. 전도의 열전달속도는 열전도율, 열전달(　　　) 또는 전열면, 고온측과 저온측의 (　　　)에 비례하고, 열이 전달되는 길이 및 두께차에 (　　　)한다.

51. 푸리에(Fourier)의 전도법칙

$$Q = K \cdot (\quad) \cdot \frac{T_1 - T_2}{(\quad)}[W]$$

Q : 열전달량[W = j/s = cal/s], K : 열전도도[W/(m · ℃)], A : 표면적(m^2), T_1: 내부온도(℃), T_2 : 나중온도(℃), L : 벽두께(m)

52. 대류(Convection)란 액체 또는 기체와 같은 유체에서 생기는 밀도 차이에 의한 분자들의 흐름을 통한 열전달 방식이다. ☐O | X☐

53. 대류는 기체나 액체의 온도가 다를 때 그 물질 순환 운동에 따라 유체열이 이동하는 현상으로 열에 의한 공기 등이 더워지면 가벼운 공기(밀도값이 작은 공기)는 상부로 올라가고 천장 등에 체류하는 무거운 공기(밀도값이 큰 공기)는 아래부분에 존재하는 열 교환현상이다. ☐O | X☐

54. 뉴턴(Newton)의 냉각 법칙에 의한 대류열유속

$$Q = h \cdot (\quad) \cdot [T_2 - (\quad)]$$

Q : 열 전달량[W = j/s = cal/s], h : 대류계수[W/(m · ℃)], A: 표면적(m^2), $T_2 - T_1$: 온도차(℃)

55. 복사(Radiation)란 열이 매질을 통하지 않고 직접 전자파의 형태로 전달되는 현상을 말한다. ☐O | X☐

56. 슈테판−볼츠만의 법칙에 따르면 복사체로부터 방사되는 복사열은 열전달 면적에 (　　　)하고, 절대온도의 (　　　)에 비례한다.

57. 복사열유속 $= \dfrac{X_r \cdot (\qquad)}{4\pi(\qquad)^2}$

58. (　　　)란 불티나 불꽃이 기류를 타고 다른 가연물로 전달되어 화재가 일어나는 것을 말한다.

03 기체 가연물

59. (   )란 기체연료를 연소시킬 때 발생되는 이상연소 현상으로서 연료의 분출속도가 연소속도보다 느릴 때 불꽃이 연소기의 내부로 빨려 들어가 혼합관 속에서 연소하는 현상을 말한다.

60. 역화의 주요 원인으로는 버너가 (   )되어 있거나 노즐의 부식으로 분출구멍이 (   ) 경우 또는 (   )보다 혼합가스의 (   )가 느릴 때가 있다.

61. (   )란 기체연료를 연소시킬 때 연료가스의 분출속도가 연소속도보다 빠를 때 불꽃이 버너의 노즐에서 떨어져서 연소하는 현상을 말한다.

62. (   )란 선화 상태에서 연료가스의 분출속도가 증가하거나 주위 공기의 유동이 심하면 화염이 노즐에 정착하지 못하고 떨어져 화염이 꺼지는 현상을 말한다.

63. (   )이란 불꽃의 색이 적황색으로 되는 현상으로 가스연소 시 공기량의 조절이 적정하지 못하여 완전연소가 이루어지지 않을 때 발생하는 현상이다. (   )은 분출하는 기체연료와 공기의 화학양론비에서 공기량이 적을 때 발생한다.

64. (   )은 가연성가스가 완전연소하면서 바람을 타고 흘러가는 현상을 말한다.

65. (   )은 모든 기체는 같은 온도와 압력에서 같은 부피 속에는 같은 수의 기체입자 (분자)가 들어 있다는 법칙이다.

66. 모든 기체에서 1mol = 부피 (   )L(0℃, 1atm) = 원자, 분자, 이온 등의 개수 6.02×10^{23}개

67. 기체의 압력이 일정할 때 온도가 1℃ 올라가면 0℃일 때 기체 부피의 (   )만큼 부피가 증가한다.

68. H_2O 분자의 1mol의 질량은 (   )g이다.

69. CO_2 분자의 1mol 질량은 (   )g이다.

70. (   )은 일정한 온도에서 기체의 부피는 압력에 반비례한다는 법칙이다.

71. (　　　)은 일정한 압력에서 기체의 부피는 절대온도에 비례한다는 법칙이다.

72. 보일−샤를의 법칙은 일정량의 기체의 체적은 압력에 (　　　)하고, 절대온도에 (　　　)한다는 법칙이다.

73. 이상기체는 (　　　)이며, 점성이 없는 유체로 가정한다.

74. (　　　)은 열의 출입이 상변화에 사용되지 않고 온도변화 현상으로 나타나는 열이다.

75. (　　　)은 열의 출입이 온도변화 현상으로 나타나지 않고 상변화로 흡수, 방출되는 열이다.

76. (　　　)은 분자, 원자 또는 이온이 산소를 잃거나 수소 또는 전자를 얻는 것을 말한다.

77. (　　　)는 분자, 원자 또는 이온이 산소를 얻거나 수소 또는 전자를 잃는 것을 말한다.

78. 탄화수소계ㆍ연소방정식 : $C_mH_n + (m + \dfrac{(\quad)}{4})O_2 \rightarrow (\quad)CO_2 + \dfrac{n}{2}H_2O$

79. 탄화수소계 연소방정식 : $C_mH_nO_L + (m + \dfrac{(\quad)}{4} - \dfrac{(\quad)}{2})O_2 \rightarrow mCO_2 + \dfrac{n}{2}H_2O$

80. 황의 연소반응식 : $S + O_2 \rightarrow (\quad)$

81. 마그네슘의 연소식 : $2Mg + O_2 \rightarrow (\quad)$

82. 이황화탄소의 연소반응식 : $CS_2 + 3O_2 \rightarrow (\quad) + (\quad)$

83. 아세톤의 연소반응식 : $CH_3COCH_3 + (\quad)O_2 \rightarrow (\quad)CO_2 + 3H_2O$

84. 프로판올의 완전연소반응식 : $C_3H_7OH + (\quad)O_2 \rightarrow 3CO_2 + 4H_2O$

85. 연소하기 위해 필요한 물적조건은 발화하기 위한 (　　　)를 말하며, 에너지조건은 발화하기 위한 (　　　)를 말한다.

86. 연소조건

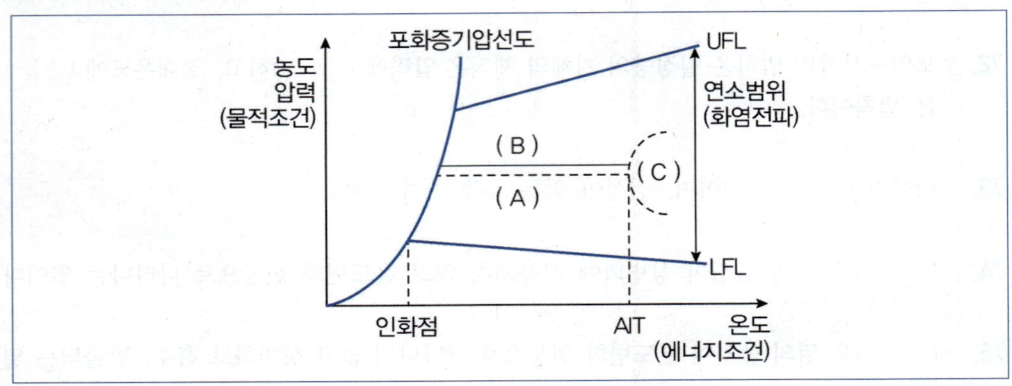

87. (   )는 공기 중 가장 낮은 농도에서 연소할 수 있는 부피로서 조연성 가스는 많고 가연성 가스는 적은 상태, 그 이하에서는 연소할 수 없는 한계치를 말한다. 따라서 연소하한계를 가연물의 (   )라 한다.

88. (   )는 공기 중에서 높은 농도에서 연소할 수 있는 부피로서 조연성 가스는 적고 가연성 가스는 많은 상태, 그 이상에서는 연소할 수 없는 한계치이기도 하다. 따라서 연소 상한계를 가연물의 (   )라 한다.

89. 연소 시 온도가 높은 경우 기체분자의 운동이 증가하여, 분자 간의 (   ) 및 반응성이 활발해지며, (   )가 넓어진다.

90. 연소 시 온도가 높아지면 열의 (   )속도가 (   )속도보다 크게 되어 연소범위가 넓어진다.

91. 연소 시 압력이 높아지면 분자 간 평균거리가 (   )지고, 유효충돌 횟수가 늘어나서 대체적으로 (   )가 넓어진다. (CO와 H_2는 예외)

92. 연소 시 정촉매 첨가 시 (   )는 낮아지고, (   )는 넓어지고, (   ) 첨가 시 최소발화에너지는 높아지고, 연소범위는 좁아진다.

93. 혼합기체의 연소하한계를 르샤틀리에 공식에 의해 구할 때 혼합기체의 부피비율이 A기체 60vol%, B기체 30vol%, C기체 10vol%이고, 연소하한계는 A기체 3.0vol%, B기체 1.5vol%, C기체 1.0vol%이면 혼합기체의 하한계는 (   )vol%이다.

94. (   )란 어떤 온도와 압력에서 액체와 평형상태에 있는 증기와 공기의 혼합물이 보여주는 기체 비중을 말한다.

95. (   )란 불꽃에 의해 가연성 혼합기를 발화시키는 데 필요한 최소한의 에너지로 가연성가스나 증기를 발화시키는 데 필요한 최소한의 에너지를 말한다.

96. (   )이란 점화원에 의해 발화가 일어나는 최저온도로서 가연성 혼합기를 형성하는 고체 및 액체의 최저온도를 말하며 외부에너지를 제거하면 연소는 멈춘다.

97. 인화점 측정 시험방법은 밀폐식과 개방식으로 구분하며, 밀폐식의 경우 (   ), (   ), (   )의 방법으로, 개방식의 경우 (   )으로 측정한다.

98. (   )이란 액체의 온도가 인화점을 넘어서 상승하면 점화원을 제거하여도 자발적으로 5초 이상 연소를 지속할 수 있는 온도로, 인화점보다 일반적으로 5~10℃ 높다.

99. (   )이란 외부의 직접적인 점화원 없이 스스로 발화하는 최저온도이다.

100. (   )란 상온, 상압의 가연성가스에서 완전연소에 필요한 농도비율을 말하며, C_{st}[vol%]로 나타낸다.

101. 화학양론조성비 부근일 때 최소발화에너지는 (   )가 되고, 연소속도는 (   )한다.

102. C_{st}[vol%] $= \dfrac{연료몰수}{(\quad) + (\quad)} \times 100\%$

103. 단일 물질의 경우 존슨법칙상의 연소 하한계의 계산식은 (   )C_{st}이고, 상한계는 (   )C_{st}이다.

104. (   )란 예혼합 연소에서 화염을 전파하기 위한 최소산소농도로 연소를 지속하기 위한 최저농도이다.

105. MOC = 산소몰수 × (   )

106. 가연성혼합기에 불연성가스 등을 첨가하면 MOC는 (   )한다.

107. 물질이 연소하기 위해서는 최소한의 산소농도가 필요한데 이를 (   )라 하고 섬유제품의 난연성 평가 방법으로 이용된다.

108. LOI가 (   )수록 가연물 구비조건이 좋다.

109. (　　　)란 폭발성 가스용기 내부에서 생성된 화염이 용기의 좁은 틈을 통하여 주변의 위험물을 점화시키지 않는 최대틈새를 말한다.

110. 가스폭발 3등급은 수소, 수성가스, 아세틸렌, 이황화탄소 등이다.　O | ×

111. 인화점, 발화점, 비점, 융점, 점성은 낮을수록 위험도가 증가한다.　O | ×

112. 열전도율, 활성화 에너지, 화학적 활성도는 낮을수록 위험도가 증가한다.　O | ×

04 연기 이론

113. ( )란 기체 가운데 완전연소되지 않은 가연물이 고체 미립자가 되어 떠돌아다니는 상태이다.

114. 연기의 이동속도는 수평방향은 ( ), 수직방향은 ( ), 계단실은 ( )이다.

115. 감광계수법에 따른 연기의 감광계수가 ( )면 가시거리가 짧아진다.

116. 연기로 인하여 어두침침한 것을 느낄 정도의 농도는 감광계수는 ( ), 가시거리는 ( )이다.

117. 연기농도 표시법은 크게 ( ), ( ), ( ) 3가지가 있다.

118. 연기농도 측정 방법은 ( ), ( ), ( )이 있다.

119. 연기에 ( )가 많으면 백색연기로 변하고, ( )가 많으면 흑색연기로 변한다.

120. 화재 시 연기는 처음엔 ( ) 연기지만 나중에는 ( ) 연기로 변하며, 화재 ( ) 발연양은 화재 ( )의 발연양보다 많다고 할 수 있다.

121. ( )란 화재 시 건축물의 내부와 외부 온도차이로 공기가 유동하는 것을 말한다.

122. ( )란 건물화재 시 건축물 내부의 압력이 외부의 압력과 일치하는 수직적인 위치를 말한다.

123. ( )이란 건물화재 시 실내 천장 쪽의 고온가스와 바닥 쪽의 찬공기의 경계선을 말한다.

124. 굴뚝효과의 영향인자로는 ( ), ( ), ( ), ( ) 등이 있다.

125. 중성대의 ( )는 열과 연기로 생존이 어렵고, ( )는 신선한 공기가 존재하여 생존이 가능한 공간이 된다.

126. 여름철과 같이 건축물 외부가 내부보다 따뜻할 경우 들어온 공기는 하향으로 이동하게 되는데 이런 흐름을 ( )라 한다.

127. (   )의 연기는 열, 대류이동, 화재압력 등이 유동 원인으로 작용한다.

128. (   )의 연기는 굴뚝효과, 건물 내부와 외부 공기 사이의 온도차이가 유동 원인으로 작용한다.

129. 연소현장에서 연기를 제연하는 방식에는 (   ), (   ), (   ), (   )이 쓰이고 있다.

130. (   ) 제연방식은 기계급기, 기계배기로서 급배기 균형에 주의하여 대형건물, 복합건축물 등에 주로 사용한다.

131. 자연급기, 기계배기로서 작은 공장 등에서 주로 사용되는 제연방식으로 연기의 확산을 방지하여 흡인효과를 증대시키기 위해 방연 수직 벽이나 접어올림 천장 등을 병용하는 제연 방식은 (   )이다.

132. 화재 시 흡입된 (   )는 인체 내 피속의 헤모글로빈(Hb)과 결합하여 산소운반을 저지하여 질식 사망하게 한다.

133. (   )는 무색가스로서 달걀 썩은 냄새가 나며, 털, 고무, 나무, 가죽소파 등 황(S)이 함유된 물질의 불완전연소 시 발생한다.

134. (   )은 산성비의 원인이기도 하며, 황(S)이 함유된 털, 고무, 나무, 가죽소파와 일부 목재류 등 물질의 완전연소 시 발생한다.

135. (   )는 질소함유물이 연소할 때 발생하는 연소생성물로서 냉동시설의 냉매로 쓰인다.

136. (   )는 질소성분을 가지고 있는 물질이 불연소할 때 발생하는 연소생성물로서 사람이 흡입하면 피속의 헤모글로빈과 결합하지 않고도 인체의 산소 이동을 막아 질식사하게 한다.

137. 포스겐은 맹독성가스로 열가소성 수지인 폴리염화비닐(PVC), 수지류 등이 연소할 때 발생되기도 하며, 일반적인 물질이 연소할 경우에는 거의 생성되지 않지만 (   )와 (   )가 반응하여 생성하기도 한다.

138. (   )는 염소성분이 함유되어 있는 염화비닐수지(PVC), 건축물에 설치된 전선의 피복·절연재 및 배관재료 등이 연소할 때 발생되는 무색의 기체이다.

139. 유독가스 허용농도

생성물질	발생조건	허용농도(TWA)
이산화탄소(CO_2)	탄소성분을 가진 가연물 등의 완전 연소 시 발생	( )
일산화탄소(CO)	탄소성분을 가진 가연물 등의 불완전 연소 시 발생	( )
암모니아(NH_3)	열경화성 수지, 나일론 등의 연소 시 발생	( )
황화수소(H_2S)	털, 고무, 나무, 가죽소파 등 황(S)이 함유된 물질의 불완전 연소 시 발생	( )
사이안화수소(HCN)	우레탄, 나일론, 폴리에틸렌, 고무, 모직물 등의 연소 시 발생	( )
이산화황(SO_2)	중질유, 고무, 황화합물 등의 연소 시 발생	( )
염화수소(HCl)	플라스틱, PVC 연소 시 발생	( )
플루오린화수소(HF)	합성수지인 불소계 수지의 연소 시 발생	( )
브로민화수소(HBr)	방염수지류 등이 연소할 때 발생	( )
이산화질소(NO_2)	폴리우레탄이나 질산셀룰로오스 등이 불완전연소 또는 분해될 때 발생	( )
염소(Cl)	소금물이나 액체 소금을 전기 분해시켜 얻으며, 화재 시 공기 중의 수소와 결합해 염화수소 발생	( )
포스겐($COCl_2$)	프레온 가스와 불꽃의 접촉 시 또는 폴리염화비닐(PVC), 수지류 등이 연소할 때 발생	( )
아크롤레인(C_3H_4O)	석유제품·유지류 등의 기름성분이 연소할 때 발생	( )
삼염화인(PCl_3)	인과 염소 반응에 의해 발생	( )

140. 일산화탄소(CO), 황화수소(H_2S), 이산화황(SO_2), 암모니아(NH_3), 포스겐($COCl_2$)은 가연성이다. ○ | ✕

141. 산소농도가 14%~10%로 떨어지면 피로가 빨리 오고 판단력을 상실한다. ○ | ✕

142. 공기온도가 120℃일 때 생존 한계시간은 5분 이하이다. ○ | ✕

05 연소속도

143. 연소의 형태는 불꽃을 내는 유염연소와 불꽃을 내지 않는 무염연소로 구분할 수 있는데, 표면연소는 유염연소이다. ☐ O | X ☐

144. 온도가 (   )℃ 증가하면 연소속도는 2~3배 정도 빨라진다.

145. 화염의 온도가 (   )수록, 가연성 기체의 밀도와 비열은 (   )수록, 열전도율은 (   )수록 연소속도가 빨라진다.

146. 산소의 농도가 (   )수록, 촉매가 (   )수록, 연소후 생성된 불연성물질이 (   )수록 연소속도가 빨라진다.

147. (   )는 연소 시 화염이 미연소 혼합가스에 대하여 수직으로 이동하는 속도를 의미하며, 단위시간에 대한 단위 면적당 혼합가스($m^3/m^2 \cdot a$)으로 표현된다.

148. 화염은 이동하고 있는 미연소 가스 속을 전파해 가는데, 이러한 화염이 혼합가스를 이동하는 현상을 화염의 전파라 하고 이 경우 화염이 전파해 가는 속도를 (   )라고 한다.

149. 화염의 속도 = 연소속도 + (   )

150. 화재성장속도 4단계 중 Slow ~ Medium 정도는 대부분의 대부분의 거주공간과 같은 주거시설, 업무시설 등의 공간에서 주로 발생하는데, Medium의 1MW 도달시간은 (   )초이다.

151. (   )은 화재 시 상승력이 커진 부력에 의해 연소가스와 유입공기가 상승하면서 화염이 섞인 연기기둥 형태를 나타내는 현상이다.

06 화재플럼

152. 화재플럼 영역

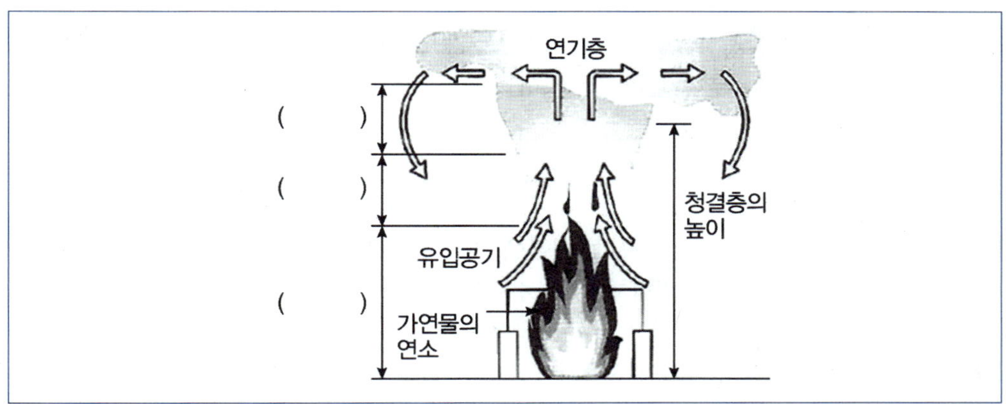

153. ( )이란 고온의 연소생성물이 부력에 의하여 힘을 받아 상승하며 천장면 아래에 얇은 층을 형성하는 빠른 속도의 가스흐름이다.

154. 천장제트흐름은 화재 ( )에만 나타나는 현상으로서 흐름의 두께는 천장에서 화염까지 높이의 ( )% 내의 범위이다.

155. ( )의 경우 스프링클러나 감지기가 천장으로부터 떨어진 위치가 전체 거리의 12%보다 크면 천장 제트흐름의 범위 외가 되어 응답시간이 증가한다.

07 연소 특성

156. 연소불꽃의 색상에 따른 온도

연소불꽃의 색	온도[℃]	연소불꽃의 색	온도[℃]
( )	700	( )	1,100
( )	850	( )	1,300
( )	950	( )	1,500

157. ( )은 화염 내에서의 가시성 와류에 의한 유체의 기계적인 불안정성에 따라 일어나며, ( )의 좋은 예는 산림화재를 들 수 있다.

158. 연료가스와 공기가 발화되어 전파되기 전에 미리 혼합된 상태에서 분출되며 연소되는 화염을 ( )이라 한다.

159. ( )는 물의 어는점인 0℃와 끓는점인 100℃를 기준으로 한 온도 척도로서 두 기준 온도 사이에 100개의 눈금이 있기 때문에 일명 백분도 척도라 한다.

160. 물의 비점을 373.15K로 하는 온도를 ( )이라 한다.

161. ( )이란 물질 상태가 기체와 액체, 액체와 고체 사이에서 변화할 때 흡수 또는 방출하는 열을 말하며, 열의 출입이 있더라도 온도는 변하지 않기 때문에 숨은 열이라고도 부른다.

162. ( )이란 열이 물질에 가해졌을 때 상(기체·액체·고체)의 변화는 없으며 온도만을 변화시키는 열을 의미한다.

163. ( )이란 어떤 물질 1g을 섭씨 1℃ 올리는 데 필요한 열량을 말한다.

164. 물 1그램의 온도를 섭씨단위로 1℃ 올리는 데 필요한 열량은 ( )cal이다.

165. 0℃의 얼음 1g이 0℃의 물이 되려면 ( )cal, 100℃의 물 1g이 100℃의 수증기가 되려면 ( )cal가 필요하다.

166. ( )란 열이 물체의 직접적인 접촉을 통해 고온 쪽에서 저온 쪽으로 이동하는 현상을 말한다.

167. (   )란 공기의 운동이나 유체의 흐름에 의해 열이 이동되는 것으로 기체나 액체 간에 유체가 직접 이동하면서 열을 전달하는 현상이다.

168. (   )란 서로 떨어져 있는 두 물체 사이에 열에너지가 전자파 형태로 물체에 복사되어 다른 물체에 전파 흡수되면 온도가 상승하여 열로 변하는 현상으로 물질을 매개체로 하지 않으며, 열이 직선 형태로 전해진다.

169. (   )란 연소 시 불티나 불꽃이 기류를 타고 직접 관련이 없는 다른 가연물로 날아가 착화되는 현상을 말한다.

170. 에너지의 형태가 바뀌거나 다른 물체로 에너지가 이동할 때에도 전체의 에너지총량은 변화하지 않는다는 것을 (   )이라 한다.

08 폭발

171. ( )이란 압력파의 전달로 폭음을 동반한 충격파를 가진 이상 팽창을 말한다.

172. 폭발의 3대 조건은 ( ), ( ), ( )이고, 가스폭발의 2대 조건은 ( ), ( )이다.

173. 폭발의 영향은 ( ), ( ), ( ), ( )이 대표적이다.

174. 폭발이란 급격한 압력의 발생, 해방의 결과로 그 현상이 격렬하게 폭음을 동반한 이상 팽창 현상으로 크게는 ( )과 ( )로 구분하며, 물리적 상태에 따라 ( )과 ( )로 구분한다.

175. ( )이란 물질의 상변화에 의해 발생하는 폭발로 화학적 변화는 없으며, 화염을 동반하지 않는 경우가 많다.

176. 물리적 폭발의 종류 5가지 이상
①
②
③
④
⑤

177. 밀폐된 공간 속의 액체물질이 급속히 기화되면서 많은 양의 증기가 발생함으로써 증기압이 높아져 용기나 구조물의 내압을 초과하여 파열되는 현상을 ( )이라 하고, 밀폐된 공간에 용융금속 등 고온 물질이 물속에 투입되었을 때 물이 순간적으로 급격하게 비등하는 상태변화에 따른 현상을 ( )이라 한다.

178. 화학적 폭발은 ( ) · ( ) · ( ) · ( )로 분류한다.

179. 반응폭주란 화학반응기 내에서 반응속도가 증대함으로써 반응이 과격화되는 현상으로 ( ) 폭발로 분류한다.

180. ( )이란 분해성가스와 자기분해성 고체류가 산소와는 무관하게 단독으로 분해하면서 폭발하는 현상이다.

181. (　　　　)이란 가연성가스가 공기 중에 누설되거나 인화성 액체 저장탱크에 공기가 혼합되어 폭발성 혼합가스를 형성함으로써 점화원에 의해 착화되어 폭발하는 현상으로 연소의 한 형태이다.

182. 분해폭발 물질은 분해성 가스인 (　　　)·(　　　)·(　　　)과 자기분해성 고체류인 (　　　)이고, 중합폭발 가스는 (　　　), (　　　), (　　　)이다.

183. 산화폭발은 (　　　), (　　　), (　　　)로 구분하고 있는데 이는 폭발주체가 되는 물질에 따른 것이다.

184. 수소 + 염소, 수소 + 산소에 빛을 쪼이면 폭발이 일어나는데 이것이 바로 (　　　)이다.

185. (　　　)과 (　　　)은 폭발물질의 물리적 상태에 따라 분류한 것이며, (　　　)이란 기체상태의 물질이고 (　　　)이란 고상 및 액상을 말한다.

186. 기상폭발은 (　　　), (　　　), (　　　), (　　　)로 분류한다.

187. (　　　)은 가연성 기체와 공기 혼합기의 폭발이고, (　　　)은 분해연소성 기체 폭발이며, (　　　)은 공기 중에 분출된 미세한 기름방울 등 액적이 무상으로 되어 착화에너지가 주어지면 폭발하는 가연성 액체의 폭발, (　　　)은 가연성 고체 미분의 폭발이다.

188. 응상폭발 5가지 이상 : ① (　　　), ② (　　　), ③ (　　　), ④ (　　　), ⑤ (　　　)

189. 폭연과 폭굉은 (　　　)에 따라 구분하고 있다.

190. 폭연은 (　　　)보다 느리게 (　　　)으로 이동하는 것이고, 폭굉은 (　　　)보다 빠르게 (　　　)으로 이동하는 것을 말한다.

191. 폭연의 화염의 전파속도는 (　　　)m/s이고, 폭굉의 화염의 전파속도는 (　　　)m/s이다.

192. 폭연은 폭굉으로 변화될 수 있는 (　　　)이고 이러한 전이 현상을 (　　　)라 하며, 폭굉파는 음파와 달리 폭굉파가 통과한 곳은 화학적 조성이 변하므로 (　　　)로 취급된다.

193. 폭굉은 파면에서 온도, 압력, 밀도가 (　　　)으로 나타난다.

194. 폭굉의 유도거리가 짧아질 수 있는 요인 5가지 : ① (　　　) ② (　　　) ③ (　　　) ④ (　　　) ⑤ (　　　)

195. 폭연에서 폭굉으로 전이되는 과정은 '착화 → (　　　) → (　　　) → (　　　) → 폭굉파' 순이다.

196. 전기회로가 동작할 때 접점등에서 발생하게 되는 아크나 기타 열 등으로 인해 화재나 폭발할 수 있는 장소에서 폭발 가능성 있는 화학 물질 등으로부터 발화원을 분리시키기 위한 구조를 (　　　)라 한다.

197. (　　　)란 용기 내부에서 폭발성가스 또는 증기가 폭발하였을 때 용기가 그 압력에 견디며 또한 접합면 개구부 등을 통해서 외부의 폭발성 가스증기에 인화되지 않도록 한 구조를 말한다.

198. (　　　)란 용기 내부의 압력을 외부 압력보다 높게 유지하여 내부에 가연성가스 또는 증기가 유입되지 못하도록 보호하는 방폭구조로 용기 내부에는 불활성가스를 압입하여 외부 폭발성 가스의 침입을 방지하고 점화원과 폭발성가스를 격리하는 구조를 말한다.

199. (　　　)란 가스·증기에 대한 전기기기 방폭구조의 한 형식으로 용기 내의 전기불꽃을 발생하는 부분을 유중에 내장시켜 유면상 및 용기의 외부에 존재하는 폭발성 분위기에 점화할 염려가 없게 한 방폭구조를 말한다.

200. (　　　)란 정상운전 중에 폭발성가스 또는 증기에 점화원이 될 전기불꽃 아크 또는 고온 부분 등의 발생을 방지하기 위하여 기계적, 전기적 구조상 또는 온도상승에 대해서 특히 안전도를 증가시킨 구조를 말한다.

201. (　　　)란 정상 또는 폭발 분위기에 노출되거나 사고 상태 시에 있는 기계 기구 내의 전기에너지 권선 상호접속에 의한 전기불꽃 또는 열영향을 점화에너지 이하의 수준까지 제한하는 것을 기반으로 하는 방폭구조로서 단선, 단락, 지락 등에 의한 착화를 방지할 수 있는 구조이며 착화시험으로 성능이 확인된 방폭구조를 말한다.

202. 일정비율의 가연성가스와 조연성가스가 혼합된 가연성혼합기는 발화원에 의해 착화되면 (　　　)을 일으키며, 이것을 폭발성 혼합기 또는 폭발성 혼합가스라고 부른다.

203. 가스폭발 등급과 안전간격

등급분류	가스(기체)	안전간격(단위 : mm)
3등급	수소, 수성가스, 아세틸렌, 이황화탄소 등	(　　　) 이하
2등급	에틸렌, 석탄가스 등	(　　　) 초과 (　　　) 이하
1등급	프로판, 암모니아, 아세톤, 메탄, 일산화탄소, 에탄, 초산, 초산에틸, 벤젠, 메탄올, 톨루엔 등	(　　　) 초과

204. 분진폭발이란 (　　　)의 미분이 공기 중에 부유하고 있을 때 발화원에 의하여 착화됨으로써 연소·폭발하는 현상으로 화학적 폭발에 해당한다.

205. 분진폭발에 영향을 주는 요인 5가지 이상 : ① (　　　) ② (　　　) ③ (　　　) ④ (　　　) ⑤ (　　　)

206. 석회종류, 탄산칼슘, 생석회, 철 등 금속류는 분진폭발이 잘 이루어지지 않는 종류이다.

　　　O | X

207. 분진폭발은 가스폭발보다 최소발화에너지(M.I.E)가 크다.　　　O | X

208. 분진폭발은 가스폭발보다 연소속도, 발생에너지는 작으나 연소시간이 길고 폭발압력이 크기 때문에 그 파괴력과 그을음이 크다.　　　O | X

209. 분진폭발은 1차 폭발의 영향으로 주위의 분진을 날리게 하여 2·3차 폭발이 발생할 수 있다.

　　　O | X

210. 가스폭발보다 분진폭발은 최소발화에너지(M.I.E)가 작다.　　　O | X

211. 분해폭발은 공기가 섞이지 않은 순수한 상태에서도(산소 없이도) 폭발이 가능하므로 폭발상한계는 100%이다.　　　O | X

212. 대량의 가연성가스 또는 기화하기 쉬운 가연성 액체가 지표로 유출되면서 형성된 가연성 혼합기체는 발화원에 의해 폭발하게 되는데 이 현상을 (　　　)이라 하며, 이는 개방된 대기 중에서 발생되는 화학적 폭발이다.

213. 블레비(BLEVE) 현상은 끓는 액체팽창증기폭발이라 하며 화재 시 탱크 내부의 액화가스가 열로 인하여 급격한 팽창과 비등으로 내부압력이 증가되어 탱크의 안전장치 압력 완화율을 넘어서 용기벽면 등이 균열·파괴되고 분해되었을 때 (　　　)이 화염에 착화되어 순간적으로 (　　　)로 이어지는 폭발현상으로서 일반적으로 옥외탱크폭발현상이다.

214. 블레비(BLEVE) 현상 예방을 위해 용기 외부에 (　　　) 물질로 단열 시공조치하고 탱크를 지하에 설치한다.

215. 블레비에 영향을 주는 핵심 요인 3가지 이상 : ① (　　　), ② (　　　), ③ (　　　)

216. (   )이란 대량의 증발한 가연성 액체가 갑자기 연소할 때 형성되는 공 모양의 둥근 불꽃을 말하며, 약 1,500℃의 고온으로 복사열에 의한 피해가 심각하고, 수백 미터 이내의 가연물을 연소시킬 수 있는 위력이다.

217. (   )란 개방공간의 액면화재라고도 하며, 대기상에 액면이 노출된 개방탱크, Pool 또는 흐르는 액체 상태에서 증발되는 연료에 착화되어 난류 확산화염이 발생하는 화재를 말한다.

218. (   )란 가압액체 분출 화재 또는 고압분출화재라고도 하며, 가압상태의 위험물 이송배관이나 가압펌프에서 액체가 분출될 때 착화된 화재다.

219. 고압분출화재는 탄화수소계 위험물의 이송배관이나 용기로부터 위험물이 고속으로 추출하거나 누출될 때 점화되어 발생하는 (   ) 화염 연소이며, (   ) 확산형 화재이다.

01 화재의 개념

1. 화재란 사람의 의도에 반하거나 고의 또는 과실에 의하여 발생하는 연소 현상으로서 (　　　) 할 필요가 있는 현상 또는 사람의 의도에 반하여 발생하거나 확대된 (　　　) 폭발현상을 말한다.

2. (　　　)은 건축물에서 가연성 건축 구조재와 수용물의 양으로서 화재 시 예상 최대 가연물질의 양을 뜻한다.

3. 화재화중에 영향을 주는 요인 4가지는 (　　　), (　　　), (　　　), (　　　)이다.

4. (　　　)란 화재심도라고도 하며 화재발생으로 건물 내 수용재산 및 건물자체에 손상을 입히는 정도를 말한다.

5. 화재가혹도에 영향을 주는 요인 4가지 이상 : ① (　　　), ② (　　　), ③ (　　　), ④ (　　　)

6. 내화구조물의 화재가혹도 판단을 위한 주요 요소 중 화재지속시간을 산정하기 위한 인자는 화재실의 (　　　), 화재실의 개구부 (　　　)와 (　　　)이다.

7. 화재강도와 화재하중이 클수록 화재가혹도는 높아지고, 최고온도는 화재가혹도의 (　　　) 개념으로 (　　　)와 관련이 있으며, 지속시간은 화재가혹도의 (　　　) 개념으로 (　　　)과 관련이 있다.

8. 건축물 화재 시 단위시간당 축적되는 열의 값을 (　　　)라 한다.

9. 화재강도에 영향을 주는 요인 3가지 이상 : ① (　　　), ② (　　　), ③ (　　　)

10. 화재구획의 실내 표면적에 대한 실내장식물의 화재 위험도를 나타내고 있으며 발열량이 클수록 화재하중이 크며 내장재의 불연화가 화재하중을 감소시킨다. ☐ O | X ☐

11. 화재실의 바닥면적이 클수록 화재하중은 증가한다. ☐ O | X ☐

12. 화재가혹도 = 최고온도 × 연소시간으로서 화재하중의 크기는 창고 > 도서관·독서실 > 호텔 > 공동주택 > 사무실 순으로 낮아진다. ☐ O | X ☐

13. 화재하중은 연소하는 물질의 연소속도가 빠를수록, 연소열량이 클수록, 화재실의 개구부의 위치가 높고 클수록 화재하중은 증가한다. ○ | ×

14. 건물의 단열성능이 좋을수록, 가연물의 비표면적이 클수록 화재강도가 커진다. ○ | ×

15. 개구부가 작을수록, 가연물의 소진율 및 열발생률이 작을수록 화재강도가 커진다. ○ | ×

16. 화재등급의 분류

화재분류	국내		미국방화협회 (NFPA 10)	국제표준화기구 (ISO 7165)	표시색상
	검정기준	KS B 6259			
일반화재	A급	A급	A급	A급	백색
유류화재	B급	B급	B급	B급	황색
전기화재	( )급	( )급	( )급	( )급	( )
금속화재	–	D급	D급	D급	무색
가스화재	–	–	( )급	( )급	황색
주방화재	( )급	–	( )급	( )급	–

17. 화재가 발생한 처종에 따라 ( ), 자동차·철도차량 화재, 위험물·가스제조소 등 화재, 선박·항공기 화재, ( ), 기타화재로 분류되고 있다.

18. 화재는 발화 원인에 따라서 실화, 방화, 자연발화, 천재발화, 원인불명으로 구분된다. 이 중 ( )는 취급부주의나 사용·보관 등의 잘못으로 발생한 과실적 화재를 말하며 ( )과 ( )이 있다.

19. 분말소화기 중 일반화재용은 ( )의 원형 안에 ( )문자로 'A(일반)'라고 표기한다.

20. 분말소화기 중 유류화재용은 ( )의 원형 안에 ( )문자로 'B(유류)'라고 표기한다.

21. 분말소화기 중 전기화재용은 ( )의 원형 안에 ( )문자로 'C(전기)'라고 표기한다.

22. 일반화재는 산소와 친화력이 강한 가연물질에 의한 화재이며, 연기의 색상은 일반적으로 ( )이며, 연소 후 반드시 타고 남은 ( )가 남는다.

23. 특수가연물의 지정수량

품명		수량
가연성 액체류		( ) 이상
목재가공품 및 나무부스러기		( ) 이상
면화류		( ) 이상
나무껍질 및 대팻밥		( ) 이상
넝마 및 종이부스러기		
사류(絲類)		( ) 이상
볏짚류		
가연성 고체류		( ) 이상
고무류·플라스틱류	발포시킨 것(액체)	( ) 이상
	그 밖의 것(고체)	( ) 이상
석탄·목탄류		( ) 이상

24. 유류화재는 일반적으로 연기의 색상은 ( )이며, 화재 성장속도가 ( )보다 빠르며, 포를 사용한 ( )가 가장 효과적이다.

25. 전기화재는 전기가 통전되는 기계설비 화재를 말하며, ( )급 화재로 분류하고 색상은 ( )으로 표기한다.

26. 전기화재는 CO_2소화약제를 사용한 ( )가 가장 유효하며, 전기를 차단하는 ( )가 적응성이 있다.

27. 전기화재 소화에 적응성이 있는 수계소화약제 2가지 이상 :
①
②

28. 금속화재는 철분, 마그네슘, 금속분 등의 화재를 말하며, ( ) 화재로 분류하고 색상은 ( )이다.

29. 금속화재 시 금속화재용 분말을 사용한 ( )가 가장 유효하며, ( )로서 불을 소화할 수 없다.

30. 가연성가스의 화학적으로 발열량이 크거나 화학적 활성도가 높을수록 착화온도가 ( ).

31. 가연성 혼합가스와 공기중에 분산된 폭발성 분진을 발화시키는 데 필요한 최소한의 에너지를 ( )라 한다.

32. 부탄과 프로판을 액화시키면 부탄은 (　　　)배, 프로판은 (　　　)배로 부피가 축소되므로 상온에서 보관하기 쉽다.

33. 용기 내에 LPG를 저장하는 경우 가스가 일부 방출되고 난 후 압력은 (　　　).

34. 식용유는 발화점과 인화점의 차이가 (　　　), 발화점이 비점보다 (　　　).

35. 강풍 등으로 인한 나뭇가지의 마찰에 의해 발생하는 열로 인한 화재는 (　　　)이고, 수목이 타는 것은 (　　　)이다.

02 구획실 화재

36. (　　　)는 구획실 내의 다른 가연물들의 표면에는 관련되지 않고 단지 연소 생성가스와 관련된다는 면에서 플래시오버와 구분되며, 뜨거운 가스층이 구획실의 천장부분에 형성되는 성장기에서 발생할 수 있다.

37. (　　　)현상은 연소과정에서 발생된 가연성가스가 공기 중 산소와 혼합되어 천장부분에 집적된 상태에서 발화온도에 도달하여 발화함으로써 화재의 선단부분이 매우 빠르게 확대되어 가는 현상을 말한다.

38. (　　　)현상이란 화점 주위에서 화재가 서서히 진행하다가 어느 정도 시간이 경과함에 따라 대류와 복사현상에 의해 일정 공간 안에 있는 가연물이 발화점까지 가열되어 일순간 동시 발화되는 현상을 말한다.

39. (　　　) 때에는 화염의 분출이 강해지고, 온도가 최고조에 도달하여 화재진행단계에서 가장 격렬한 시기로서 구획실 내에서 연소하는 가연물은 최대의 열량 발산과 많은 양의 연소생성가스를 생성하지만 실내 산소 부족으로 (　　　)가 느려진다.

40. (　　　) 때에는 화재가 구획실 내에 있는 이용 가능한 가연물을 연소시킴에 따라 열 발산율은 감소하기 시작하고 지붕이나 벽체, 대들보나 기둥도 무너져 떨어지기도 한다.

41. 플래시오버는 화재의 생애주기 중 가장 위험한 순간으로 순발연소, 전실화재 또는 전표면화재의 특징을 보인다.　　　O | X

42. 화원이 크면 플래시오버의 발생·진행 시각이 빠르며, 천장재보다는 벽 재료가 발생시각에 큰 영향을 미친다.　　　O | X

43. 구획실 화재 시 개구부의 크기가 큰 경우는 정상 연소를 하며, 개구부의 크기가 작은 경우 플래시오버가 아닌 백드래프트 현상이 발생한다.　　　O | X

44. 플래시오버 3대 지연 소방전술 : ① (　　　), ② (　　　), ③ (　　　)

45. (　　　)는 공기공급이 원활하지 않은 불완전 연소상태인 훈소상태에서 화재로 인하여 실내 상부쪽으로 고온의 기체가 축적되고 온도가 높아져서 기체가 팽창하고 산소가 부족한 건물 내에서 갑자기 산소가 새로 유입될 때 화염이 폭풍을 동반하여 실외로 분출되는 고열가스의 폭발 또는 급속한 연소가 발생하는 현상이다.

46. 백드래프트 현상은 불완전 연소된 (   )와 열이 집적되고 적절하게 배연되지 않은 상태에서 문의 손잡이가 뜨겁고 화재 가스들과 연기가 번갈아 가며 건물 내부에서 밖으로 향했다가 안으로 빨아들이면서 (   ) 소리를 내기도 하며, 산소가 결핍된 실내에 소방관이 소화활동이나 구조활동 중 문을 갑자기 (   )하면 산소가 급격히 유입되면서 폭발하게 된다.

47. 백드래프트의 잠재적인 징후 4가지 이상

①

②

③

④

48. 백드래프트의 3대 소화전술은 (   ), (   ), (   )이다.

49. 백드래프트 대처 소방전술 3가지 이상

①

②

③

50. 플래시오버(Flashover) 현상과 백드래프트(Backdraft) 현상 비교

구분	플래시오버(Flashover)	백드래프트(Backdraft)
산소량		
연소현상		
발생시점		
폭발성유무		
악화요인		

51. 폭발압력에 따른 효과

압력(Peak Pressure)	효과(Effect)
0.5psi	창문에 심한 충격이 가해짐
1psi	( )
1~2psi	목재구조 벽이 붕괴됨
2~3psi	( )
7~8psi	벽돌조 벽이 붕괴됨

03 연료지배형 화재 및 환기지배형 화재

52. 구획된 건물 화재현상에 따라 연료지배형 화재 및 환기지배형 화재로 나누어지는데 일반적으로 (　　　) 이전의 화재는 연료지배형 화재이고, (　　　) 이후의 화재는 환기지배형 화재이다.

53. 연소속도는 분해, 증발률에 비례한다. 화세가 약한 초기에는 산소량이 원활하므로 화재는 공기량보다 실내의 (　　　)에 의해 지배되는 연료지배형의 연소형태를 갖는다.

54. 연소속도는 환기요소에 비례한다. 플래시오버에 이르러서 실내온도가 급격히 상승하여 가연물의 열분해가 진행되고 화세가 강하게 되면 산소량이 급격히 소진되어 환기가 잘 되지 않으며 연소현상은 연료지배형에서 (　　　)에 지배되는 환기지배형으로 전환된다.

55. 환기지배형 화재는 공기공급이 충분하지 않으므로 불완전연소가 심하다. O | X

56. 연료지배형 화재는 공기공급이 충분하지 않은 조건에서 발생한 화재가 일반적이다. O | X

57. 환기지배형 화재는 주로 큰 창문이나 개방된 공간에서, 연료지배형 화재는 내화구조 및 콘크리트 지하층에서 발생하기 쉽다. O | X

58. 환기요소인 A는 개구부 면적(A)과 개구부 높이(H)에 같이 비례하지만, A보다는 H에 더 큰 영향을 받는다. 즉 개구부의 면적보다는 개구부의 높이가 더 영향이 크다. O | X

59. 구획실 화재 시 환기관계는 개구부 면적에 비례하고, 개구부는 높이의 제곱에 비례한다. O | X

60. 구획실 화재 시 환기가 잘 되면 온도에 비례하고, 지속시간에 반비례하여 불은 빨리 탄다. O | X

61. 연료지배형 화재와 환기지배형 화재의 환기요소식($A\sqrt{H}$) 비교

연료지배형(환기정상)	환기지배형(환기불량)
$$A\sqrt{H}$$: A는 개구부 또는 창문의 면적 : H는 개구부 또는 창문의 높이	– 온도인자 : $\dfrac{A\sqrt{H}}{A_r}$: A_r은 실내의 전표면적
– 개구부가 작으면 온도가 ( ), 지속시간이 ( ). – 개구부가 크면 온도가 ( ), 지속시간이 ( ). – 개구부가 ( )에 있는 것보다 ( )에 있는 것이 좀 더 환기가 잘된다.	– 실내면적이 좁으면 온도가 ( )진다. – 실내면적이 넓으면 온도는 ( )진다.
	– 지속시간인자(F): $\dfrac{A_F}{A\sqrt{H}}$: A_F는 바닥면적
	– 바닥면적이 커지면 지속시간은 ( )진다. – 바닥면적이 작으면 지속시간은 ( )진다. – 온도가 높으면 ( ) 탄다. – 온도가 낮으면 ( ) 탄다.

04 목조건축물과 내화구조 건축물의 화재

62. 목조건축물의 화재진행

화재원인 → (　　　) → (　　　) → 발화 → 최성기 → (　　　) → 진화

63. 목재의 연소 시 산화물 3가지 이상

① (　　　), ② (　　　), ③ (　　　)

64. 내화건축물의 화재 시 콘크리트, 회반죽, 장식물 등이 무너져 내리는 콘크리트 폭발현상은 (　　　)에서 발생한다.

65. 내화건축물의 화재 시 흑색 연기 및 화염 등이 분출하여 실내 전체가 한 순간에 화염으로 휩싸이는 시기는 (　　　)이다.

66. 철근콘크리트조, 연와조, 기타 이와 유사한 구조로 대통령령으로 정한 내화성능을 가지는 것을 말하며, 최종적인 단계에서 내장재가 전소된다 하더라도 수리하여 재사용할 수 있는 구조를 (　　　)라 한다.

67. 내화구조로서 벽(외벽 중 비내력벽 제외)의 기준
① 철근콘크리트조 또는 철골철근콘크리트조로서 두께가 (　　　)센티미터 이상인 것
② 골구를 철골조로 하고 그 양면을 두께 (　　　)센티미터 이상의 철망모르타르 또는 두께 5센티미터 이상의 콘크리트블록·벽돌 또는 석재로 덮은 것
③ 철재로 보강된 콘크리트블록조·벽돌조 또는 석조로서 철재에 덮은 콘크리트블록 등의 두께가 (　　　)센티미터 이상인 것
④ 벽돌조로서 두께가 (　　　)센티미터 이상인 것
⑤ 고온·고압의 증기로 양생된 경량기포 콘크리트패널 또는 경량기포 콘크리트블록조로서 두께가 (　　　)센티미터 이상인 것

68. 내화구조로서 외벽 중 비내력벽의 기준
① 철근콘크리트조 또는 철골철근콘크리트조로서 두께가 (　　　)센티미터 이상인 것
② 골구를 철골조로 하고 그 양면을 두께 (　　　)센티미터 이상의 철망모르타르 또는 두께 (　　　)센티미터 이상의 콘크리트블록·벽돌 또는 석재로 덮은 것
③ 철재로 보강된 콘크리트블록조·벽돌조 또는 석조로서 철재에 덮은 콘크리트블록등의 두께가 (　　　)센티미터 이상인 것
④ 무근콘크리트조·콘크리트블록조·벽돌조 또는 석조로서 그 두께가 (　　　)센티미터 이상인 것

69. 목재구조와 내화구조의 비교

	목재구조	내화구조
최고온도	( )℃	( )℃
진행시간	( )분	( )시간
특징	( )	( )

05 건축물의 방화구조

70. 구획실 화재 시 화염이 최초의 발화원으로 다시 되돌아와 옮겨 붙는 현상으로서 불이나 고온의 표면 근처에서 인화성 액체 용기를 들고 액체를 부었을 때 인화성 액체를 타고 화염이 용기를 향해 역으로 연소해 들어가는 현상은 (   )이다.

71. (   )이란 착화 후에 버너를 제거한 때부터 불꽃을 올리면서 연소하는 상태가 그칠 때까지의 경과시간이다.

72. (   )이란 착화 후에 버너를 제거한 때부터 불꽃을 올리지 아니하고 연소하는 상태가 그칠 때까지의 경과시간이다.

73. (   )란 완전히 용융될 때까지 필요한 불꽃을 접하는 횟수이다.

74. (   )이란 실내화재 발생 시 하중지지력, 차염성, 차열성을 확보하기 위하여 설정하는 구획으로 인접구역의 화염, 열 연기의 확산을 방지한다.

75. (   )이란 연기가 확산되지 않도록 일정한 성능을 갖춘 방연벽 등을 설치하는 것이다.

76. (   )이란 설비에 의한 차압을 발생시켜 의해 화재나 연기가 구획내로 들어오지 못하도록 설비시설을 설치하는 것이다.

77. (   )이란 화재발생 시 인명의 피난에 안전하도록 방화, 방연상 구획되고 제연설비를 갖춘 안전한 장소를 말한다.

78. (   )이란 면적에 따라 소방시설의 설치를 구획하는 것이다.

79. (   )이란 화재발생 시 화염확산을 방지하기 위해 공간을 구획하는 것을 말한다.

80. 방화문의 종류
① (   )이란 연기 및 불꽃을 차단할 수 있는 시간이 60분 이상이고, 열을 차단할 수 있는 시간이 30분 이상인 방화문이다.
② (   )이란 연기 및 불꽃을 차단할 수 있는 시간이 60분 이상인 방화문이다.
③ (   )이란 연기 및 불꽃을 차단할 수 있는 시간이 30분 이상 60분 미만인 방화문이다.

81. (   )는 건물과 건물 간의 벽에서의 개구부로서 내화율은 3시간 이상인 것이다.

82. (   )는 건물 내 계단 및 엘리베이터 등 수직으로 통하는 개구부로서 내화율은 1시간 30분 이상인 것이다.

83. 건축물의 방화계획 중 공간적 대응은 (   ), (   ), (   )이다.

84. 재난상황 시 인간의 피난본능
① (   )에 따라 화재 시 인간은 평소의 습관처럼 출입구, 통로를 향하는 경향이 있다. 따라서 이동방향의 마지막을 안전지대로 만드는 것이 좋다.
② (   )에 따라 화재 발생 시 초기의 상황 파악을 위해 소수 인원만 모이지만 화재가 확대되면 위험을 감지하고 발화지점의 반대 방향으로 이동한다.
③ (   )에 따라 화재 시 연기와 화염에 의해 시야가 흐려지면 개구부, 조명이 있는 곳으로 모이기 때문에 출입구, 계단 등에 유도등을 설치하고 외부 피난계단을 설치한다.
④ (   )에 따라 불특정 다수가 모이면 화재의 최초 대응자를 따라 전체가 움직이는 본능 때문에 피해가 확대되는 현상이 나타나기도 한다.
⑤ (   )에 따라 일반적으로 오른손잡이는 오른쪽 신체로 행동하기 때문에 화재와 같은 어두운 환경에서는 왼쪽방향인 시계반대방향으로 이동한다.

85. 피난 경로는 간단명료해야 하며, 피난 수단은 첨단식 방법에 의하는 것을 원칙으로 한다.
$\boxed{\text{O} \mid \text{X}}$

86. 피난설비는 이동식 시설에 의하되, 보조적으로 고정식 설비를 설치한다. $\boxed{\text{O} \mid \text{X}}$

87. 일정한 구획을 한정하여 피난Zone을 설정하고, 피난구는 항시 사용할 수 있도록 해야 한다.
$\boxed{\text{O} \mid \text{X}}$

88. 피난대책은 Fool-Proof와 Fail-Safe의 원칙으로 하되, 정전시에도 피난방향을 명백히 할 수 있는 표시를 한다. $\boxed{\text{O} \mid \text{X}}$

89. 피난방향의 종류 중 확실한 피난로가 보장되는 방식은 T형과 I형이다. $\boxed{\text{O} \mid \text{X}}$

90. 피난방향의 종류 중 방향이 확실하여 분간하기 쉬운 방식은 X형과 Y형이다. $\boxed{\text{O} \mid \text{X}}$

91. 피난방향의 종류 중 중앙 Core식으로 피난자들의 집중으로 Panic 현상이 일어날 우려가 있는 방식은 H형과 Co형이다. $\boxed{\text{O} \mid \text{X}}$

92. 피난방향의 종류 중 중앙복도형에서 Core식 중 양호한 방식은 Z형과 ZZ형이다. $\boxed{O \mid X}$

93. (   )란 피난 및 유도표시는 문자보다는 색과 형태를 이용하거나 피난방향으로 문을 열 수 있도록 하는 것 등의 방법이다.

94. (   )란 2방향 이상의 피난통로를 확보하는 피난대책 등의 방법이다.

95. 피난시설계획에서 수평방향 이동의 가장 중요 수단은 (   )이고, 수직방향 이동의 가장 중요 수단은 (   )이다.

96. (   )은 한곳에서 연속되는 계단을 말한다.

06 위험물

97. 제1류 위험물은 (   ) 고체로서, 가열, 충격, 마찰, 타격으로 분해하여 산소를 방출하여 가연물의 연소를 도와준다.

98. 제1류 위험물 중 액상인 것은 수직으로 된 안지름 30mm, 높이 120mm의 원통형 유리 시험관에 시료를 (   )mm까지 채운 다음 시험관을 수평으로 하였을 때 시료액면의 선단이 (   )mm를 이동하는 데 걸리는 시간이 (   )초 이내에 있는 것이다.

99. 제1류 위험물 중 (   )를 제외하고는 다량의 물을 사용하여 소화하는 것이 유효하다.

100. 제1류 위험물 중 지정수량이 50kg 이하인 것 3가지 이상
① (   ), ② (   ), ③ (   )

101. 무기과산화물 종류 3가지 이상
① (   ), ② (   ), ③ (   )

102. 제2류 위험물은 (   ) 고체로서 화염에 의한 발화의 위험성 또는 인화의 위험성을 판단하기 위하여 고시로 정하는 시험에서 고시로 정하는 성질과 상태를 나타내는 것이다.

103. 제2류 위험물 중 황은 순도가 (   )wt% 이상인 것이고, 철분은 철의 분말로서 (   )㎛의 표준체를 통과하는 것이 (   )wt% 미만인 것은 제외된다.

104. 제2류 위험물 중 금속분이라 함은 알칼리금속ㆍ알칼리토류금속ㆍ철 및 마그네슘 외의 금속의 분말을 말하고, (   )ㆍ니켈분 및 (   )마이크로미터의 체를 통과하는 것이 (   ) 중량퍼센트 미만인 것은 제외한다.

105. 제2류 위험물 중 마그네슘에서 (   )밀리미터의 체를 통과하지 아니하는 덩어리 상태의 것과 직경 2밀리미터 이상의 막대 모양의 것은 (   )된다.

106. 제2류 위험물 중 지정수량이 100kg인 것은 (   ), (   ), (   )이고, 지정수량이 1,000kg인 것은 (   )이다.

107. 제2류 위험물은 비중은 1보다 크고 물에 (   )이며 산소를 함유하지 않기 때문에 강력한 (   ) 물질이다.

108. 제2류 위험물의 (   ), (   ), (   ), (   )은 건조사, 건조분말 등으로 질식소화하여야 하는데 이중 (   )은 금수성은 아니나 물과 만나 유독물질인 (   )가 발생하기 때문에 건조사가 적합하다.

109. 적린과 인화성고체 등은 물에 의한 (   )가 적당하고, 황은 (   )가 적당하다.

110. 황은 공기중에서 연소하면 푸른빛을 내며 (   )을 발생시킨다.

111. 철분, 금속분인 알루미늄분·아연분·티타늄, 마그네슘은 물과 만나 (   )를 발생시킨다.

112. 마그네슘과 이산화탄소의 반응식
① $2Mg + CO_2 \rightarrow 2MgO + ($ $)$
② $Mg + CO_2 \rightarrow MgO + ($ $)$

113. 인화성고체라 함은 고형알코올 그 밖에 1기압에서 인화점이 (   )인 고체를 말한다.

114. (   )이란 고체 또는 액체로서 공기 중에서 발화의 위험성이 있거나 물과 접촉하여 발화하거나 가연성가스를 발생하는 위험성이 있는 것을 말한다.

115. 제3류 위험물 중 유기화합물은 (   ), (   ), (   )이다.

116. (   )을 제외한 금수성 물질은 물과 반응하여 가연성가스를 발생하고 발열한다.

117. (   ), (   ) 및 (   )은 산소가 함유되지 않은 경유, 등유 등에 저장한다.

118. 저급 물질이란 (   )의 수가 적은 것을 의미하고, 알킬기에서 (   )의 수가 적은 것을 말하며, 저급의 것은 반응성이 풍부하여 공기 중에서 (   )한다.

119. 칼륨과 나트륨의 물리적 상태는 (   )이고, 트라이메틸알루미늄과 트라이에틸알루미늄은 (   )이다.

120. 트라이메틸알루미늄은 물과 만나 (   )을 발생시키고, 트라이에틸알루미늄은 물과 만나 (   )을 발생시키며, 칼륨과 나트륨은 물과 만나 (   )를 발생시킨다.

121. 황린의 자연발화점
① 습한 공기 중에서는 (   )℃에서 자연발화가 가능
② 미분인 가루 상태에서는 (   )℃에서 자연발화가 가능
③ 고체에서는 (   )℃에서 자연발화가 가능

122. 인화칼슘과 인화알루미늄은 물과 만나 (   ) 가스를 발생시킨다.

123. 탄화칼슘은 물과 만나 (   )이 발생한다.

124. (   )란 가연성물질로서 인화성 증기를 발생하는 액체위험물로 흔히 기름이라 말하는 것으로 액체연료 및 여러 물질을 녹이는 용제 등으로 일상생활 및 산업분야 등에 많이 이용되고 있다.

125. 인화성액체는 주로 물보다 (   ) 유류가 더 많으며, 기화된 유증기는 공기보다 (   ).

126. 유류화재 시에는 (   )에 의한 질식소화가 좋다.

127. 제4류 위험물 중 물에 혼합되는 수용성 위험물에는 (   )를 사용하여 질식소화하거나 다량의 물로 희석시켜 희석소화한다.

128. 제3석유류인 중유 또는 클레오소트유 화재 시 (   )주수하면 유류 표면에 엷은 수막층이 형성되어 공기중의 산소공급을 차단하는 (   )효과와 질식소화 효과가 있다.

129. 제4류 위험물의 인화점
① 특수인화물의 인화점은 1기압에서 (   )℃ 이하
② 제1석유류의 인화점은 1기압에서 (   )℃ 이하
③ 제2석유류의 인화점은 1기압에서 (   )℃ 이상 (   )℃ 미만
④ 제3석유류의 인화점은 1기압에서 (   )℃ 이상 (   )℃ 미만
⑤ 제4석유류의 인화점은 1기압에서 (   )℃ 이상 (   )℃ 미만
⑥ 동식물유류의 인화점은 1기압에서 (   )℃ 미만

130. 제4류 위험물은 전기 (   )이므로 정전기 발생에 주의해야 한다.

131. (   )는 제4류 위험물 중 착화점이 낮고 증기가 유독하며, 연소 시 (   )가 발생하면 파란 불꽃을 나타낸다. 따라서 가연성 증기 발생을 억제하기 위하여 (   )에 저장한다.

132. 알코올류는 1분자를 구성하는 탄소원자의 수가 (   )부터 (   )까지인 포화 (   ) 알코올(변성알코올 포함)을 말하며, 알코올의 함유량이 (   )중량퍼센트 미만인 수용액은 제외된다.

133. 동식물유류는 (   )에 따라 건성유, 반성유, 불건성유로 분류되며, (   )이 클수록 자연
발화가 잘 일어난다.

134. (   )은 자기연소성 물질 또는 내부연소성 물질이라 하며 가연물인 동시에 자체 내에 산소
공급체가 공존하는 것으로서 화약의 원료 등으로 많이 이용되고 있다.

135. 제5류 위험물은 물질자체 내부에 산소를 함유하여 (   )소화가 어렵다.

136. 제5류 위험물은 화재 초기시에는 다량의 물로 (   )소화가 적당하다.

137. (   )는 액체로서 산화력의 잠재적인 위험성을 판단하기 위하여 고시로 정하는 시험에서
고시로 정하는 성질과 상태를 나타낸 것이다.

138. 제6류 위험물 중 (   )를 제외하고 물과 접촉하면 심하게 발열한다.

139. 과산화수소의 농도가 (   )wt% 이상인 것과 질산의 비중이 (   ) 이상인 것이 제6류
위험물이다.

140. 제6류 위험물은 (   )이지만 연소를 돕는 물질이므로 화재 시에는 가연물과 (   )하도
록 한다.

141. 과산화수소 화재 시에는 다량의 물을 사용하여 (   )가 가능하다.

142. 마그네슘의 연소반응식 : $2Mg + O_2 \rightarrow$ (   )

143. 물과 반응하여 아세틸렌(C_2H_2)이 발생하는 물질 2가지 이상
① (   ), ② (   )

144. 물과 반응하여 포스핀(PH_3)이 발생하는 물질 2가지 이상
① (   ), ② (   )

145. 에틸알코올의 연소반응식 : $C_2H_5OH +$ (   )$O_2 \rightarrow$ (   )$CO_2 +$ (   )H_2O

146. 위험물안전관리법령상 위험등급 I
① 제1류 위험물 중 아염소산염류, 염소산염류, 과염소산염류, (   ) 그 밖에 지정 수량이
(   )kg인 위험물

② 제3류 위험물 중 칼륨, 나트륨, 알킬알루미늄, (　　　), (　　　) 그 밖에 지정수량이 (　　　)kg 또는 (　　　)kg인 위험물

③ 제4류 위험물 중 (　　　)

④ 제5류 위험물 지정수량이 (　　　)kg인 위험물

⑤ (　　　)

147. 제1류 위험물은 가연물과의 접촉·혼합이나 분해를 촉진하는 물품과의 접근 또는 과열·충격·(　　　) 등을 피하는 한편, (　　　) 및 이를 함유한 것에 있어서는 물과의 접촉을 피하여야 한다.

148. 제2류 위험물은 산화제와의 (　　　)·혼합이나 불티·불꽃·고온체와의 접근 또는 과열을 피하는 한편, (　　　)·(　　　)·(　　　) 및 이를 함유한 것에 있어서는 물이나 산과의 접촉을 피하고 (　　　)에 있어서는 함부로 증기를 발생시키지 아니하여야 한다.

149. 제3류 위험물 중 (　　　)에 있어서는 불티·불꽃 또는 고온체와의 접근·과열 또는 공기와의 접촉을 피하고, (　　　)에 있어서는 물과의 접촉을 피하여야 한다.

150. 제4류 위험물은 불티·(　　　)·고온체와의 접근 또는 과열을 피하고, 함부로 (　　　)를 발생시키지 아니하여야 한다.

151. 제5류 위험물은 불티·불꽃·고온체와의 접근이나 과열·(　　　) 또는 (　　　)을 피하여야 한다.

152. 제6류 위험물은 가연물과의 접촉·혼합이나 (　　　)를 촉진하는 물품과의 접근 또는 (　　　)을 피하여야 한다.

153. 제조소에는 보기 쉬운 곳에 다음 각목의 기준에 따라 "위험물 제조소"라는 표시를 한 표지를 설치하여야 한다.

① 표지는 한변의 길이가 (　　　)m 이상, 다른 한변의 길이가 (　　　)m 이상인 직사각형으로 할 것

② 표지의 바탕은 (　　　)으로, 문자는 (　　　)으로 할 것

③ 게시판에는 저장 또는 취급하는 위험물의 (　　　)·품명 및 (　　　) 또는 취급최대 수량, 지정수량의 배수 및 안전관리자의 성명 또는 직명을 기재할 것

154. 제1류 위험물 중 알칼리금속의 과산화물과 이를 함유한 것 또는 제3류 위험물 중 금수성물질의 게시판에는 (　　　)을 표기해야 한다.

155. 제2류 위험물 중 인화성고체를 제외하고 게시판에는 (   )를 표기해야 한다.

156. 제2류 위험물 중 인화성고체, 제3류 위험물 중 자연발화성물질, 제4류 위험물 또는 제5류 위험물의 게시판에는 (   )을 표기해야 한다.

157. 위험물 게시판의 색은 "물기엄금"을 표시하는 것에 있어서는 (   )바탕에 (   )문자로, "화기주의" 또는 "화기엄금"을 표시하는 것에 있어서는 (   )바탕에 (   )문자로 할 것

158. 위험물 운반 시 운반용기 외부 표시사항(예외적인 경우 제외)
① 제1류 위험물 중 알칼리금속의 과산화물 또는 이를 함유한 것에 있어서는 (   ), (   ) 및 (   ), 그 밖의 것에 있어서는 "화기·충격주의" 및 "가연물접촉주의"
② 제2류 위험물 중 철분·금속분·마그네슘 또는 이들 중 어느 하나 이상을 함유한 것에 있어서는 (   ) 및 (   ), 인화성고체에 있어서는 (   ), 그 밖의 것에 있어서는 "화기주의"
③ 제3류 위험물 중 자연발화성물질에 있어서는 (   ) 및 (   ), 금수성물질에 있어서는 "물기엄금"
④ 제4류 위험물에 있어서는 (   )
⑤ 제5류 위험물에 있어서는 (   ) 및 (   )
⑥ 제6류 위험물에 있어서는 (   )

159. 주유취급소 표지에는 (   )바탕에 (   )문자로 "주유중엔진정지"라는 표시를 한 게시판을 설치해야 한다.

07 유류화재 이상현상

160. (   )란 유류탱크의 화재 시 액면에 열유층이 생성되어 이 열이 서서히 탱크바닥으로 도달했을 때 물과 기름의 에멀션이 부피팽창을 하면서 기화되고 탱크의 유류가 갑자기 밖으로 분출하여 화재를 확대시키는 현상이다.

161. (   )란 유류저장탱크 화재 시 물분무나 포를 방사했을 때 표면에서 유류가 소화용수와 함께 튀어 오르는 현상이다.

162. (   )란 가열된 아스팔트와 같이 물이 비점(100℃)보다 온도가 높은 액체를 용기에 부을 때 용기바닥에 고여 있는 물과 닿으면서 물이 비등하여 거품이 넘치는 현상으로 화염은 발생하지 않는다.

163. (   )란 저장된 유류 저장량이 내용적의 50% 미만으로 충전되어 있는 저장탱크에서 발생하며, 화재로 인한 내부 압력상승으로 인한 탱크 폭발현상으로 가장 격렬하다.

164. (   )란 탱크의 벽면이 가열된 상태에서 포를 방출하는 경우 가열된 벽면 부분에서 포가 열화되어 안정성이 저하된 상태에서 증발된 유류가스가 발포되어 있는 거품층을 뚫고 상승되어 유류가스에 불이 붙는 현상이다.

165. (   )란 가연성 또는 인화성액체가 저장탱크 또는 웅덩이에서 일정한 액면이 대기 중에 노출되어 화염의 열에 의해 불이 붙는 액면화재를 말한다.

166. (   )란 가압상태의 위험물 이송배관이나 가압펌프에서 액체가 분출될 때 착화된 화재로서 탄화수소계 위험물의 이송배관이나 용기로부터 위험물이 고속으로 추출될 때 점화되어 발생하는 (   ) 확산형 화재이다.

167. 보일오버의 화재 시 바닥의 (   )을 배출하여 (   )의 형성을 방지하거나 (   ) 등을 탱크 내부로 던져서 물이 끓기 전에 비등석이 (   )를 막아 갑작스런 물의 비등을 억제한다.

168. 식용유 화재에서 슬롭오버현상이 나타나는 경우 뚜껑을 덮거나 (   ) 등을 덮어 기름의 (   )을 방지하고 질식소화를 해야 한다.

169. 제트 파이어 발생 시 소규모 화재인 경우 관계인은 빨리 (   )를 차단하고 대규모일 경우 (   )에 의해 접근이 어려우므로 소방대가 (   )주수로 엄호하며 접근해 밸브를 차단해야 한다.

170. 블레비 현상 예방법으로는 용기 외부에 열전도도가 (   ) 물질로 단열 시공조치를 하거나 (   ) 같은 고정식 살수설비를 설치하여 탱크 (   )부 냉각을 해야 한다.

08 화재조사

171. 화재란 사람의 의도에 반하거나 고의 또는 (　　)에 의하여 발생하는 연소 현상으로서 (　　)할 필요가 있는 현상 또는 사람의 의도에 반하여 발생하거나 확대된 (　　) 폭발현상을 말한다.

172. (　　)란 소방청장, 소방본부장 또는 소방서장이 화재원인, 피해상황, 대응활동 등을 파악하기 위하여 자료의 수집, 관계인 등에 대한 질문, 현장 확인, 감식, 감정 및 실험 등을 하는 일련의 행위를 말한다.

173. (　　)이란 화재원인의 판정을 위하여 전문적인 지식, 기술 및 경험을 활용하여 주로 시각에 의한 종합적인 판단으로 구체적인 사실관계를 명확하게 규명하는 것을 말한다.

174. (　　)이란 화재와 관계되는 물건의 형상, 구조, 재질, 성분, 성질 등 이와 관련된 모든 현상에 대하여 과학적 방법에 의한 필요한 실험을 행하고 그 결과를 근거로 화재원인을 밝히는 자료를 얻는 것을 말한다.

175. (　　)이란 화재조사에 전문성을 인정받아 화재조사를 수행하는 소방공무원을 말한다.

176. (　　)이란 발화의 최초 원인이 된 불꽃 또는 열을 말한다.

177. (　　)이란 열원과 가연물이 상호작용하여 화재가 시작된 지점을 말한다.

178. (　　)이란 발화열원에 의하여 발화로 이어진 연소현상에 영향을 준 인적·물적·자연적인 요인을 말한다.

179. (　　)란 발화에 관련된 불꽃 또는 열을 발생시킨 기기 또는 장치나 제품을 말한다.

180. (　　)이란 발화관련 기기나 제품을 작동 또는 연소시킬 때 사용된 연료 또는 에너지를 말한다.

181. (　　)이란 연소가 확대되는 데 있어 결정적 영향을 미친 가연물을 말한다.

182. (　　)란 화재 당시의 피해물과 같거나 비슷한 것을 재건축(설계 감리비를 포함한다) 또는 재취득하는 데 필요한 금액을 말한다.

183. (　　　　)란 고정자산을 경제적으로 사용할 수 있는 연수를 말한다.

184. (　　　　)이란 피해물의 종류, 손상 상태 및 정도에 따라 피해금액을 적정화시키는 일정한 비율을 말한다.

185. (　　　　)이란 화재 당시에 피해물의 재구입비에 대한 현재가의 비율을 말한다.

186. (　　　　)이란 피해물의 내용연수가 다한 경우 잔존하는 가치의 재구입비에 대한 비율을 말한다.

187. 소방청장, 소방본부장 또는 소방서장은 화재발생 사실을 알게 된 때에는 (　　　　) 화재조사를 하여야 한다.

188. 「소방의 화재조사에 관한 법률」 제5조 제1항에 따라 화재조사관은 화재발생 사실을 (　　　　) 화재조사를 시작해야 한다.

189. 소방관서장은 「소방의 화재조사에 관한 법률 시행령」 제4조 제1항에 따라 조사관을 근무 교대조별로 (　　　　) 배치하여야 한다.

190. 화재조사 대상은 「소방기본법」에 따른 (　　　　)에서 발생한 화재와 (　　　　)이 화재조사가 필요하다고 인정하는 화재이다.

191. 화재조사 사항 4가지 이상
① (　　　　)
② (　　　　)
③ (　　　　)
④ (　　　　)

192. 화재조사 절차는 '현장출동 중 조사 → (　　　　) → (　　　　) → 화재조사 결과 보고' 순이다.

193. 화재조사의 과학적 방법은 '필요성 인식 → (　　　　) → 자료수집 → (　　　　) → 가설수립 → (　　　　) → 최종가설선택' 순이다.

194. 구획실 화재 시 부력에 의해 화염과 고온가스는 상승하게 되므로 상부에는 고온가스, 하단에는 화염이 있는 (　　　　)를 나타난다.

195. 구획실 화재 시 연소의 확산속도는 수평 (　　　　)m/s, 아래 (　　　　)m/s, 위 (　　　　)m/s이다.

196. ( )이란 건물 외벽 등 외주부를 통한 화염의 상층으로의 수직확산을 방지하기 위해 창문 등의 개구부와 개구부 사이의 내화구조 등으로 된 벽체 등의 구조를 말한다.

197. 탄화심도는 발화부에 가까울수록 ( ) 경향이 있으므로 이곳을 발화부로 추정한다.

198. ( )란 화재로 화염이 외부로 누출되면 벽면을 따라 상층으로 확대될 때 유출된 화염은 초기에는 벽에 부착되지 않고 떨어져서 상승하지만, 시간이 지나면서 벽과 외기의 압력차에 의해 화염이 벽쪽으로 기울어지면서 재부착이 일어나는 현상이다.

199. ( )이란 화재 시 피난 도중 다른 집단이나 사람을 만나면 탈출을 멈추고 한군데 모여서 죽음을 맞이하는 현상이다.

200. 화재플럼에 의한 지배패턴의 종류 3가지 이상
①
②
③

201. 화재패턴은 그 형상에 따라 크게 ( )과 ( ) 두 가지로 나뉘게 된다.

202. 화재패턴 중 ( )이란 발화지점에서 화염이 위로 올라가면서 밑면은 뾰족하고 위로 갈수록 수평면으로 넓어지는 연소 형태이다.

203. 화재패턴 중 바닥 표면이 넓게 연소되고 수직벽면으로 연소될 때 상부가 좁고 하부가 넓은 패턴을 ( )이라 한다.

204. ( )이란 일명 퍼붓기 패턴이라고도 하며, 액체가연물이 흐르는 형태대로 연소한 흔적이다. 이는 인화성액체 가연물이 바닥에 쏟아졌을 때 쏟아진 부분과 쏟아지지 않은 부분의 탄화 경계 흔적을 말한다. 이러한 형태는 액체가연물이 있는 곳은 다른 곳보다 연소형태가 강하기 때문에 정도의 강약에 의해서 구분된다.

205. ( )이란 일명 튀김연소 패턴이라고도 하며, 인화성액체가 쏟아지면서 주변으로 튀거나, 연소되면서 발생하는 열에 의해 가열되어 액면에서 끓고, 주변으로 튄 액체가 포어패턴의 미연소 부분에서 국부적으로 점처럼 연소된 흔적을 의미한다.

206. ( )이란 타일 밑으로 스며든 액체가연물이 화재발생과 동시에 격렬하게 연소되고, 타일 틈새 모양으로 박리된 패턴을 나타낸다.

207. (   )이란 화재 현장에서 원형 또는 타원형의 연소 흔적이 남는 형태를 말하며, 특정한 발화지점에서 불꽃이 퍼져나가는 상황을 나타낸다.

208. (   )이란 일명 고리모양 패턴이라고도 하며, 거친 고리모양으로 연소된 부분이 덜 연소된 부분을 둘러싸고 있는 '도넛모양'형태는 가연성액체가 웅덩이처럼 고여 있을 경우 발생한다.

209. (   )이란 수평면에 길고 직선적인 형태로 나타나는 좁은 연소패턴으로 의도적으로 불을 지르기 위해 두루마리 화장지 등에 인화성 액체를 뿌려 놓고 한 지점에서 다른 지점으로 연소확대시키기 위한 수단으로 쓰일 때 나타난다.

210. 방화와 관련된 화재패턴으로는 (   ), (   ), (   ), (   )이 있다.

211. (   )이란 작은 불씨를 말하는 것으로 담배꽁초, 향불, 용접 및 절단작업에서 발생하는 스파크, 기계적 충격에 의한 스파크, 그라인더 등 절삭기에 의한 스파크 등을 말한다.

212. 화재현장 보존조치를 하거나 통제구역을 설정한 경우 누구든지 (   ) 또는 (   )의 허가 없이 화재현장에 있는 물건 등을 이동시키거나 변경·훼손하여서는 아니 된다.

213. 화재현장 보존조치를 하거나 통제구역을 설정하는 경우 화재현장 보존조치나 통제구역의 (   ), (   ), (   )이 포함된 표지를 설치해야 한다.

214. 화재현장 보존조치의 해제 사유는 (   )와 화재현장 보존조치나 통제구역의 설정이 해당 화재조사와 관련이 없다고 인정되는 경우이다.

215. 전담부서의 업무 3가지 이상
①
②
③

216. 소방관서장은 (   )으로 하여금 화재조사 업무를 수행하게 하여야 한다.

217. 화재조사관의 자격기준
①
②

218. 소방관서장은 화재조사전담부서에 화재조사관을 (   ) 배치해야 한다.

219. 화재조사관 자격시험에 응시할 수 있는 소방공무원은 소방관서장이 실시하는 화재조사관 양성을 위한 전문교육을 이수한 사람과 (   ) 또는 소방청장이 인정하는 외국의 화재조사 관련 기관에서 (   ) 이상 화재조사에 관한 전문교육을 이수한 사람이다.

220. 화재합동조사단 구성과 운영에 관한 기준(단, 임야화재는 제외한다)
　① 소방서장 : 사망자가 (   ) 이상이거나 사상자가 10명 이상 또는 재산피해액이 (   ) 이상 발생한 화재
　② 소방본부장 : 사상자가 (   )명 이상이거나 2개 (   ) 이상에 발생한 화재
　③ 소방청장 : 사상자가 (   )명 이상이거나 2개 (   ) 이상에 걸쳐 발생한 화재

221. 1건의 화재란 (   )에서 확대된 것으로 발화부터 진화까지를 말한다.

222. 동일 소방대상물의 발화점이 2개소 이상 있는 화재로서 누전점이 동일한 누전에 의한 화재는 (   )의 화재로 한다.

223. 동일 소방대상물의 발화점이 2개소 이상 있는 화재로서 지진, 낙뢰 등 자연현상에 의한 다발화재는 (   )의 화재로 한다.

224. 동일범이 아닌 각기 다른 사람에 의한 방화, 불장난은 동일 대상물에서 발화했더라도 각각 (   )의 화재로 한다.

225. 건축물, 구조물 또는 그 수용물이 소손된 것은 (   ) 화재이다.

226. 산림, 야산, 들판의 수목, 잡초, 경작물 등이 소손된 것은 (   )이다.

227. 사상자는 화재현장에서 (   ) 사람과 (   ) 사람을 말한다. 다만, 화재현장에서 부상을 당한 후 (   ) 이내에 사망한 경우에는 당해 화재로 인한 사망으로 본다.

228. 화재현장에서의 부상의 정도는 의사의 진단을 기초로 하며, 3주 이상의 입원치료를 필요로 하는 부상을 (   )이라 한다.

229. 화재의 소실정도는 건물의 (   )에 대한 비율로 산정한다.

230. 화재의 소실면적 산정은 건물의 (   )으로 산정한다.

231. (   )란 건물의 화재로 소실된 입체면적의 비율이 (   )% 이상 소실되었거나 또는 그 미만이라도 잔존부분을 보수하여도 (   )이 불가능한 것을 말한다.

232. (　　　)란 건물의 화재로 소실된 입체면적의 비율이 건물의 30% 이상 70% 미만 소실된 것을 말한다.

233. 건축물의 동수산정 시 주요구조부가 하나로 연결되어 있는 것은 (　　　)으로 한다.

234. 건축물의 동수산정 시 건축물이 (　　　) 등으로 2 이상의 동에 연결되어 있는 것은 그 부분을 절반으로 분리하여 각 동으로 본다.

235. 건축물의 동수산정 시 건물의 외벽을 이용하여 실을 만들어 헛간, 목욕탕, 작업실, 사무실 및 기타 건물 용도로 사용하고 있는 것은 (　　　)으로 본다.

236. 건축물의 동수산정 시 구조에 관계없이 지붕 및 실이 하나로 연결되어 있는 것은 (　　　)으로 본다.

237. 건축물의 동수산정 시 목조 또는 내화조 건물의 경우 격벽으로 방화구획이 되어 있는 경우는 (　　　)으로 한다.

238. 독립된 건물과 건물 사이에 차광막, 비막이 등의 덮개를 설치하고 그 밑을 통로 등으로 사용하는 경우는 (　　　)으로 한다.

239. 화재피해액의 산정 시 건물 등 자산에 대한 최종잔가율은 건물·부대설비·구축물·가재도구는 (　　　)%로 하며, 그 이외의 자산은 (　　　)%로 정한다.

240. 화재 피해조사 시 피해산정 추정 방식

① 건물·건축물 : 신축단가(m²당) × (　　　) × $(1 - \dfrac{0.8 \times (\quad)}{\text{내용연수}})$ × 손해율

② 공구 및 기구 : (　　　) × $(1 - \dfrac{(\quad) \times \text{경과연수}}{\text{내용연수}})$ × 손해율

241. (　　　)은 과학적이고 전문적인 화재조사를 위하여 대통령령으로 정하는 시설과 전문인력 등 지정기준을 갖춘 기관을 화재감정기관으로 지정·운영하여야 한다.

242. 화재감정기관의 주된 기술인력이 되려면 화재조사관 자격 취득 후 화재조사 관련 분야에서 (　　　) 근무한 사람이어야 한다.

243. 국가화재정보시스템에서 수집·관리해야 하는 화재정보 5가지 이상

①

②

③

④

⑤

244. 정당한 사유 없이 화재조사관의 출입 또는 조사를 거부·방해 또는 기피한 사람은 (   )
이하의 (   )에 처한다.

245. 화재조사관의 출입하여 화재조사 시 보고 또는 자료 제출을 하지 아니하거나 거짓으로 보고
또는 자료를 제출한 사람은 (   ) 이하의 (   )에 처한다.

01 소화의 기본원리

1. 연소의 4요소 중 (　　　)을 제거하는 것이 소화의 기본원리며, 이를 4대 소화 효과라고 한다.

2. 4대 소화 효과는 (　　　), (　　　), (　　　), (　　　)이다.

3. (　　　)란 연소되고 있는 가연물질 또는 주위의 온도를 활성화 에너지 이하로 냉각시켜 소화하는 방법으로 기화열을 이용하여 인화점 및 발화점 이하로 낮추어 소화하는 방법이다.

4. (　　　)란 산소 제거에 의한 소화로서 가연물이 연소하는 데 필요한 산소량을 조절하여 소화하는 방법이다.

5. (　　　)란 연소의 4요소 중에 가연물질의 공급을 차단하거나 안전한 장소로 이동시켜 더 이상 연소가 진행되지 않도록 하는 소화방법이다.

6. (　　　)란 연소의 연쇄반응을 차단·억제하여 소화하는 방법으로 억제소화, 화학적소화작용이라 하며, 할로젠화합물 소화약제가 대표적이다.

7. (　　　)란 비중이 물보다 큰 중유 등 비수용성 유류화재 시 무상주수하거나 포소화약제를 방사하여 유류표면에 엷은 층을 형성하여 공기 중의 산소 공급을 차단시켜 소화하는 방법을 말한다.

8. (　　　)란 가연물의 농도를 희석시키는 것이 기본원리이며, 수용성인 인화성액체의 농도를 묽게 하여 연소농도 이하가 되게 하거나 식용유화재 시 상온의 식용유를 넣어 희석시키는 소화이다.

9. (　　　)란 목재나 유류의 표면화재에서 공기보다 무거운 기체를 방사하여, 연소면이 불연성 물질로 피복되고 연소에 필요한 산소는 차단되어 질식하게 하는 것으로 표면화재와 심부화재에 적합하다.

10. (　　　)는 수분 없이 질식과 냉각을 통한 소화방법을 의미한다.

02 물 소화약제

11. 소화약제의 구비조건 4가지 이상
①
②
③
④

12. 물의 비중은 순수한 물인 경우 1기압 0℃일 때 비중이 가장 크다. ☐ O | X

13. 물은 분자 내에서는 수소결합을, 원자 간에는 극성공유결합을 하여 소화약제로써의 효과가
뛰어나다. ☐ O | X

14. 물의 입자크기가 작게(무상주수하게) 되면 표면적이 증가해서 열을 흡수하여 기화가 용이하
게 되므로 입경이 작을수록 냉각효과가 크다. ☐ O | X

15. 물은 증발잠열이 작고 비열도 낮아 가연물의 온도를 인화점 또는 발화점 이하로 낮추는 냉각
소화작용이 대표적인 소화효과이다. ☐ O | X

16. 물의 소화효과 5가지 이상
① (   ), ② (   ), ③ (   ), ④ (   ), ⑤ (   )

17. 물의 동결방지제로는 ① (   ), ② (   ), ③ (   ) 등이 있다.

18. 물은 표면장력이 커서 가연물에 침투가 비교적 느리지만 (   )를 사용하여 물의 표면장력
을 작게 하면 가연물에 침투가 더 빨라지게 된다.

19. (   )는 물은 유동성이 커서 소화대상물에 장기간 부착되지 못하므로 화재에 방사되는 물
소화약제의 접착성질을 강화시키기 위하여 첨가하는 약제이다.

20. 증점제를 첨가한 물은 물의 사용량을 줄일 수 있고 (   )에서 사용 시 물이 분산되지 않
으므로 목표물에 정확히 도달할 수 있어 주로 (   )화재 진압용으로 사용되는 점성의 약제
이다.

21. 무기과산화물은 주수소화가 적응성이 있다. ☐ O | X

22. 철분, 마그네슘, 금속분은 주수소화가 적응성이 없다. ☐ O | X

23. 탄화칼슘(CaC_2)은 물과 반응하여 포스핀(PH_3)이 발생한다. ☐ O | X

24. 물의 가열 곡선에 따른 현열과 비열

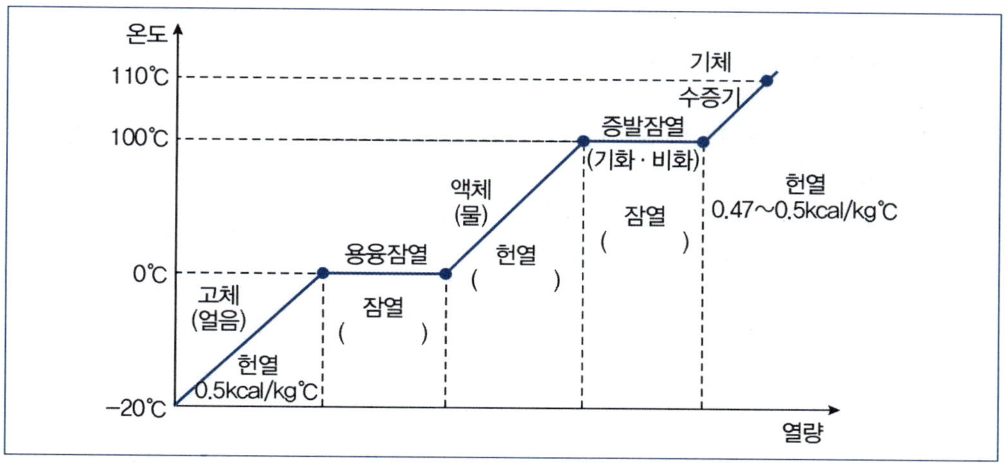

03 포 소화약제

25. 유류화재 시 물을 사용하면 오히려 화재면을 확대할 우려가 있어 (　　　)를 사용한다.

26. 포 소화약제는 주로 (　　) · (　　) · (　　) 소화효과가 있다.

27. 수성막포소화기를 제외한 포소화기의 사용 온도는 (　　)이고, 수성막포소화기는 (　　) 에서 사용한다.

28. 포소화약제의 구비조건 3가지 이상
①
②
③

29. 포소화약제는 물보다 비중이 낮은 유류 표면에 거품을 형성하여 유류의 연소진행을 억제하는 효과가 있기 때문에 질식 및 냉각효과가 커서 유류화재 및 (　　)에도 사용된다.

30. 포소화약제는 소화작업 후 거품에 의한 현장 주변의 (　　)을 제거하기 어려운 단점이 있고, 물이 주성분이어서 (　　)의 소화작업에는 사용하기 어렵다.

31. (　　)는 화재 액표면 위에 수성의 막을 형성함으로써 유동성이 좋은 포의 전파속도를 증가시키고 얇은 수막을 형성하여 유류화재에 적합하나 알코올 등 (　　) 유류에는 적합하지 않다.

32. 수성막포는 (　　), (　　), (　　)이라고 불리기도 한다.

33. 수성막포는 단백포 소화약제의 소화능력보다 (　　)배 정도 높으며 (　　)과 함께 사용했을 경우는 7~8배 정도 소화성능이 증가한다.

34. 수성막포는 (　　) 이상의 가열된 탱크 벽에서는 벽 주변의 피막이 파괴되고, 포가 얇아 내열성이 약해 (　　)현상이 일어날 수 있다.

35. 수성막포의 원액은 (　　)색이고, 화학적 안정성이 좋아 (　　)보관이 가능하며, 내유성이 커서 (　　)방식에 적당하다.

36. 표면하주입방식이 적당한 포소화약제는 (   )와 (   ) 소화약제이다.

37. 수용성 가연물의 경우 포의 소포성을 방지하기 위하여 단백질의 가수분해물, 계면활성제에 금속비누 등을 첨가하여 유화 분산시킨 것을 원제로 한 (   ) 소화약제를 사용한다.

38. 단백포 소화약제는 내열성이 좋아 (   )현상이나 재연소 방지효과가 좋으나 (   )이 좋지 않아 유면을 덮는 데 오래 걸린다.

39. (   )소화약제는 고발포형이 있어 팽창범위가 넓다.

40. 합성계면 활성제포는 고발포는 저발포에 비해 (   )이 좋다.

41. 기계포의 포의 팽창비 :

$$\frac{(\qquad)}{발포\ 전\ 포수액의\ 체적}$$

42. 기계포의 저발포 형은 (   )형이 있으며, 팽창비는 (   )이다.

43. 기계포의 고발포 형은 (   )형이 있으며, 팽창비에 따라 3종으로 구분한다.
① 제1종 기계포 :
② 제2종 기계포 :
③ 제3종 기계포 :

44. (   )는 펌프와 발포기의 중간에 설치된 벤투리관의 벤투리 작용에 의하여 포소화약제를 흡입, 혼합하는 방식이다.

45. (   )는 펌프의 토출관과 흡입관 사이의 배관 도중에 설치한 흡입기에 펌프에서 토출된 물의 일부를 보내고 농도 조절밸브에서 조정된 포소화약제의 필요량을 포소화약제 탱크에서 펌프 흡입측으로 보내어 약제를 혼합하는 방식이다.

46. (   )는 펌프와 발포기의 중간에 설치된 벤투리관의 작용과 펌프 가압수의 포소화약제 저장탱크에 대한 압력에 의하여 포소화약제를 흡입, 혼합하는 방식이다.

47. (   )는 펌프 토출관에 압입기를 설치하여 포소화약제 압입용 펌프로 포소화약제를 압입시켜 혼합하는 방식이다.

48. (   )은 압축공기 또는 압축질소를 일정비율로 포수용액에 강제 주입 혼합하는 장치이다.

49. 라인 프로포셔너방식은 소규모 또는 이동식 간이설비에 사용되는 방법으로 포소화전 또는 한정된 방호대상물의 포소화설비에 적용한다. ○ | ✕

50. 펌프 프로포셔너방식은 혼합기를 통한 압력손실이 매우 낮고, 혼합 가능한 유량의 범위가 넓다. ○ | ✕

51. 펌프 프로포셔너방식은 화학소방차 등에서 주로 사용하는 방식이다. ○ | ✕

52. 펌프 프로포셔너방식은 포소화설비의 가장 일반적인 혼합방식이다. ○ | ✕

53. 프레져 프로포셔너방식은 소화용수의 수압에 의한 압입과 혼합기의 벤투리효과에 의한 흡입을 이용한 것으로 약제 탱크에는 격막이 있는 것과 없는 것의 2종류가 있다. ○ | ✕

54. 프레져 프로포셔너방식 사용 시 물과 비중이 비슷한 합성계면 활성제포 소화약제는 혼합에 어려움이 있고, 혼합비에 도달하는 시간이 소형은 2~3분, 대형은 15분 정도로 다소 소요된다. ○ | ✕

55. 프레져 프로포셔너방식은 격막이 없는 저장탱크의 경우 물이 유입되어도 재사용이 가능하다. ○ | ✕

56. 프레져사이드 프로포셔너방식은 소화용수와 약제의 혼합 우려가 없어 장기간 보존하며 사용할 수 있으며, 혼합기를 통한 압력손실이 높다. ○ | ✕

57. 프레져사이드 프로포셔너방식은 시설이 거대해지며 설치비가 비싸고 원액펌프의 토출압력이 급수펌프의 토출압력보다 높으면 원액이 혼합기에 유입되지 못한다. ○ | ✕

58. 프레져사이드 프로포셔너방식은 비행기 격납고, 대규모 유류저장소, 석유화학 Plant 시설 등과 같은 대단위 고정식 포소화설비에 사용한다. ○ | ✕

59. 포소화약제 혼합방식 구조도

① (   )

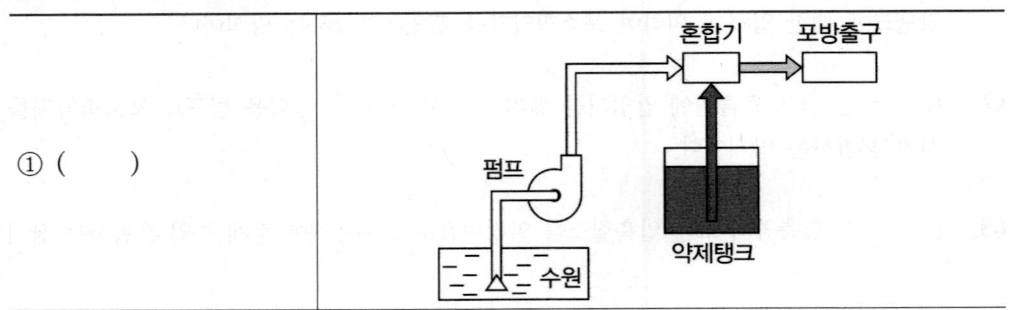

② ( )	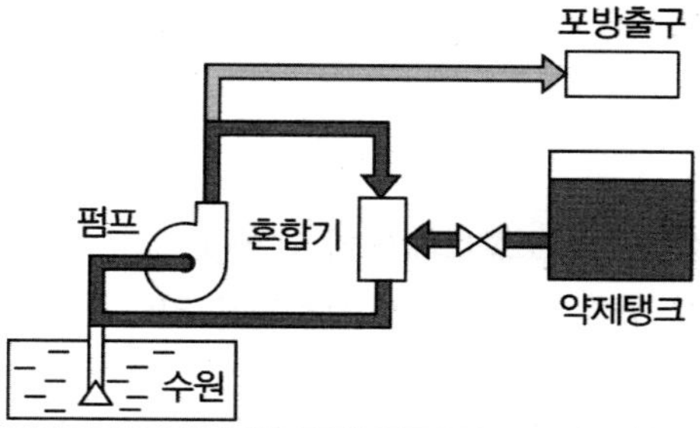 포방출구 펌프 혼합기 약제탱크 수원
③ ( )	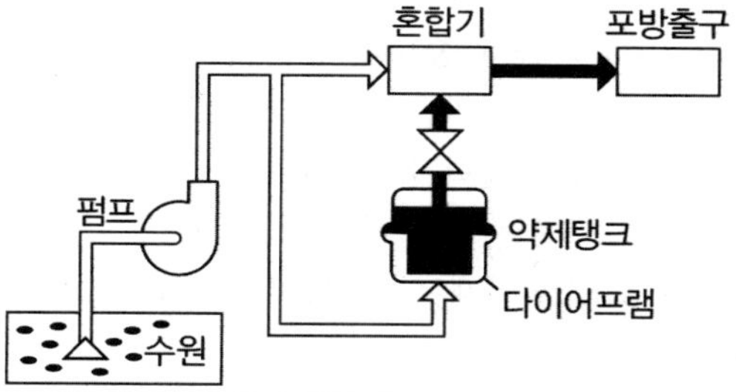 혼합기 포방출구 펌프 약제탱크 다이어프램 수원
④ ( )	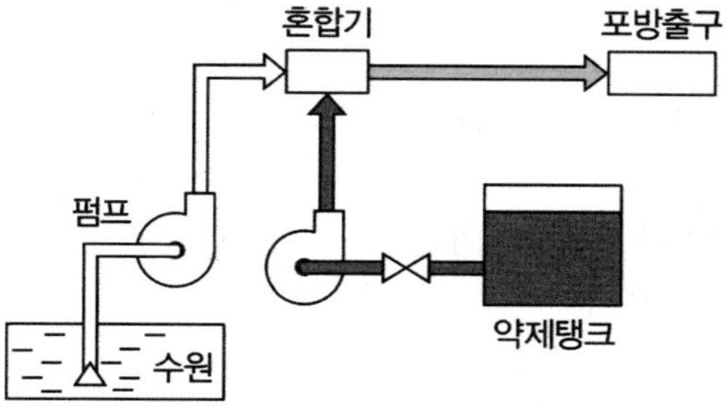 혼합기 포방출구 펌프 수원 약제탱크
⑤ ( )	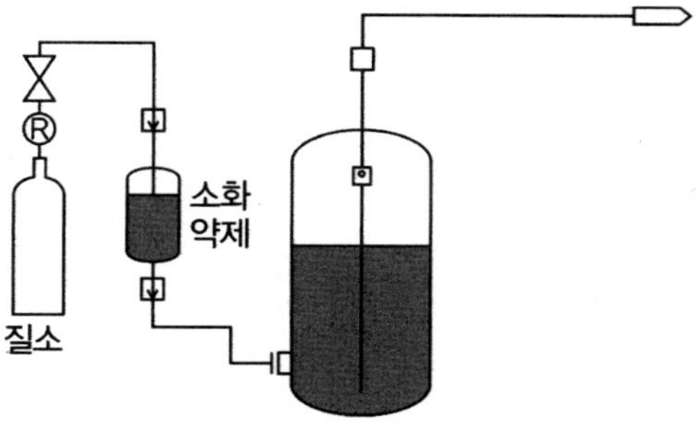 Ⓡ 소화 약제 질소

04 이산화탄소 소화약제

60. 이산화탄소는 소화효과가 타 약제에 비하여 크지 않기 때문에 여러 개의 (　　　) 방식을 통해 전기실 등의 소화설비에 사용되고 있다.

61. 이산화탄소 소화약제의 소화 효과
① (　　　) : 공기 중 산소농도 21%를 약 16~15% 이하의 저농도로 낮추는 효과
② (　　　) : 이산화탄소 소화기를 방사할 때 기화열에 의한 열흡수 효과
③ (　　　) : 이산화탄소 분자량이 공기보다 약 1.5배 무거워 연소물을 덮는 효과

62. 이산화탄소 소화약제는 전기실화재, 통신실화재, (　　　)에 적응성이 있다.

63. 이산화탄소 소화약제는 방출 시 인명피해가 우려되는 (　　　) 지역에는 사용이 제한된다.

64. 이산화탄소 소화약제는 공기보다 무거워서 (　　　)에 효과가 있으며, (　　　)에도 우수하다.

65. 이산화탄소 소화약제는 (　　　)으로 방출이 가능하나 고압으로 방사 시 소음이 크며 질식 우려가 있다.

66. 이산화탄소 체적농도 : $CO_2[vol\%] = \dfrac{(\quad) - O_2}{(\quad)} \times 100$

67. 이산화탄소(CO_2) 소화약제가 공기 중에 34vol% 공급되면 산소의 농도는 (　　　)vol%이다.

05 분말 소화약제

68. 분말 소화약제는 자체적으로는 전기가 통하지 않는 (　　　)이며 독성이 없는 분말약제를 연소물 표면에 뿌려 주변 열을 이용하여 열분해반응을 일으켜 생성된 물질(　　　) 등에 의한 소화방법으로 표면화재에 (　　　)이 있다.

69. (　　　)는 A·B·C급 소화에 쓸 수 있으며 일반화재의 대표적인 차고나 주차장에 적합하며, 질식효과와 부촉매효과를 기대할 수 있다.

70. (　　　)는 식용유가 (　　　)과 만나 비누화현상을 일으키며, 발생된 거품이 유면을 덮어 질식과 냉각 소화효과가 있다. 이때 생성된 거품이 유면을 덮어 냉각효과가 발생하기 때문에 (　　　) 방지에 효과가 있다.

71. (　　　)는 (　　　)이 발생하여 화학적 소화효과가 있다.

72. 제3종 분말소화기는 열분해되어 생성된 (　　　)이 산소와 접촉·차단하여 가연물의 숯불 형태의 잔진 상태의 연소까지 저지시키는 (　　　)에 의한 소화효과가 있다.

73. 분말 소화약제는 습기와 반응하여 고화되기 때문에 이를 방지하기 위하여 금속의 (　　　)이나 (　　　) 등으로 방습 가공을 해야 한다.

74. 분말 소화약제에 사용되는 분말의 입도는 (　　　) 범위이며 최적의 소화효과를 나타내는 입도의 분포는 (　　　)이다.

75. 분말 소화약제의 분말을 수면에 고르게 살포한 경우에 (　　　) 이내에 침강하지 아니하여야 한다.

76. 분말 소화약제의 소화효과 순서는 '(　　　) 분말 < (　　　) 분말 < (　　　) 분말 < (　　　) 분말' 순으로 좋다.

77. 분말소화기의 종류별 주성분 및 열분해 반응식

종류	분말소화약제	착색	소화	열분해 반응식
제1종	중탄산나트륨	( )	B · C급	$2NaHCO_3 \rightarrow Na_2CO_3 +$ ( ) $+$ ( )
제2종	( )	담회색	B · C급	( )
제3종	제1인산암모늄	( )	( )급	( ) $\rightarrow HPO_3 + H_3 + H_2O(P_2O_5)$
제4종	중탄산칼륨 + ( )	( )	B · C급	$2KHCO_3 + (NH_2)_2CO \rightarrow K_2CO_3 + 2NH_3 + 2CO_2$

78. CDC 소화약제는 ( )와 함께 사용되는 약제이다.

79. CDC 소화약제는 방사된 분말이 화염을 입체적으로 둘러싸고 ( ), ( ), ( ), ( ) 효과 등이 있다.

80. ( )는 만능소화약제이다.

06 할론 소화약제

81. 메탄 또는 에탄의 수소원자와 할로젠족원소(　　　)와의 치환체로 만들어진 소화약제로서 일명 (　　　)이라고도 한다.

82. (　　　)는 지구의 오존층을 파괴하는 오존파괴지수가 커서 환경문제점을 갖는 소화약제이다.

83. 할론 소화약제의 종류 및 명명법

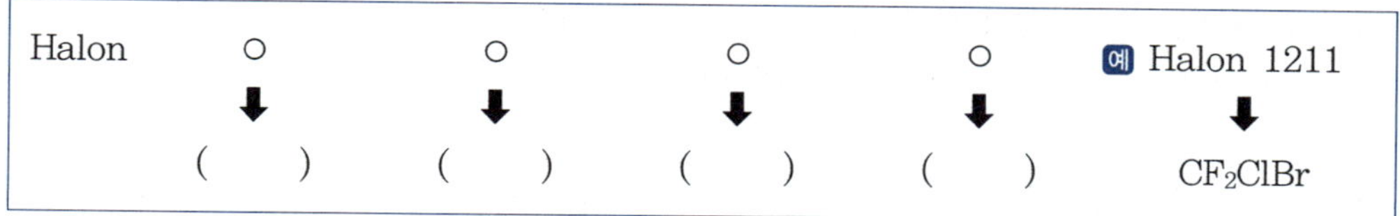

84. (　　　)은 메탄의 유도체로서 자체 독성은 없으나 고온에서 열분해 시 독성이 강한 분해생성물이 발생하며, 할론 소화약제 중에서 독성이 가장 약하다.

85. (　　　)은 메탄의 유도체로서 상온에서 기체이며 공기보다 약 5배 무겁고, 증기압이 낮아 가압용가스로 질소를 사용하여 소화력도 좋은 편이다.

86. (　　　)는 에탄이 치환된 유도체로서 독성이 강하여 소화약제로 거의 사용하지 않고, 상온에서 액체이며, 공기보다 약 9배 무겁다.

87. 할론 소화약제의 대표적인 소화효과는 (　　　)효과이다.

88. 할론 소화약제의 특성 비교
① 할로젠족원소의 (　　　)의 비교 : $F > Cl > Br > I$
② 할로젠족원소의 부촉매효과의 (　　　) 크기 : $F < Cl < Br < I$
③ 소화성능 비교 : $1301 > ($　　　$) > ($　　　$)$
④ 오존파괴 지수(ODP) : (　　　) > (　　　) > 1211
⑤ 독성의 크기 : (　　　) > 1211 > (　　　)

89. 오존파괴지수 계산법 : $ODP = \dfrac{\text{어떤 물질 1kg이 파괴하는 오존량}}{(\quad)\text{의 1kg이 파괴하는 오존량}}$

90. 지구온난화지수의 계산법 : $GWP = \dfrac{\text{어떤 물질 1kg이 기여하는 온난화 정도}}{(\quad)\text{의 1kg이 기여하는 온난화 정도}}$

07 할로젠화합물 및 불활성기체 소화약제

91. 할로젠화합물 소화약제는 (　　　), (　　　), (　　　) 또는 (　　　) 중 하나 이상의 원소를 포함하고 있는 (　　　)화합물을 기본성분으로 하는 소화약제를 말한다.

92. 할로젠화합물 소화약제는 오존과의 반응성이 강한 브로민이 함유되어 있지 않기 때문에 (　　)와 (　　　)가 Halon 물질과 (　　　)에 비하여 무시할 정도로 낮다.

93. 'HCFC BLEND A'의 화학식은 'HCFC$-$123 : (　　　)%', 'HCFC$-$22 : 82%', 'HCFC$-$124 : (　　　)%', '$C_{10}H_{16}$: 3.75%'이다.

94. (　　　)는 헬륨, 네온, 아르곤, 질소 중 하나 이상의 원소를 포함하고 있는 소화약제를 말한다.

95. 불활성기체 소화약제는 (　　　) 효과가 없어서, 밀폐된 공간에서 산소농도를 낮추는 것에 의해 소화한다.

96. (　　　)은 소화성능을 발휘할 수 있는 약제의 농도에서도 사람의 호흡에 문제가 없으므로 사람이 있는 곳에서도 사용이 가능하다.

97. 불활성기체 소화약제의 종류

소화약제	화학식	최대허용 설계농도
불연성·불활성 기체혼합가스(IG$-$100)	(　　　)	43%
불연성·불활성 기체혼합가스(IG$-$01)	(　　　)	(　　　)
불연성·불활성 기체혼합가스(IG$-$55)	N_2 : (　　　), Ar : (　　　)	43%
불연성·활성 기체혼합가스(IG$-$541)	N_2 : (　　　), Ar : (　　　), CO_2 : (　　　)	43%

98. (　　　)은 소화약제 농도를 증가시킬 때 신체에 나쁜 영향을 감지할 수 없는 최대농도이다.

99. (　　　)은 소화약제 농도를 감소시킬 때 신체에 나쁜 영향을 감지할 수 있는 최소농도이다.

100. 강화액 소화약제는 (　　　), 제1종 분말소화약제는 (　　　), 제2종 분말소화약제는 (　　　), 제3종 분말소화약제는 (　　　)에 의해서 부촉매 효과를 가진다.

08 소방시설

101. 소방시설의 개념(「소방시설 설치 및 관리에 관한 법률」 기준 근거)
① (　　　) : 물 또는 그 밖의 소화약제를 사용하여 소화하는 기계·기구 또는 설비
② (　　　) : 화재발생 사실을 통보하는 기계·기구 또는 설비
③ (　　　) : 화재가 발생할 경우 피난하기 위하여 사용하는 기구 또는 설비
④ (　　　) : 화재를 진압하는 데 필요한 물을 공급하거나 저장하는 설비
⑤ (　　　) : 화재를 진압하거나 인명구조활동을 위하여 사용하는 설비

102. 스프링클러설비등에는 (　　　), (　　　), (　　　)가 있다.

103. 물분무등소화설비에는 (　　　), 미분무소화설비, 포소화설비, 이산화탄소소화설비, 할론소화설비, (　　　) 분말소화설비, 강화액소화설비, 고체에어로졸소화설비가 있다.

104. 소형소화기는 능력단위 (　　　) 이상, 대형소화기 능력단위 미만인 소화기이고, 대형소화기는 화재 시 쉽게 운반할 수 있도록 운반대와 바퀴가 설치되어 있고 능력단위 A급 (　　　) 이상, B급 (　　　) 이상인 소화기이다.

105. 이산화탄소 대형소화기의 약제량은 (　　　)이고, 기계포소화기 대형소화기의 약제량은 (　　　)이다.

106. 소화기는 각 층마다 설치하되 소형소화기는 보행거리 (　　　) 이내마다 대형소화기는 보행거리 (　　　) 이내마다 설치해야 한다.

107. 소화설비의 능력단위

소화설비	용량	능력단위
소화전용(轉用)물통	(　　)	(　　)
수조(소화전용물통 3개 포함)	80ℓ	(　　)
수조(소화전용물통 6개 포함)	(　　)	(　　)
마른 모래(삽 1개 포함)	(　　)	0.5
팽창질석 또는 팽창진주암(삽 1개 포함)	160ℓ	(　　)

108. (   )의 소화기구의 능력단위는 해당 용도의 바닥면적 30㎡마다 능력단위 1단위 이상으로 한다.

109. 문화 및 집회시설(전시장 및 동·식물원은 제외)·의료시설·장례시설 중 장례식장 및 문화재의 소화기구의 능력단위는 해당 용도의 바닥면적 (   )마다 능력단위 1단위 이상으로 한다.

110. 공동주택·근린생활시설·문화 및 집회시설 중 전시장·판매시설·운수시설·노유자시설·업무시설·숙박시설·공장·창고시설·항공기 및 자동차 관련 시설·방송통신시설 및 관광휴게시설의 소화기구의 능력단위는 해당 용도의 바닥면적 (   )마다 능력단위 1단위 이상으로 한다.

111. 소화기는 특정소방대상물의 각 층마다 설치하되, 각 층이 둘 이상의 거실로 구획된 경우에는 각 층마다 설치하는 것 외에 바닥면적이 (   ) 이상으로 구획된 각 거실에도 배치할 것

112. 소화기 사용온도 범위(적응성)
① 강화액소화기 : (   ) 이상 (   ) 이하에서 사용함
② 분말소화기 : (   ) 이상 (   ) 이하에서 사용함
③ CO_2·할론소화기 : (   ) 이상 (   ) 이하에서 사용함
④ 할로젠화합물 및 불활성기체소화기 : (   ) 이하에서 사용함
⑤ 포소화기 : (   ) 이상 (   ) 이하에서 사용함
⑥ 수성막포소화기 : 일반용(   ), 내한용(   ), 초내한용 (   ) 이하에서 사용함

113. 간이소화용구 중 마른모래는 삽을 상비한 (   ) 이상 1포, 팽창질석 또는 팽창진주암은 삽을 상비한 (   ) 이상 1포의 능력단위는 0.5이다.

114. (   )이란 소방대상물에서 화재가 발생한 초기에 관계인, 자위소방대원이 복도 등에 설치된 소화전함내 장치·기구를 조작하여 화재를 진압할 수 있도록 설치된 고정된 수동식 초기진화용소화설비를 말한다.

115. (   )란 구조물 또는 지형지물 등에 설치하여 자연낙차의 압력으로 급수하는 수조를 말한다.

116. (   )란 소화용수와 공기를 채우고 일정압력 이상으로 가압하여 그 압력으로 급수하는 수조를 말한다.

117. (   )란 대기압 이하의 압력을 측정하는 계측기를 말한다.

118. (   )란 대기압 이상의 압력과 대기압 이하의 압력을 측정할 수 있는 계측기를 말한다.

119. (   )이란 펌프의 성능시험을 목적으로 펌프토출측의 개폐밸브를 닫은 상태에서 펌프를 운전하는 것으로 수온상승 방지를 위하여 (   )을 설치한다.

120. 수원의 종류는 (   ), (   ), (   )가 있으며, 비상용의 2차 수원 개념으로 (   )가 있다.

121. 옥내소화전방수구는 호스릴 옥내소화전 포함하여 설치개수가 가장 많은 층의 설치개수에 (   )을 곱한 양 이상이어야 하며, 설치개수가 (   )를 넘는 경우는 (   )로 한다.

122. $2.6\text{m}^3 = 130\ell/분 \times ($ $)$

123. 옥상수조의 수원은 산출된 유효수량 외에 유효수량의 (   ) 이상을 옥상에 설치하여야 한다.

124. 가압송수장치는 소화전에서 소화에 필요한 물을 압력을 가해서 보내는 장치를 말하며 (   )·(   )·펌프방식의 3가지가 있으나 대부분 펌프방식이 설치되고 있다.

125. (   )은 펌프의 흡입압력이 액체의 증기압보다 낮을 때 발생되며 이때 물이 증발되고 물속에 용해되어 있던 공기가 물과 분리되어 기포가 발생되는 현상으로 압력이 떨어져 액체가 기체가 되면서 기포가 발생하는 것이라 할 수 있다.

126. 공동현상의 발생원인 4가지 이상
①
②
③
④

127. 공동현상의 방지대책 4가지 이상
①
②
③
④

128. (   )이란 펌프에서 유체가 이동 시 정전 등으로 갑자기 펌프가 정지한 경우 혹은 밸브를 갑자기 잠글 경우 배관 내의 유체의 운동에너지가 압력에너지로 변하여 고압이 발생하거나, 유속이 급변하여 압력변화를 가져와 배관 내의 벽면을 치는 현상이라 할 수 있다.

129. 수격작용의 발생원인
　①
　②
　③

130. 수격현상의 방지대책
　①
　②
　③
　④

131. (　　　)이란 송출 압력과 송출 유량의 주기적인 변동이 발생하는 현상으로서 주로 공동현상 이후에 발생한다.

132. (　　　) 현상이란 원심 펌프에서 일어나는 현상으로 펌프 내에 공기가 차 있으며 공기의 밀도는 물의 밀도보다 작으므로 공기가 물의 위에 있게 되어 수두를 감소시켜 송액이 되지 않는 현상으로 펌프작동 전 공기를 제거하거나 (　　　)펌프를 사용해야 한다.

133. (　　　)는 화재가 발생하면 방호구역에 설치된 감지기 또는 헤드가 화재를 감지하고 일정 이상의 온도에 이르게 되면 헤드가 개방되어 소화수가 방사됨으로써 자동적으로 화재를 진압하게 된다.

134. 개방형 헤드를 사용하는 스프링클러설비는 (　　　) 스프링클러설비이고, 폐쇄형 헤드를 사용하는 스프링클러설비는 (　　　) 스프링클러설비이다.

135. 연기 또는 열 감지기와 같이 쓰이는 스프링클러설비는 (　　　) 스프링클러설비이다.

136. (　　　)는 가압송수장치에서 유수검지장치 1차 측까지 배관 내에 항상 물이 가압되어 있고, 2차 측에서 폐쇄형스프링클러헤드까지 물이 가압되어 있다.

137. (　　　)는 난방이 되지 않는 옥내에 설치하는 스프링클러설비로서 1차측에는 가압수가 2차측에는 대기압상태로 폐쇄형 헤드가 설치되어 있으며, 일제개방밸브로는 프리액션밸브를 사용한다.

138. (　　　)은 스프링클러헤드가 설치되어 있으며, 스프링클러 배관 중 가장 가는 관이다.

139. (　　　　)은 직접 또는 수직배관을 통하여 가지배관에 급수하는 배관으로 수평주행배관 중 가지배관에 소화용수를 공급하는 배관으로 가지배관의 하부 또는 측면에 설치되어 가지배관과 교차되는 배관을 말한다.

140. (　　　　)는 물을 무상으로 방사하여 소화하는 소화설비로서 화재 진압 및 화재의 확대 방지에 이상적인 소화설비이다.

141. 물분무 소화설비 펌프의 성능은 체절운전 시 정격토출압력의 (　　　)퍼센트를 초과하지 않고, 정격토출량의 (　　　)퍼센트로 운전 시 정격토출압력의 (　　　)퍼센트 이상이 되어야 한다.

142. (　　　　)란 가압된 물이 헤드 통과 후 미세한 입자로 분무됨으로써 소화성능을 가지는 설비를 말하며, 소화력을 증가시키기 위해 강화액 등을 첨가할 수 있다.

143. 미분무란 물만을 사용하여 소화하는 방식으로 최소설계압력에서 헤드로부터 방출되는 물입자 중 99%의 누적체적분포가 (　　　) 이하로 분무되고 (　　　)급 화재에 적응성을 갖는 것을 말한다.

144. (　　　　)는 물만으로는 소화가 불가능하거나 소화효과가 적거나 또는 오히려 화재를 확대시킬 우려가 있는 인화성액체 물질에서 발생하는 화재를 효과적으로 진압하기 위한 소화설비이다.

145. 포소화설비 중 (　　　)은 방출된 포가 유면상에서 신속히 전개되도록 유면상을 덮어 소화작용을 하도록 통계단 등의 부속설비가 있는 포방출구로서 콘루프탱크에 설치한다.

146. 포소화설비 중 (　　　)은 탱크 측면으로부터 0.9m 이상의 굽도리판을 1.2m 떨어진 곳에 설치하고 양쪽 사이의 환상부위에 포를 방사하는 고정포방출구로서 Floating Roof Tank에 설치한다.

147. 포소화설비 중 (　　　)은 옥외탱크 화재 시 표면하 주입식의 경우는 화재로 인하여 탱크 측면에 설치된 폼 챔버가 파손되는 단점이 있으며, 또한 초대형 탱크에서는 표면에서 주입하는 기존의 방식으로는 유효한 소화가 곤란하다.

148. (　　　　)는 스프링클러설비나 포소화설비 등 물에 의한 피해가 예상되는 장소나 전기화재, 유류화재 등에 사용되며, 심부화재와 표면화재에 사용이 가능하다.

149. 이산화탄소 소화설비 작동순서
화재발생 → 교차회로방식의 화재감지기 또는 수동기동장치에 의해 작동 → 제어반 → 수신기의 화재표시등, 지구표시등 점등 및 화재경보 → 수신기 지연타이머 작동 → (　　　) → 기동용기 가스 방출 → 기동용기 → (　　) → (　　) → 압력스위치가 작동하여 방출표시등 점등 → 소화가스 방사

150. 이산화탄소 소화설비의 방출방식은 (　　) 방식, (　　) 방식, (　　) 방식이 있다.

151. (　　)는 연소확대 위험이 크거나 열과 연기가 충만하여 소화기구로는 소화할 수 없는 방호대상물에 설치한다.

152. (　　)는 자동화재탐지설비에 의해 감지된 화재를 소방대상물 내의 사람들에게 음성으로 알려 피난을 도와주는 설비이다.

153. (　　)는 화재초기에 발생되는 열, 연기, 불꽃 등을 감지하여 경보를 통해 화재발생뿐만 아니라 화재가 건물의 어느 지점에서 발생했는지도 알려주어 초기 대응을 가능하게 해주는 설비이고, (　　)는 화재발생시 수동 또는 자동으로 작동하여 화재발생장소를 신속하게 소방관서에 통보해 주는 설비를 말한다.

154. 자동화재탐지설비의 (　　)이란 특정소방대상물 중 화재신호를 발신하고 그 신호를 수신 및 유효하게 제어할 수 있는 구역을 말한다.

155. 자동화재탐지설비의 수평적 경계구역 기준

구분	원칙	예외
층별	층별	한 층에 하나의 경계구역이나 2개의 층이 (　　) 이하일 때는 하나의 경계구역으로 할 수 있다.
면적	(　　) 이하	주된 출입구에서 건물 내부 전체가 보일 때는 한 변의 길이가 50m 범위 내에서 (　　) 이하로 할 수 있다.
한 변의 길이	(　　) 이하	지하구는 (　　), 터널의 경우에는 (　　) 이하로 할 수 있다.

156. 자동화재탐지설비의 수직적 경계구역은 계단·경사로·엘리베이터 승강로·린넨슈트·파이프 피트 및 덕트 기타 이와 유사한 부분에 대하여는 (　　) 경계구역을 설정하되, 계단 및 경사로에서 하나의 경계구역은 높이 (　　) 이하로 하고, 지하층의 계단 및 경사로는 별도로 하나의 경계구역으로 하여야 한다.

157. 자동화재탐지설비의 (　　)는 감지기나 발신기에서 발하는 화재신호를 직접 수신하거나 중계를 통하여 수신하여 화재의 발생을 표시 및 경보해 주는 장치를 말한다.

158. P형 수신기는 감지기 또는 P형 발신기에서 보낸 화재신호를 직접 (　　　)로서 수신하여 화재를 경보하고 (　　　)의 건물에 많이 사용되며, 감지기 또는 발신기에서 (　　　)방식으로 전송된 신호를 수신한다.

159. R형 수신기는 감지기 또는 발신기로부터 발생하는 화재신호를 중계기를 통해서 (　　　)로서 수신하여 화재를 경보하고 (　　　) 건물이나 다수의 동이 있는 건축물에 적합하며, 감지기 또는 발신기에서 (　　　)방식으로 신호를 수신한다.

160. 자동화재탐지설비의 음향장치 설치기준
  • 층수가 11층(공동주택의 경우에는 16층) 이상의 특정소방대상물
    ① 2층 이상의 층에서 발화한 때에는 발화층 및 그 직상 (　　　)층에 경보를 발할 것
    ② 1층에서 발화한 때에는 발화층·그 직상 4개층 및 (　　　)층에 경보를 발할 것
    ③ 지하층에서 발화한 때에는 발화층·그 (　　　)층 및 기타의 지하층에 경보를 발할 것

161. 차동식 열 감지기는 주위 온도가 (　　　) 이상이 되는 경우 작동하며, 일국소의 열효과에 의해 작동하는 것은 (　　　)이고, 넓은 범위에서 열효과의 누적에 의해 작동하는 것은 (　　　)이다.

162. 정온식 열 감지기는 주위 온도가 (　　　) 이상이 되는 경우 작동하며, 전선 구조가 아닌 것이 일국소의 열효과에 의해 작동하는 것은 (　　　)이고, 외관이 전선으로 되어 있는 것은 (　　　)이다.

163. (　　　)는 차동식 스포트형과 정온식 스포트형 둘 중에 어느 한 기능이 작동되면 작동된다.

164. 정온식 스포트형 감지기는 주방·보일러실 등으로서 다량의 (　　　)를 취급하는 장소에 설치하되, (　　　)가 최고 주위 온도보다 일정온도 이상 높은 것으로 설치해야 한다.

165. (　　　) 감지기는 연기에 의한 이온전류 변화에 의해 작동한다.

166. 정관식 연기감지기는 (　　　), (　　　), 광전식 공기흡입형 감지기가 있다.

167. (　　　) 감지기는 평상시 주위 공기를 계속 흡입하고 화재 시 흡입된 공기 중 연소생성물을 분석하여 작동한다.

168. 감지기 부착높이가 4m 이상 8m 미만인 것 5가지 이상
  ① (　　　), ② (　　　), ③ (　　　), ④ (　　　), ⑤ (　　　)

169. 감지기 부착높이가 20m 이상인 것은 (　　　), (　　　), (　　　)이다.

170. 자동화재탐지설비의 음향장치는 정격전압의 (　　　)% 전압에서 음향을 발할 수 있는 것으로 하고, 음량은 부착된 음향장치의 중심으로부터 1m 떨어진 위치에서 (　　　)dB 이상이 되는 것으로 해야 한다.

171. 누전경보기는 경계전로의 정격전류가 (　　　)A를 초과하는 전로에 있어서는 1급 누전경보기를, (　　　)A 이하의 전로에 있어서는 1급 또는 2급 누전경보기를 설치해야 한다.

172. (　　　)란 사용자의 몸무게에 따라 자동적으로 내려올 수 있는 기구 중 사용자가 교대하여 연속적으로 사용할 수 있는 것을 말한다.

173. (　　　)란 포지 등을 사용하여 자루 형태로 만든 것으로서 화재 시 사용자가 그 내부에 들어가서 내려옴으로써 대피할 수 있는 것을 말한다.

174. (　　　)란 화재 발생시 사람이 건축물 내에서 외부로 긴급히 뛰어내릴 때 충격을 흡수하여 안전하게 지상에 도달할 수 있도록 포지에 공기 등을 주입하는 구조로 되어 있는 것을 말한다.

175. (　　　)란 사용자의 몸무게에 의하여 자동으로 하강하고 내려서면 스스로 상승하여 연속적으로 사용할 수 있는 무동력 승강식 기기를 말한다.

176. (　　　)란 하향식 피난구 해치에 격납하여 보관하고 사용 시에는 사다리 등이 소방대상물과 접촉되지 않는 내림식 사다리를 말한다.

177. (　　　)란 사용자가 미끄럼식으로 신속하게 지상 또는 피난층으로 이동할 수 있는 피난기구를 말한다.

178. (　　　)란 인근 건축물 또는 피난층과 연결된 다리 형태의 피난기구를 말한다.

179. (　　　)이란 화재 층과 직상 층을 연결하는 계단형태의 피난기구를 말한다.

180. (　　　)이란 고온의 복사열에 가까이 접근하여 소방활동을 수행할 수 있는 내열피복을 말한다.

181. (　　　)란 소화활동 시에 화재로 인하여 발생하는 각종 유독가스 중에서 일정시간 사용할 수 있도록 제조된 압축공기식 개인호흡장비를 말한다.

182. (　　　)란 호흡 부전 상태인 사람에게 인공호흡을 시켜 환자를 보호하거나 구급하는 기구를 말한다.

183. (   )이란 화재진압 등의 소방활동을 수행할 수 있는 피복을 말한다.

184. (   )이란 화재발생 등에 따른 정전 시 안전하고 원활한 피난활동을 할 수 있도록 거실 및 피난통로 등에 설치되어 자동 점등되는 조명등을 말한다.

185. (   )이란 화재발생 등으로 정전시 안전하고 원활한 피난을 위하여 피난자가 휴대할 수 있는 조명등을 말한다.

186. (   )이란 화재 시에 피난을 유도하기 위한 등으로서 정상상태에서는 상용전원에 따라 켜지고 상용전원이 정전되는 경우에는 비상전원으로 자동전환되어 켜지는 등을 말한다.

187. (   )이란 피난구 또는 피난경로로 사용되는 출입구를 표시하여 피난을 유도하는 등을 말한다.

188. (   )이란 소방관이 사용하는 설비로서, 수도배관에 접속·설치되어 소화수를 공급하는 설비를 말한다.

189. 수조를 설치하고 여기에 소화에 필요한 물을 항시 채워두는 것으로서, (   )는 소화용수의 전용 수조를 말하고, (   )란 소화용수와 일반 생활용수의 겸용 수조를 말한다.

190. (   )란 화재가 발생한 거실의 연기를 배출함과 동시에 옥외의 신선한 공기를 공급하여 거주자들이 안전하게 피난하고, 소방대가 원활한 소화활동을 할 수 있도록 연기를 제어하는 설비를 말한다.

191. (   )이란 화재 시 연기의 제어가 요구되는 제연구역을 말한다.

192. (   )이란 2개 이상의 예상제연구역을 동시에 제연하는 구역을 말한다.

193. 제연설비의 배출기의 흡입측 풍도 안의 풍속은 초속 (   ) 이하로 하고 배출측 풍속은 초속 (   ) 이하로 해야 한다.

194. 제연설비의 유입풍도 안의 풍속은 초속 (   ) 이하로 하고 풍도의 강판두께는 화재안전성능 기준으로 설치해야 한다.

195. 제연설비의 자동 작동과정
화재감지기 작동 → (   ) → (   ) → 팬 작동 → 제연

196. (   )는 지하상가나 지하층에 화재가 발생하면 짙은 연기로 진입이 어렵고 화점을 찾기 어려운 일정 규모 이상의 판매시설 및 지하층과 연결통로 천장에 살수헤드를 설치하여 화재 시 호스를 연장하지 않고도 소방펌프차로부터 송수된 가압송수에 의하여 살수시켜 소화하는 설비로 자동화 시스템은 아니다.

197. (   )는 건축물에 화재 발생 시 소화활동에 필요한 전원을 전용으로 공급받기 위해 설치한 설비로 전원, 배선, 콘센트, 보호함으로 구성된다.

198. 비상콘센트설비는 전원회로는 (   )인 것으로서 공급용량은 1.5kVA 이상인 것으로 할 것. 다만, 단상교류 100V 또는 (   ) 또는 380V인 것으로 공급용량은 3상 교류인 경우 (   ) 이상인 것과 단상교류인 경우 1.5kVA 이상인 것을 추가할 수 있다.

199. (   )는 지하상가나 지하층 화재 시 건축물 구조상 무선교신이 원활하지 않아 소방관이 화재진압 또는 인명구조활동에 어려움이 많이 발생하기 때문에 이러한 무선교신의 어려움을 보완하기 위해 안테나나 누설동축케이블을 설치하여 무선교신을 원활하게 하는 설비를 말한다.

200. (   )란 지하구 화재발생 시 출동한 소방차가 지상 송수구를 통하여 방수헤드로 살수되는 것으로서 케이블 등의 화재가 확산되는 것을 방지하기 위한 설비이다.

01 소방의 역사

1. 소방이란 화재를 진압하거나 예방하는 것이다. ☐ O | X

2. 실질적 의미의 소방이란 소방행정 목적을 달성하기 위하여 구성되는 조직, 즉 소방기관을 의미하고, 형식적 의미의 소방은 화재의 예방, 경계 및 진압을 위한 일체의 활동과정을 말한다. ☐ O | X

3. 소방력의 3요소는 소방인력, 소방장비, 소방용수이고, 소방전용 통신 및 전산 설비를 더하여 소방력의 4요소라 한다. ☐ O | X

4. 고려시대에는 별도의 소방조직을 두고 금화제도가 시행되었으며, 소방을 소재라 칭하기도 했으며, 화통도감을 두어 화약을 따로 관리하였다. ☐ O | X

5. 조선시대에는 금화법령이 제정되었고 우리나라 최초의 소방관서라 할 수 있는 금화도감이 설치되었다. ☐ O | X

6. 조선시대 화재의 예방대책으로 오가작통법이 시행되었고, 금화도감에서 시행한 화재 진압대책으로는 구패발급, 진압대책, 화재전파가 있다. ☐ O | X

7. 세종 8년인 1426년 2월 우리나라 최초의 소방관서인 금화도감을 공조에 설치하였고, 이후 금화도감과 성문도감을 합하여 병조에 수성금화도감이 설치되었다. ☐ O | X

8. 세종 13년인 1431년 궁중·관아·민가의 화재 방어를 위해 운영된 군사조직인 금화군제도를 시행하였다. 이는 최초의 소방관·소방수이다. ☐ O | X

9. 세종 19년인 1437년 경상감사의 주청으로 주민 자위활동이 허락되면서 지방 의용금화조직이 공인되어 각 동리에 재난이 있을 때에 청장년들이 자력으로 방재활동을 하기 시작한 것이 오늘날 의용소방대의 시작이라 할 수 있다. ☐ O | X

10. 경종 3년인 1723년에 일본으로부터 수총기를 도입하였다. ☐ O | X

11. 1895년 경무청세칙에서 "소방"이란 용어가 역사 이래 최초로 등장하였다. ☐ O | X

12. 1889년 경성에 소방대를 설치한 이래로 각 지역별로 소방대를 설치하여 운영하였다.

〔○ | ×〕

13. 1910년 중앙에서는 소방사무를 경무총감부 보안과 내 소방계에서 담당하면서 상비소방수제도를 운영하였다.

〔○ | ×〕

14. 1939년 소방조와 수방단을 해체하고 경방단으로 통합하여 소방 활동을 하였다. 〔○ | ×〕

15. 1925년 우리나라 최초의 소방서인 경성소방서가 개서되고, 1938년 부산과 평양에 소방서를 신설하기 시작하여 청진(1941년), 인천(1944년), 함흥(1944년), 용산(1944년) 그리고 1945년 성동 소방서를 끝으로 일제 강점기 시대에 설치된 소방서의 수는 8개였다. 〔○ | ×〕

16. 제2차 세계대전에서 일본의 패배로 일제 통치가 종식되자 경방단은 자동적으로 해체되어 다시 소방조가 조직되었다. 〔○ | ×〕

17. 미군정시대(1945년~1948년 정부수립 이전)에 경찰조직에서 소방을 분리하여 최초의 독립된 자치소방제도를 시행하였다. 〔○ | ×〕

18. 1946년 중앙소방위원회를 설치하고, 1947년 집행기구로 중앙소방청을 설치하였으며, 이후 서울시에는 소방부, 각 도에는 소방위원회와 지방소방청을, 시·읍·면에는 소방부를 설치하였다. 〔○ | ×〕

19. 1948년 대한민국 정부수립 이후 독립된 자치소방제도를 폐지하고 소방청 등 자치소방기구를 경찰에 흡수하여 경찰소방체제로 전환되었다. 〔○ | ×〕

20. 1950년 내무부직제의 개정으로 소방과는 치안국 보안과 내 소방계로 확대하였다. 〔○ | ×〕

21. 1952년 방공단규칙 제정을 계기로 소방대가 방공단에 흡수되었다. 〔○ | ×〕

22. 1958년 소방기본법을 제정공포하였다. 〔○ | ×〕

23. 의용소방대의 필요성이 재인식되어 1954년 1월에 전국적으로 의용소방대가 재조직되었고, 1958년 소방법 제정 시 의용소방대의 법적 설치 규정이 마련되었다. 〔○ | ×〕

24. 1961년 지방세법 개정으로 목적세인 소방공동시설세가 신설되었다. 〔○ | ×〕

25. 1969년 소방서에 소방과와 방호과를 두었으며, 소방서장은 소방총감으로 보임하였다.
O | X

26. 1970년 정부조직법 개정으로 내무부의 소방기능을 삭제하고 소방사무를 자치사무로 이양함으로써 국가와 자치의 이원적 소방체제가 되었다.
O | X

27. 1972년 서울특별시와 인천광역시에 최초의 소방본부를 설치하였다.
O | X

28. 1975년 내무부치안본부 소방과에서 민방위본부 내 소방국으로 설치하였으며, 이때의 민방위본부는 소방본부의 전신이었다.
O | X

29. 1977년 12월 31일부로 소방공무원법이 제정·공포되고 1978년 3월 1일부터 시행됨에 따라 국가공무원, 지방공무원 모두 소방공무원으로 신분단일화하였다.
O | X

30. 1978년 중앙소방학교를 설치하여 소방교육을 체계화하였다.
O | X

31. 1981년 국가공무원법상 소방공무원을 별정직에서 경력직 공무원 중 특정직 공무원으로 분류한 이후 1983년 소방공무원법이 개정되어 별정직의 소방공무원이 특정직소방공무원로 신분이 변화되었다.
O | X

32. 1983년 소방설비공사업에 대한 면허제가 실시되고 소방안전관리자제도가 새로이 실시되었다.
O | X

33. 1983년 구급대의 운영규정이 신설되었다.
O | X

34. 1988년 119특별구조대를 편성·운영하였으며, 같은 해에 구조업무를 소방의 기본업무로 법제화하였다.
O | X

35. 1991년 소방연구실 설치로 소방의 과학화 기틀을 마련하였다.
O | X

36. 1992년 최초로 시·도 소방본부를 설치하였다.
O | X

37. 1992년 소방행정은 광역소방체제로 전환되었다.
O | X

38. 1995년 삼풍백화점붕괴사건을 계기로 재난 및 안전관리 기본법이 제정되고, 중앙119구조대를 설치하였다.
O | X

39. 2003년 소방법이 4대 소방관계법령으로 분법되어 2004년 시행되었다. ○ | ✕

40. 2004년 대구지하철 화재사건을 계기로 소방방재청이 개청되고, 재난관리법을 폐지하고 재난 및 안전관리기본법을 제정하였다. ○ | ✕

41. 2014년 소방방재청을 폐지하고 국민안전처를 설치하였고, 소방조직은 중앙소방본부로 개편하였다. ○ | ✕

42. 2017년 정부조직법 개편으로 국민안전처를 행정안전부가 흡수하고 소방청은 행정안전부 산하 외청으로 독립되었다. ○ | ✕

43. 2020년 소방공무원의 신분을 국가직으로 단일화하였다. ○ | ✕

44. 2022년 4대 소방관계법령이 6대 소방관계법령으로 분법되었다. ○ | ✕

02 소방행정체제

45. (　　　)의 설립목적은 재난 관련 업무체제의 일원화를 통한 재난관리 전담기능 강화, 재난 예방 강화, 자치단체의 재난관리 기능과 민관 협조체제 강화, 구조·구급 및 현장수습 등 현장대응 체제 강화에 있다.

46. 119특수구조대에는 화학구조대, (　　　), 산악구조대, (　　　), 지하철구조대가 있다.

47. 소방공무원임용령에서 소방기관이라 함은 소방청, 특별시·광역시·특별자치시·도·특별자치도와 중앙소방학교·(　　　)·(　　　)·지방소방학교·서울종합방재센터·소방서·119특수대응단 및 (　　　)을 말한다.

48. 중앙소방행정 조직은 소방청, (　　　), 중앙119구조본부, (　　　)이다.

49. 소방공무원의 계급은 '소방총감 → (　　　) → 소방감 → 소방준감 → (　　　) → 소방령 → (　　　) → 소방위 → (　　　) → 소방교 → (　　　)' 순으로 내려간다.

50. (　　　)는 시·군·구 단위로 설치하되, 소방업무의 효율적인 수행을 위하여 특히 필요한 경우에는 인근 시·군·구를 포함한 지역을 단위로 설치할 수 있다.

51. 소방서의 관할구역에 설치된 119안전센터의 수가 (　　　)를 초과하는 경우에는 소방서를 추가로 설치할 수 있다.

52. (　　　)란 한 사람이나 한 부서가 한 가지의 주된 업무를 맡는다는 원리를 말한다.

53. (　　　)란 한 사람의 상급자에게 명령을 받고 보고하는 원리를 말한다.

54. (　　　)란 상하의 계층제를 형성하는 원리를 말한다.

55. (　　　)란 개인이 의견 참여는 되지만 결정을 내리는 것은 소속기관의 기관장이 하는 원리를 말한다.

56. (　　　)란 조직을 통합하고 행동을 통일시키는 원리를 말한다.

57. (　　　)란 한 사람의 상관이 감독하는 부하의 수는 그 상관의 통제 능력 범위 내에 한정되어야 한다는 원리를 말한다.

58. 소방행정의 업무적 특성 5가지 이상
① (   ), ② (   ), ③ (   ), ④ (   ), ⑤ (   )

59. 국민의 안전의식과 화재에 대한 경각심을 높이고 (   )를 정착시키기 위하여 매년 11월 9일을 소방의 날로 정하여 기념행사를 한다.

60. 국가는 국민의 안전의식 수준을 높이기 위하여 매년 4월 16일을 (   )의 날로 정하여 필요한 행사 등을 한다.

61. 매월 4일은 가스, 전기 등 (   )의 날이다.

62. 매년 (   )은 방재의 날로 재해 예방에 대한 국민의 의식을 높이고, 방재훈련을 효율적으로 추진하기 위해 제정한 날이다.

63. 소방공무원은 경력직공무원 중 (   )공무원이다.

64. 소방공무원법상 임용이란 신규채용·승진·전보·파견·강임·휴직·(   )·정직·강등·복직·면직·해임 및 (   )을 말한다.

65. 소방공무원의 인사에 관한 중요사항에 대하여 소방청장의 자문에 응하게 하기 위하여 소방청에 소방공무원 (   )를 두고, 시·도지사가 임용권을 행사하는 경우에는 시·도에 (   )를 둔다.

66. (   ) 이상의 소방공무원은 소방청장의 제청으로 국무총리를 거쳐 대통령이 임용한다. 다만, 소방총감은 대통령이 임명하고, 소방령 이상 (   ) 이하의 소방공무원에 대한 전보, 휴직, 직위해제, 강등, 정직 및 복직은 소방청장이 한다.

67. 소방경 이하의 소방공무원은 (   )이 임용한다.

68. 시·도 소속 소방경 이하의 소방공무원에 대한 임용권은 (   )가 행사한다.

69. 중앙소방학교와 중앙119구조본부 소속 소방공무원 중 소방령에 대한 전보·휴직·직위해제·정직 및 (   )에 관한 권한과 (   ) 이하의 소방공무원에 대한 임용권을 각각 중앙소방학교와 중앙119구조본부장에게 위임한다.

70. 소방정인 지방소방학교장에 대한 휴직, (   ), (   ) 및 복직에 관한 권한은 시·도지사가 행사한다.

71. 소방사의 공개경쟁채용시험의 응시연령은 (　　　)이다.

72. 소방공무원을 신규채용할 때에는 (　　　) 이하는 6개월간 시보로 임용하고, (　　　) 이상은 1년간 시보로 임용하며, 그 기간이 만료된 다음 날에 정규 소방공무원으로 임용한다.

73. 대통령령으로 정하는 경우에는 시보임용을 면제하거나 그 기간을 (　　　)할 수 있다.

74. 공개경쟁채용시험 · 경력경쟁채용시험 등 및 소방간부후보생 선발시험의 합격자를 결정할 때 선발예정인원을 초과하여 동점자가 있는 경우에는 (　　　).

75. 신규채용을 통해 소방사로 임용된 사람은 (　　　) 소방기관에 보직해야 한다.

76. 소방공무원의 승진임용은 (　　　)임용, (　　　)임용 및 (　　　)임용으로 구분한다.

77. 소방준감 이하 계급으로의 승진은 (　　　)에 의하여 한다. 다만, (　　　) 이하 계급으로의 승진은 대통령령으로 정하는 비율에 따라 승진심사와 승진시험을 병행할 수 있다.

78. (　　　)의 승진소요 최저 근무연수는 1년이다.

79. 근속승진 근무기간
① 소방사를 소방교로 근속승진임용하려는 경우 : 해당 계급에서 (　　　) 이상 근속자
② 소방교를 소방장으로 근속승진임용하려는 경우 : 해당 계급에서 (　　　) 이상 근속자
③ 소방장을 소방위로 근속승진임용하려는 경우 : 해당 계급에서 (　　　) 이상 근속자
④ 소방위를 소방경으로 근속승진임용하려는 경우 : 해당 계급에서 (　　　) 이상 근속자

80. 소방공무원의 연령정년은 (　　　)세이고, 계급정년은 소방감 : (　　　), 소방준감 : (　　　), 소방정 : (　　　), 소방령 : (　　　)이며, 소방총감 및 소방정감 그리고 (　　　) 이하는 계급정년이 없다.

81. (　　　) 이상의 국가소방공무원에 대한 징계의결은 「국가공무원법」에 따라 국무총리 소속으로 설치된 징계위원회에서 한다.

82. (　　　) 이하의 소방공무원에 대한 징계의결을 하기 위하여 소방청 및 대통령령으로 정하는 소방기관에 소방공무원 징계위원회를 둔다.

83. 시 · 도지사가 임용권을 행사하는 소방공무원에 대한 징계의결을 하기 위하여 (　　　)으로 정하는 소방기관에 징계위원회를 둔다.

84. (   )란 파면, 해임, 강등 또는 정직을 말하고, (   )란 감봉 또는 견책을 말한다.

85. 정직은 (   ) 이하의 기간으로 하고, 정직 처분을 받은 자는 그 기간 중 공무원의 신분은 보유하나 직무에 종사하지 못하며 보수는 (   )을 감하며, 징계로서 일정기간 (   )이 제한된다.

86. 감봉은 1개월 이상 3개월 이하의 기간 동안 보수의 (   )을 감한다.

87. 소방청에 설치된 소방공무원 징계위원회에서 징계부가금 부과 사건을 심의·의결하는 대상
①
②
③

88. 징계처분, 휴직처분, 면직처분, 그 밖에 의사에 반하는 불리한 처분에 대한 행정소송의 경우에는 (   )을 피고로 한다. 다만, 시·도지사가 임용권을 행사하는 경우에는 관할 (   )를 피고로 한다.

89. 의용소방대는 소방업무를 보조하는 (   )이다.

90. 특별시장·광역시장·특별자치시장·도지사·특별자치도지사 또는 (   )은 재난현장에서 화재진압, 구조·구급 등의 활동과 화재예방활동에 관한 업무를 보조하기 위하여 의용소방대를 설치할 수 있다.

91. 의용소방대는 특별시·광역시·특별자치시·도·특별자치도, (   )에 둔다.

92. 의용소방대의 대장 및 부대장은 의용소방대원 중 관할 소방서장의 추천에 따라 (   )가 임명한다.

93. 의용소방대에 두는 의용소방대원의 정원
① 시·도 : (   ) 이내
② 시·읍 : (   ) 이내
③ 면 : (   ) 이내
④ 시·도지사 또는 소방서장이 필요에 따라 관할구역을 따로 정한 지역에 설치하는 의용소방대 : (   ) 이내
⑤ 전의용소방대 : (   ) 이내

구조·구급 행정관리와 구조·구급 활동

94. 중앙119구조본부는 소방청 직제기관으로서 (　　　)이 설치·운영한다. 다만, 권한의 일부는 (　　　)에게 위임한다.

95. 일반구조대는 소방서마다 1개 대 이상 설치하며, (　　　)이 설치·운영한다.

96. 특수구조대는 (　　　)이 필요에 따라 소방서에 설치한다.

97. 직할구조대는 (　　　)이 소방청 또는 소방본부에 설치·운영한다.

98. 테러대응구조대는 (　　　)이 소방청 또는 소방본부에 설치·운영한다. 단 효율적 운영을 위해 (　　　)와 직할구조대를 테러대응구조대로 지정할 수 있다.

99. 국제 구조대·구급대는 (　　　)이 소방청에 설치하는 직할구조대에 설치·운영할 수 있으며, 현재는 중앙119구조본부에서 업무를 담당한다. 단, 파견시 (　　　)과 협의해야 한다.

100. 119항공대는 (　　　)이 소방청 또는 소방본부에 설치·운영한다.

101. 119구조견대는 (　　　)이 중앙119구조본부 또는 소방본부에 설치한다.

102. 일반 구급대는 시·도의 규칙으로 정하는 바에 따라 소방서마다 (　　　) 이상 설치하되, 소방서가 설치되지 아니한 시·군·구의 경우에는 해당 시·군·구 지역의 중심지에 소재한 (　　　)에 설치할 수 있다.

103. 고속도로 구급대는 교통사고 발생 빈도 등을 고려하여 소방청, (　　　) 또는 고속국도를 관할하는 소방서에 설치하되, 시·도 소방본부 또는 소방서에 설치하는 경우에는 (　　　)으로 정하는 바에 따른다.

104. 구조활동의 우선순위는 '구명 → (　　　) → 고통경감 → (　　　)' 순이다.

105. PreKTAS 분류상 준응급 또는 응급에 해당되지는 않으나 응급실 진료가 필요한 경우는 (　　　)으로 분류한다.

106. 긴급구조대응활동 및 현장지휘에 관한 규칙에 따른 분류반은 재난현장에서 발생한 사상자를 검진하여 사상자의 상태에 따라 (　　　)·(　　　)·(　　　) 및 (　　　)의 4단계로 분류한다.

107. 활력징후, 신체검진 및 주요병력 확인, 세부 신체검진은 환자평가 중 (　　　) 평가에 해당된다.

108. 구조대원의 자격기준은 소방청장이 실시하는 (　　　) 교육을 받았거나 (　　　) 시험에 합격한 사람이다.

109. 국제구조대의 임무는 (　　　), (　　　), 상담, 응급처치, 응급이송, 시설관리, 공보연락 등이다.

110. 국제구급대의 임무는 안전평가, 상담, (　　　), (　　　), 시설관리, 공보연락 등이다.

111. 의료법 제2조 제1항에 따른 의료인은 (　　　)대원의 자격기준에 해당한다.

112. 아나필락시스 쇼크 시 자동주입펜을 이용한 에피네프린 투여와 정맥로의 확보 시 정맥혈 채혈은 (　　　) 응급구조사의 업무 범위이다.

113. 구조출동 요청 거절 사유 3가지 이상
①
②
③

114. 구급출동 요청 거절 사유 4가지 이상
①
②
③
④

115. 구조·구급대원은 구조 대상자 또는 응급환자가 구조·구급대원에게 (　　　)을 행사하는 등 구조·구급활동을 (　　　)하는 경우에는 구조·구급활동을 거절할 수 있다.

04 소방 전술

116. 소방전술의 기본원칙 3가지 이상
① (   ), ② (   ), ③ (   )

117. (   )이란 화재의 진압을 목적으로 하는 것으로 소방력이 화세보다 우세할 때 직접 방수 등의 방법에 의해 일시에 소화하는 것으로 소방력을 화점에 집중적으로 발휘하게 하는 것을 말한다.

118. (   )이란 소방력이 화세보다 약한 경우 화면을 포위하고 방수 등에 의하여 화세를 저지하는 것을 의미한다.

119. 후착대의 임무는 (   ), (   ), 급수중계가 대표적이다.

120. (   )이란 화재는 사방으로 확대되기 때문에 포위하여 관창을 배치·진압하고 출동 초기부터 차량으로 포위하고 만약 소방대의 배치가 한쪽 방향으로 치우친 경우에는 호스선으로 포위하는 전술이다.

121. 블록전술이란 주로 (   )로의 화재 확대방지를 위해 적용하는 전술형태로 블록의 4방면 중 확대가 가능한 면을 동시에 방어하는 전술이다.

122. (   )이란 화세에 비해 소방력이 부족하거나 천재지변 등으로 전체 화재현장을 모두 통제할 수 없는 경우 화재발생장소 주변에 사회적, 경제적 혹은 소방상 중요한 시설 또는 대상물이 있는 경우 이곳에 중점을 두어 진압하는 전술이며 천재지변 등 보통의 전술로는 진압이 곤란한 경우의 전술이다.

123. (   )이란 부대가 집중하여 일시에 진화하는 작전으로 예컨대 위험물 옥외저장탱크 화재 등에 사용된다.

124. 사정거리가 길고, 다른 방법에 비해 바람의 영향이 적어서 화세가 강해 접근할 수 없는 경우에 유효한 주수 방법은 (   )이다.

125. (   )는 직사주수보다 냉각효과와 질식효과가 크다.

126. 분무주수는 (   ), (   ), 저속분무주수로 나누어진다.

127. 간접공격법인 레이드로만전법에 가장 적합한 주수방법은 (   )이다.

128. 간접공격법은 연소물체 또는 옥내의 온도가 높은 (   )를 향하여 주수하는 것으로 주수 시 (   )는 가능한 한 작게 하는 것이 위험성을 감소시킨다.

129. 사다리를 활용한 주수 시 사다리 설치 각도는 (   ) 이하를 원칙으로 한다.

130. 연소 중의 실내에서 연기, 열기에 휩싸여 있는 구조 대상자가 있거나 또는 대원이 복사열에 의해 접근이 곤란할 경우 작업 중인 대원의 등 뒤에서 신체 전체를 덮을 수 있도록 분무주수 하는 것을 (   )라 한다.

131. (   )란 주수압력을 약하게 하여 물을 흐르듯이 주수하는 방법으로서 건물의 벽 속에 잠재 하는 화세의 잔화처리 등에 이용한다.

01 재난관리론

1. (   )이란 국민의 생명·신체·재산과 국가에 피해를 주거나 줄 수 있는 것을 말한다.

2. (   )는 재난을 자연재난과 인위재난으로 대분류한 후, 자연재난을 기후성재난과 지진성 재난으로 인위재난을 사고성 재난과 계획적 재난으로 세분류하였다.

3. (   )는 재난을 발생원인과 재난현상에 따라 자연재난, 준 자연재난, 인위재난으로 분류하였다.

4. 아네스는 (   )을 자연재난 중 지진성 재난으로 분류하였으나 존슨은 (   )을 자연재난 중 기상학적 재난으로 분류하였다.

5. 하인리히의 도미노이론은 재해발생과정을 '(   )→개인적 결함→(   )→사고→상해'라는 5개 요인의 연쇄작용으로 설명하였다.

6. 하인리히의 도미노이론에 의하면 (   )를 제거하면 재해를 방지할 수 있다.

7. 하인리히의 재해예방 4원칙은 (   ), (   ), 대책선정의 원칙, 원인연계의 원칙이다.

8. 프랭크 버드의 수정 도미노이론은 '제어의 부족→(   )→(   )→사고→재해'의 5단계로 구분하고 있다.

9. 프랭크 버드의 수정 도미노이론에서는 반드시 (   )을 제거하라고 주장한다.

10. (   ) 이론이란 복잡하고 견고하게 이루어진 사회에서는 필연적으로 사고가 발생한다는 이론으로 재난 발생 원인을 현대사회의 기술적·조직적 시스템이 복잡하게 꽉 짜여진 것에서 찾으면, 예기치 않은 사건이 필연적으로 발생하고 거대한 재난으로 확대되는 경향이 있다고 보았다.

11. 재해분석의 한 방법으로 미국 공군에서 개발하여 미국 국가교통안전위원회가 채용하고 있는 방법이 있는데, 이 방법에 의할 때 재해의 기본원인인 4개의 M은 (   ), (   ), 작업, (   )를 말한다.

12. 4개의 M이론 중 작업에 해당하는 주요인 3가지 이상
① (　　　), ② (　　　), ③ (　　　)

13. 재난이 발생하게 되면 재난 자체와 피해지역의 주요 기반시설 및 다수의 피해주민이 상호 영향을 미치면서 재난이 복잡하게 전개되는 재난의 특징은 (　　　)을 말한다.

14. 재난관리의 3원칙은 (　　　), 현장중심, (　　　)이다.

15. 재난 위험도 계산법 : 위험도 $= \dfrac{(\quad) \times 재난관리}{(\quad)}$

16. 재난의 종류에 따라 대응방식의 차이와 대응계획 및 책임기관이 각각 다르게 배정되는 재난 관리방식은 (　　　)방식이다.

17. 모든 재난에 대한 관리책임이 집중되고 부처 이기주의가 발생할 가능성이 높은 재난관리방식 은 (　　　)방식이다.

18. 재난관리단계를 예방·대비·대응·복구단계의 4단계로 구분하고, 예방단계와 (　　　)를 사전단계, (　　　)와 복구단계를 사후단계라 한다.

19. 예방단계는 재난이 실제로 발생하기 전에 재난촉진 요인을 미리 제거하거나, 재난요인이 가 급적 발생하지 않도록 억제 또는 완화시키는 과정으로 (　　　)활동이라고도 한다.

20. 대비단계는 사전에 재난상황에서 수행하여야 할 제반 사항을 계획·준비·교육·훈련을 함 으로서 재난대비능력을 제고시키고, 재난발생 시 즉각적으로 대응할 수 있도록 태세를 강화 시키기 위해 개인·집단·조직·국가에 의해서 취해지는 모든 활동과정을 말하며, (　　　) 라고도 한다.

21. 재난관리 단계 중 소방이 주도적인 역할을 하는 단계는 (　　　)이다.

22. (　　　)는 실제 재난이 발생한 후부터 피해지역이 재난발생 이전으로 원상회복되는 장기적 인 과정일 뿐만 아니라 초기 회복기간으로부터 피해지역이 정상상태로 돌아올 때까지 지속적 인 지원을 제공하는 단계이다.

02 재난 및 안전관리 기본법

23. 자연재난이란 태풍, 홍수, 호우, 강풍, 풍랑, 해일, 대설, 한파, 낙뢰, 가뭄, 폭염, 지진, 황사, 조류 대발생, 조수, 화산활동, 「우주개발 진흥법」에 따른 (   )의 추락·충돌, 그 밖에 이에 준하는 자연현상으로 인하여 발생하는 재해를 말한다.

24. 사회재난이란 화재·붕괴·폭발·항공사고 및 해상사고를 포함한 교통사고·화생방사고·환경오염사고·(   ) 등으로 인하여 발생하는 (   )으로 정하는 규모 이상의 피해와 국가핵심기반의 마비, 「감염병의 예방 및 관리에 관한 법률」에 따른 감염병 또는 「가축전염병 예방법」에 따른 가축전염병의 확산, 「미세먼지 저감 및 관리에 관한 특별법」에 따른 미세먼지, 「우주개발 진흥법」에 따른 (   )의 추락·충돌 등으로 인한 피해를 말한다.

25. 사회재난으로 인정되는 대통령령으로 정하는 규모 이상의 피해란 국가 또는 (   ) 차원의 대처가 필요한 인명 또는 재산의 피해와 이와 피해에 준하는 것으로서 (   )이 재난관리를 위하여 필요하다고 인정하는 피해를 말한다.

26. (   )이란 대한민국의 영역 밖에서 대한민국 국민의 생명·신체 및 재산에 피해를 주거나 줄 수 있는 재난으로서 정부차원에서 대처할 필요가 있는 재난을 말한다.

27. (   )란 재난의 예방·대비·대응 및 복구를 위하여 하는 모든 활동을 말한다.

28. (   )란 재난이나 그 밖의 각종 사고로부터 사람의 생명·신체 및 재산의 안전을 확보하기 위하여 하는 모든 활동을 말한다.

29. (   )이란 각종 시설 및 물질 등의 제작, 유지관리 과정에서 안전을 확보할 수 있도록 적용하여야 할 기술적 기준을 체계화한 것을 말한다.

30. 안전기준의 분야는 (   ) 분야, 생활 및 여가 분야, 환경 및 에너지 분야, (   ) 분야, 산업 및 공사장 분야, 정보통신 분야, 보건·식품 분야, 그 밖의 분야로 나누어진다.

31. 재난관리책임기관이란 재난관리업무를 하는 기관으로서 (   ) 및 지방자치단체와 지방행정기관·공공기관·공공단체 및 재난관리의 대상이 되는 (   )의 관리기관 등으로서 대통령령으로 정하는 기관을 말한다.

32. (   )이란 재난이나 그 밖의 각종 사고에 대하여 그 유형별로 예방·대비·대응 및 복구 등의 업무를 주관하여 수행하도록 대통령령으로 정하는 관계 중앙행정기관을 말한다.

33. 재난주관기관은 재난관리 방식 중 (　　　)방식에 해당한다.

34. 「우주개발 진흥법」 제2조 제3호 나목에 따른 자연우주물체의 추락・충돌 등으로 인해 발생하는 재해의 재난관리주관기관은 (　　　)이다.

35. 「자연재해대책법」 제2조 제3호에 따른 조수로 인해 발생하는 재해를 제외한 풍수해의 재난관리주관기관은 (　　　)이다.

36. 황사로 인해 발생하는 재해의 재난관리주관기관은 (　　　)이다.

37. 「자연재해대책법」 제2조 제3호에 따른 풍수해 중 조수로 인해 발생하는 재해의 재난관리주관기관은 (　　　)이다.

38. 해외재난의 재난관리주관기관은 (　　　)이다.

39. 「유선 및 도선 사업법」 제28조 및 제29조에 따른 사고로 인해 발생하는 대규모 피해의 재난관리주관기관은 (　　　)이다.

40. 일반인이 자유로이 모이거나 통행하는 도로, 광장 및 공원의 다중운집인파사고로 인해 발생하는 대규모 피해의 재난관리주관기관은 (　　　)이다.

41. 「소방기본법」 제2조 제1호에 따른 소방대상물의 화재로 인해 발생하는 대규모 피해의 재난관리주관기관은 (　　　)이다.

42. 「가축전염병 예방법」 제2조 제2호에 따른 가축전염병의 확산으로 인한 피해의 재난관리주관기관은 (　　　)이다.

43. 「감염병의 예방 및 관리에 관한 법률」 제2조 제1호에 따른 감염병의 확산으로 인한 피해의 재난관리주관기관은 (　　　)이다.

44. 「미세먼지 저감 및 관리에 관한 특별법」 제2조 제1호에 따른 미세먼지로 인한 피해의 재난관리주관기관은 (　　　)이다.

45. 「국토의 계획 및 이용에 관한 법률」 제2조 제9호에 따른 공동구의 화재등으로 인해 발생하는 대규모 피해의 재난관리주관기관은 (　　　)이다.

46. 「해양환경관리법」 제2조 제2호에 따른 해양오염으로 인해 발생하는 대규모 피해의 재난관리주관기관은 (　　　)이다.

47. 「원자력시설 등의 방호 및 방사능 방재 대책법」 제2조 제8호에 따른 방사능재난의 재난관리주관기관은 (　　　)이다.

48. 「산림보호법」 제2조 제7호에 따른 산불로 인해 발생하는 대규모 피해의 재난관리주관기관은 (　　　)이다.

49. 긴급구조란 재난이 발생할 우려가 현저하거나 재난이 발생하였을 때에 국민의 생명・신체 및 재산을 보호하기 위하여 긴급구조기관과 (　　　)이 하는 (　　　), 응급처치, 그 밖에 필요한 모든 긴급한 조치를 말한다.

50. (　　　)이란 소방청・(　　　) 및 소방서를 말한다. 다만, 해양에서 발생한 재난의 경우에는 해양경찰청・(　　　) 및 해양경찰서를 말한다.

51. (　　　)이란 긴급구조에 필요한 인력・시설 및 장비, 운영체계 등 긴급구조능력을 보유한 기관이나 단체로서 대통령령으로 정하는 기관과 단체를 말한다.

52. 긴급구조관련기관에 해당하는 기관은 긴급구조기관, 긴급구조지원기관, (　　　)를 말한다.

53. (　　　)란 재난현장에 출동하는 긴급구조관련기관별로 소속 직원을 지휘・조정・통제하는 장소 또는 지휘차량・선박・항공기 등을 말한다.

54. (　　　)이란 모든 유형의 재난에 공통적으로 활용할 수 있도록 재난관리의 전 과정을 통일적으로 단순화・체계화한 것으로서 행정안전부장관이 고시한 것을 말한다.

55. (　　　)이란 안전교육, 안전훈련, 홍보, 사고 예방 신고 장려 등을 통하여 안전에 관한 가치와 인식을 높이고 안전을 생활화하도록 하는 등 재난이나 그 밖의 각종 사고로부터 안전한 사회를 만들어가기 위한 활동을 말한다.

56. 안전취약계층이란 (　　　), 노인, (　　　), 저소득층 등 신체적・사회적・경제적 요인으로 인하여 재난에 취약한 사람을 말한다.

57. 재난관리정보란 재난관리를 위하여 필요한 (　　　)정보, (　　　)정보, 시설물정보, 지리정보를 말한다.

58. 재난안전통신망이란 재난관리책임기관・(　　　) 및 (　　　)이 재난 및 안전관리업무에 이용하거나 재난현장에서의 통합지휘에 활용하기 위하여 구축・운영하는 통신망을 말한다.

59. (   )이란 에너지, 정보통신, 교통수송, 보건의료 등 국가경제, 국민의 안전·건강 및 정부의 핵심기능에 중대한 영향을 미칠 수 있는 시설, 정보기술시스템 및 자산 등을 말한다.

60. 재난 및 안전관리에 관한 사항을 심의하기 위하여 (   ) 소속으로 중앙안전관리위원회를 둔다.

61. 중앙안전관리위원회는 (   )의 선포와 (   )의 선포에 관한 사항을 심의한다.

62. 중앙위원회의 위원장은 국무총리가 되고, 위원은 대통령령으로 정하는 (   ) 또는 관계 기관·단체의 장이 된다.

63. 중앙위원회에 상정될 안건을 사전에 검토하고 사무를 수행하기 위하여 (   )에 안전정책조정위원회를 둔다.

64. 조정위원회의 위원장은 (   )이 되고, 위원은 대통령령으로 정하는 중앙행정기관의 차관 또는 차관급 공무원과 재난 및 안전관리에 관한 지식과 경험이 풍부한 사람 중에서 위원장이 임명하거나 위촉하는 사람이 된다.

65. 대통령령으로 정하는 중앙안전관리위원회의 위원은 중앙행정기관의 장 중 (   )을 제외한 18부의 장관이다.

66. 대통령령으로 정하는 중앙안전관리위원회의 위원 중 관계 기관의 장은 국가정보원장, 방송통신위원회위원장, (   ), 식품의약품안전처장, 금융위원회위원장 및 원자력안전위원회위원장이다.

67. 대통령령으로 정하는 중앙안전관리위원회의 위원 중 관계 청의 장은 (   ), 경찰청장, 국가유산청장, 산림청장, 질병관리청장, 기상청장 및 해양경찰청장이다.

68. 지역별 재난 및 안전관리에 관한 사항을 심의·조정하기 위하여 시·도지사 소속으로 (   )를 두고, 시장·군수·구청장 소속으로 (   )를 둔다.

69. 시·도 안전관리위원회의 위원장은 (   )가 되고, 시·군·구 안전관리위원회의 위원장은 (   )이 된다.

70. 대통령령으로 정하는 대규모 재난의 대응·복구·수습 등에 관한 사항을 총괄·조정하고 필요한 조치를 하기 위하여 (   )에 중앙재난안전대책본부를 둔다.

71. 중앙재난안전대책본부의 재난관리방식은 (   )방식이다.

72. 중앙대책본부의 본부장은 (   )이 되고, 시·도 대책본부의 본부장은 (   )이며 시·군
·구 대책본부의 본부장은 (   )이 된다.

73. 재난의 효과적인 수습을 위하여 국무총리가 범정부적 차원의 통합 대응이 필요하다고 인정하
는 경우 국무총리가 중앙대책본부장의 권한을 (   ).

74. 해외재난의 경우에는 (   )이, 「원자력시설 등의 방호 및 방사능 방재 대책법」에 따른 방
사능재난의 경우에는 같은 법에 따른 (   )의 장이 각각 중앙대책본부장의 권한을 행사
한다.

75. 재난관리주관기관의 장은 재난이 발생하거나 발생할 우려가 있는 경우에는 대통령령으로 정
하는 바에 따라 재난상황을 효율적으로 관리하고 재난을 수습하기 위한 (   )를 신속하게
설치·운영하여야 한다.

76. 중앙사고수습본부의 장은 해당 (   )의 장이 된다.

77. 중앙사고수습본부장은 재난정보의 (   ), (   ), 재난발생 시 초동조치 및 지휘 등을 위
한 수습본부상황실을 설치·운영하여야 한다.

78. (   )은 재난의 효율적 수습을 위하여 지역대책본부에 통합자원봉사지원단을 설치·운영
할 수 있다.

79. 통합자원봉사지원단의 업무 4가지 이상
①
②
③
④

80. 행정안전부장관, 시·도지사 및 시장·군수·구청장은 재난정보의 수집·전파, 상황관리,
재난발생 시 초동 조치 및 지휘 등의 업무를 수행하기 위하여 다음에 따른 상시 (   )을
설치·운영하여야 한다.

81. 중앙재난안전상황실은 (   )이, 시·도별 재난안전상황실은 (   )가, 시·군·구별 재난
안전상황실은 (   )이 설치·운영하여야 한다.

82. (　　　)은 관할구역에서 해외재난이 발생하거나 발생할 우려가 있으면 즉시 그 상황을 외교부장관에게 보고하여야 한다.

83. (　　　)는 재난 및 사고로부터 국민의 생명·신체 및 재산을 보호하기 위하여 (　　　)마다 국가의 재난 및 안전관리업무에 관한 기본계획을 수립하여야 한다.

84. 국가안전관리기본계획에 포함되어야 하는 사항 3가지 이상
①
②
③

85. 특정관리대상지역에 대한 정기안전점검 실시 기간
① A등급, B등급 또는 C등급에 해당하는 특정관리대상지역 : (　　　)
② D등급에 해당하는 특정관리대상지역 : (　　　)
③ E등급에 해당하는 특정관리대상지역 : (　　　)

86. 긴급안전점검 결과에 따른 재난예방을 위한 안전조치는 (　　　), 보수 또는 보강 등 정비, 재난을 발생시킬 위험요인의 제거이다.

87. 안전취약계층으로 지원하는 대상은 (　　　)의 어린이, (　　　)의 노인, (　　　)에 따른 장애인, 재난이나 그 밖의 각종 사고에 취약하다고 인정되는 사람이다.

88. 재난의 예측 및 예측정보 등의 제공·이용에 관한 체계의 구축 및 재난 발생에 대비한 교육·훈련과 재난관리예방에 관한 홍보는 재난관리단계 중 (　　　)이다.

89. 재난관리를 위하여 필요한 물품, 재산 및 인력 등의 물적·인적자원을 (　　　)이라 한다.

90. 국가재난관리기준의 제정·운용과 기능별 재난대응 활동계획의 작성·활용은 재난관리단계 중 (　　　)이다.

91. 재난분야 위기관리 매뉴얼은 (　　　), 위기대응 실무매뉴얼, (　　　)이다.

92. (　　　)은 위기관리 표준매뉴얼에서 규정하는 기능과 역할에 따라 실제 재난대응에 필요한 조치사항 및 절차를 규정한 문서로 재난관리주관기관의 장과 관계 기관의 장이 작성한다.

93. 다중이용 건축물 중 바닥면적의 합계가 5천제곱미터 이상인 종교시설 및 판매시설은 (　　　) 매뉴얼 작성·관리 대상이다.

94. (　　　)은 체계적인 재난관리를 위하여 재난안전통신망을 구축·운영하여야 하며, 재난관리
책임기관·긴급구조기관 및 긴급구조지원기관은 재난관리에 재난안전통신망을 사용하여야
한다.

95. 행정안전부장관은 대통령령으로 정하는 재난이 발생하거나 발생할 우려가 있는 경우 사람의
생명·신체 및 재산에 미치는 중대한 영향이나 피해를 줄이기 위하여 긴급한 조치가 필요하
다고 인정하면 중앙위원회의 심의를 거쳐 (　　　)를 선포할 수 있다.

96. 행정안전부장관은 재난상황이 긴급하여 중앙위원회의 심의를 거칠 시간적 여유가 없다고 인
정하는 경우에는 중앙위원회의 심의를 거치지 아니하고 재난사태를 선포할 수 있으며, 재난
사태를 선포한 경우에는 (　　　) 중앙위원회의 승인을 받아야 하고, 승인을 받지 못하면 선
포된 재난사태를 (　　　)하여야 한다.

97. 시·도지사는 관할 구역에서 재난이 발생하거나 발생할 우려가 있는 등 대통령령으로 정하는
경우 사람의 생명·신체 및 재산에 미치는 중대한 영향이나 피해를 줄이기 위하여 긴급한
조치가 필요하다고 인정하면 시·도위원회의 심의를 거쳐 재난사태를 선포할 수 있다. 이
경우 시·도지사는 지체 없이 그 사실을 (　　　)에게 통보하여야 한다.

98. 지역통제단장의 응급조치는 (　　　), (　　　)의 확보, (　　　)의 확보이다.

99. 재난이 발생하거나 발생할 우려가 있다고 인정되는 경우 응급조치를 위하여 재난관리책임기
관의 장에 대한 관계 직원의 출동 또는 재난관리자원의 동원 등 필요한 조치의 요청을 할
수 있는 권한권자는 (　　　)과 (　　　)이다.

100. 시장·군수·구청장과 (　　　)은 재난이 발생하거나 발생할 우려가 있는 경우에 사람의 생
명 또는 신체나 재산에 대한 위해를 방지하기 위하여 필요하면 해당 지역 주민이나 그 지역
안에 있는 사람에게 대피하도록 명하거나 선박·자동차 등을 그 소유자·관리자 또는 점유
자에게 대피시킬 것을 명할 수 있다.

101. 위험구역의 설정과 강제대피조치, 통행제한, 응급부담에 대한 조치명령은 (　　　)과 (　　　)
이 명할 수 있다.

102. 긴급구조에 관한 사항의 총괄·조정, 긴급구조기관 및 긴급구조지원기관이 하는 긴급구조활
동의 역할 분담과 지휘·통제를 위하여 소방청에 (　　　)을 둔다.

103. 중앙긴급구조통제단의 단장은 (　　　)이고 시·도 긴급구조통제단의 단장은 (　　　)이 되고
시·군·구 긴급구조통제단의 단장은 (　　　)이 된다.

104. 중앙긴급구조통제단은 (　　)부, (　　)부, (　　)부로 구성된다.

105. 중앙긴급구조통제단에서 통합 지휘·조정, 상황 분석·보고, 작전계획 수립, 연락관 소집·파견, 공보, 지원기관 연락관의 업무를 담당하는 부는 (　　)이다.

106. 중앙긴급구조통제단의 현장지휘부는 (　　), (　　), 응급의료, 항공·현장통제, 안전관리, 자원대기소 운영의 업무를 담당한다.

107. 시·군·구 긴급구조통제단장이 하는 긴급구조 현장지휘 사항 3가지 이상
①
②
③

108. 「재해구호법」 제29조에 따른 전국재해구호협회는 (　　)기관이다.

109. 긴급구조기관의 장은 긴급구조지원기관의 장에게 평상시 해당 긴급구조지원기관의 긴급구조대응계획 수립 및 재난관리자원의 관리 등의 업무를 수행하는 (　　)을 대통령령으로 정하는 바에 따라 지정·운영하게 할 수 있다.

110. 긴급구조기관의 장이 수립하는 긴급구조대응계획은 기본계획, (　　) 긴급구조대응계획, (　　) 긴급구조대응계획으로 구분한다.

111. 긴급구조대응계획 중 기본계획은 긴급구조대응계획의 (　　) 및 적용범위, (　　)과 절차, 운영책임에 관한 사항이다.

112. 긴급구조체제 및 중앙통제단과 지역통제단의 운영체계 등에 관한 사항은 기능별 긴급구조대응계획 중 (　　)에 관한 사항이다.

113. 긴급구조활동을 원활하게 하기 위한 긴급구조차량 접근 도로 복구 등에 관한 사항은 기능별 긴급구조대응계획 중 (　　)에 관한 사항이다.

114. 긴급구조지휘대는 (　　), 자원지원요원, 통신지원요원, 안전관리요원, 상황조사요원, (　　)으로 구성된다.

115. 긴급구조지휘대는 소방서현장지휘대, (　　), 소방본부현장지휘대 및 (　　)로 구분한다.

116. 권역현장지휘대는 2개 이상 4개 이하의 (　　)별로 (　　)이 1개를 설치·운영한다.

117. 긴급구조지휘대를 구성하는 현장지휘요원, 통신지원요원, 안전관리요원, 구급지휘요원은 통제단이 설치·운영되는 경우 (　　　)에 배치된다.

118. (　　　)은 재난현장에 출동한 응급의료관련자원을 총괄·지휘·조정·통제하고, 사상자를 분류·처치 또는 이송하기 위하여 사상자의 수에 따라 재난현장에 적정한 현장응급의료소를 설치·운영해야 한다.

119. 현장응급의료소에는 소장 1명과 (　　　)·(　　　) 및 이송반을 둔다.

120. 현장응급의료소에는 (　　　)를 포함한 의사 3명, 간호사 또는 (　　　) 4명 및 지원요원 1명 이상으로 편성한다.

121. 현장응급의료소의 분류반은 재난현장에서 발생한 사상자를 검진하여 사상자의 상태에 따라 (　　　)·긴급·(　　　) 및 비응급의 4단계로 분류한다.

122. (　　　)은 항공기 조난사고가 발생한 경우 항공기 수색과 인명구조를 위하여 항공기 수색·구조계획을 수립·시행하여야 한다.

123. (　　　)은 대통령령으로 정하는 규모의 재난이 발생하여 국가의 안녕 및 사회질서의 유지에 중대한 영향을 미치거나 피해를 효과적으로 수습하기 위하여 특별한 조치가 필요하다고 인정하거나 지역대책본부장의 요청이 타당하다고 인정하는 경우에는 중앙위원회의 심의를 거쳐 해당 지역을 특별재난지역으로 선포할 것을 대통령에게 건의할 수 있다.

124. 특별재난지역의 선포를 건의받은 (　　　)은 해당 지역을 특별재난지역으로 선포할 수 있다.

125. 재난관리에 필요한 비용은 재난 및 안전관리법 또는 다른 법령에 특별한 규정이 있는 경우 외에는 이 법 또는 안전관리계획에서 정하는 바에 따라 (　　　) 자가 부담한다.

126. 특별재난지역의 선포 및 지원은 재난관리 단계 중 (　　　)단계에 해당한다.

127. 재난지역에 대한 국고보조 대상이 되는 재난은 (　　　)과 사회재난 중 (　　　)이다.

128. (　　　)는 재난을 예방하고, 재난이 발생할 경우 그 피해를 최소화하기 위하여 재난 및 안전관리업무에 종사하는 자가 지켜야 할 사항 등을 정한 안전관리헌장을 제정·고시하여야 한다.

129. (　　　)의 장 또는 (　　　)의 장은 대통령령으로 정하는 지역축제를 개최하려면 해당 지역 축제가 안전하게 진행될 수 있도록 지역축제 안전관리계획을 수립하고, 그 밖에 안전관리에 필요한 조치를 하여야 한다.

130. 지역축제 개최 시 관할 소방관서의 장의 안전관리조치를 위한 협조 사항 3가지 이상
  ①
  ②
  ③

131. (   )은 다중운집으로 인한 재난이나 각종 사고가 발생하는 것을 예방하기 위하여 대통령령으로 정하는 시설·장소에 대하여 다중운집의 일시 및 장소, 인파의 밀집도 및 유동시간 등의 사항을 포함한 실태조사를 실시하여야 한다.

132. 재난관리기금의 매년도 최저적립액은 최근 3년 동안의 「지방세법」에 의한 보통세의 수입결산액의 평균연액의 (   ) 해당하는 금액으로 한다.

133. 재난관리기금에서 생기는 수입은 그 전액을 (   )에 편입하여야 한다.

134. (   )은 재난 및 안전관리에 관한 과학기술의 진흥을 위하여 (   )마다 관계 중앙행정기관의 재난 및 안전관리기술개발에 관한 계획을 종합하여 조정위원회의 심의와 「국가과학기술자문회의법」에 따른 국가과학기술자문회의의 심의를 거쳐 재난 및 안전관리기술개발 종합계획을 수립하여야 한다.

135. 재난관리책임기관의 장은 재난 및 안전관리 업무의 전문성 및 효율성을 위하여 (   ) 자격을 가진 사람 등 대통령령으로 정하는 재난관리 전문인력을 해당 업무에 배치하도록 노력하여야 한다.

136. 재난관리책임기관의 장은 해당 기관의 재난 및 안전관리업무를 총괄하는 (   ) 및 담당직원을 소속 공무원 또는 임직원 중에서 임명할 수 있다.

소방관계법규

문제편

01 총칙

1. 소방기본법은 화재를 예방·경계하거나 진압하고 화재, 재난·(　　), 그 밖의 (　　)한 상황에서의 구조·(　　) 활동 등을 통하여 국민의 생명·신체 및 재산을 보호함으로써 공공의 안녕 및 질서 유지와 (　　)증진에 이바지함을 목적으로 한다.

2. (　　)이란 건축물, 차량, 선박(「선박법」 제1조의2 제1항에 따른 선박으로서 항구에 매어둔 선박만 해당한다), 선박 건조 구조물, 산림, 그 밖의 인공 구조물 또는 물건을 말한다.

3. (　　)이란 소방대상물이 있는 장소 및 그 이웃지역으로서 화재의 예방·경계·진압, 구조·구급 등의 활동에 필요한 지역을 말한다.

4. (　　)이란 소방대상물의 소유자·관리자 또는 점유자를 말한다.

5. (　　)이란 특별시·광역시·특별자치시·도 또는 특별자치도에서 화재의 예방·경계·진압·조사 및 구조·구급 등의 업무를 담당하는 부서의 장을 말한다.

6. (　　)란 화재를 진압하고 화재, 재난·재해, 그 밖의 위급한 상황에서 구조·구급 활동 등을 하기 위하여 소방공무원, 의무소방원, 의용소방대원으로 구성된 조직체를 말한다.

7. (　　)이란 소방본부장 또는 소방서장 등 화재, 재난·재해, 그 밖의 위급한 상황이 발생한 현장에서 소방대를 지휘하는 사람을 말한다.

8. 국가와 지방자치단체는 화재, 재난·재해, 그 밖의 위급한 상황으로부터 국민의 (　　)·신체 및 (　　)을 보호하기 위하여 필요한 시책을 수립·시행하여야 한다.

9. 시·도의 화재 예방·경계·진압 및 조사, 소방안전교육·홍보와 화재, 재난·재해, 그 밖의 위급한 상황에서의 구조·구급 등의 업무를 수행하는 소방기관의 설치에 필요한 사항은 (　　)으로 정한다.

10. 소방업무를 수행하는 소방본부장 또는 소방서장은 그 소재지를 관할하는 (　　)의 지휘와 감독을 받는다.

11. 시·도지사의 지휘와 감독권에도 불구하고 소방청장은 화재 예방 및 대형 재난 등 필요한 경우 시·도 (　　) 및 (　　)을 지휘·감독할 수 있다.

12. 시·도에서 소방업무를 수행하기 위하여 시·도지사 직속으로 (   )를 둔다.

13. 소방청장, 소방본부장 및 소방서장은 화재, 재난·재해, 그 밖에 구조·구급이 필요한 상황이 발생하였을 때에 신속한 소방활동을 위한 정보의 수집·분석과 판단·전파, 상황관리, 현장 지휘 및 조정·통제 등의 업무를 수행하기 위하여 (   )을 설치·운영하여야 한다.

14. 소방본부에 설치하는 119종합상황실에는 「지방자치단체에 두는 국가공무원의 정원에 관한 법률」에도 불구하고 대통령령으로 정하는 바에 따라 (   )을 둘 수 있다.

15. 119종합상황실의 설치·운영에 필요한 사항은 (   )으로 정한다.

16. 「소방기본법」 제4조 제2항의 규정에 의한 종합상황실은 (   )과 (   ) 및 (   )에 각각 설치·운영하여야 한다.

17. 소방청장, 소방본부장 또는 소방서장은 신속한 소방활동을 위한 정보를 수집·전파하기 위하여 119종합상황실에 「소방력 기준에 관한 규칙」에 의한 (   )·(   )요원을 배치하고, 소방청장이 정하는 유·무선통신시설을 갖추어야 한다.

18. 119종합상황실은 (   ) 운영체제를 유지하여야 한다.

19. 119종합상황실의 실장 업무 4가지 이상
①
②
③
④

20. 소방서의 종합상황실의 경우는 소방본부의 종합상황실에, 소방본부의 종합상황실의 경우는 소방청의 종합상황실에 각각 보고해야 하는 사항
① 사망자가 5인 이상 발생하거나 사상자가 10인 이상 발생한 화재 □ O | X
② 재산피해액이 100억원 이상 발생한 화재 □ O | X
③ 관공서·학교·정부미도정공장·문화재·지하철 또는 지하구의 화재 □ O | X
④ 관광호텔, 6층 이상인 건축물, 지하상가, 시장, 백화점에서 발생한 화재 □ O | X
⑤ 층수가 7층 이상이거나 객실이 30실 이상인 숙박시설에서 발생한 화재 □ O | X
⑥ 층수가 5층 이상이거나 병상이 30개 이상인 종합병원·정신병원·한방병원·요양소에서 발생한 화재 □ O | X
⑦ 항구에 매어둔 선박에서 발생한 화재 □ O | X
⑧ 철도차량, 항공기, 발전소 또는 변전소에서 발생한 화재 □ O | X

⑨ 「위험물안전관리법」 제2조 제2항의 규정에 의한 지정수량의 2천배 이상의 위험물의 제조소·저장소·취급소에서 발생한 화재 O | X

⑩ 가스 및 화약류의 폭발에 의한 화재 O | X

⑪ 「다중이용업소의 안전관리에 관한 특별법」 제2조에 따른 다중이용업소의 화재 O | X

⑫ 「긴급구조대응활동 및 현장지휘에 관한 규칙」에 의한 대책본부장의 현장지휘가 필요한 재난상황 O | X

⑬ 언론에 보도된 재난상황 O | X

⑭ 이재민이 50인 이상 발생한 화재 O | X

21. 종합상황실 근무자의 근무방법 등 종합상황실의 운영에 관하여 필요한 사항은 종합상황실실장이 정한다. O | X

22. (   ) 및 (   )는 119종합상황실 등의 효율적 운영을 위하여 소방정보통신망을 구축·운영할 수 있다.

23. 소방정보통신망의 안정적 운영을 위하여 소방정보통신망의 회선을 (   )할 수 있다. 이 경우 (   )된 각 회선은 (   )로부터 제공받아야 한다.

24. 소방정보통신망의 구축 및 운영에 필요한 사항은 (   )으로 정한다.

25. (   ) 또는 (   )은 소방시설, 소방공사 및 위험물 안전관리 등과 관련된 법령해석 등의 민원을 종합적으로 접수하여 처리할 수 있는 소방기술민원센터를 설치·운영할 수 있다.

26. 소방기술민원센터의 설치·운영 등에 필요한 사항은 (   )으로 정한다.

27. 소방기술민원센터는 센터장을 포함하여 (   )명 이내로 구성한다.

28. 소방기술민원센터의 업무 3가지 이상

①

②

③

29. (   )은 소방기술민원센터의 업무수행을 위하여 필요하다고 인정하는 경우에는 관계 기관의 장에게 소속 공무원 또는 직원의 파견을 요청할 수 있다.

30. 법령에서 규정한 사항 외에 소방기술민원센터의 설치·운영에 필요한 사항은 소방청에 설치하는 경우에는 소방청장이 정하고, 소방본부에 설치하는 경우에는 (   )으로 정한다.

31. 소방박물관 및 소방체험관의 설립 · 운영

구분	설립 · 운영권자	근거법령
소방박물관	( )	( )
소방체험관	( )	( )

32. 소방청장은 소방박물관을 설립 · 운영하는 경우에는 소방박물관에 소방박물관장 1인과 부관장 ( )인을 두되, 소방박물관장은 소방공무원 중에서 ( )이 임명한다.

33. 소방박물관에는 그 운영에 관한 중요한 사항을 심의하기 위하여 ( )인 이내의 위원으로 구성된 운영위원회를 둔다.

34. 소방체험관이 수행하는 기능 3가지 이상
①
②
③

35. 소방체험관 중 소방안전 체험실로 사용되는 부분의 바닥면적의 합이 ( )제곱미터 이상이 되어야 한다.

36. 소방체험관에는 화재안전 체험실, ( ) 체험실, 보행안전 체험실, ( ) 체험실, 기후성 재난 체험실, ( ) 체험실, ( ) 체험실을 모두 갖추어야 하며, 체험실별 바닥면적은 ( ) 제곱미터 이상이어야 한다.

37. 체험실별 체험교육을 총괄하는 교수요원은 소방공무원 중 소방 관련학과의 박사학위 이상을 취득한 사람이어야 한다. ◻ O | X ◻

38. 체험실별 체험교육을 총괄하는 교수요원은 소방공무원 중 소방활동이나 생활안전활동을 5년 이상 수행한 경력이 있는 사람이어야 한다. ◻ O | X ◻

39. 체험실별 체험교육을 지원하고 실습을 보조하는 조교는 중앙소방학교 또는 지방소방학교에서 2주 이상의 소방안전교육사 관련 전문교육과정을 이수한 사람이어야 한다. ◻ O | X ◻

40. 체험실별 체험교육을 지원하고 실습을 보조하는 조교는 소방활동이나 생활안전활동을 3년 이상 수행한 경력이 있는 사람이어야 한다. ◻ O | X ◻

41. 소방체험에서 체험교육을 실시할 때 체험실에는 1명 이상의 교수요원을 배치하고, 조교는 체험교육대상자 50명당 1명 이상이 배치되도록 하여야 한다. 다만, 소방체험관의 장은 체험교육대상자의 연령 등을 고려하여 조교의 배치기준을 달리 정할 수 있다. ○ | ✕

42. 소방체험관의 장은 체험교육의 운영결과, 만족도 조사결과 등을 기록하고 이를 2년간 보관하여야 한다. ○ | ✕

43. (　　　)은 화재, 재난·재해, 그 밖의 위급한 상황으로부터 국민의 생명·신체 및 재산을 보호하기 위하여 소방업무에 관한 종합계획을 (　　　)마다 수립·시행하여야 하고, 이에 필요한 재원을 확보하도록 노력하여야 한다.

44. 소방업무에 관한 종합계획에 포함되어야 하는 사항 중 법률로 정하는 4가지 이상
①
②
③
④

45. 재난·재해 환경 변화에 따른 소방업무에 필요한 대응 체계 마련은 소방업무에 관한 종합계획에 포함되어야 하는 사항 중 법률로 정하는 사항이다. ○ | ✕

46. 장애인, 노인, 임산부, 영유아 및 어린이 등 이동이 어려운 사람을 대상으로 한 소방활동에 필요한 조치는 소방업무에 관한 종합계획에 포함되어야 하는 사항 중 대통령령으로 정하는 사항이다. ○ | ✕

47. 소방청장은 「소방기본법」에 따른 소방업무에 관한 종합계획을 관계 중앙행정기관의 장과의 협의를 거쳐 계획 시행 전년도 9월 30일까지 수립하여야 한다. ○ | ✕

48. 시·도지사는 「소방기본법」에 따른 종합계획의 시행에 필요한 세부계획을 계획 시행 전년도 12월 31일까지 수립하여 소방청장에게 제출하여야 한다. ○ | ✕

49. 소방청장은 재난·재해, 그 밖의 위급한 상황으로부터 국민의 생명·신체 및 재산을 보호하기 위하여 세부계획 수립의 적절성, 세부계획 추진실적 등에 대하여 필요 시 평가할 수 있다. ○ | ✕

50. 소방청장은 세부계획 추진실적의 평가를 하려는 경우 다음 연도의 평가계획을 12월 31일까지 시·도지사에게 통지해야 한다. ○ | ✕

51. 세부계획 추진실적의 평가 통지를 받은 시·도지사는 전년도 세부계획 추진실적 등을 1월 31일까지 소방청장에게 제출해야 하고, 소방청장은 평가결과를 3월 31일까지 시·도지사에게 통보해야 한다. 

52. 국민의 안전의식과 화재에 대한 경각심을 높이고 (   )를 정착시키기 위하여 매년 (   )을 소방의 날로 정하여 기념행사를 한다.

53. 소방의 날 행사에 관하여 필요한 사항은 소방청장 또는 (   )가 따로 정하여 시행할 수 있다.

02 소방장비 및 소방용수시설

54. (   )이라 함은 소방기관이 소방업무를 수행하는 데에 필요한 인력과 장비 등을 의미하며, 이에 관한 기준은 (   )으로 정한다.

55. (   )는 소방력의 기준에 따라 관할구역의 소방력을 확충하기 위하여 필요한 계획을 수립하여 시행하여야 한다.

56. 소방자동차 등 소방장비의 분류·표준화와 그 관리 등에 필요한 사항은 (   )에서 정한다.

57. 국가는 소방장비의 구입 등 시·도의 소방업무에 필요한 경비의 (   )를 보조한다.

58. 국고보조 대상사업의 범위와 (   )은 대통령령으로 정한다.

59. 소방활동장비와 설비의 구입 및 설치의 국고보조 대상사업의 범위
①
②
③
④

60. 소방관서용 청사의 건축에 관한 국고보조 대상사업의 범위는 건축물을 신축·(   )·개축·재축·(   )하는 것이다.

61. 소방활동장비 및 설비의 종류와 규격은 (   )으로 정한다.

62. 국고보조 대상사업의 기준보조율은 「보조금 관리에 관한 법률 (   )」에서 정하는 바에 따른다.

63. 국고보조산정을 위한 기준가격
① 국내조달품 : (   )
② 수입물품 : (   )
③ 정부고시가격 또는 조달청에서 조사한 해외시장의 시가가 없는 물품 : 2 이상의 공신력 있는 물가조사기관에서 조사한 가격의 (   )

64. 국고보조의 대상이 되는 소방활동장비 및 설비의 기준은 대형 펌프차는 (   ) 이상, 중형 구조차는 (   ) 이상 (   ) 미만, 일반 구급차는 (   ) 이상 (   ) 미만이다.

65. (　　　)는 소방활동에 필요한 소화전·급수탑·저수조를 설치하고 유지·관리하여야 한다.

66. 소방용수시설 중 「수도법」 제45조에 따라 소화전을 설치하는 일반수도사업자는 관할 소방서장과 (　　　)를 거친 후 소화전을 설치하여야 하며, 설치 사실을 관할 소방서장에게 (　　　)하고, 그 소화전을 유지·관리하여야 한다.

67. 시·도지사는 소방자동차의 우선 통행 등에 따른 소방자동차의 진입이 곤란한 지역 등 화재발생 시에 초기 대응이 필요한 지역으로서 대통령령으로 정하는 지역에 (　　　) 또는 호스 릴 등을 (　　　)에 연결하여 화재를 진압하는 시설이나 장치를 설치하고 유지·관리할 수 있다.

68. (　　　)란 소방호스 또는 호스 릴 등을 소방용수시설에 연결하여 화재를 진압하는 시설이나 장치를 말한다.

69. 비상소화장치의 설치대상 지역은 (　　　)와 (　　　)가 소방용수시설의 설치 및 관리 규정에 따른 비상소화장치의 설치가 필요하다고 인정하는 지역이다.

70. 소방용수시설과 비상소화장치의 설치 기준은 (　　　)으로 정한다.

71. 지하에 설치하는 소화전 또는 저수조의 소방용수표지 기준
① 맨홀 뚜껑은 지름 (　　　)밀리미터 이상의 것으로 할 것. 다만, 승하강식 소화전의 경우에는 이를 적용하지 않는다.
② 맨홀 뚜껑에는 "소화전·(　　　)" 또는 "(　　　)·주정차금지"의 표시를 할 것
③ 맨홀 뚜껑 부근에는 (　　　)색 반사도료로 폭 (　　　)센티미터의 선을 그 둘레를 따라 칠할 것

72. 지상에 설치하는 소화전, 저수조 및 급수탑의 소방용수표지 기준
① 안쪽 문자는 (　　　), 바깥쪽 문자는 (　　　)으로, 안쪽 바탕은 (　　　), 바깥쪽 바탕은 (　　　)으로 하고, (　　　)재료를 사용해야 한다.
② 규격에 따른 소방용수표지를 세우는 것이 (　　　) 경우에는 그 규격 등을 다르게 할 수 있다.

73. 소방용수시설은 국토의 계획 및 이용에 관한 법률 제36조 제1항 제1호의 규정에 의한 주거지역·상업지역 및 (　　　)에 설치하는 경우에는 소방대상물과의 수평거리를 (　　　)미터 이하가 되도록 할 것

74. 소화전의 설치기준 : 상수도와 연결하여 지하식 또는 지상식의 구조로 하고, 소방용호스와 연결하는 소화전의 (　　　)금속구의 구경은 (　　　)밀리미터로 할 것

75. 급수탑의 설치기준 : 급수배관의 구경은 (   )밀리미터 이상으로 하고, 개폐밸브는 지상에서
(   )미터 이상 (   )미터 이하의 위치에 설치하도록 할 것

76. 저수조의 설치기준
① 지면으로부터의 낙차가 (   )미터 이하일 것
② 흡수부분의 수심이 (   )미터 이상일 것
③ (   )자동차가 쉽게 접근할 수 있도록 할 것
④ (   )에 지장이 없도록 토사 및 쓰레기 등을 제거할 수 있는 설비를 갖출 것
⑤ 흡수관의 투입구가 사각형의 경우에는 (   )의 길이가 (   )센티미터 이상, 원형의 경우
에는 (   )이 (   )센티미터 이상일 것
⑥ 저수조에 물을 공급하는 방법은 (   )에 연결하여 (   )으로 급수되는 구조일 것

77. 비상소화장치는 비상소화장치함, (   ), 소방호스, (   )을 포함하여 구성할 것

78. 소방본부장 또는 (   )은 원활한 소방활동을 위하여 소방용수시설 및 지리에 대한 조사를
(   ) 이상 실시하여야 한다.

79. 소방용수시설 조사 대상은 (   ), (   ), (   )이다.

80. 소방대상물의 지리 조사는 인접한 도로의 (   )·(   )상황, 도로주변의 토지의 고저·
(   )의 개황 그 밖의 소방활동에 필요한 지리에 대한 조사이다.

81. 소방용수시설 및 지리조사 결과는 (   ) 처리가 불가능한 특별한 사유가 없으면 (   ) 처리가
가능한 방법으로 작성·관리하여야 하고, 그 조사결과를 (   )간 보관하여야 한다.

82. 소방본부장 또는 소방서장은 소방활동을 할 때에 긴급한 경우에는 이웃한 소방본부장 또는 소방서
장에게 소방업무의 (   )을 요청할 수 있다.

83. 소방업무의 응원을 위하여 파견된 소방대원은 응원을 (   )한 소방본부장 또는 소방서장의 지휘
에 따라야 한다.

84. (   )는 소방업무의 응원을 요청하는 경우를 대비하여 출동 대상지역 및 규모와 필요한 경비의
부담 등에 관하여 필요한 사항을 행정안전부령으로 정하는 바에 따라 이웃하는 시·도지사와 협의
하여 (   )으로 정하여야 한다.

85. 소방업무의 상호응원협정 중 소방활동에 관한 사항은 (   ), (   ), (   )에 관한 사항이
포함되도록 해야 한다.

86. (　　　)은 해당 시·도의 소방력만으로는 소방활동을 효율적으로 수행하기 어려운 화재, 재난·재해, 그 밖의 구조·구급이 필요한 상황이 발생하거나 특별히 국가적 차원에서 소방활동을 수행할 필요가 인정될 때에는 각 (　　　)에게 행정안전부령으로 정하는 바에 따라 소방력을 동원할 것을 요청할 수 있다.

87. 소방청장이 소방력 동원을 요청하는 경우 통지해야 하는 사항
　　①
　　②
　　③

88. 소방청장의 소방력 동원요청 시 긴급을 요하는 경우에는 (　　　)에게 직접 요청할 수 있다.

89. 동원된 소방대원이 다른 시·도에 파견·지원되어 소방활동을 수행할 때에는 특별한 사정이 없으면 (　　　)의 지휘에 따라야 한다. 다만, (　　　)이 직접 소방대를 편성하여 소방활동을 하게 하는 경우에는 소방청장의 지휘에 따라야 한다.

90. 소방활동을 수행하는 과정에서 발생하는 경비 부담에 관한 사항, 소방활동을 수행한 민간 소방 인력이 사망하거나 부상을 입었을 경우의 보상주체·보상기준 등에 관한 사항, 그 밖에 동원된 소방력의 운용과 관련하여 필요한 사항은 (　　　)으로 정한다.

91. 동원된 소방력의 소방활동 수행 과정에서 발생하는 경비는 화재, 재난·재해 또는 그 밖의 구조·구급이 필요한 상황이 발생한 시·도에서 부담하는 것을 원칙으로 하되, 구체적인 내용은 해당 (　　　)하여 정한다.

92. 동원된 민간 소방 인력이 소방활동을 수행하다가 사망하거나 부상을 입은 경우 화재, 재난·재해 또는 그 밖의 구조·구급이 필요한 상황이 발생한 시·도가 해당 (　　　)로 정하는 바에 따라 보상한다.

03 소방활동

93. ( ), ( ) 또는 ( )은 화재, 재난·재해, 그 밖의 위급한 상황이 발생하였을 때에는 소방대를 현장에 신속하게 출동시켜 화재진압과 인명구조·구급 등 소방에 필요한 소방활동을 하게 하여야 한다.

94. 누구든지 정당한 사유 없이 출동한 소방대의 ( )을 방해하여서는 아니 된다.

95. 소방청장·소방본부장 또는 소방서장은 공공의 안녕질서 유지 또는 복리증진을 위하여 필요한 경우 소방활동 외에 ( )활동을 하게 할 수 있다.

96. 소방지원활동은 소방활동 수행에 ( ) 범위에서 할 수 있다.

97. 유관기관·단체 등의 요청에 따른 소방지원활동에 드는 비용은 지원요청을 한 유관기관·단체 등에게 ( ) 할 수 있다. 다만, 부담금액 및 부담방법에 관하여는 지원요청을 한 유관기관·단체 등과 ( )하여 결정한다.

98. 소방청장·소방본부장 또는 소방서장은 신고가 접수된 ( ) 및 위험제거 활동에 대응하기 위하여 소방대를 출동시켜 ( )활동을 하게 하여야 한다. 단, 화재, 재난·재해, 그 밖의 위급한 상황에 해당하는 것은 제외한다.

99. 산불에 대한 예방·진압 등은 소방활동이다. ☐ O | X

100. 자연재해에 따른 급수·배수 및 제설 등은 생활안전활동이다. ☐ O | X

101. 집회·공연 등 각종 행사 시 사고에 대비한 근접대기 등은 소방지원활동이다. ☐ O | X

102. 화재, 재난·재해로 인한 피해복구 활동은 소방지원활동이다. ☐ O | X

103. 군·경찰 등 유관기관에서 실시하는 훈련지원 활동은 대통령령으로 정하는 소방지원활동이다. ☐ O | X

104. 소방시설 오작동 신고에 따른 조치활동은 행정안전부령으로 정하는 소방지원활동이다. ☐ O | X

105. 방송제작 또는 촬영 관련 지원활동은 대통령령으로 정하는 소방지원활동이다. ☐ O | X

106. 붕괴, 낙하 등이 우려되는 고드름, 나무, 위험 구조물 등의 제거활동은 생활안전활동이다.

　　ｏ｜✕

107. 위해동물, 벌 등의 포획 및 퇴치 활동은 생활안전활동이다.　　ｏ｜✕

108. 끼임, 고립 등에 따른 위험제거 및 구출 활동은 생활안전활동이다.　　ｏ｜✕

109. 단전사고 시 비상전원 또는 조명의 공급은 소방지원활동이다.　　ｏ｜✕

110. 방치하면 급박해질 우려가 있는 위험을 예방하기 위한 활동은 생활안전활동이다.　　ｏ｜✕

111. 소방지원활동등은 소방지원활동과 생활안전활동을 의미한다.　　ｏ｜✕

112. (　　　)은 소방지원활동 및 생활안전활동을 한 경우 기록지에 해당 활동상황을 상세히 기록하고, 소속 소방관서에 (　　　)간 보관해야 한다.

113. (　　　)은 소방지원활동등의 상황을 종합하여 연 (　　　) 소방청장에게 보고해야 한다.

114. (　　　)는 소방자동차의 공무상 운행 중 교통사고가 발생한 경우 그 운전자의 법률상 분쟁에 소요되는 비용을 지원할 수 있는 보험에 가입하여야 하며, (　　　)는 보험 가입비용의 일부를 지원할 수 있다.

115. 소방공무원이 (　　　)으로 인하여 타인을 사상에 이르게 한 경우 그 (　　　)이 불가피하고 소방공무원에게 고의 또는 중대한 과실이 없는 때에는 그 정상을 참작하여 사상에 대한 형사책임을 감경하거나 면제할 수 있다.

116. 소방청장, 소방본부장 또는 소방서장은 소방공무원이 (　　　), (　　　), (　　　)으로 인하여 민·형사상 책임과 관련된 소송을 수행할 경우 변호인 선임 등 소송수행에 필요한 지원을 할 수 있다.

117. 소방안전에 관한 교육과 훈련을 실시할 경우 소방청장, 소방본부장 또는 소방서장은 해당 어린이집·유치원·학교·장애인복지시설·(　　　) 또는 (　　　)과 교육일정 등에 관하여 협의하여야 한다. → [시행 2026.1.1.] 포함

118. 화재진압훈련 대상은 (　　　), 「의무소방대설치법 시행령」 제20조 제1항 제1호에 따른 임무를 수행하는 의무소방원, 「의용소방대 설치 및 운영에 관한 법률」 제3조에 따라 임명된 의용소방대원이다.

119. 인명구조훈련 대상은 (   ), 「의무소방대설치법 시행령」 제20조 제1항 제1호에 따른 임무를 수행하는 의무소방원, 「의용소방대 설치 및 운영에 관한 법률」 제3조에 따라 임명된 의용소방대원이다.

120. 응급처치훈련 대상은 구급업무를 담당하는 소방공무원, (   )에 따라 임용된 의무소방원, 「의용소방대 설치 및 운영에 관한 법률」 제3조에 따라 임명된 의용소방대원이다.

121. 인명대피훈련 대상은 (   ), 「의무소방대설치법」 제3조에 따라 임용된 의무소방원, 「의용소방대 설치 및 운영에 관한 법률」 제3조에 따라 임명된 의용소방대원이다.

122. 현장지휘훈련 대상은 (   ), (   ), (   ), (   )이다.

123. 소방 교육·훈련 횟수는 (   ), 기간은 (   ) 이상으로서 법령에서 규정한 사항 외에 소방대원의 교육 및 훈련에 필요한 사항은 (   )이 정한다.

124. 소방안전교육훈련에 필요한 소방안전교실은 화재안전 및 생활안전 등을 체험할 수 있는 (   ) 이상의 실내시설을 갖추어야 한다.

125. 소방안전교육훈련에 필요한 이동안전체험차량은 어린이는 (   ), 성인은 (   )을 동시에 수용할 수 있는 실내공간을 갖춘 자동차여야 한다.

126. 소방 관련학과의 (   )학위 이상을 취득한 사람은 소방안전교육훈련 강사가 될 수 있다.

127. 소방공무원으로서 (   ) 이상 근무한 경력이 있는 사람은 소방안전교육훈련 강사가 될 수 있다.

128. 소방공무원으로서 (   ) 이상 근무한 경력이 있는 사람은 소방안전교육훈련 보조강사가 될 수 있다.

129. 소방안전교육훈련은 이론교육과 실습 또는 체험교육을 병행하여 실시하되, 실습 또는 체험교육이 전체 교육 시간의 (   ) 이상이 되어야 한다.

130. 실습 또는 체험교육 인원은 특별한 경우가 아니면 강사 1명당 (   )을 넘지 않아야 한다.

131. 소방청장, 소방본부장 또는 소방서장은 소방안전교육훈련 중 발생한 사고로 인한 교육훈련대상자 등의 생명·신체나 재산상의 손해를 보상하기 위한 (   )에 가입하여야 한다.

132. 소방청장은 소방안전교육을 위하여 소방청장이 실시하는 시험에 합격한 사람에게 (   ) 자격을 부여한다.

133. 소방안전교육사는 소방안전교육의 (   )·진행·분석·평가 및 (   )업무를 수행한다.

134. 소방안전교육사 시험의 응시자격, 시험방법, 시험과목, 시험위원, 그 밖에 소방안전교육사 시험의 실시에 필요한 사항은 (   )으로 정한다.

135. 소방공무원으로 5년 이상 근무한 경력이 있는 사람은 소방안전교육사 시험의 응시 자격 요건에 해당한다. ○|×

136. 중앙소방학교 또는 지방소방학교에서 4주 이상의 소방안전교육사 관련 전문교육과정을 이수한 사람은 소방안전교육사 시험의 응시 자격 요건에 해당한다. ○|×

137. 「초·중등교육법」 제21조에 따라 교원의 자격을 취득한 사람은 소방안전교육사 시험의 응시 자격 요건에 해당한다. ○|×

138. 「유아교육법」 제22조에 따라 교원의 자격을 취득한 후 3년 이상 교육업무에 종사한 사람은 소방안전교육사 시험의 응시 자격 요건에 해당한다. ○|×

139. 「영유아보육법」 제21조에 따라 어린이집의 원장 또는 보육교사의 자격을 취득한 사람은 소방안전교육사 시험의 응시 자격 요건에 해당한다. ○|×

140. 「의료법」 제7조에 따라 간호사 면허를 취득한 후 간호업무 분야에 1년 이상 종사한 사람은 소방안전교육사 시험의 응시 자격 요건에 해당한다. ○|×

141. 「응급의료에 관한 법률」 제36조 제2항에 따라 1급 응급구조사 자격을 취득한 후 응급의료 업무 분야에 3년 이상 종사한 사람은 소방안전교육사 시험의 응시 자격 요건에 해당한다. ○|×

142. 「응급의료에 관한 법률」 제36조 제3항에 따라 2급 응급구조사 자격을 취득한 후 응급의료 업무 분야에 5년 이상 종사한 사람은 소방안전교육사 시험의 응시 자격 요건에 해당한다. ○|×

143. 「의용소방대 설치 및 운영에 관한 법률」 제3조에 따라 의용소방대원으로 임명된 후 5년 이상 의용소방대 활동을 한 경력이 있는 사람은 소방안전교육사 시험의 응시 자격 요건에 해당한다. ○|×

144. 소방안전교육사시험의 제1차 시험과목은 소방학개론, 구급·응급처치론, 재난관리론 및 교육학개론 중 응시자가 선택하는 3과목이다. ○|×

145. 소방청장은 소방안전교육사시험 응시자격심사위원 및 시험위원으로 소방공무원을 임명하는 경우 소방정 이상의 소방공무원이어야 한다. ○ | ✕

146. 소방안전교육사시험은 3년마다 1회 시행함을 원칙으로 하되, 소방청장이 필요하다고 인정하는 때에는 그 횟수를 증감할 수 있으며, 소방안전교육사시험의 시행일 60일 전까지 소방청의 인터넷 홈페이지 등에 공고해야 한다. ○ | ✕

147. 소방안전교육사의 결격사유
①
②
③
④

148. 소방안전교육사의 배치대상별 배치기준

배치대상	배치기준(단위 : 명)
1. 소방청	(　　) 이상
2. 소방본부	(　　) 이상
3. 소방서	(　　) 이상
4. 한국소방안전원	본회 : (　　) 이상 / 시·도지부 : (　　) 이상
5. 한국소방산업기술원	(　　) 이상

149. 청소년에게 소방안전에 관한 올바른 이해와 안전의식을 함양시키기 위하여 (　　)을 설립한다.

150. 한국119청소년단에 관하여 이 법에서 규정한 것을 제외하고는 「민법」 중 (　　)에 관한 규정을 준용한다.

151. 한국119청소년단이 아닌 자가 한국119청소년단 또는 이와 유사한 명칭을 사용하는 자에게는 (　　) 이하의 (　　)를 부과한다.

152. 한국119청소년단의 사업 범위 3가지 이상
①
②
③

153. 화재예방, 소방활동 또는 소방훈련을 위하여 사용되는 소방신호의 종류와 방법은 (　　)으로 정한다.

154. (   )는 화재예방상 필요하다고 인정되거나 「화재의 예방 및 안전관리에 관한 법률」 제20조의 규정에 의한 화재위험경보시 발령한다.

155. (   )는 화재가 발생한 때 발령한다.

156. (   )는 소화활동이 필요없다고 인정되는 때 발령한다.

157. (   )는 훈련상 필요하다고 인정되는 때 발령한다.

158. 소방신호의 방법

구분	타종신호	싸이렌 신호
경계신호	( )를 반복	5초 간격을 두고 30초씩 3회
발화신호	난타	( ) 3회
해제신호	상당한 간격을 두고 ( ) 반복	1분간 1회
훈련신호	연3타 반복	( ) 3회

159. 소방신호의 방법은 그 (   )를 함께 사용할 수 있으며, 게시판을 철거하거나 통풍대 또는 기를 내리는 것으로 소방활동이 (   )되었음을 알린다.

160. 소방대의 비상소집을 하는 경우에는 (   )신호를 사용할 수 있다.

161. 화재 현장 또는 구조·구급이 필요한 사고 현장을 발견한 사람은 그 현장의 상황을 소방본부, 소방서 또는 관계 행정기관에 (   ) 알려야 한다.

162. 화재로 오인할 만한 우려가 있는 불을 피우거나 연막 소독을 하려는 자가 시·도의 조례로 정하는 바에 따라 관할 소방본부장 또는 소방서장에게 신고하여야 하는 지역 또는 장소 4곳 이상
①
②
③
④

163. (   )은 소방대상물에 화재, 재난·재해, 그 밖의 위급한 상황이 발생한 경우에는 소방대가 현장에 도착할 때까지 경보를 울리거나 대피를 유도하는 등의 방법으로 사람을 구출하는 조치 또는 불을 끄거나 불이 번지지 아니하도록 필요한 조치를 하여야 한다.

164. 관계인은 화재를 진압하거나 구조·구급 활동을 하기 위하여 상설 조직체를 설치·(   ). 이 경우 「위험물안전관리법」 제19조 및 그 밖의 다른 법령에 따라 설치된 (   )를 포함한다.

165. 자체소방대는 소방대가 현장에 도착한 경우 (   )의 지휘·통제에 따라야 한다.

166. 모든 차와 사람은 지휘를 위한 자동차와 구조·구급차를 포함한 소방자동차가 화재진압 및 구조· 구급 활동을 위하여 (   )을 할 때에는 이를 방해하여서는 아니 된다.

167. 소방자동차가 화재진압 및 구조·구급 활동을 위하여 출동하거나 훈련을 위하여 필요할 때에는 (   )을 사용할 수 있다.

168. 소방자동차의 우선 통행에 관하여는 (   )에서 정하는 바에 따른다.

169. 「건축법」제2조 제2항 제2호에 따른 공동주택 중 대통령령으로 정하는 공동주택의 (   )는 소 방활동의 원활한 수행을 위하여 공동주택에 소방자동차 전용구역을 설치하여야 한다.

170. 「건축법 시행령」별표 1 제2호 가목의 아파트 중 세대수가 (   ) 이상인 아파트와 라목의 기숙 사 중 (   ) 이상의 기숙사는 소방자동차 전용구역의 설치 대상이다.

171. 하나의 대지에 하나의 동으로 구성되고 「도로교통법」제32조 또는 제33조에 따라 (   ) 또는 주차가 금지된 편도 (   ) 이상의 도로에 직접 접하여 소방자동차가 도로에서 직접 소방활동이 가능한 공동주택은 소방자동차 전용구역 설치 대상에서 제외한다.

172. 공동주택의 건축주는 소방자동차가 접근하기 쉽고 소방활동이 원활하게 수행될 수 있도록 (   ) 전면 또는 후면에 소방자동차 전용구역을 (   ) 이상 설치해야 한다.

173. 전용구역 노면표지의 외곽선은 빗금무늬로 표시하되, 빗금은 두께를 (   )로 하여 50센티미터 간격으로 표시하고, 전용구역 노면표지 도료의 색채는 (   )을 기본으로 하되, (   )는 백색 으로 표시한다.

174. 소방자동차 전용구역 앞면, 뒷면 또는 양 측면에 물건 등을 쌓거나 주차하는 행위는 전용구역 방해 행위의 기준에 해당하나 (   )는 제외한다.

175. 운행기록장치 장착 소방자동차의 범위
① 소방펌프차, ② (   ), ③ 소방화학차, ④ (   ), ⑤ 무인방수차, ⑥ (   )

176. 소방대의 (   )이란 화재, 재난·재해, 그 밖의 위급한 상황이 발생한 현장에 신속하게 출동하 기 위하여 긴급할 때에는 일반적인 통행에 쓰이지 아니하는 도로·빈터 또는 물 위로 통행할 수 있는 것을 말한다.

177. (   )은 화재, 재난·재해, 그 밖의 위급한 상황이 발생한 현장에 소방활동구역을 정하여 소방활동에 필요한 사람으로서 대통령령으로 정하는 사람 외에는 그 구역에 출입하는 것을 제한할 수 있다.

178. (   )은 소방대가 소방활동구역에 있지 아니하거나 (   )의 요청이 있을 때에는 소방활동구역에 따른 조치를 할 수 있다.

179. 소방활동구역의 출입자
① 소방활동구역 안에 있는 소방대상물의 소유자·관리자 또는 점유자　　　　　O | X
② 전기·가스·수도·통신·경찰의 업무에 종사하는 사람　　　　　O | X
③ 의사·간호사 그 밖의 구조·구급업무에 종사하는 사람　　　　　O | X
④ 취재인력 등 보도업무에 종사하는 사람　　　　　O | X
⑤ 조사업무에 종사하는 사람　　　　　O | X
⑥ 소방관서장이 소방활동을 위하여 출입을 허가한 사람　　　　　O | X

180. 소방활동에 종사한 사람 중 소방대상물에 화재, 재난·재해, 그 밖의 위급한 상황이 발생한 경우 그 관계인은 시·도지사로부터 소방활동의 비용을 지급받을 수 있다.　　　　　O | X

181. 소방활동에 종사한 사람 중 고의 또는 과실로 화재 또는 구조·구급 활동이 필요한 상황을 발생시킨 사람은 시·도지사로부터 소방활동의 비용을 지급받을 수 있다.　　　　　O | X

182. 소방활동에 종사한 사람 중 화재 또는 구조·구급 현장에서 물건을 가져간 사람은 소방활동의 비용을 지급받을 수 없다.　　　　　O | X

183. 소방본부장, 소방서장 또는 (   )은 사람을 구출하거나 불이 번지는 것을 막기 위하여 필요할 때에는 화재가 발생하거나 불이 번질 우려가 있는 소방대상물 및 토지를 일시적으로 사용하거나 그 사용의 제한 또는 소방활동에 필요한 처분을 할 수 있다.

184. 소방본부장, 소방서장 또는 소방대장은 사람을 구출하거나 불이 번지는 것을 막기 위하여 긴급하다고 인정할 때에는 강제처분된 소방대상물 또는 토지 (   ) 소방대상물과 토지에 대하여 강제처분을 할 수 있다.

185. 소방본부장, 소방서장 또는 소방대장은 소방활동을 위하여 긴급하게 출동할 때에는 소방자동차의 통행과 소방활동에 방해가 되는 주차 또는 정차된 차량 및 물건 등을 (   )하거나 (   )시킬 수 있다.

186. (　　　)이란 소방본부장, 소방서장 또는 소방대장은 화재, 재난·재해, 그 밖의 위급한 상황이 발생하여 사람의 생명을 위험하게 할 것으로 인정할 때에 일정한 구역을 지정하여 그 구역에 있는 사람에게 그 구역 밖으로 피난할 것을 명하는 것이다.

187. 소방본부장, 소방서장 또는 소방대장은 화재진압 등 소방활동을 위하여 필요할 때에는 소방용수 외에 댐·저수지 또는 수영장 등의 물을 사용하거나 (　　　)장치 등을 조작할 수 있다.

188. 소방본부장, 소방서장 또는 소방대장은 화재 발생을 막거나 폭발 등으로 화재가 확대되는 것을 막기 위하여 가스·전기 또는 유류 등의 시설에 대하여 (　　　)하는 등 필요한 조치를 할 수 있다.

189. 소방대원은 (　　　) 또는 (　　　)을 방해하는 행위를 하는 사람에게 필요한 경고를 하고, 그 행위로 인하여 사람의 생명·신체에 위해를 끼치거나 재산에 중대한 손해를 끼칠 우려가 있는 긴급한 경우에는 그 행위를 제지할 수 있다.

190. 정당한 사유 없이 손상·파괴, 철거 또는 그 밖의 방법으로 소방용수시설의 효용을 해치는 행위를 한 사람에게는 (　　　) 이하의 징역 또는 (　　　) 이하의 벌금에 처한다.

소방산업의 육성·진흥 및 지원

191. 국가는 소방산업의 육성·진흥을 위하여 필요한 계획의 수립 등 행정상·재정상의 지원(　　　)을 마련하여야 한다.

192. 소방기술의 연구·개발사업을 수행할 수 있는 기관 4곳 이상
①
②
③
④

193. (　　　)는 소방기술 및 소방산업의 국제경쟁력과 국제적 통용성을 높이는 데에 필요한 기반 조성을 촉진하기 위한 시책을 마련하여야 한다.

194. 소방청장은 소방기술 및 소방산업의 국제경쟁력과 국제적 통용성을 높이기 위하여 소방기술 및 소방산업의 국제 협력을 위한 조사·연구 사업을 추진하여야 한다.　〇 | ✕

195. 소방청장은 소방기술 및 소방산업의 국제경쟁력과 국제적 통용성을 높이기 위하여 소방기술 및 소방산업에 관한 국제 전시회, 국제 학술회의 개최 등 국제 교류 사업을 추진하여야 한다.　〇 | ✕

196. 소방청장은 소방기술 및 소방산업의 국제경쟁력과 국제적 통용성을 높이기 위하여 소방기술 및 소방산업의 국외시장 개척 사업을 추진하여야 한다.　〇 | ✕

197. 소방청장은 소방기술 및 소방산업의 국제경쟁력과 국제적 통용성을 높이기 위하여 소방안전에 관한 국제협력 사업을 추진하여야 한다.　〇 | ✕

05 한국소방안전원

198. 소방기술과 안전관리기술의 향상 및 홍보, 그 밖의 교육·훈련 등 행정기관이 위탁하는 업무의 수행과 소방업계의 건전한 발전 및 소방 관계 종사자의 기술 향상을 위하여 (　　　)을 설립한다.

199. 한국소방안전원에 관하여는 이 법에 규정된 것을 제외하고는 「민법」 중 (　　　)에 관한 규정을 준용한다.

200. 한국소방안전원의 장은 소방기술과 안전관리의 기술향상을 위하여 매년 교육 수요조사를 실시하여 교육계획을 수립하고 (　　　)의 승인을 받아야 한다.

201. 소방기술과 안전관리에 관한 교육 및 조사·연구는 한국소방안전원의 업무이다. ○ | ✕

202. 소방기술과 안전관리에 관한 각종 간행물 발간은 한국소방안전원의 업무이다. ○ | ✕

203. 화재 예방과 안전관리의식 고취를 위한 대국민 홍보는 한국소방안전원의 업무이다. ○ | ✕

204. 소방업무에 관하여 행정기관이 위탁하는 업무는 한국소방안전원의 업무이다. ○ | ✕

205. 소방기술 및 소방산업의 국제 협력을 위한 조사·연구는 한국소방안전원의 업무이다. ○ | ✕

206. 한국소방산업기술원과 한국소방안전원 회원에 대한 기술지원 등 정관으로 정하는 사항은 한국소방안전원의 업무이다. ○ | ✕

06 보칙

207. (　　　) 또는 시·도지사는 소방기관 또는 소방대의 (　　　)한 소방업무 또는 소방활동으로 인하여 손실을 입은 자 등에게 손실보상심의위원회의 심사·의결에 따라 (　　　)한 보상을 하여야 한다.

208. 소방지원활동에 따른 조치로 인하여 손실을 입은 자는 손실보상 대상이다. ⃞ O｜X

209. 소방활동 종사명령에 따른 소방활동 종사를 한 자는 손실보상 대상이다. ⃞ O｜X

210. 화재가 발생하거나 불이 번질 우려가 있는 소방대상물 또는 토지의 소방대상물에 대한 강제처분 또는 소방활동을 위한 긴급 출동 시에 방해가 되는 주차 및 정차된 차량이나 물건 등을 제거하거나 이동시키는 처분으로 인하여 손실을 입은 자는 손실보상 대상이다. ⃞ O｜X

211. 주차 및 정차된 차량이나 물건 등이 법령을 위반하여 소방자동차의 통행과 소방활동에 방해가 된 경우에도 그 주차 및 정차된 차량이나 물건 등을 제거하거나 이동시키는 처분으로 인하여 손실을 입은 자는 손실보상 대상이다. ⃞ O｜X

212. 화재 진압 등 소방활동을 위하여 필요할 때에 소방용수 외에 댐·저수지 또는 수영장 등의 물을 사용하거나 수도의 개폐장치 등을 조작하는 행위 등 필요한 조치로 인하여 손실을 입은 자는 손실보상 대상이다. ⃞ O｜X

213. 화재 발생을 막거나 폭발 등으로 화재가 확대되는 것을 막기 위하여 가스·전기 또는 유류 등의 시설에 대하여 위험물질의 공급을 차단하는 등 필요한 조치로 인하여 손실을 입은 자는 손실보상 대상이다. ⃞ O｜X

214. 소방기관 또는 소방대의 적법 또는 위법한 소방업무 또는 소방활동으로 인하여 손실을 입은 자는 손실보상 대상이다. ⃞ O｜X

215. 소방기본법령에 따른 손실보상을 청구할 수 있는 권리는 손실이 있음을 안 날부터 (　　　), 손실이 발생한 날부터 (　　　)간 행사하지 아니하면 시효의 완성으로 소멸한다.

216. 소방기본법령에 따라 소방청장등은 손실보상심의위원회의 심사·의결을 거쳐 특별한 사유가 없으면 보상금 지급 청구서를 받은 날부터 (　　　) 이내에 보상금 지급 여부 및 보상금액을 결정하여야 한다.

217. 소방기본법령에 따라 소방청장등은 결정일부터 (　　) 이내에 행정안전부령으로 정하는 바에 따라 결정 내용을 청구인에게 통지하고, 보상금을 지급하기로 결정한 경우에는 특별한 사유가 없으면 통지한 날부터 (　　) 이내에 보상금을 지급하여야 한다.

218. 소방기본법령에 따른 손실보상심의위원회는 위원장 1명을 포함하여 (　　) 이상 7명 이하의 위원으로 구성하며, 위원의 임기는 (　　)으로 한다.

219. 소방기본법령상 소방활동 종사 사상자의 보상금액 등의 기준으로는 사망자의 (　　) 기준, (　　)등급의 기준, 부상등급별 보상금액 기준, 보상금 (　　)순위의 기준, 보상금의 환수 기준이다.

220. 소방기본법령에 따른 과태료 일반기준은 위반행위의 횟수에 따른 과태료의 가중된 부과기준은 최근 (　　)간 같은 위반행위로 과태료 부과처분을 받은 경우에 적용한다. 이 경우 기간의 계산은 위반행위에 대하여 과태료 부과처분을 받은 날과 그 처분 후 다시 같은 위반행위를 하여 적발된 날을 기준으로 한다.

221. 소방기본법령에 따른 과태료는 대통령령으로 정하는 바에 따라 관할 (　　), (　　) 또는 (　　)이 부과·징수한다. 단, 법 제57조에 따른 20만원 이하의 과태료는 제외한다.

01 총칙

1. 소방의 화재조사에 관한 법률은 화재예방 및 소방정책에 활용하기 위하여 (   ), 화재성장 및 확산, 피해현황 등에 관한 과학적·(   )인 조사에 필요한 사항을 규정함을 목적으로 한다.

2. 화재란 사람의 의도에 반하거나 고의 또는 과실에 의하여 발생하는 연소 현상으로서 소화할 필요가 있는 현상 또는 사람의 의도에 반하여 발생하거나 확대된 (   ) 폭발현상을 말한다.

3. (   )란 소방청장, 소방본부장 또는 소방서장이 화재원인, 피해상황, 대응활동 등을 파악하기 위하여 자료의 수집, 관계인등에 대한 질문, 현장 확인, 감식, 감정 및 실험 등을 하는 일련의 행위를 말한다.

4. 화재조사관이란 화재조사에 전문성을 인정받아 화재조사를 수행하는 (   )을 말한다.

5. 화재 현장을 발견하고 신고한 사람은 (   )에 해당한다.

6. (   )와 지방자치단체는 화재조사에 필요한 기술의 연구·개발 및 화재조사의 정확도를 향상시키기 위한 (   )을 강구하고 추진하여야 한다.

02 화재조사의 실시 등

7. (　　　)은 화재발생 사실을 알게 된 때에는 (　　　) 화재조사를 하여야 한다. 이 경우 수사기관의 범죄수사에 지장을 주어서는 아니 된다.

8. 화재원인에 관한 사항과 화재로 인한 인명·재산피해상황은 화재조사 사항이다. O | X

9. 대비활동에 관한 사항과 소방시설 등의 설치·관리 및 작동 여부에 관한 사항은 화재조사 사항이다. O | X

10. 화재발생건축물과 구조물, 화재유형별 화재위험성 등에 관한 사항은 화재조사 사항이다. O | X

11. 「소방의 화재조사에 관한 법률」 제5조에 따른 화재조사의 실시 결과에 관한 사항은 화재조사 사항이다. O | X

12. 「소방기본법」에 따른 소방대상물에서 발생한 화재는 화재조사의 대상이다. O | X

13. 화재조사관이 화재조사가 필요하다고 인정하는 화재는 화재조사의 대상이다. O | X

14. 화재조사 절차에서 현장출동 중 조사는 (　　　) 접수, 출동 중 (　　　) 파악 등이다.

15. 화재조사 절차에서 화재현장 조사는 화재의 (　　　)원인, (　　　)상황 및 피해상황 조사 등이다.

16. 화재조사 절차에서 정밀조사는 감식·(　　　), (　　　)원인 판정 등이다.

17. 화재조사 절차는 '현장출동 중 조사 → 화재현장 조사 → 정밀조사 → (　　　)' 순이다.

18. (　　　)은 전문성에 기반하는 화재조사를 위하여 화재조사전담부서를 설치·운영하여야 한다.

19. 화재조사전담부서의 업무는 화재조사의 (　　　) 및 조사결과 분석·(　　　)이다.

20. 소방관서장은 (　　　)으로 하여금 화재조사 업무를 수행하게 하여야 한다.

21. 화재조사관은 소방청장이 실시하는 화재조사에 관한 시험에 합격한 (　　　) 등 화재조사에 관한 전문적인 자격을 가진 (　　　)으로 한다.

22. 소방관서장은 화재조사전담부서에 화재조사관을 (　　　) 이상 배치해야 한다.

23. 화재조사전담부서에 갖추어야 할 장비 중 공구세트, 전동 드릴은 (　　　)에 해당한다.

24. 화재조사전담부서에 갖추어야 할 장비 중 절연저항계, 검전기, 내시경현미경은 (　　　)에 해당한다.

25. 화재조사전담부서에 갖추어야 할 장비 중 금속현미경, 주사전자현미경, 가스크로마토그래피는 (　　　)에 해당한다.

26. 화재조사전담부서에 갖추어야 할 장비 중 보호용 작업복, 보호용 장갑, 안전화는 (　　　)에 해당한다.

27. 화재조사전담부서에 갖추어야 할 시설 중 화재조사 분석실은 화재조사 분석실의 구성장비를 유효하게 보존·사용할 수 있고, 환기 시설 및 수도·배관시설이 있는 (　　　) 이상의 실을 갖추어야 한다.

28. 화재조사관 자격기준
①
②

29. 국립과학수사연구원 또는 소방청장이 인정하는 외국의 화재조사 관련 기관에서 (　　　) 이상 화재조사에 관한 전문교육을 이수한 소방공무원은 화재조사관 자격시험에 응시할 수 있다.

30. 소방관서장은 사상자가 많거나 사회적 이목을 끄는 화재 등 대통령령으로 정하는 대형화재 등이 발생한 경우 종합적이고 정밀한 화재조사를 위하여 유관기관 및 관계 전문가를 포함한 (　　　)을 구성·운영할 수 있다.

31. 사망자가 (　　　) 이상 발생한 화재는 화재합동조사단을 구성·운영해야 하는 화재이다.

32. 소방관서장은 화재조사를 위하여 필요한 범위에서 화재현장 보존조치를 하거나 화재현장과 그 인근 지역을 (　　　)으로 설정할 수 있다.

33. 화재현장과 그 인근 지역이 방화 또는 실화의 혐의로 수사의 대상이 된 경우에는 (　　　) 또는 (　　　)이 통제구역을 설정한다.

34. 화재현장 보존조치나 통제구역에 설치된 표지에는 설정의 이유 및 (　　), 설정의 (　　), 설정의 (　　)이 포함되어야 한다.

35. 소방관서장이나 경찰서장은 화재조사가 완료된 경우 등에는 화재현장 보존조치나 통제구역의 설정을 (　　).

36. 소방관서장은 화재조사를 위하여 필요한 경우에 관계인에게 보고 또는 (　　)을 명하거나 화재조사관으로 하여금 해당 장소에 (　　)하여 화재조사를 하게 하거나 관계인등에게 질문하게 할 수 있다.

37. 소방관서장은 관계인등의 출석을 요구하려면 출석일 (　　) 전까지 출석 일시와 장소, 출석 요구 사유의 사항 등을 관계인등에게 알려야 한다.

38. 소방관서장은 화재조사를 위하여 필요한 경우 화재조사관에게 증거물을 수집하여 (　　)·(　　)·분석 등을 하게 할 수 있다.

39. 소방관서장은 수집한 화재조사 증거물이 (　　)되는 경우와 (　　) 된 경우에는 증거물을 지체 없이 반환해야 한다.

40. 화재현장의 출입·보존 및 통제에 관한 사항에 대해서 (　　)과 (　　)은 서로 협력하여야 한다.

41. (　　)은 방화 또는 실화의 혐의가 있다고 인정되면 지체 없이 (　　)에게 그 사실을 알리고 필요한 증거를 수집·보존하는 등 그 범죄수사에 협력하여야 한다.

03 화재조사 결과의 공표

42. 소방관서장은 국민이 유사한 화재로부터 피해를 입지 않도록 하기 위한 경우 등 필요한 경우 화재조사 결과를 (　　　)할 수 있다.

43. 화재조사 결과의 공표 시 포함되어야 하는 사항
①
②
③
④

44. 소방청장은 과학적이고 전문적인 화재조사를 위하여 대통령령으로 정하는 시설과 전문인력 등 지정기준을 갖춘 기관을 (　　　)으로 지정·운영하여야 한다.

45. 거짓이나 그 밖의 부정한 방법으로 화재감정기관 지정을 받은 경우 소방청장은 지정을 (　　　)하여야 한다.

46. 소방청장은 화재조사 결과, 화재원인, 피해상황 등에 관한 화재정보를 종합적으로 수집·관리하여 화재예방과 소방활동에 활용할 수 있는 (　　　)을 구축·운영하여야 한다.

47. (　　　)은 화재조사 기법에 필요한 연구·실험·조사·기술개발 등을 지원하는 시책을 수립할 수 있다.

01 총칙

1. 화재의 예방 및 안전관리에 관한 법률은 화재의 예방과 안전관리에 필요한 사항을 규정함으로써 화재로부터 국민의 생명·(　　　) 및 재산을 보호하고 공공의 (　　　)과 (　　　) 증진에 이바지함을 목적으로 한다.

2. (　　　)이란 화재의 위험으로부터 사람의 생명·신체 및 재산을 보호하기 위하여 화재발생을 사전에 제거하거나 방지하기 위한 모든 활동을 말한다.

3. (　　　)란 화재로 인한 피해를 최소화하기 위한 예방, 대비, (　　　) 등의 활동을 말한다.

4. (　　　)란 소방청장, 소방본부장 또는 소방서장이 소방대상물, 관계지역 또는 관계인에 대하여 소방시설등이 소방 관계 법령에 적합하게 설치·관리되고 있는지, 소방대상물에 화재의 발생 위험이 있는지 등을 확인하기 위하여 실시하는 현장조사·(　　　)·보고요구 등을 하는 활동을 말한다.

5. (　　　)란 특별시장·광역시장·특별자치시장·도지사 또는 특별자치도지사가 화재발생 우려가 크거나 화재가 발생할 경우 피해가 클 것으로 예상되는 지역에 대하여 화재의 예방 및 안전관리를 강화하기 위해 지정·관리하는 지역을 말한다.

6. (　　　)이란 화재가 발생할 경우 사회·경제적으로 피해 규모가 클 것으로 예상되는 소방대상물에 대하여 화재위험요인을 조사하고 그 위험성을 평가하여 개선대책을 수립하는 것을 말한다.

02 화재의 예방 및 안전관리 기본계획의 수립·시행

7. 국가는 화재로부터 국민의 생명과 재산을 보호할 수 있도록 화재의 예방 및 안전관리에 관한 (　　　)을 수립·시행하여야 한다.

8. (　　　)는 국가의 화재예방정책에 맞추어 지역의 실정에 부합하는 화재예방정책을 수립·시행하여야 한다.

9. (　　　)은 화재예방정책을 체계적·효율적으로 추진하고 이에 필요한 기반 확충을 위하여 화재의 예방 및 안전관리에 관한 기본계획을 (　　　)마다 수립·시행하여야 한다.

10. 소방청장은 「화재의 예방 및 안전관리에 관한 법률」 제4조 제1항에 따른 화재의 예방 및 안전관리에 관한 기본계획을 계획 시행 전년도 (　　　)까지 관계 중앙행정기관의 장과 협의한 후 계획 시행 전년도 (　　　)까지 수립해야 한다.

11. 기본계획에 포함되어야 하는 사항 4가지 이상
①
②
③
④

12. 기본계획에 포함되어야 하는 사항 중 대통령령으로 규정된 사항 3가지 이상
①
②
③

13. 소방청장은 기본계획을 시행하기 위한 시행계획을 계획 시행 전년도 (　　　)까지 수립해야 한다.

14. 소방청장은 기본계획 및 시행계획의 수립·시행에 필요한 기초자료를 확보하기 위하여 소방대상물의 용도별·규모별 현황 등의 사항에 대하여 (　　　)를 할 수 있다.

15. 「화재의 예방 및 안전관리에 관한 법률」 제5조 제1항에 따른 실태조사는 (　　　), 문헌조사 또는 (　　　)의 방법으로 하며, 정보통신망 또는 전자적인 방식을 사용할 수 있다.

16. 소방청장은 실태조사를 실시하려는 경우 실태조사 시작 (　　　) 전까지 조사 일시, 조사 사유 및 조사 내용 등을 포함한 (　　　)을 조사대상자에게 서면 또는 전자우편 등의 방법으로 미리 알려야 한다.

17. (　　　)은 화재의 예방 및 안전관리에 관한 통계를 매년 작성·관리하여야 한다.

03 화재안전조사

18. (　　　)은 화재예방강화지구 등 법령에서 화재안전조사를 하도록 규정되어 있는 경우 등에는 화재안전조사를 실시할 수 있다.

19. 개인의 주거에 대한 화재안전조사는 (　　　)의 승낙이 있거나 화재발생의 우려가 뚜렷하여 (　　　)가 있는 때에 한정한다.

20. 화재안전조사를 정당한 사유 없이 거부·방해 또는 기피한 자는 (　　　) 이하의 벌금에 처한다.

21. 「소방시설 설치 및 관리에 관한 법률」 제22조에 따른 자체점검이 불성실하거나 불완전하다고 인정되는 경우에는 화재안전조사를 실시할 수 있다.　O | X

22. 화재예방강화지구 등 법령에서 화재안전조사를 하도록 규정되어 있는 경우에는 화재안전조사를 실시할 수 있다.　O | X

23. 화재예방안전진단이 불성실하거나 불완전하다고 인정되는 경우에도 화재안전조사를 실시할 수 없다.　O | X

24. 국가적 행사 등 주요 행사가 개최되는 장소에 한정하여 소방안전관리 실태를 조사할 필요가 있는 경우에는 화재안전조사를 실시할 수 있다.　O | X

25. 화재가 자주 발생하였거나 발생할 우려가 뚜렷한 곳에 대한 조사가 필요한 경우에는 화재안전조사를 실시할 수 있다.　O | X

26. 재난예측정보, 기상예보 등을 분석한 결과 소방대상물에 화재의 발생 위험이 크다고 판단되는 경우에는 화재안전조사를 실시할 수 있다.　O | X

27. 법령에서 규정한 사항 외에는 화재안전조사를 실시할 수 없다.　O | X

28. 화재안전조사의 항목은 (　　　)으로 정한다. 이 경우 화재안전조사의 항목에는 화재의 (　　　), 소방시설등의 관리 상황 및 소방대상물의 화재 등의 발생 위험과 관련된 사항이 포함되어야 한다.

29. 소방관서장은 화재안전조사를 조사의 목적에 따라 제7조 제2항에 따른 화재안전조사의 항목 전체에 대하여 (　　　)으로 실시하거나 (　　　)하여 실시할 수 있다.

30. 소방관서장은 화재안전조사를 실시하려는 경우 사전에 관계인에게 (   ), 조사기간 및 (   ) 등을 우편, 전화, 전자메일 또는 문자전송 등을 통하여 통지하고 이를 대통령령으로 정하는 바에 따라 인터넷 홈페이지나 제16조 제3항의 전산시스템 등을 통하여 공개하여야 한다.

31. 화재가 발생할 우려가 뚜렷하여 긴급하게 조사할 필요가 있는 경우에는 화재안전조사 실시 계획을 사전에 관계인에게 통보하지 않아도 된다. ☐ O | × ☐

32. 화재안전조사의 실시를 사전에 통지하거나 공개하면 조사목적을 달성할 수 없다고 인정되는 경우에도 화재안전조사 실시 계획을 사전에 관계인에게 통보하여야 한다. ☐ O | × ☐

33. 화재안전조사는 관계인의 승낙 없이 소방대상물의 (   ) 또는 (   ) 이외에는 할 수 없다.

34. 화재가 발생할 우려가 뚜렷하여 긴급하게 조사할 필요가 있는 경우에는 관계인의 승낙 없이 화재안전조사를 실시할 수 있다. ☐ O | × ☐

35. 화재안전조사 통지를 받은 관계인은 천재지변이나 그 밖에 행정안전부령으로 정하는 사유로 화재안전조사를 받기 곤란한 경우에는 화재안전조사를 통지한 소방관서장에게 행정안전부령으로 정하는 바에 따라 화재안전조사를 연기하여 줄 것을 신청할 수 있다. ☐ O | × ☐

36. 관계인이 화재안전조사 연기를 신청한 경우 소방관서장은 연기신청 승인 여부를 결정하고 그 결과를 조사 시작 전까지 관계인에게 알려 주어야 한다. ☐ O | × ☐

37. 「재난 및 안전관리 기본법」 제3조 제2호에 해당하는 재난이 발생한 경우에는 화재안전조사 연기를 신청할 수 있는 사유이다. ☐ O | × ☐

38. 관계인의 질병, 사고, 장기출장의 경우에는 화재안전조사 연기를 신청할 수 있는 사유가 아니다. ☐ O | × ☐

39. 소방관서장은 법 제8조 제4항 후단에 따라 화재안전조사의 연기를 승인한 경우라도 연기기간이 끝나기 전에 연기사유가 없어진 경우에만 관계인에게 미리 알리고 화재안전조사를 할 수 있다. ☐ O | × ☐

40. 「화재의 예방 및 안전관리에 관한 법률 시행령」 제9조 제2항에 따라 화재안전조사의 연기를 신청하려는 관계인은 화재안전조사 시작 (   ) 전까지 화재안전조사 연기신청서에 화재안전조사를 받기 곤란함을 증명할 수 있는 서류를 첨부하여 소방관서장에게 제출해야 한다.

41. 화재안전조사는 (   )와 (   )의 방법으로 화재안전조사를 실시할 수 있다.

42. 소방관서장은 화재안전조사를 실시하려는 경우 사전에 조사대상, 조사기간 및 조사사유 등 조사계획을 소방관서의 (   )나 법 제16조 제3항에 따른 전산시스템을 통해 (   ) 이상 공개해야 한다.

43. 소방관서장은 화재안전조사를 효율적으로 수행하기 위하여 대통령령으로 정하는 바에 따라 소방청에는 (   )을, 소방본부 및 소방서에는 (   )을 편성하여 운영할 수 있다.

44. 중앙화재안전조사단 및 지방화재안전조사단은 각각 단장을 포함하여 (   ) 이내의 단원으로 성별을 고려하여 구성하며, (   )은 단원 중에서 소방관서장이 임명하거나 위촉한다.

45. 과장급 이상의 소방공무원이어야 중앙·지방 화재안전조사단 단원이 될 수 있다.　　O | X

46. 소방관서장은 화재안전조사의 대상을 객관적이고 공정하게 선정하기 위하여 필요한 경우 (   )를 구성하여 화재안전조사의 대상을 선정할 수 있다.

47. 화재안전조사위원회는 위원장 (   )을 포함하여 (   ) 이내의 위원으로 성별을 고려하여 구성하며, 위원회의 위원장은 (   )이 된다.

48. 과장급 직위 이상의 소방공무원은 화재안전조사위원회의 위원이 될 수 있다.　　O | X

49. 소방관서장은 필요한 경우에는 (   ), (   ), 그 밖에 화재안전 분야에 전문지식을 갖춘 사람을 화재안전조사에 참여하게 할 수 있다.

50. 화재안전조사 업무를 수행하는 관계 공무원 및 관계 전문가는 그 권한 또는 자격을 표시하는 (   )를 지니고 이를 (   )에게 내보여야 한다.

51. 화재안전조사 업무를 수행하는 자가 관계인의 정당한 업무를 방해하거나, 조사업무를 수행하면서 취득한 자료나 알게 된 비밀을 다른 사람 또는 기관에게 제공 또는 누설하거나 목적 외의 용도로 사용한 경우 (   ) 이하의 징역 또는 (   ) 이하의 벌금에 처한다.

52. 소방관서장은 화재안전조사를 마친 때에는 그 조사 결과를 관계인에게 (   )으로 통지하여야 한다. 다만, 화재안전조사의 현장에서 관계인에게 조사의 결과를 설명하고 화재안전조사 결과서의 (   )을 교부한 경우에는 그러하지 아니하다.

53. 소방관서장은 화재안전조사 결과에 따른 소방대상물의 위치·구조·설비 또는 관리의 상황이 화재예방을 위하여 보완될 필요가 있거나 화재가 발생하면 인명 또는 재산의 피해가 클 것으로 예상되는 때에는 행정안전부령으로 정하는 바에 따라 관계인에게 그 소방대상물의 (　　　)·이전·제거, 사용의 (　　　) 또는 제한, (　　　)폐쇄, 공사의 정지 또는 중지, 그 밖에 필요한 조치를 명할 수 있다.

54. 소방청장 또는 (　　　)는 화재안전조사 결과에 따른 조치명령으로 인하여 손실을 입은 자가 있는 경우에는 (　　　)으로 정하는 바에 따라 보상하여야 한다.

55. 소방청장 또는 시·도지사가 화재안전조사 결과에 따른 조치명령으로 인하여 손실을 보상하는 경우에는 정당 보상해야 한다.　　　　　　　　　　　　　　　　　　　　　　　　O ｜ ✕

56. 화재안전조사 결과에 따른 조치명령으로 인하여 손실보상에 관하여는 소방청장 또는 시·도지사와 손실을 입은 자가 (　　　)해야 하며, 보상금액에 관한 (　　　)가 성립되지 않은 경우에는 그 보상금액을 지급하거나 (　　　)하고 이를 상대방에게 알려야 한다.

57. 화재안전조사 결과에 따른 조치명령으로 인하여 손실보상의 보상금의 지급 또는 공탁의 통지에 불복하는 자는 지급 또는 공탁의 통지를 받은 날부터 (　　　) 이내에 「공익사업을 위한 토지 등의 취득 및 보상에 관한 법률」 제49조에 따른 중앙토지수용위원회 또는 관할 지방토지수용위원회에 재결을 신청할 수 있다.

58. 화재안전조사 결과 공개 시 공개할 수 있는 사항 4가지 이상
①
②
③
④

59. 화재안전조사 결과는 해당 소방관서 인터넷 홈페이지나 (　　　) 등을 통하여 공개할 수 있다.

60. 화재안전조사 결과를 공개하는 경우 공개 (　　　), 공개 (　　　) 및 공개 방법 등에 필요한 사항은 대통령령으로 정한다.

61. (　　　)은 화재안전조사 결과를 체계적으로 관리하고 활용하기 위하여 전산시스템을 구축·운영하여야 한다.

04 화재의 예방조치 등

62. 누구든지 (　　　) 및 이에 준하는 대통령령으로 정하는 장소에서는 모닥불, 흡연 등 화기의 취급 등에 해당하는 행위를 하여서는 아니 된다.

63. 화재예방강화지구에 준하는 대통령령으로 정하는 장소 4곳 이상

①

②

③

④

64. 화재예방강화지구에서 「위험물안전관리법」 제2조 제1항 제1호에 따른 위험물을 방치하는 행위는 화재 예방조치에 따른 금지 행위가 아니다. ◯ | ✕

65. 화재예방강화지구에서 풍등 등 소형열기구 날리기는 화재 예방조치에 따른 금지 행위이다. ◯ | ✕

66. 화재예방강화지구에서 용접·용단 등 불꽃을 발생시키는 행위는 화재 예방조치에 따른 금지 행위이다. ◯ | ✕

67. 화재예방강화지구에서 「국민건강증진법」 제9조 제4항 각 호 외의 부분 후단에 따라 설치한 흡연실 등 법령에 따라 지정된 장소에서 화기 등을 취급하는 경우는 안전조치를 한 경우에 해당하지 않는다. ◯ | ✕

68. 화재예방강화지구에서 소화기 등 소방시설을 비치 또는 설치한 장소에서 화기 등을 취급하는 경우는 안전조치를 한 경우이다. ◯ | ✕

69. 「산업안전보건기준에 관한 규칙」 제241조의2 제1항에 따른 화재감시자 등 안전요원이 배치된 장소에서 화기 등을 취급하는 경우는 안전조치를 한 경우에 해당하지 않는다. ◯ | ✕

70. (　　　)은 화재 발생 위험이 크거나 소화 활동에 지장을 줄 수 있다고 인정되는 행위나 물건에 대하여 행위 당사자나 그 물건의 관계인에게 행위의 금지 또는 제한과 이동 등의 명령을 할 수 있으며, 물건의 관계인을 알 수 없는 경우 (　　　)으로 하여금 그 물건을 옮기거나 보관하는 등 필요한 조치를 하게 할 수 있다.

71. 소방관서장은 옮긴물건등을 보관하는 경우에는 그날부터 (   ) 동안 해당 소방관서의 인터넷 홈페이지에 그 사실을 공고해야 한다.

72. 옮긴물건등의 보관기간은 공고기간의 종료일 다음 날부터 (   )까지로 한다.

73. 소방관서장은 보관기간이 종료된 때에는 보관하고 있는 옮긴물건등을 (   )해야 한다. 다만, 보관하고 있는 옮긴물건등이 부패·파손 또는 이와 유사한 사유로 정해진 용도로 계속 사용할 수 없는 경우에는 (   )할 수 있다.

74. 소방관서장은 보관하던 옮긴물건등을 제3항 본문에 따라 매각한 경우에는 (   )「국가재정법」에 따라 세입조치를 해야 한다.

75. (   )은 매각되거나 폐기된 옮긴물건등의 소유자가 보상을 요구하는 경우에는 보상금액에 대하여 소유자와의 협의를 거쳐 이를 보상해야 한다.

76. 옮긴물건등의 손실보상의 방법 및 절차 등에 관하여는 「소방기본법」 제49조의2에서 정하는 손실보상을 준용한다. <u>○ | ✕</u>

77. 보일러, (   ), 건조설비, 가스·(   ), 그 밖에 화재 발생 우려가 있는 대통령령으로 정하는 설비 또는 기구 등의 위치·구조 및 관리와 화재 예방을 위하여 불을 사용할 때 지켜야 하는 사항은 대통령령으로 정한다.

78. 보일러를 사용할 때에는 가연성 벽·바닥 또는 천장과 접촉하는 증기기관 또는 연통의 부분은 규조토 등 (   ) 또는 (   ) 단열재로 덮어씌워야 한다.

79. 경유·등유 등 액체연료를 사용하는 보일러는 연료탱크는 보일러 본체로부터 (   )거리 (   ) 이상의 간격을 두어 설치하고 연료를 차단할 수 있는 개폐밸브를 (   )로부터 (   ) 이내에 설치 하여야 한다.

80. 기체연료를 사용하는 보일러는 설치 장소에 환기구를 설치하고, 연료를 공급하는 배관은 (   )으로 해야 하며, 개폐밸브를 연료용기 등으로부터 (   ) 이내에 설치하고, (   )를 설치해야 한다.

81. 화목 등 고체연료를 사용하는 보일러는 고체연료와 본체는 (   )거리 (   ) 이상 간격을 두어 보관하고, 연통은 천장으로부터 (   ) 떨어지고, 연통의 배출구는 건물 밖으로 (   ) 이상 나오도록 설치하고, 연통의 배출구는 보일러 본체보다 (   ) 이상 높게 설치하여야 한다.

82. 보일러를 실내에 설치하는 경우에는 콘크리트바닥 또는 금속 외의 (   )로 된 바닥 위에 설치해야 한다.

83. 난로를 설치하는 경우 연통은 (   )으로부터 0.6미터 이상 떨어지고, 연통의 배출구는 건물 밖으로 (   ) 이상 나오게 설치해야 한다.

84. 건조설비와 벽·천장 사이의 거리는 (   ) 이상이어야 한다.

85. 용접 또는 용단 작업장에서는 용접 또는 용단 작업장 주변 (   ) (   ) 이내에 소화기를 갖추어 두어야 한다.

86. 용접 또는 용단 작업장에서는 용접 또는 용단 작업장 주변 (   ) (   ) 이내에는 가연물을 쌓아두거나 놓아두지 말 것. 다만, 가연물의 제거가 곤란하여 방화포 등으로 (   )를 한 경우는 제외한다.

87. 노·화덕설비를 실내에 설치하는 경우에는 흙바닥 또는 금속 외의 (   )로 된 바닥에 설치해야 한다.

88. 노 또는 화덕의 주위에는 녹는 물질이 확산되지 않도록 높이 (   ) 이상의 턱을 설치해야 한다.

89. 시간당 열량이 (   )킬로칼로리 이상인 노를 설치하는 경우에는 창문과 출입구는 「건축법 시행령」 제64조에 따른 (   ) 방화문 또는 (   ) 방화문으로 설치하고, 노 주위에는 (   ) 이상 공간을 확보해야 한다.

90. 음식조리를 위하여 설치하는 주방설비에 부속된 배출덕트는 (   ) 이상의 아연도금강판 또는 이와 같거나 그 이상의 내식성 불연재료로 설치해야 한다.

91. 음식조리를 위하여 설치하는 설비에서 열을 발생하는 조리기구는 반자 또는 선반으로부터 (   ) 이상 떨어지게 하고, 열을 발생하는 조리기구로부터 (   ) 이내의 거리에 있는 가연성 주요구조부는 단열성이 있는 불연재료로 덮어 씌워야 한다.

92. 「화재의 예방 및 안전관리에 관한 법률 시행령」 18조 제2항에서 규정하는 보일러, 건조설비, 노·화덕설비에서 (   )은 제외한다.

93. 보일러, 난로, 건조설비, 불꽃을 사용하는 용접·용단기구 및 노·화덕설비가 설치된 장소에는 (   ) (   ) 이상을 갖추어 두어야 한다.

94. 화재가 발생하는 경우 불길이 빠르게 번지는 고무류·플라스틱류·석탄 및 목탄 등 대통령령으로 정하는 (   )의 저장 및 취급 기준은 대통령령으로 정한다.

95. 특수가연물의 지정 수량

품명		수량
면화류		( ) 이상
나무껍질 및 대팻밥		( ) 이상
넝마 및 종이부스러기		( ) 이상
사류(絲類)		( ) 이상
볏짚류		( ) 이상
가연성 고체류		( ) 이상
석탄·목탄류		( ) 이상
가연성 액체류		( ) 이상
목재가공품 및 나무부스러기		( ) 이상
고무류·플라스틱류	발포시킨 것	( ) 이상
	그 밖의 것	

96. 가연성 고체류의 기준
① 인화점이 섭씨 (   ) 이상 100도 미만인 것
② 인화점이 섭씨 100도 이상 200도 미만이고, 연소열량이 1그램당 (   ) 이상인 것
③ 인화점이 섭씨 200도 이상이고 연소열량이 1그램당 8킬로칼로리 이상인 것으로서 녹는점이 (   ) 미만인 것
④ 1기압과 섭씨 20도 초과 40도 이하에서 (   )인 것으로서 인화점이 섭씨 (   ) 이상 섭씨 200도 미만인 것

97. 특수가연물을 저장하는 경우 품명별로 구분하여 쌓아야 한다. 다만, 석탄·목탄류를 발전용으로 저장하는 경우는 제외한다.　[O | ✕]

98. 특수가연물의 저장 및 취급 기준

구분	살수설비를 설치하거나 방사능력 범위에 해당 특수가연물이 포함되도록 대형수동식소화기를 설치하는 경우	그 밖의 경우
높이	높이 ( ) 이하	( ) 이하
쌓는 부분의 바닥면적	( ) 이하. 단, 석탄·목탄류의 경우에는 ( ) 이하	( ) 이하. 단, 석탄·목탄류의 경우에는 ( ) 이하

99. 특수가연물을 실외에 쌓아 저장하는 경우 쌓는 부분이 대지경계선, 도로 및 인접 건축물과 최소 (　　　) 이상 간격을 둘 것. 다만, 쌓는 높이보다 (　　　) 이상 높은 (　　　) 벽체를 설치한 경우는 그렇지 않다.

100. 특수가연물을 쌓는 부분 바닥면적의 사이는 실내의 경우 (　　　)미터 또는 쌓는 (　　　) 중 큰 값 이상으로 간격을 두어야 하며, 실외의 경우 (　　　)미터 또는 쌓는 (　　　) 중 큰 값 이상으로 간격을 두어야 한다.

101. 특수가연물을 저장 또는 취급하는 장소에는 (　　　), 최대저장수량, 단위부피당 질량 또는 단위체적당 질량, 관리책임자 (　　　)·직책, 연락처 및 화기취급의 (　　　)가 포함된 특수가연물 표지를 설치해야 한다.

102. 특수가연물 표지는 한 변의 길이가 (　　　) 이상, 다른 한 변의 길이가 (　　　) 이상인 직사각형으로 하고, 표지의 바탕은 (　　　)으로, 문자는 (　　　)으로 해야 한다. 다만, "화기엄금" 표시 부분은 바탕은 (　　　)으로, 문자는 (　　　)으로 해야 한다.

103. 상가지역과 공장·창고가 밀집한 지역은 화재예방강화지구 지정 대상이다. 　O | X

104. 목조건물이 밀집한 지역과 노후·불량건축물이 있는 지역은 화재예방강화지구 지정 대상이다. 　O | X

105. 위험물의 저장 및 처리 시설이 있는 지역과 석유화학제품을 생산하는 공장이 있는 지역은 화재예방강화지구 지정 대상이다. 　O | X

106. 「산업입지 및 개발에 관한 법률」 제2조 제8호에 따른 산업단지는 화재예방강화지구 지정 대상이다. 　O | X

107. 소방시설·소방용수시설 또는 소방출동로가 있는 지역은 화재예방강화지구 지정 대상이다. 　O | X

108. 「물류시설의 개발 및 운영에 관한 법률」 제2조 제6호에 따른 물류단지는 화재예방강화지구 지정 대상이다. 　O | X

109. 시·도지사가 화재예방강화지구로 지정할 필요가 있는 지역을 화재예방강화지구로 지정하지 아니하는 경우 (　　　)은 해당 시·도지사에게 해당 지역의 화재예방강화지구 지정을 요청할 수 있다.

110. 소방관서장은 화재예방강화지구 안의 소방대상물의 위치·구조 및 설비 등에 대한 화재안전조사를 연 (　　　) 이상 (　　　).

111. 소방관서장은 화재예방강화지구 안의 관계인에 대하여 소방에 필요한 훈련 및 교육을 연 (　　　) 이상 (　　　).

112. 소방관서장은 훈련 및 교육을 실시하려는 경우에는 화재예방강화지구 안의 관계인에게 훈련 또는 교육 (　　　) 전까지 그 사실을 통보해야 한다.

113. (　　　)는 행정안전부령으로 정하는 화재예방강화지구 관리대장을 작성하고 관리해야 한다.

114. 소방관서장은 화재예방강화지구 안의 소방대상물에 대하여 화재안전조사를 한 결과 화재의 예방강화를 위하여 필요하다고 인정할 때에는 관계인에게 소화기구, 소방용수시설 또는 그 밖에 소방에 필요한 설비에 대하여 (　　　), (　　　)을 포함한 설치를 명할 수 있다.

115. 소방관서장은 「기상법」 제13조, 제13조의2 및 제13조의4에 따른 기상현상 및 기상영향에 대한 예보·특보·태풍예보에 따라 화재의 발생 위험이 높다고 분석·판단되는 경우에는 행정안전부령으로 정하는 바에 따라 화재에 관한 (　　　)를 발령하고 그에 따른 필요한 조치를 할 수 있다.

116. 소방청장은 화재발생 원인 및 연소과정을 조사·분석하는 등의 과정에서 법령이나 (　　　)의 개선이 필요하다고 인정되는 경우 그 법령이나 정책에 대한 (　　　)의 유발요인 및 완화 방안에 대한 화재안전영향평가를 실시할 수 있다.

117. 소방청장은 화재안전영향평가를 하는 경우 화재현장 및 자료 조사 등을 기초로 (　　　)·(　　　) 모의실험 등 과학적인 예측·분석 방법으로 실시할 수 있다.

118. 소방청장은 화재안전영향평가에 관한 업무를 수행하기 위하여 위원장 1명을 포함한 (　　　) 이내의 위원으로 구성된 (　　　)를 구성·운영할 수 있다.

119. 「장애인복지법」 제2조에 따른 장애인은 화재안전취약자 대상이다.　　　O｜×

120. 소방관서장은 「국민기초생활 보장법」 제2조 제2호에 따른 수급자에게는 소방시설등의 설치 및 개선 등의 지원을 할 수 있다.　　　O｜×

121. 특정소방대상물 중 전문적인 안전관리가 요구되는 대통령령으로 정하는 특정소방대상물의 관계인은 소방안전관리업무를 수행하기 위하여 (　　　) 자격증을 발급받은 사람을 (　　　)로 선임하여야 한다.

122. 지하층을 포함한 50층 이상이거나 지상으로부터 높이가 200미터 이상인 아파트는 특급 소방안전관리대상물이다. ☐ O | X ☐

123. 지하층을 포함한 30층 이상이거나 지상으로부터 높이가 100미터 이상인 아파트를 제외한 특정소방대상물은 특급 소방안전관리대상물이다. ☐ O | X ☐

124. 아파트를 제외한 특정소방대상물로서 연면적이 10만제곱미터 이상인 특정소방대상물은 특급 소방안전관리대상물이다. ☐ O | X ☐

125. 지하층을 제외한 25층 이상이거나 지상으로부터 높이가 120미터 이상인 아파트는 1급 소방안전관리대상물이다. ☐ O | X ☐

126. 아파트 및 연립주택을 제외한 연면적 1만5천제곱미터 이상인 특정소방대상물은 1급 소방안전관리대상물이다. ☐ O | X ☐

127. 연면적 1만5천제곱미터 미만인 특정소방대상물로서 지상층의 층수가 6층 이상인 아파트를 제외한 특정소방대상물은 1급 소방안전관리대상물이다. ☐ O | X ☐

128. 가연성 가스를 5천톤 이상 저장·취급하는 시설은 1급 소방안전관리대상물이다. ☐ O | X ☐

129. 옥내소화전설비를 설치해야 하는 특정소방대상물과 스프링클러설비를 설치해야 하는 특정소방대상물은 2급 소방안전관리대상물이다. ☐ O | X ☐

130. 호스릴방식을 포함한 물분무등소화설비를 설치해야 하는 특정소방대상물은 2급 소방안전관리대상물이다. ☐ O | X ☐

131. 가스 제조설비를 갖추고 도시가스사업의 허가를 받아야 하는 시설 또는 가연성 가스를 100톤 이상 5천톤 미만 저장·취급하는 시설은 2급 소방안전관리대상물이다. ☐ O | X ☐

132. 「문화유산의 보존 및 활용에 관한 법률」 제23조에 따라 보물 또는 국보로 지정된 목조건축물과 지하구는 2급 소방안전관리대상물이다. ○ | ×

133. 물분무등소화설비 또는 스프링클러설비가 설치된 공동주택은 2급 소방안전관리대상물이다. ○ | ×

134. 주택전용 간이스프링클러설비 설치 대상을 포함한 간이스프링클러설비를 설치해야 하는 특정소방대상물은 3급 소방안전관리대상물이다. ○ | ×

135. 자동화재속보설비를 설치해야 하는 특정소방대상물은 3급 소방안전관리대상물이다. ○ | ×

136. 소방기술사 또는 소방시설관리사의 자격이 있는 사람은 특급 소방안전관리자 자격이 있다. ○ | ×

137. 소방공무원으로 10년 이상 근무한 경력이 있는 사람은 특급 소방안전관리자 자격이 있다. ○ | ×

138. 소방설비기사 또는 소방설비산업기사의 자격이 있는 사람은 5년 이상 경력이 있어야 1급 소방안전관리자 자격이 있다. ○ | ×

139. 소방공무원으로 7년 이상 근무한 경력이 있는 사람은 1급 소방안전관리자 자격이 있다. ○ | ×

140. 소방공무원으로 3년 이상 근무한 경력이 있는 사람은 2급 소방안전관리자 자격이 있다. ○ | ×

141. 소방공무원으로 1년 이상 근무한 경력이 있는 사람은 3급 소방안전관리자 자격이 있다. ○ | ×

142. 소방공무원으로 7년 이상 근무한 경력이 있는 사람은 특급 소방안전관리자 자격시험에 응시할 수 있다. ○ | ×

143. 소방안전관리자는 2명 이상 선임하여야 한다. ○ | ×

144. 「건축법 시행령」 별표 1 제2호 가목에 따른 아파트 중 150세대 이상인 아파트는 소방안전관리보조자를 선임해야 한다. ○ | ×

145. 아파트 및 연립주택을 제외한 연면적이 3만제곱미터 이상인 특정소방대상물은 소방안전관리보조자를 선임해야 한다. ☐ O | X

146. 공동주택 중 기숙사, 의료시설, 노유자 시설, 수련시설, 숙박시설은 세대수나 연면적에 상관없이 소방안전관리보조자를 2명 선임해야 한다. ☐ O | X

147. 소방안전관리보조자를 선임하여야 하는 소방안전관리대상물의 경우 보조자를 2명 선임하여야 한다. 다만, 아파트의 경우 150세대마다 1명 이상을 추가로 선임하고 3만제곱미터 이상인 특정소방대상물은 연면적 초과되는 3만제곱미터마다 1명 이상을 추가로 선임해야 한다. ☐ O | X

148. 다른 안전관리자는 소방안전관리대상물 중 소방안전관리업무의 (   )이 필요한 대통령령으로 정하는 소방안전관리대상물의 소방안전관리자를 겸할 수 없다.

149. 전담이 필요한 소방안전관리대상물은 (   ) 소방안전관리대상물과 (   ) 소방안전관리대상물이다.

150. 소방안전관리대상물의 관계인은 소방안전관리자의 선임 사유가 발생한 날로부터 (   ) 이내에 선임해야 한다.

151. 소방안전관리대상물의 관계인이 소방안전관리자 또는 소방안전관리보조자를 선임한 경우에는 행정안전부령으로 정하는 바에 따라 선임한 날부터 (   ) 이내에 소방본부장 또는 소방서장에게 신고하고, 소방안전관리대상물의 출입자가 쉽게 알 수 있도록 소방안전관리자의 성명과 그 밖에 행정안전부령으로 정하는 사항을 게시하여야 한다.

152. 소방안전관리대상물의 소방안전관리자만이 수행하는 업무는 (   )의 작성 및 시행, (   ) 및 초기대응체계의 구성, 운영 및 교육, 소방훈련 및 교육, 소방안전관리에 관한 업무수행에 관한 기록·유지이다.

153. 소방안전관리대상물 중 연면적 등이 일정규모 미만인 대통령령으로 정하는 소방안전관리대상물의 관계인은 (   )로 하여금 소방안전관리업무 중 대통령령으로 정하는 업무를 (   )하게 할 수 있다.

154. 소방안전관리 업무의 대행 대상
  ①
  ②
  ③

155. 소방안전관리 업무의 대행 업무는 (   ), (   ) 및 (   )의 관리와 소방시설이나 그 밖의 소방 관련 시설의 관리이다.

156. 소방안전관리등급 및 설치된 소방시설에 따른 대행인력의 배치 등급

소방안전관리대상물의 등급	설치된 소방시설의 종류	대행인력의 기술등급
1급 또는 2급	( ), 물분무등소화설비 또는 제연설비	( ) 이상 1명 이상
	( ) 또는 옥외소화전설비	( ) 이상 1명 이상
3급	( ) 또는 간이스프링클러설비	( ) 이상 1명 이상

157. 소방안전관리업무를 관리업자에게 대행하게 하는 경우의 대가는 「엔지니어링산업 진흥법」 제31조에 따른 엔지니어링사업의 대가 기준 가운데 (   )으로 정하는 방식에 따라 산정한다.

158. 소방안전관리대상물의 관계인이 소방안전관리자 또는 소방안전관리보조자를 해임한 경우에는 그 관계인 또는 해임된 소방안전관리자 또는 소방안전관리보조자는 소방본부장이나 소방서장에게 해임 신고를 해야 한다. ○ | ×

159. (   )는 인명과 재산을 보호하기 위하여 소방시설·피난시설·방화시설 및 방화구획 등이 법령에 위반된 것을 발견한 때에는 지체 없이 소방안전관리대상물의 관계인에게 소방대상물의 개수·이전·제거·수리 등 필요한 조치를 할 것을 요구하여야 하며, 관계인이 시정하지 아니하는 경우 소방본부장 또는 소방서장에게 그 사실을 알려야 한다.

160. 건설현장 소방안전관리대상물을 신축·증축·개축·재축·이전·(   ) 또는 (   )하는 경우에는 소방안전관리자로서 교육을 받은 사람을 소방시설공사 착공 신고일부터 건축물 사용승인일까지 소방안전관리자로 선임하고 행정안전부령으로 정하는 바에 따라 소방본부장 또는 소방서장에게 신고하여야 한다.

161. 신축·증축·개축·재축·이전·용도변경 또는 대수선을 하려는 부분의 연면적의 합계가 (   ) 이상인 것은 건설현장 소방안전관리대상물이다.

162. 연면적이 5천제곱미터 이상인 것으로서 지하층의 층수가 (   ) 층 이상인 것은 건설현장 소방안전관리대상물이다.

163. 연면적이 5천제곱미터 이상인 것으로서 지상층의 층수가 (   ) 이상인 것은 건설현장 소방안전관리대상물이다.

164. 연면적이 5천제곱미터 이상인 것으로서 (   )창고, (   )창고 또는 냉동·냉장창고는 건설현장 소방안전관리대상물이다.

165. 거짓이나 그 밖의 부정한 방법으로 소방안전관리자 자격증을 발급받은 경우에는 자격이 (　　　)된다.

166. 소방청장은 소방안전관리자 및 소방안전관리보조자에 대한 정보를 효율적으로 관리하기 위하여 (　　　)을 구축·운영할 수 있다.

167. 소방안전관리자가 되려고 하는 사람 또는 소방안전관리자로 선임된 사람은 소방안전관리업무에 관한 능력의 습득 또는 향상을 위하여 행정안전부령으로 정하는 바에 따라 소방청장이 실시하는 (　　　)교육 또는 (　　　)교육을 받아야 한다.

168. 지하층을 제외한 층수가 (　　　)층 이상 또는 (　　　) 3만제곱미터 이상인 복합건축물은 관리의 권원이 분리된 특정소방대상물이다.

169. (　　　)상가와 판매시설 중 도매시장, 소매시장 및 (　　　)시장은 관리의 권원이 분리된 특정소방대상물이다.

170. 관리의 권원이 분리된 특정소방대상물이라도 하나의 (　　　) 및 (　　　)가 설치된 경우에는 하나의 관리 권원으로 보아 1명의 소방안전관리자를 선임할 수 있다.

171. 권원별 관계인은 상호 협의하여 특정소방대상물의 전체에 걸쳐 소방안전관리상 필요한 업무를 하는 (　　　)를 소방안전관리자 중에서 선임하거나 별도로 선임하여야 한다.

172. 소방안전관리대상물의 관계인은 그 장소에 근무하거나 거주 또는 출입하는 사람들이 화재가 발생한 경우에 안전하게 피난할 수 있도록 (　　　)을 수립·시행하여야 한다.

173. 피난계획에 포함되어야 하는 사항 4가지 이상
①
②
③
④

174. 피난유도 안내정보의 제공 방법 3가지 이상
①
②
③

175. 소방안전관리대상물의 관계인은 소방훈련과 교육을 (   ) 이상 실시해야 한다. 다만, 소방본부장 또는 소방서장이 화재예방을 위하여 필요하다고 인정하여 (   )의 범위에서 추가로 실시할 것을 요청하는 경우에는 소방훈련과 교육을 추가로 실시해야 한다.

176. 소방안전관리대상물 중 소방안전관리업무의 전담이 필요한 (   )과 (   )의 관계인은 소방훈련 및 교육을 한 날부터 (   ) 이내에 소방훈련 및 교육 결과를 행정안전부령으로 정하는 바에 따라 소방본부장 또는 소방서장에게 제출하여야 한다.

177. 소방본부장 또는 소방서장은 소방안전관리대상물 중 불특정 다수인이 이용하는 대통령령으로 정하는 특정소방대상물의 근무자등에게 (   )에 소방훈련과 교육을 실시할 수 있다.

178. 불시 소방훈련·교육의 대상 3가지 이상
　①
　②
　③

179. 소방본부장 또는 소방서장은 불시 소방훈련·교육을 실시하려는 경우에는 소방안전관리대상물의 관계인에게 불시 소방훈련·교육 실시 (   ) 전까지 불시 소방훈련·교육 계획서를 통지해야 한다.

180. 불시 소방훈련·교육 실시 결과에 대한 평가를 실시하려는 경우 불시 소방훈련·교육의 내용의 (   ), 유형 및 방법의 (   ), 참여인력, 시설 및 장비 등의 적정성, 여건 및 참여도를 평가한다.

181. 불시 소방훈련·교육의 평가는 (   )를 원칙으로 하되, 필요에 따라 (   ) 등을 병행할 수 있다. 이 경우 불시 소방훈련·교육 참가자에 대한 설문조사 또는 면접조사 등을 함께 실시할 수 있다.

182. 소방본부장 또는 소방서장은 불시 소방훈련·교육의 평가를 실시한 경우 소방안전관리대상물의 관계인에게 불시 소방훈련·교육 (   )일부터 (   ) 이내에 불시 소방훈련·교육 평가 결과서를 통지해야 한다.

183. 소방본부장이나 소방서장은 (   )을 적용받지 아니하는 특정소방대상물의 관계인에 대하여 특정소방대상물의 화재예방과 소방안전을 위하여 행정안전부령으로 정하는 바에 따라 (   )을 할 수 있다.

184. 소방안전교육 대상이 되는 특정소방대상물
　①
　②

06 특별관리시설물의 소방안전관리

185. 「공항시설법」 제2조 제7호의 공항시설은 소방안전 특별관리시설물이다. ☐ O | X

186. 「문화유산의 보존 및 활용에 관한 법률」 제2조 제3항의 지정문화유산은 소방안전 특별관리시설물이다. ☐ O | X

187. 「영화 및 비디오물의 진흥에 관한 법률」 제2조 제10호의 영화상영관 중 상영관이 10개 이상인 영화상영관은 소방안전 특별관리시설물이다. ☐ O | X

188. 전력용 및 통신용 지하구는 소방안전 특별관리시설물이다. ☐ O | X

189. 「전통시장 및 상점가 육성을 위한 특별법」 제2조 제1호의 전통시장으로서 점포가 300개 이상인 전통시장은 소방안전 특별관리시설물이다. ☐ O | X

190. 「물류시설의 개발 및 운영에 관한 법률」 제2조 제5호의2에 따른 물류창고로서 바닥면적 10만제곱미터 이상인 것은 소방안전 특별관리시설물이다. ☐ O | X

191. 대통령령으로 정하는 소방안전 특별관리시설물의 관계인은 화재의 예방 및 안전관리를 체계적·효율적으로 수행하기 위하여 대통령령으로 정하는 바에 따라 (　　　) 또는 소방청장이 지정하는 (　　　)으로부터 정기적으로 화재예방안전진단을 받아야 한다.

192. 공항시설 중 여객터미널의 연면적이 5천제곱미터 이상인 공항시설은 화재예방안전진단을 받아야 하는 소방안전 특별관리시설물이다. ☐ O | X

193. 철도시설 중 역 시설의 연면적이 5천제곱미터 이상인 철도시설은 화재예방안전진단을 받아야 하는 소방안전 특별관리시설물이다. ☐ O | X

194. 도시철도시설 중 역사 및 역 시설의 바닥면적이 5천제곱미터 이상인 도시철도시설은 화재예방안전진단을 받아야 하는 소방안전 특별관리시설물이다. ☐ O | X

195. 항만시설 중 여객이용시설 및 지원시설의 연면적이 1만5천제곱미터 이상인 항만시설은 화재예방안전진단을 받아야 하는 소방안전 특별관리시설물이다. ☐ O | X

196. 전력용 및 통신용 지하구 중 「국토의 계획 및 이용에 관한 법률」 제2조 제9호에 따른 공동구는 화재예방안전진단을 받아야 하는 소방안전 특별관리시설물이다. ○ | ×

197. 천연가스 인수기지 및 공급망 중 「소방시설 설치 및 관리에 관한 법률 시행령」 별표 2 제17호 나목에 따른 가스시설은 화재예방안전진단을 받아야 하는 소방안전 특별관리시설물이다. ○ | ×

198. 발전소 중 연면적이 1천제곱미터 이상인 발전소는 화재예방안전진단을 받아야 하는 소방안전 특별관리시설물이다. ○ | ×

199. 가스공급시설 중 가연성 가스 탱크의 저장용량의 합계가 1천톤 이상이거나 저장용량이 100톤 이상인 가연성 가스 탱크가 있는 가스공급시설은 화재예방안전진단을 받아야 하는 소방안전 특별관리시설물이다. ○ | ×

200. 화재예방안전진단 결과에 따른 안전등급 기준

안전등급	화재예방안전진단 대상물의 상태
우수(A)	화재예방안전진단 실시 결과 ( )이 발견되지 않은 상태
양호(B)	화재예방안전진단 실시 결과 ( )이 ( ) 발견되었으나 대상물의 화재안전에는 이상이 없으며 대상물 일부에 대해 보수·보강 등의 ( )이 필요한 상태
보통(C)	화재예방안전진단 실시 결과 문제점이 다수 발견되었으나 대상물의 ( )인 화재안전에는 이상이 없으며 대상물에 대한 ( )의 조치명령이 필요한 상태
미흡(D)	화재예방안전진단 실시 결과 ( )한 문제점이 발견되어 대상물의 화재안전을 위해 조치명령의 ( ) 이행이 필요하고 대상물의 사용 ( )을 권고할 필요가 있는 상태
불량(E)	화재예방안전진단 실시 결과 ( ) 문제점이 발견되어 대상물의 화재안전을 위해 조치명령의 즉각적인 이행이 필요하고 대상물의 사용 ( )을 권고할 필요가 있는 상태

201. 화재예방안전진단 결과 안전등급이 우수인 경우 안전등급을 통보받은 날부터 (   )이 경과한 날이 속하는 해에 정기적으로 화재예방안전진단을 받아야 한다.

202. 화재예방안전진단 결과 안전등급이 양호·보통인 경우 안전등급을 통보받은 날부터 (   )이 경과한 날이 속하는 해에 정기적으로 화재예방안전진단을 받아야 한다.

203. 화재예방안전진단 절차는 '(   ) → (   ) → 위험성 감소대책의 수립' 순이다.

204. 화재예방안전진단 방법 3가지 이상
　①
　②
　③

205. 법령에서 규정한 사항 외에 화재예방안전진단의 세부 절차 및 평가방법 등에 관하여 필요한 사항은 (   )이 정하여 (   )한다.

206. 화재예방안전진단의 범위 4가지 이상
①
②
③
④

207. 소방청장은 진단기관의 지정신청서를 접수한 경우에는 지정기준 등에 적합한지를 검토하여 (   ) 이내에 진단기관 지정 여부를 결정해야 한다.

208. 화재예방안전진단기관의 지정취소 및 업무정지의 처분 시 위반행위가 둘 이상인 경우에는 (   ) 처분한다.

209. 화재예방안전진단기관의 지정취소 및 업무정지의 처분 시 위반행위의 횟수에 따른 행정처분 기준은 최근 (   )간 같은 위반행위로 행정처분을 받은 경우에 적용한다. 이 경우 기준 적용일은 위반행위에 대한 행정처분일과 그 처분 후에 한 위반행위가 (   ) 날을 기준으로 한다.

07 보칙

210. 소방청장 또는 시·도지사는 소방안전관리자의 자격 취소 또는 화재예방안전진단기관의 지정취소를 하는 경우 (　　　)을 하여야 한다.

211. 소방청장은 소방안전관리자를 두어야 하는 특정소방대상물 등의 규제와 관련하여 정하는 날을 기준일로 하여 (　　　)마다 그 타당성을 검토하여 개선 등의 조치를 해야 한다.

212. 화재안전조사단의 구성원에 해당하는 자 중 공무원이 아닌 사람은 「형법」 제129조부터 제132조까지의 규정을 적용할 때에는 공무원으로 본다. 이를 벌칙 적용에서 (　　　)라 한다.

01 총칙

1. 소방시설이란 (　　　), 경보설비, 피난구조설비, 소화용수설비, 그 밖에 (　　　)로서 대통령령으로 정하는 것을 말한다.

2. 소방시설등이란 소방시설과 비상구, (　　　) 및 (　　　)를 말한다.

3. (　　　)이란 건축물 등의 규모·용도 및 수용인원 등을 고려하여 소방시설을 설치하여야 하는 소방대상물로서 대통령령으로 정하는 것을 말한다.

4. (　　　)이란 화재를 예방하고 화재발생 시 피해를 최소화하기 위하여 소방대상물의 재료, 공간 및 설비 등에 요구되는 안전성능을 말한다.

5. 성능위주설계란 건축물 등의 재료, 공간, 이용자, 화재 특성 등을 종합적으로 고려하여 공학적 방법으로 화재 (　　　)을 평가하고 그 결과에 따라 (　　　)이 확보될 수 있도록 특정소방대상물을 설계하는 것을 말한다.

6. 화재안전기준 중 (　　　)은 화재안전 확보를 위하여 재료, 공간 및 설비 등에 요구되는 안전성능으로서 소방청장이 고시로 정하는 기준을 말한다.

7. 화재안전기준 중 (　　　)은 성능기준을 충족하는 상세한 규격, 특정한 수치 및 시험방법 등에 관한 기준으로서 행정안전부령으로 정하는 절차에 따라 소방청장의 승인을 받은 기준을 말한다.

8. 소방용품이란 소방시설등을 구성하거나 소방용으로 사용되는 제품 또는 기기로서 (　　　)으로 정하는 것을 말한다.

9. 무창층이란 지상층 중 요건을 모두 갖춘 개구부의 면적의 합계가 해당 층의 바닥면적의 (　　　) 이하가 되는 층을 말한다.

10. 무창층의 개구부는 건축물에서 (　　　)·환기·통풍 또는 (　　　) 등을 위하여 만든 (　　　)·출입구, 그 밖에 이와 비슷한 것을 말한다.

11. 무창층 개구부의 크기는 지름 (　　　) 이상의 원이 통과할 수 있고 해당 층의 바닥면으로부터 개구부 밑부분까지의 높이가 (　　　) 이내여야 한다.

12. 무창층의 개구부는 도로 또는 차량이 진입할 수 있는 (   )를 향해야 하며, 내부 또는 외부에서 쉽게 (   )거나 열 수 있어야 한다.

13. 무창층의 개구부는 화재 시 건축물로부터 쉽게 피난할 수 있도록 (   )이나 그 밖의 (   )이 설치되지 않아야 한다.

14. 피난층이란 곧바로 (   )으로 갈 수 있는 출입구가 있는 층을 말한다.

15. (   )란 물 또는 그 밖의 소화약제를 사용하여 소화하는 기계·기구 또는 설비를 말한다.

16. (   )란 화재발생 사실을 통보하는 기계·기구 또는 설비를 말한다.

17. (   )란 화재가 발생할 경우 피난하기 위하여 사용하는 기구 또는 설비를 말한다.

18. (   )란 화재를 진압하는 데 필요한 물을 공급하거나 저장하는 설비를 말한다.

19. (   )란 화재를 진압하거나 인명구조활동을 위하여 사용하는 설비를 말한다.

20. 스프링클러설비등에는 (   ), 캐비닛형을 포함한 간이스프링클러설비, (   )가 있다.

21. 물분무등소화설비에는 (   )소화설비, 미분무소화설비, 포소화설비, 이산화탄소 소화설비, 할론소화설비, 할로젠화합물 및 (   ) 소화설비, 분말소화설비, 강화액소화설비, (   )에어로졸 소화설비가 있다.

22. 인명구조기구에는 방열복·방화복, 공기호흡기, (   )가 있다.

23. 유도등에는 (   )유도선, 피난구유도등, 통로유도등, (   )유도등, (   )표지가 있다.

24. 소화용수설비에는 상수도소화용수설비, 소화수조·(   ), 그 밖의 소화용수설비가 있다.

25. 소화활동설비에는 (   ), 연결송수관설비, (   ), 비상콘센트설비, 무선통신보조설비, (   )가 있다.

26. 공동주택 중 아파트등은 주택으로 쓰는 층수가 (   ) 이상인 주택을 말한다.

27. 공동주택 중 (   )은 주택으로 쓰는 1개 동의 바닥면적 합계가 660㎡를 초과하고, 층수가 4개 층 이하인 주택을 말한다.

28. 공동주택 중 기숙사는 학교 또는 공장 등의 학생 또는 종업원 등을 위하여 쓰는 것으로서 1개 동의 (　　　)시설 이용 세대 수가 전체의 (　　　) 이상인 것을 말한다.

29. 의원, 치과의원, 한의원, 침술원, 접골원, 조산원, 산후조리원 및 안마원은 (　　　)시설이다.

30. 동물원, 식물원, 수족관은 (　　　)이다.

31. 근린생활시설에 해당하지 않는 종교집회장에 설치하는 봉안당은 (　　　)이다.

32. 종합병원, 병원, 치과병원, 한방병원, 요양병원, 전염병원, 마약진료소는 (　　　)이다.

33. 학교의 교사 중 병설유치원으로 사용되는 부분은 (　　　)이다.

34. 「청소년활동 진흥법」에 따른 유스호스텔은 (　　　)이다.

35. 체육관으로서 관람석이 없거나 관람석의 바닥면적이 1천㎡ 미만인 것은 (　　　)이다.

36. 체육관 및 운동장으로서 관람석의 바닥면적의 합계가 1천㎡ 이상인 것은 (　　　)이다.

37. 경찰서, 지구대, 파출소, 소방서, 119안전센터, 공중화장실은 (　　　)이다.

38. 단란주점으로서 해당 용도로 쓰는 바닥면적의 합계가 150㎡ 미만인 것은 (　　　)이다.

39. 단란주점으로서 해당 용도로 쓰는 바닥면적의 합계가 150㎡ 이상인 것은 (　　　)이다.

40. 무도학원은 (　　　)이다.

41. 운전학원·정비학원은 (　　　)이다.

42. 전신전화국, 촬영소, 통신용 시설, 데이터센터는 (　　　)이다.

43. 야외음악당, 야외극장, 어린이회관은 (　　　)이다.

44. 지하의 인공구조물 안에 설치되어 있는 상점, 사무실, 그 밖에 이와 비슷한 시설이 연속하여 지하도에 면하여 설치된 것과 그 지하도를 합한 것은 (　　　)이다.

45. 궤도차량을 제외한 차량 등의 통행을 목적으로 지하, 수저 또는 산을 뚫어서 만든 것과 「도로법」 제50조 제2항에 따른 방음터널은 (   )이다.

46. 지하구의 기준
① 전력·(   )용의 전선이나 (   )·냉난방용의 배관 또는 이와 비슷한 것을 집합수용하기 위하여 설치한 지하 인공구조물로서 사람이 점검 또는 보수를 하기 위하여 출입이 가능한 것 중 다음의 어느 하나에 해당하는 것
㉠ 전력 또는 통신사업용 지하 인공구조물로서 전력구(   ) 또는 통신구 방식으로 설치된 것
㉡ '㉠'외의 지하 인공구조물로서 폭이 (   ) 이상이고 높이가 (   ) 이상이며 길이가 (   ) 이상인 것
② 「국토의 계획 및 이용에 관한 법률」 제2조 제9호에 따른 (   )

47. (   )로 된 하나의 특정소방대상물이 개구부 및 연소 확대 우려가 없는 (   )의 바닥과 벽으로 구획되어 있는 경우에는 그 구획된 부분을 각각 별개의 특정소방대상물로 본다.

48. 둘 이상의 특정소방대상물이 내화구조로 된 연결통로가 벽이 없는 구조로서 그 길이가 (   ) 이하인 경우와 벽이 있는 구조로서 그 길이가 (   ) 이하인 경우에는 하나의 특정소방대상물로 본다. 단, 벽 높이가 바닥에서 천장까지의 높이의 (   ) 이상인 경우에는 벽이 있는 구조로 보고, 벽 높이가 바닥에서 천장까지의 높이의 (   ) 미만인 경우에는 벽이 없는 구조로 본다.

49. 둘 이상의 특정소방대상물이 내화구조로 된 연결통로가 자동방화셔터 또는 (   ) 방화문이 설치되지 않은 피트로 연결된 경우에는 하나의 특정소방대상물로 본다.

50. (   )은 화재안전기준 중 기술기준을 제정·개정하려는 경우 제정안·개정안을 작성하여 「소방시설 설치 및 관리에 관한 법률」 제18조 제1항에 따른 중앙소방기술심의위원회의 심의·의결을 거쳐야 한다. 이 경우 제정안·개정안의 작성을 위해 소방 관련 기관·단체 및 개인 등의 의견을 수렴할 수 있다.

02 소방시설등의 설치 · 관리 및 방염

51. 건축물 등의 신축 · 증축 · 개축 · 재축 · 이전 · (   ) 또는 (   )의 허가 · 협의 및 사용승인의 권한이 있는 행정기관은 건축허가등을 할 때 미리 그 건축물 등의 시공지 또는 소재지를 관할하는 소방본부장이나 소방서장의 동의를 받아야 한다.

52. 건축물 등의 (   ) · (   ) · (   ) · 용도변경 또는 대수선의 신고를 수리할 권한이 있는 행정기관은 그 신고를 수리하면 그 건축물 등의 시공지 또는 소재지를 관할하는 소방본부장이나 소방서장에게 지체 없이 그 사실을 알려야 한다.

53. (   )이란 방화벽, 마감재료 등을 말한다.

54. 건축허가등의 동의에 따라 사용승인에 대한 동의를 할 때에는 「소방시설공사업법」 제14조 제3항에 따른 소방시설공사의 (   )를 발급하는 것으로 동의를 갈음할 수 있다.

55. 「학교시설사업 촉진법」 제5조의2 제1항에 따라 건축등을 하려는 학교시설이 (   ) (   )제곱미터 이상인 경우 건축허가등의 동의대상물이다.

56. 특정소방대상물 중 노유자 시설 및 수련시설은 (   ) (   )제곱미터 이상인 경우 건축허가등의 동의대상물이다.

57. 정신의료기관과 장애인 의료재활시설은 (   ) (   )제곱미터 이상인 경우 건축허가등의 동의대상물이다.

58. 지하층 또는 무창층이 있는 건축물로서 바닥면적이 150제곱미터(   ) 이상인 층이 있는 것은 건축허가등의 동의대상물이다.

59. 입원실 또는 인공신장실이 있는 (   )과 공동주택, 조산원 · 산후조리원, 숙박시설은 건축허가등의 동의대상물이다.

60. 「소방시설공사업법 시행령」 제4조에 따른 소방시설공사의 (   ) 대상에 해당하지 않는 경우 해당 특정소방대상물은 건축허가등의 동의대상물이 아니다.

61. 내진설계기준에 맞게 설치해야 하는 소방시설은 (   ), (   ) 및 물분무등소화설비이다.

62. 연면적·높이·층수 등이 일정 규모 이상인 대통령령으로 정하는 특정소방대상물에 소방시설을 설치하려는 자는 성능위주설계를 하여야 한다. 단, (   )하는 것만 해당한다.

63. 아파트등을 제외한 연면적 (   )제곱미터 이상인 특정소방대상물은 성능위주설계 대상이다.

64. 지하층을 제외한 (   ) 이상이거나 지상으로부터 높이가 (   )미터 이상인 아파트등은 성능위주설계 대상이다.

65. 연면적 (   )제곱미터 이상인 철도 및 도시철도 시설과 (   )시설은 성능위주설계 대상이다.

66. 하나의 건축물에 「영화 및 비디오물의 진흥에 관한 법률」 제2조 제10호에 따른 영화상영관이 (   ) 이상인 특정소방대상물은 성능위주설계 대상이다.

67. 터널 중 수저터널 또는 길이가 (   )미터 이상인 것은 성능위주설계 대상이다.

68. 소방시설을 설치하려는 자가 성능위주설계를 한 경우에는 「건축법」 제11조에 따른 건축허가를 신청하기 전에 해당 특정소방대상물의 시공지 또는 소재지를 관할하는 (   )에게 (   )하여야 한다.

69. 특정소방대상물의 연면적·높이·층수의 변경 등 행정안전부령으로 정하는 사유로 신고한 (   )를 변경하려는 경우 특정소방대상물의 시공지 또는 소재지를 관할하는 소방서장에게 신고하여야 한다.

70. 성능위주설계의 신고 또는 변경신고를 하려는 자는 해당 특정소방대상물이 「건축법」 제4조의2에 따른 건축위원회의 심의를 받아야 하는 건축물인 경우에는 그 심의를 신청하기 전에 성능위주설계의 기본설계도서 등에 대해서 해당 특정소방대상물의 시공지 또는 소재지를 관할하는 소방서장의 (   )를 받아야 한다.

71. 소방서장은 성능위주설계의 신고, 변경신고 또는 사전검토 신청을 받은 경우에는 소방청 또는 관할 소방본부에 설치된 (   )의 검토·평가를 거쳐야 한다. 다만, 소방서장은 신기술·신공법 등 검토·평가에 고도의 기술이 필요한 경우에는 (   )에 심의를 요청할 수 있다.

72. 화재안전성능의 확보 계획과 부지 및 도로의 설치 계획은 성능위주설계의 사전검토 신청 시 제출해야 하는 서류 중 건축물 설계도면이다.　　　　　　　　○ | ×

73. 주단면도 및 입면도와 층별 평면도 및 창호도는 성능위주설계의 사전검토 신청 시 제출해야 하는 서류 중 건축물 설계도면이다.　　　　　　　　○ | ×

74. 소방서장은 성능위주설계 사전검토 신청서를 받은 경우 성능위주설계 대상 및 자격 여부 등을 확인하고, 첨부서류의 보완이 필요한 경우에는 (   ) 이내의 기간을 정하여 성능위주설계를 한 자에게 보완을 요청할 수 있다.

75. 성능위주설계의 신고 시 제출해야 하는 건축물 설계도면

①

②

③

④

⑤

76. 성능위주설계의 신고 시 제출해야 하는 건축물 소방시설 설계도면

①

②

③

④

⑤

77. 성능위주설계 평가단 및 중앙소방심의위원회의 검토·평가 구분 및 통보 시기

구분		성립요건	통보 시기
수리	( )	신고서(도면 등) 내용에 수정이 없거나 경미한 경우 원안대로 수리	지체 없이
	( )	평가단 또는 중앙위원회에서 검토·평가한 결과 보완이 요구되는 경우로서 보완이 완료되면 수리	보완완료 후 지체 없이 통보
불수리	( )	평가단 또는 중앙위원회에서 검토·평가한 결과 보완이 요구되나 단기간에 보완될 수 없는 경우	지체 없이
	( )	평가단 또는 중앙위원회에서 검토·평가한 결과 소방 관련 법령 및 건축 법령에 위반되거나 평가 기준을 충족하지 못한 경우	지체 없이

78. 성능위주설계 기준 4가지 이상

①

②

③

④

79. 성능위주설계에 대한 전문적·기술적인 검토 및 평가를 위하여 소방청 또는 소방본부에 (   )을 둔다.

80. 아파트 및 기숙사를 제외한 공동주택과 단독주택의 소유자는 (　　　) 및 (　　　) 감지기를 설치하여야 한다.

81. 「자동차관리법」 제3조 제1항에 따른 자동차 중 (　　) 이상의 승용자동차, 승합자동차, 화물자동차, 특수자동차에 해당하는 자동차를 제작·조립·수입·판매하려는 자 또는 해당 자동차의 소유자는 (　　)를 설치하거나 비치하여야 한다.

82. 승용자동차는 능력단위 (　　) 이상의 소화기 (　　) 이상을 사용하기 쉬운 곳에 설치 또는 비치한다.

83. 승차정원 15인 이하의 승합자동차는 능력단위 (　　) 이상인 소화기 (　　) 이상 또는 능력단위 1 이상인 소화기 2개 이상을 설치한다. 이 경우 승차정원 (　　) 이상 승합자동차는 운전석 또는 운전석과 옆으로 나란한 좌석 주위에 1개 이상을 설치한다.

84. 승차정원 36인 이상의 승합자동차는 능력단위 (　　) 이상인 소화기 (　　) 이상 및 능력단위 (　　) 이상인 소화기 1개 이상을 설치한다. 다만, 2층 대형승합자동차의 경우에는 위층 차실에 능력단위 3 이상인 소화기 1개 이상을 (　　) 설치한다.

85. 대형 이상의 화물자동차 및 특수자동차 능력단위 (　　) 이상인 소화기 1개 이상 또는 능력단위 1 이상인 소화기 (　　) 이상을 사용하기 쉬운 곳에 설치한다.

03 특정소방대상물에 설치하는 소방시설

86. 터널에 설치하는 소방시설

① (　　　), 유도등 : 터널

② 옥내소화전설비, 자동화재탐지설비, 연결송수관설비 : 길이가 (　　　) 이상인 터널

③ 비상경보설비, 비상조명등, 비상콘센트설비, 무선통신보조설비 : 길이가 (　　　) 이상인 터널

87. 수용인원별 설치해야 하는 소방시설 정리

① 스프링클러설비 : 동·식물원을 제외한 문화 및 집회시설, 종교시설, 운동시설로서 수용인원이 (　　　) 이상인 것과 물류터미널 중 내화구조에 해당하지 않는 것으로서 바닥면적의 합계가 2천 5백㎡ 이상이거나 수용인원이 (　　　) 이상인 경우에는 모든 층과 판매시설, 물류터미널 중 내화구조로서 바닥면적의 합계가 5천㎡ 이상이거나 수용인원이 (　　　) 이상인 경우에는 모든 층에 설치해야 한다.

② 자동화재탐지설비 : 노유자 생활시설에 해당하지 않는 노유자 시설로서 연면적 400㎡ 이상인 노유자 시설 및 숙박시설이 있는 수련시설로서 수용인원 (　　　) 이상인 경우에는 모든 층에 설치해야 한다.

③ 비상경보설비 : (　　　) 이상의 근로자가 작업하는 옥내 작업장에 설치해야 한다.

④ 단독형 감지기 : 숙박시설이 있는 수련시설로 수용인원이 (　　　) 미만인 경우에 설치해야 한다.

⑤ 공기호흡기 : 수용인원 (　　　) 이상인 문화 및 집회시설 중 영화상영관에 설치해야 한다.

⑥ 휴대용비상조명등 : 수용인원 (　　　) 이상의 영화상영관에 설치해야 한다.

⑦ 제연설비 : 문화 및 집회시설 중 영화상영관으로서 수용인원 (　　　) 이상인 경우에 설치해야 한다.

88. 건물을 임차하여 「출입국관리법」 제52조 제2항에 따른 보호시설로 사용하는 부분에는 (　　　)를 설치해야 한다.

89. 연소 우려가 있는 구조란 건축물대장의 건축물 현황도에 표시된 (　　　) 안에 둘 이상의 건축물이 각각의 건축물이 다른 건축물의 외벽으로부터 수평거리가 1층의 경우에는 (　　　) 이하, 2층 이상의 층의 경우에는 (　　　) 이하이고, (　　　)가 다른 건축물을 향하여 설치되어 있는 경우이다.

90. 공동주택 중 연립주택 및 다세대주택과 연면적 400㎡ 미만의 유치원에는 (　　　) 감지기를 설치해야 한다.

91. 지하구에는 소화설비, (   )설비, 자동화재탐지설비, (   )시설을 설치해야 한다.

92. 지하구 중 공동구는 (   )를 설치해야 한다.

93. (   )는 전력 또는 통신사업용인 지하구에 설치해야 한다.

94. 화재알림설비를 설치해야 하는 특정소방대상물은 판매시설 중 (   )으로 한다.

95. 방열복 또는 방화복, 인공소생기 및 공기호흡기를 설치해야 하는 특정소방대상물은 지하층을 포함하는 층수가 7층 이상인 것 중 (   ) 용도로 사용하는 층이다.

96. 소방본부장이나 소방서장은 소방시설이 (   )에 따라 설치·관리되고 있지 아니할 때에는 해당 특정소방대상물의 관계인에게 필요한 조치를 명할 수 있으며, 이에 따른 명령을 정당한 사유 없이 위반한 자는 (   ) 이하의 징역 또는 (   ) 이하의 벌금에 처한다.

97. 특정소방대상물의 관계인은 소방시설을 설치·관리하는 경우 화재 시 소방시설의 기능과 성능에 지장을 줄 수 있는 (   )·(   ) 등의 행위를 하여서는 아니 된다.

98. 소방청장, 소방본부장 또는 소방서장은 소방시설의 작동정보 등을 실시간으로 수집·분석할 수 있는 (   )을 구축·운영할 수 있다.

99. 소방본부장이나 소방서장은 대통령령 또는 화재안전기준이 변경되어 그 기준이 강화되는 경우 기존의 특정소방대상물의 소방시설에 대하여는 (   )의 대통령령 또는 화재안전기준을 적용한다.

100. 대통령령 또는 화재안전기준의 변경으로 강화된 기준을 적용할 수 있는 소방시설은 소화기구, (   ), (   ), (   ), 피난구조설비이다.

101. 강화된 소방시설기준의 적용대상
① 「국토의 계획 및 이용에 관한 법률」 제2조 제9호에 따른 공동구에 설치하는 (   ), 자동소화장치, 자동화재탐지설비, 통합감시시설, 유도등 및 (   )
② 전력 및 통신사업용 지하구에 설치하는 소화기, (   ), (   ), 통합감시시설, 유도등 및 연소방지설비
③ 노유자 시설에 설치하는 (   ), (   ) 및 (   )
④ 의료시설에 설치하는 (   ), (   ), (   ) 및 (   )

102. 특정소방대상물의 소방시설 설치의 면제 기준(모두 화재안전기준에 적합하게 설치)

설치면제 가능 대상 설비	설치면제 기준이 되는 설비	
자동소화장치	( )	
옥내소화전설비	• 호스릴 미분무소화설비	• ( )
스프링클러설비	• ( )	• 물분무등소화설비
간이스프링클러 설비	• 스프링클러설비 • 물분무소화설비	• ( )
물분무등소화설비를 설치해야 하는 차고 · 주차장	( )	
옥외소화전설비를 설치해야 하는 문화유산인 목조건축물	( )	
비상경보설비	( ) 감지기를 2개 이상 설치	
비상경보설비 또는 단독경보형 감지기	• 자동화재탐지설비	• ( )
자동화재탐지설비	• 화재알림설비 • ( )	• 물분무등소화설비
화재알림설비	( )	
비상방송설비	• 자동화재탐지설비	• ( )
자동화재속보설비	( )	
연결송수관설비	• 옥내소화전설비 • 스프링클러설비	• 간이스프링클러설비 • ( )
상수도소화용수설비	( )	
제연설비	• 자동 전환되는 ( ) • 배출구 면적 합이 제연구역 바닥면적의 100분의 1 이상이며, 각 수평거리가 30m 이내에 ( ) 설치 • 노대와 연결된 ( ) • 배연설비가 설치된 피난용 승강기의 승강장	
연결살수설비	• 스프링클러설비 • ( )	• 물분무소화설비 • 미분무소화설비
무선통신보조설비	• 이동통신 구내 중계기 선로설비 • ( )	
연소방지설비	• ( ) • 물분무소화설비	• 미분무소화설비

103. 소방본부장 또는 소방서장은 특정소방대상물이 ( )되는 경우에는 기존 부분을 포함한 특정소방대상물의 전체에 대하여 ( ) 당시의 소방시설의 설치에 관한 대통령령 또는 화재안전기준을 적용해야 한다.

104. 소방본부장 또는 소방서장은 특정소방대상물이 ( )되는 경우에는 ( )되는 부분에 대해서만 ( ) 당시의 소방시설의 설치에 관한 대통령령 또는 화재안전기준을 적용한다.

105. 기존 부분과 증축 부분이 방화구조로 된 바닥과 벽으로 구획된 경우에는 기존 부분에 대해서는 증축 당시의 소방시설의 설치에 관한 대통령령 또는 화재안전기준을 적용하지 않는다.　○ | ×

106. 기존 부분과 증축 부분이 자동방화셔터 또는 60분 방화문으로 구획되어 있는 경우에는 기존 부분에 대해서는 증축 당시의 소방시설의 설치에 관한 대통령령 또는 화재안전기준을 적용하지 않는다.　○ | ×

107. 자동차 생산공장 등 화재 위험이 낮은 특정소방대상물 내부에 바닥면적 33제곱미터 이하의 직원 휴게실을 증축하는 경우에는 기존 부분에 대해서는 증축 당시의 소방시설의 설치에 관한 대통령령 또는 화재안전기준을 적용하지 않는다.　○ | ×

108. 자동차 생산공장 등 화재 위험이 낮은 특정소방대상물에 캐노피를 설치하는 경우에는 기존 부분에 대해서는 증축 당시의 소방시설의 설치에 관한 대통령령 또는 화재안전기준을 적용하지 않는다.　○ | ×

109. 특정소방대상물의 구조・설비가 화재연소 확대 요인이 적어지거나 피난 또는 화재진압활동이 쉬워지도록 변경되는 경우에는 특정소방대상물 전체에 대하여 용도변경 전에 해당 특정소방대상물에 적용되던 소방시설의 설치에 관한 대통령령 또는 화재안전기준을 적용한다.　○ | ×

110. 용도변경으로 인하여 천장・바닥・벽 등에 고정되어 있는 가연성 물질의 양이 줄어드는 경우에는 특정소방대상물 전체에 대하여 용도변경 전에 해당 특정소방대상물에 적용되던 소방시설의 설치에 관한 대통령령 또는 화재안전기준을 적용한다.　○ | ×

111. 소방시설을 설치하지 않을 수 있는 특정소방대상물 및 소방시설의 범위

구분	특정소방대상물	설치하지 않을 수 있는 소방시설
1. (　　) 특정소방대상물	석재, 불연성금속, 불연성 건축재료 등의 가공공장・기계조립공장 또는 불연성 물품을 저장하는 창고	(　　) 및 (　　)
2. (　　) 특정소방대상물	펄프공장의 작업장, 음료수 공장의 세정 또는 충전을 하는 작업장, 그 밖에 이와 비슷한 용도로 사용하는 것	(　　), 상수도소화용수설비 및 연결살수설비
	정수장, (　　), (　　), 농예・축산・어류양식용 시설, 그 밖에 이와 비슷한 용도로 사용되는 것	(　　), 상수도소화용수설비 및 연결살수설비
3. 화재안전기준을 달리 적용해야 하는 특수한 용도 또는 구조를 가진 특정소방대상물	(　　), 중・저준위방사성폐기물의 저장시설	(　　) 및 (　　)
4. 「위험물 안전관리법」 제19조에 따른 자체소방대가 설치된 특정소방대상물	자체소방대가 설치된 제조소등에 부속된 사무실	(　　), (　　), 연결살수설비 및 연결송수관설비

112. 소방시설을 설치하지 않을 수 있는 특정소방대상물에 해당하는 특정소방대상물에 구조 및 원리 등에서 공법이 특수한 설계로 인정된 소방시설을 설치하는 경우에는 (   )의 심의를 거쳐 (   )을 적용하지 아니할 수 있다.

113. 특정소방대상물에 설치하는 소방시설 규정에 따라 대통령령으로 소방시설을 정할 때에는 특정소방대상물의 (   )·(   )·(   ) 및 (   ) 등을 고려하여야 한다.

114. 침대가 있는 숙박시설은 해당 특정소방대상물의 종사자 수에 침대 수(   )를 합한 수로 수용인원을 산정한다.

115. 침대가 없는 숙박시설은 해당 특정소방대상물의 종사자 수에 숙박시설 (   )의 합계를 (   )로 나누어 얻은 수를 합한 수로 수용인원을 산정한다.

116. 강의실·교무실·상담실·실습실·휴게실 용도로 쓰는 특정소방대상물은 해당 용도로 사용하는 (   )의 합계를 (   )로 나누어 얻은 수로 수용인원을 산정한다.

117. 강당, 문화 및 집회시설, 운동시설, 종교시설은 해당 용도로 사용하는 (   )의 합계를 (   )로 나누어 얻은 수로 수용인원을 산정한다. 다만, 관람석이 있는 경우 고정식 의자를 설치한 부분은 그 부분의 의자 수로 하고, 긴 의자의 경우에는 의자의 정면너비를 (   )로 나누어 얻은 수로 한다.

118. 소방청장은 건축 환경 및 화재위험특성 변화사항을 효과적으로 반영할 수 있도록 소방시설 규정을 (   )년에 (   )회 이상 정비하여야 한다.

119. 「건설산업기본법」 제2조 제4호에 따른 건설공사를 하는 공사시공자는 특정소방대상물의 신축·증축·개축·재축·이전·용도변경·대수선 또는 설비 설치 등을 위한 공사 현장에서 인화성 물품을 취급하는 작업 등 대통령령으로 정하는 화재위험작업을 하기 전에 설치 및 철거가 쉬운 (   )을 설치하고 관리하여야 한다.

120. 공사 현장에서 인화성·가연성·폭발성 물질을 취급하거나 가연성 가스를 발생시키는 작업을 하려는 공사시공자는 임시소방시설을 설치해야 한다. ☐ O | X

121. 공사 현장에서 용접·용단 등 불꽃을 발생시키거나 화기를 취급하는 작업을 하려는 공사시공자는 임시소방시설을 설치해야 한다. ☐ O | X

122. 공사 현장에서 전열기구, 가열전선 등 열을 발생시키는 기구를 취급하는 작업을 하려는 공사시공자는 임시소방시설을 설치해야 한다. ☐ O | X

123. 공사 현장에서 석회석, 시멘트 등 부유분진을 발생시킬 수 있는 작업을 하려는 공사시공자는 임시 소방시설을 설치해야 한다. ☐O | X☐

124. 임시소방시설의 종류는 소화기, (   ), (   ), 가스누설경보기, 간이피난유도선, 비상조명등, (   )가 있다.

125. 임시소방시설 중 (   )를 설치해야 하는 공사는 소방본부장 또는 소방서장의 동의를 받아야 하는 특정소방대상물의 신축·증축·개축·재축·이전·용도변경 또는 대수선 등을 위한 공사 중 화재위험작업현장이다.

126. 임시소방시설 중 간이소화장치를 설치해야 하는 공사는 연면적 (   ) 이상이거나 바닥면적이 (   ) 이상인 지하층, 무창층 또는 4층 이상의 층의 화재위험작업현장이다.

127. 임시소방시설 중 비상경보장치를 설치해야 하는 공사는 연면적 (   ) 이상이거나 바닥면적이 (   ) 이상인 지하층 또는 무창층의 화재위험작업현장이다.

128. 임시소방시설 중 가스누설경보기, 간이피난유도선, 비상조명등을 설치해야 하는 공사는 바닥면적이 (   ) 이상인 지하층 또는 무창층의 화재위험작업현장이다.

129. 소방청장이 정하여 고시하는 기준에 맞는 소화기 또는 옥내소화전설비를 설치하면 (   )를 설치한 것으로 본다.

130. (   ) 또는 (   )를 설치하면 비상경보장치를 설치한 것으로 본다.

131. 피난유도선, 피난구유도등, 통로유도등 또는 비상조명등을 설치하면 (   )을 설치한 것으로 본다.

132. 특정소방대상물의 관계인은 (   )시설, (   )구획 및 방화시설을 폐쇄·훼손·변경 등의 행위를 하여서는 아니 된다.

133. 분말형태의 소화약제를 사용하는 소화기의 내용연수는 (   )으로 한다.

134. 화재안전기준에 관한 사항 등을 심의하기 위하여 소방청에 (   ), 시·도에 (   )를 둔다.

135. 화재안전기준에 관한 사항은 중앙소방기술심의위원회에서 심의한다. ☐O | X☐

136. 소방시설의 구조 및 원리 등에서 공법이 특수한 설계 및 시공에 관한 사항은 지방소방기술심의위원회에서 심의한다. ☐O | X☐

137. 소방시설의 설계 및 공사감리의 방법에 관한 사항은 지방소방기술심의위원회에서 심의한다.
O | X

138. 소방시설공사의 하자를 판단하는 기준에 관한 사항은 지방소방기술심의위원회에서 심의한다.
O | X

139. 소방서장이 성능위주설계와 관련하여 신기술·신공법 등 검토·평가에 고도의 기술이 필요한 경우로서 심의를 요청한 사항은 중앙소방기술심의위원회에서 심의한다.
O | X

140. 연면적 10만제곱미터 이상의 특정소방대상물에 설치된 소방시설의 설계·시공·감리의 하자 유무에 관한 사항은 중앙소방기술심의위원회에서 심의한다.
O | X

141. 새로운 소방시설과 소방용품 등의 도입 여부에 관한 사항은 중앙소방기술심의위원회에서 심의한다.
O | X

142. 소방기술과 관련하여 소방청장이 소방기술심의위원회의 심의에 부치는 사항은 중앙소방기술심의위원회에서 심의한다.
O | X

143. 소방시설에 하자가 있는지의 판단에 관한 사항은 중앙소방기술심의위원회에서 심의한다. O | X

144. 소방본부장 또는 소방서장이 제조소등의 시설기준 또는 화재안전기준의 적용에 관하여 기술검토를 요청하는 사항은 중앙소방기술심의위원회에서 심의한다.
O | X

145. 시·도지사가 소방기술심의위원회의 심의에 부치는 사항은 지방소방기술심의위원회에서 심의한다.
O | X

146. 중앙소방기술심의위원회는 위원장을 포함하여 (　　　) 이내의 위원으로 성별을 고려하여 구성하고, 지방소방기술심의위원회는 위원장을 포함하여 (　　　) 이상 (　　　) 이하의 위원으로 구성한다.

147. (　　　)은 화재안전기준을 효율적으로 관리·운영하기 위하여 화재안전기준의 제정·개정 및 운영 등의 업무를 수행하여야 한다.

04 방염

148. 대통령령으로 정하는 특정소방대상물에 실내장식 등의 목적으로 설치 또는 부착하는 물품으로서 대통령령으로 정하는 물품은 (   )기준 이상의 것으로 설치하여야 한다.

149. 근린생활시설 중 (   ), 치과의원, 한의원, 조산원, (   ), 체력단련장, 공연장 및 종교집회장은 방염성능기준 이상의 실내장식물 등을 설치해야 한다.

150. 건축물의 (   )에 있는 (   )시설, 종교시설, 수영장을 제외한 (   )시설은 방염성능기준 이상의 실내장식물 등을 설치해야 한다.

151. 창문에 설치하는 커튼류(블라인드 포함), 카펫, 벽지류(두께가 2밀리미터 이상인 종이벽지는 제외)는 제조 또는 가공 공정에서 방염처리를 한 물품이다. ○ | ✕

152. 전시용 합판·목재 또는 섬유판, 무대용 합판·목재 또는 섬유판은 제조 또는 가공 공정에서 방염처리를 한 물품이다. ○ | ✕

153. 암막·무대막, 영화상영관에 설치하는 스크린, 가상체험 체육시설업에 설치하는 스크린은 제조 또는 가공 공정에서 방염처리를 한 물품이다. ○ | ✕

154. 섬유류 또는 합성수지류 등을 원료로 하여 제작된 소파·의자 중 단란주점영업, 유흥주점영업 및 노래연습장업의 영업장에 설치하는 것을 제외한 것은 가공 공정에서 방염처리를 한 물품이다. ○ | ✕

155. 종이류(두께 2밀리미터 미만)·합성수지류 또는 섬유류를 주원료로 한 물품, 합판이나 목재는 건축물 내부의 천장이나 벽에 부착하거나 설치하는 방염대상 물품이다. ○ | ✕

156. 공간을 구획하기 위하여 설치하는 간이 칸막이, 흡음을 위하여 설치하는 흡음재. 방음을 위하여 설치하는 방음재는 건축물 내부의 천장이나 벽에 부착하거나 설치하는 방염대상 물품이다. ○ | ✕

157. 옷장, 찬장, 식탁, 식탁용 의자, 사무용 책상, 사무용 의자, 계산대, 너비 10센티미터 이하인 반자 돌림대 등과 내부 마감재료는 건축물 내부의 천장이나 벽에 부착하거나 설치하는 방염대상 물품이다. ○ | ✕

158. 소방본부장 또는 소방서장은 다중이용업소, 의료시설, 노유자 시설, 숙박시설 또는 장례식장에서 사용하는 침구류·소파 및 의자는 방염처리된 물품을 사용하도록 해야 한다.　　ｏ｜×

159. 소방본부장 또는 소방서장은 건축물 내부의 천장 또는 벽에 부착하거나 설치하는 가구류는 방염처리된 물품을 사용하도록 권장할 수 있다.　　ｏ｜×

160. 방염성능기준

① 버너의 불꽃을 제거한 때부터 불꽃을 올리며 연소하는 상태가 그칠 때까지 시간은 (　　　) 이내일 것

② 버너의 불꽃을 제거한 때부터 불꽃을 올리지 않고 연소하는 상태가 그칠 때까지 시간은 (　　　) 이내일 것

③ 탄화한 면적은 (　　)제곱센티미터 이내, 탄화한 길이는 (　　　)센티미터 이내일 것

④ 불꽃에 의하여 완전히 녹을 때까지 불꽃의 접촉 횟수는 (　　) 이상일 것

⑤ 소방청장이 정하여 고시한 방법으로 발연량을 측정하는 경우 최대연기밀도는 (　　) 이하일 것

161. 시·도지사가 실시하는 방염성능검사 대상

① 제조 또는 가공 공정에서 방염처리를 한 물품으로서 전시용 합판·목재 또는 무대용 합판·목재 중 설치 현장에서 방염처리를 하는 (　　　)·(　　　)

② 건축물 내부의 천장이나 벽에 부착하거나 설치하는 물품으로서 방염대상물품 중 설치 현장에서 방염처리를 하는 (　　　)·(　　　)

05 소방시설등의 자체점검

162. 특정소방대상물의 관계인은 그 대상물에 설치되어 있는 소방시설등이 이 법이나 이 법에 따른 명령 등에 적합하게 설치·관리되고 있는지에 대하여 해당 특정소방대상물의 소방시설등이 신설된 경우 사용할 수 있게 된 날부터 (   )일 또는 행정안전부령으로 정하는 기간 내에 스스로 점검하거나 제34조에 따른 점검능력 평가를 받은 관리업자 또는 행정안전부령으로 정하는 기술자격자로 하여금 (   )하게 하여야 한다.

163. 자체점검의 구분 및 대상, 점검인력의 배치기준, 점검자의 자격, 점검 장비, 점검 방법 및 횟수 등 자체점검 시 준수하여야 할 사항은 (   )으로 정한다.

164. 소방시설등에 대한 자체점검은 (   )과 (   )으로 구분한다.

165. 최초점검은 소방시설이 신설된 경우 「건축법」 제22조에 따라 건축물을 사용할 수 있게 된 날부터 (   ) 이내 점검하는 것을 말한다.

166. 작동점검 대상은 소방안전관리자를 선임하지 않는 특정소방대상물, (   ), (   )이다.

167. 작동점검과 종합점검은 (   ) 이상 실시한다. 다만 특급 소방안전관리대상물의 종합점검은 (   ) 이상 실시한다.

168. 점검인력 1단위가 하루 동안 점검할 수 있는 특정소방대상물의 연면적은 종합점검은 (   ), 작동점검은 (   )이다.

169. 스프링클러설비가 설치된 특정소방대상물은 종합점검 대상이다.   ○ | ×

170. 물분무등소화설비(호스릴방식의 물분무등소화설비만을 설치한 경우는 제외)가 설치된 특정소방대상물은 종합점검 대상이다.   ○ | ×

171. 다중이용업의 영업장이 설치된 특정소방대상물로서 연면적이 1,000㎡ 이상인 것은 종합점검 대상이다.   ○ | ×

172. 제연설비가 설치된 터널은 종합점검 대상이다.   ○ | ×

173. 「공공기관의 소방안전관리에 관한 규정」제2조에 따른 공공기관 중 연면적이 2,000㎡ 이상인 것으로서 옥내소화전설비 또는 자동화재탐지설비가 설치된 것은 종합점검 대상이다. ○ | ✕

174. 모든 소방시설의 자체점검의 점검 장비는 (   ), (   ), (   )이다.

175. 소방시설등의 자체점검 시 점검인력 1단위
① 관리업자가 점검하는 경우 : 주된 점검인력인 (   ) 1명과 보조 점검인력인 주된 기술인력 또는 보조 기술인력 (   )이 점검인력 1단위로 하되, 점검인력 1단위에 보조 점검인력으로 (   ) 이내의 주된 기술인력 또는 보조 기술인력을 추가할 수 있다.
② 소방안전관리자로 선임된 소방시설관리사 또는 소방기술사가 점검하는 경우 : 주된 점검인력인 소방시설관리사 또는 소방기술사 중 (   )과 보조 점검인력 (   )을 점검인력 1단위로 하되, 점검인력 1단위에 (   ) 이내의 보조 점검인력을 추가할 수 있다. 이 경우 보조 점검인력은 해당 특정소방대상물의 관계인, (   ) 또는 관리업자 소속의 소방기술인력으로 할 수 있다.
③ 관계인이 점검하는 경우 : 주된 점검인력인 관계인 1명과 보조 점검인력 (   )을 점검인력 1단위로 한다. 이 경우 보조 점검인력은 해당 특정소방대상물의 관계인, (   ), 소방안전관리보조자 또는 관리업자 소속의 소방기술인력으로 할 수 있다.

176. 관리업자가 점검하는 경우 특정소방대상물의 규모 등에 따른 점검인력의 배치기준

구분	주된 점검인력	보조 점검인력
가. ( ) 이상 또는 성능위주설계를 한 특정소방대상물	소방시설관리사 경력 5년 이상인 특급점검자 1명 이상	고급점검자 이상의 기술인력 1명 이상 및 중급점검자 이상의 기술인력 1명 이상
나. 「화재의 예방 및 안전관리에 관한 법률 시행령」 별표 4 제1호에 따른 특급 소방안전관리대상물 (가목의 특정소방대상물은 제외한다)	소방시설관리사 ( ) 이상인 특급점검자 1명 이상	고급점검자 이상의 기술인력 1명 이상 및 초급점검자 이상의 기술인력 1명 이상
다. 「화재의 예방 및 안전관리에 관한 법률 시행령」 별표 4 제2호 및 제3호에 따른 1급 또는 2급 소방안전관리대상물	소방시설관리사 경력 1년 이상인 특급점검자 1명 이상	( ) 이상의 기술인력 1명 이상 및 초급점검자 이상의 기술인력 1명 이상
라. 「화재의 예방 및 안전관리에 관한 법률 시행령」 별표 4 제4호에 따른 3급 소방안전관리대상물	( ) 이상	초급점검자 이상의 기술인력 2명 이상

177. 자체점검 시 점검인력 1단위에 보조 점검인력을 1명씩 추가할 때마다 종합점검의 경우에는 (   ), 작동점검의 경우에는 (   )씩을 점검한도 면적에 더한다.

178. 자체점검 시 점검인력은 하루에 (   )의 특정소방대상물에 한하여 배치할 수 있다. 다만 2개 이상의 특정소방대상물을 (   ) 이상 연속하여 점검하는 경우에는 배치기한을 초과해서는 안 된다.

179. 관리업자등으로 하여금 자체점검하게 하는 경우의 점검 대가는 실비정액가산방식에도 불구하고 소방청장은 소방시설등 자체점검에 대한 품질확보를 위하여 필요하다고 인정하는 경우에는 특정 소방대상물의 규모, 소방시설등의 종류 및 점검인력 등에 따라 관계인이 부담하여야 할 자체점검 비용의 표준이 될 (   )를 정하여 공표하거나 관리업자등에게 이를 소방시설등 자체점검에 관한 표준가격으로 활용하도록 권고할 수 있다.

180. 소방시설등의 자체점검 결과 중대위반사항
① 소화펌프, (   )·(   ) 제어반 또는 소방시설용 전원의 고장으로 소방시설이 작동되지 않는 경우
② 화재 수신기의 고장으로 (   )이 자동으로 울리지 않거나 화재 수신기와 연동된 소방시설의 작동이 불가능한 경우
③ 소화배관 등이 (   )·(   )되어 소화수 또는 소화약제가 자동 방출되지 않는 경우
④ 방화문 또는 (   )가 훼손되거나 철거되어 본래의 기능을 못하는 경우

181. 자체점검 결과 보고를 마친 관계인은 관리업자등, 점검일시, 점검자 등 자체점검과 관련된 사항을 (   )에 기록하여 특정소방대상물의 출입자가 쉽게 볼 수 있는 장소에 게시하여야 한다.

182. 소방본부장 또는 소방서장은 자체점검 결과를 공개하는 경우 (   ) 이상 전산시스템 또는 인터넷 홈페이지 등을 통해 공개해야 한다.

183. 소방본부장 또는 소방서장은 자체점검 결과를 공개하려는 경우 공개 (   ), 공개 내용 및 공개 방법을 해당 특정소방대상물의 (   )에게 미리 알려야 한다.

184. 특정소방대상물의 관계인은 자체점검 결과를 공개 내용 등을 통보받은 날부터 (   ) 이내에 관할 소방본부장 또는 소방서장에게 이의신청을 할 수 있다.

185. 소방본부장 또는 소방서장은 자체점검 결과를 공개에 이의신청을 받은 날부터 (   ) 이내에 심사·결정하여 그 결과를 지체 없이 신청인에게 알려야 한다.

186. 자체점검 결과의 공개가 제3자의 법익을 침해하는 경우에는 제3자에 그 사실을 알리고, 제3자는 7일 이내에 이의신청을 할 수 있다.　　　　　　　　　　　　　　　　　　　　　　　　　　　○ | ×

06 소방시설관리사 및 소방시설관리업

187. 소방시설관리사가 되려는 사람은 (   )이 실시하는 관리사시험에 합격하여야 한다.

188. 소방기술사 · 건축사 · 건축기계설비기술사 · 건축전기설비기술사 또는 공조냉동기계기술사는 소방
시설관리사 시험에 응시할 수 있다.　　　　　　　　　　　　　　　　　　　　　　　　O | X

189. 위험물기능장, 소방설비기사는 소방시설관리사 시험에 응시할 수 있다.　　　　　　　　O | X

190. 「국가과학기술 경쟁력 강화를 위한 이공계지원 특별법」 제2조 제1호에 따른 이공계 분야의 석사
학위를 취득한 사람은 소방시설관리사 시험에 응시할 수 있다.　　　　　　　　　　　　O | X

191. 소방청장이 정하여 고시하는 소방안전 관련 분야의 박사 이상의 학위를 취득한 사람은 소방시설관
리사 시험에 응시할 수 있다.　　　　　　　　　　　　　　　　　　　　　　　　　　O | X

192. 소방설비산업기사 또는 소방공무원 등 소방청장이 정하여 고시하는 사람 중 소방에 관한 실무경력
(자격 취득 후의 실무경력으로 한정한다)이 5년 이상인 사람은 소방시설관리사 시험에 응시할 수
있다.　　　　　　　　　　　　　　　　　　　　　　　　　　　　　　　　　　　　O | X

193. 소방시설관리사는 발급 또는 재발급받은 소방시설관리사증을 다른 사람에게 빌려주거나 빌려서는
아니 되며, 이를 알선하여서도 아니 된다.　　　　　　　　　　　　　　　　　　　　O | X

194. 소방시설관리사증을 다른 사람에게 빌려주거나 빌리거나 이를 알선한 자는 3년 이하의 징역 또는
3천만원 이하의 벌금에 처한다.　　　　　　　　　　　　　　　　　　　　　　　　　O | X

195. 소방시설관리사는 동시에 둘 이상의 업체에 취업하여서는 아니되며, 이를 위반하여 동시에 둘 이
상의 업체에 취업한 자는 1년 이하의 징역 또는 1천만원 이하의 벌금에 처한다.　　　　　O | X

196. 소방청장은 소방시설관리사 시험에서 부정한 행위를 한 응시자에 대하여는 그 시험을 정지 또는
무효로 하고, 그 처분이 있은 날부터 1년간 시험 응시자격을 정지한다.　　　　　　　　O | X

197. 피성년후견인은 관리사가 될 수 없다.　　　　　　　　　　　　　　　　　　　　　　O | X

198. 소방관계법령을 위반하여 금고 이상의 실형을 선고받고 그 집행이 끝나거나(집행이 끝난 것으로 보는 경우를 포함한다) 집행이 면제된 날부터 1년이 지나지 아니한 사람은 관리사가 될 수 없다. ○ | ×

199. 소방관계법령을 위반하여 금고 이상의 형의 집행유예를 선고받고 그 유예기간 중에 있는 사람은 관리사가 될 수 없다. ○ | ×

200. 소방시설관리사 자격이 취소(피성년후견인에 해당하여 자격이 취소된 경우는 제외한다)된 날부터 3년이 지나지 아니한 사람은 관리사가 될 수 없다. ○ | ×

201. 소방시설등의 점검 및 관리를 업으로 하려는 자 또는 「화재의 예방 및 안전관리에 관한 법률」 제25조에 따른 소방안전관리업무의 대행을 하려는 자는 대통령령으로 정하는 업종별로 (   )에게 소방시설관리업 등록을 하여야 한다.

202. 소방시설관리업의 업종별 등록기준 및 영업범위

기술인력 등 / 업종별	기술인력	영업범위
전문 소방시설관리업	가. 주된 기술인력 　1) 소방시설관리사 자격을 취득한 후 소방 관련 실무 경력이 (　　) 이상인 사람 1명 이상 　2) 소방시설관리사 자격을 취득한 후 소방 관련 실무 경력이 (　　) 이상인 사람 1명 이상 나. 보조 기술인력 　1) 고급점검자 이상의 기술인력 : (　　) 이상 　2) 중급점검자 이상의 기술인력 : (　　) 이상 　3) 초급점검자 이상의 기술인력 : (　　) 이상	모든 특정소방대상물
일반 소방시설관리업	가. 주된 기술인력: 소방시설관리사 자격을 취득한 후 소방 관련 실무경력이 (　　) 이상인 사람 1명 이상 나. 보조 기술인력 　1) 중급점검자 이상의 기술인력 : (　　) 이상 　2) 초급점검자 이상의 기술인력 : (　　) 이상	특정소방대상물 중 「화재의 예방 및 안전관리에 관한 법률 시행령」 별표 4에 따른 (　　　), (　　), (　　) 소방안전관리대상물

203. 소방시설 관리업자는 제29조에 따라 등록한 사항 중 행정안전부령으로 정하는 중요 사항이 변경되었을 때에는 행정안전부령으로 정하는 바에 따라 (　　)에게 변경사항을 신고하여야 한다.

204. 등록사항의 변경사항을 신고해야 하는 중요 사항은 (　　　), (　　　), (　　　)이다.

205. 소방시설 관리업자는 등록사항의 중요 사항이 변경됐을 때에는 변경일부터 (　　　) 이내에 소방시설관리업 등록사항 변경신고서에 그 변경사항별로 서류를 첨부하여 시·도지사에게 제출해야 한다.

206. 「민사집행법」에 따른 경매, 「채무자 회생 및 파산에 관한 법률」에 따른 환가, 「국세징수법」, 「관세법」 또는 「지방세징수법」에 따른 압류재산의 매각과 그 밖에 이에 준하는 절차에 따라 관리업의 시설 및 장비의 (   )를 인수한 자는 종전의 관리업자의 지위를 승계한다.

207. (   )은 특정소방대상물의 관계인이 적정한 관리업자를 선정할 수 있도록 하기 위하여 (   )의 신청이 있는 경우 해당 관리업자의 점검능력을 종합적으로 평가하여 공시하여야 한다.

208. 소방시설 관리업자의 점검능력 평가 산정기준
점검능력평가액 = 실적평가액 + (   ) + 경력평가액 ± 신인도평가액

209. 소방시설 관리업자의 실적평가액 산정기준
실적평가액 = [(   ) + (   )] × 50/100

210. 시·도지사는 소방시설 관리업자에게 영업정지를 명하는 경우로서 그 영업정지가 이용자에게 불편을 주거나 그 밖에 공익을 해칠 우려가 있을 때에는 영업정지처분을 갈음하여 (   ) 이하의 과징금을 부과할 수 있다.

07 소방용품의 품질관리

211. 대통령령으로 정하는 소방용품을 제조하거나 수입하려는 자는 소방청장의 (　　　)을 받아야 한다. 다만, (　　　) 목적으로 제조하거나 수입하는 소방용품은 그러하지 아니하다.

212. 소방용품 형식승인을 받으려는 자는 행정안전부령으로 정하는 기준에 따라 형식승인을 위한 (　　　)을 갖추고 소방청장의 심사를 받아야 한다. 다만, 소방용품을 수입하는 자가 (　　　)를 목적으로 하지 아니하고 자신의 건축물에 직접 설치하거나 사용하려는 경우 등 행정안전부령으로 정하는 경우에는 (　　　)을 갖추지 아니할 수 있다.

213. 소방용품 형식승인을 받은 자는 그 소방용품에 대하여 소방청장이 실시하는 (　　　)를 받아야 한다.

214. 소방용품의 형상·구조·재질·성분·성능 등을 (　　　)이라 한다.

215. 누구든지 (　　　), (　　　), (　　　)에 해당하는 소방용품을 판매하거나 판매 목적으로 진열하거나 소방시설공사에 사용할 수 없다.

216. 소방청장, 소방본부장 또는 소방서장은 형식승인 규정 등을 위반한 소방용품에 대하여는 그 제조자·수입자·판매자 또는 시공자에게 (　　　)·(　　　) 또는 교체 등 행정안전부령으로 정하는 필요한 조치를 명할 수 있다.

217. 소방청장은 소방용품의 작동기능, 제조방법, 부품 등이 소방청장이 고시하는 형식승인 및 제품검사의 기술기준에서 정하고 있는 방법이 아닌 새로운 기술이 적용된 제품의 경우에는 관련 전문가의 평가를 거쳐 행정안전부령으로 정하는 바와 다른 방법 및 절차로 형식승인을 할 수 있으며, (　　　)으로부터 인정받은 신기술 제품은 형식승인을 위한 시험 중 일부를 생략하여 형식승인을 할 수 있다.

218. 하나의 소방용품에 두 가지 이상의 형식승인 사항 또는 형식승인과 성능인증 사항이 결합된 경우에는 두 가지 이상의 형식승인 또는 형식승인과 성능인증 시험을 함께 실시하고 (　　　)의 형식승인을 할 수 있다.

219. 소방청장은 제조자 또는 수입자 등의 (　　　)이 있는 경우 소방용품에 대하여 (　　　)을 할 수 있다.

220. 성능인증을 받은 자는 그 소방용품에 대하여 소방청장의 (　　　)를 받아야 한다.

221. 소방청장은 형식승인의 대상이 되는 소방용품 중 품질이 우수하다고 인정하는 소방용품에 대하여 (　　　)을 할 수 있다.

222. 우수품질인증의 유효기간은 (　　　)의 범위에서 행정안전부령으로 정한다.

223. 중앙행정기관과 지방자치단체, 공공기관은 우수품질인증 소방용품을 우선 구매·사용하도록 노력하여야 한다. `O | X`

224. 지방공사, 지방공단, 지방자치단체가 출자·출연한 기관은 우수품질인증 소방용품을 우선 구매·사용하도록 노력하여야 한다. `O | X`

225. 소방청장은 소방용품의 품질관리를 위하여 필요하다고 인정할 때에는 유통 중인 소방용품을 수집하여 검사할 수 있다. `O | X`

08 보칙

226. 소방청장은 제품검사를 전문적·효율적으로 실시하기 위하여 요건을 모두 갖춘 기관을 제품검사 (　　　)으로 지정할 수 있다.

227. 소방청장은 전문기관을 지정하는 경우에는 소방용품의 품질 향상, 제품검사의 기술개발 등에 드는 비용을 부담하게 하는 등 필요한 (　　　)을 붙일 수 있다.

228. 전문기관에 따른 조건은 공공의 이익을 증진하기 위하여 필요한 (　　　)에 그쳐야 하며, (　　　) 의무를 부과하여서는 아니 된다.

229. 소방청장, 소방본부장 또는 소방서장은 특정소방대상물의 체계적인 안전관리를 위하여 건축허가 등의 동의에 따라 제출받은 설계도면의 관리 및 활용 등의 정보가 포함된 전산시스템을 (　　　).

230. 소방청장 또는 시·도지사가 청문을 하여야 하는 처분 3가지 이상
①
②
③

231. 특정소방대상물에 설치하는 소방시설의 관리 규정을 위반하여 소방시설에 폐쇄·차단 등의 행위를 한 자는 (　　　) 이하의 징역 또는 (　　　) 이하의 벌금에 처한다.

01 총칙

1. 소방시설공사업법은 소방시설공사 및 소방기술의 관리에 필요한 사항을 규정함으로써 소방시설업을 건전하게 발전시키고 소방기술을 (　　　)시켜 화재로부터 공공의 (　　　)을 확보하고 국민 (　　　)에 이바지함을 목적으로 한다.

2. (　　　) : 소방시설공사에 기본이 되는 공사계획, 설계도면, 설계 설명서, 기술계산서 및 이와 관련된 서류를 작성하는 영업을 말한다.

3. (　　　) : 설계도서에 따라 소방시설을 신설, 증설, 개설, 이전 및 정비하는 영업을 말한다.

4. (　　　) : 소방시설공사에 관한 발주자의 권한을 대행하여 소방시설공사가 설계도서와 관계 법령에 따라 적법하게 시공되는지를 확인하고, 품질·시공 관리에 대한 기술지도를 하는 영업을 말한다.

5. (　　　) : 「소방시설 설치 및 관리에 관한 법률」 제20조 제1항에 따른 방염대상물품에 대하여 방염처리하는 영업을 말한다.

6. (　　　)란 소방시설업을 경영하기 위하여 소방시설업을 등록한 자를 말한다.

7. (　　　)이란 소방공사감리업자에 소속된 소방기술자로서 해당 소방시설공사를 감리하는 사람을 말한다.

8. (　　　)란 소방시설의 설계, 시공, 감리 및 방염을 소방시설업자에게 도급하는 자를 말한다. 다만, (　　　)으로서 도급받은 공사를 하도급하는 자는 제외한다.

9. 특정소방대상물의 소방시설공사등을 하려는 자는 업종별로 (   ), (   ) 등 대통령령으로 정하는 요건을 갖추어 시·도지사에게 소방시설업을 등록하여야 한다. 단, 자본금은 개인인 경우에는 (   )을 말한다.

10. 소방시설공사업의 등록을 하려는 자는 기준을 갖추어 소방청장이 지정하는 금융회사 또는 「소방산업의 진흥에 관한 법률」 제23조에 따른 소방산업공제조합이 자본금 기준금액의 100분의 30 이상에 해당하는 금액의 담보를 제공받거나 현금의 예치 또는 출자를 받은 사실을 증명하여 발행하는 확인서를 시·도지사에게 제출하여야 한다. ◯ | ✕

11. 소방시설업의 등록기준을 갖추지 못한 경우라도 시·도지사는 소방시설업의 등록을 해줄 수 있다. ◯ | ✕

12. 소방시설업의 등록을 신청한 자가 결격사유에 해당하는 경우 시·도지사는 소방시설업의 등록을 해주어서는 아니 된다. ◯ | ✕

13. 소방시설공사업법, 이 영에 따른 제한에 위반되는 경우 시·도지사는 소방시설업의 등록을 해주어서는 아니 되며, 다른 법령은 적용하지 않는다. ◯ | ✕

14. 현금의 예치 또는 출자 등의 증명 확인서를 제출하지 아니한 경우 시·도지사는 소방시설업의 등록을 해주어서는 아니 된다. ◯ | ✕

15. 소화기구, 자동소화장치, 옥내소화전설비, 스프링클러설비등, 물분무등소화설비, 옥외소화전설비는 일반 소방시설설계업에서 기계분야이다. ◯ | ✕

16. 피난기구, 인명구조기구, 상수도소화용수설비, 소화수조·저수조, 그 밖의 소화용수설비는 일반 소방시설설계업에서 기계분야이다. ◯ | ✕

17. 제연설비, 연결송수관설비, 연결살수설비 및 연소방지설비는 일반 소방시설설계업에서 기계분야이다. ◯ | ✕

18. 기계분야 소방시설에 부설되는 전기시설은 일반 소방시설설계업에서 기계분야이다. ◯ | ✕

19. 비상전원, 동력회로, 제어회로, 기계분야 소방시설을 작동하기 위하여 설치하는 화재감지기에 의한 화재감지장치 및 전기신호에 의한 소방시설의 작동장치는 일반 소방시설설계업에서 기계분야이다. ｜ O ｜ X ｜

20. 단독경보형감지기, 비상경보설비, 비상방송설비, 누전경보기, 자동화재탐지설비, 시각경보기, 화재알림설비, 자동화재속보설비, 가스누설경보기, 통합감시시설은 일반 소방시설설계업에서 기계분야이다. ｜ O ｜ X ｜

21. 비상조명등, 휴대용비상조명등, 비상콘센트설비 및 무선통신보조설비는 일반 소방시설설계업에서 전기분야이다. ｜ O ｜ X ｜

22. 일반 소방시설설계업의 기계분야 및 전기분야를 함께 하는 경우 주된 기술인력은 소방기술사 1명 또는 기계분야 소방설비기사와 전기분야 소방설비기사 자격을 함께 취득한 사람 2명 이상으로 할 수 있다. ｜ O ｜ X ｜

23. 소방시설설계업을 하려는 자가 소방시설공사업, 소방시설관리업 또는 화재위험평가 대행업 중 어느 하나를 함께 하려는 경우 소방시설공사업, 소방시설관리업 또는 화재위험평가 대행업을 하려는 자가 갖추어야 하는 기술인력의 기준
① 전문 소방시설설계업과 소방시설관리업을 함께 하는 경우 : 소방기술사 자격과 소방시설관리사 자격을 함께 취득한 사람 ｜ O ｜ X ｜
② 전문 소방시설설계업과 전문 소방시설공사업을 함께 하는 경우 : 소방시설관리사 자격을 취득한 사람 ｜ O ｜ X ｜
③ 전문 소방시설설계업과 화재위험평가 대행업을 함께 하는 경우 : 소방시설관리사 자격을 취득한 사람 ｜ O ｜ X ｜
④ 일반 소방시설설계업과 소방시설관리업을 함께 하는 경우
　㉠ 소방설비산업기사 자격과 소방시설관리사 자격을 함께 취득한 사람 ｜ O ｜ X ｜
　㉡ 기계분야 소방설비기사 또는 전기분야 소방설비기사 자격을 취득한 사람 중 소방시설관리사 자격을 취득한 사람 ｜ O ｜ X ｜
⑤ 일반 소방시설설계업과 일반 소방시설공사업을 함께 하는 경우 : 소방기술사 자격을 취득하거나 기계분야 또는 전기분야 소방설비기사 자격을 취득한 사람 ｜ O ｜ X ｜
⑥ 일반 소방시설설계업과 전문 소방시설공사업을 함께 하는 경우 : 소방기술사 자격을 취득하거나 기계분야 및 전기분야 소방설비산업기사 자격을 함께 취득한 사람 ｜ O ｜ X ｜
⑦ 전문 소방시설설계업과 일반 소방시설공사업을 함께 하는 경우 : 소방기술사 자격을 취득한 사람 ｜ O ｜ X ｜

24. 보조기술인력 기준

① 소방기술사, 소방설비기사 또는 소방설비산업기사 자격을 취득한 사람 ☐ ○ | ✕

② 소방공무원으로 재직한 경력이 5년 이상인 사람으로서 자격수첩을 발급받은 사람 ☐ ○ | ✕

③ 행정안전부령으로 정하는 소방기술과 관련된 자격·경력 및 학력을 갖춘 사람으로서 자격수첩을 발급받은 사람 ☐ ○ | ✕

25. 소방시설 설계업의 등록기준 및 영업범위

업종별 \\ 항목		기술인력	영업범위
전문 소방시설 설계업		가. 주된 기술인력 : (　　　) 1명 이상 나. 보조기술인력 : (　　　) 이상	모든 특정소방대상물에 설치되는 소방시설의 설계
일반 소방시설 설계업	기계분야	가. 주된 기술인력 : 소방기술사 또는 기계분야 소방설비기사 1명 이상 나. 보조기술인력 : (　　　) 이상	가. 아파트에 설치되는 기계분야 소방시설의 설계. 제연설비는 제외 나. 연면적 (　　　) 미만의 특정소방대상물에 설치되는 기계분야 소방시설의 설계. 공장의 경우에는 (　　　) 미만이며, 제연설비가 설치되는 특정소방대상물은 제외 다. 위험물제조소등에 설치되는 기계분야 소방시설의 설계
	전기분야	가. 주된 기술인력 : 소방기술사 또는 전기분야 소방설비기사 1명 이상 나. 보조기술인력 : (　　　) 이상	가. 아파트에 설치되는 전기분야 소방시설의 설계 나. 연면적 (　　　) 미만의 특정소방대상물에 설치되는 전기분야 소방시설의 설계. 공장의 경우에는 (　　　) 미만 다. 위험물제조소등에 설치되는 전기분야 소방시설의 설계

26. 전문 소방시설 공사업의 기술인력으로 주된 기술인력은 (　　　) 또는 기계분야와 전기분야의 소방설비기사 각 1명을 갖추어야 한다. 단, 기계분야 및 전기분야의 자격을 함께 취득한 사람 1명 이상, 보조기술인력은 (　　　) 이상 갖추어야 한다.

27. 일반 소방시설 공사업의 등록기준은 법인은 (　　　) (　　　) 이상, 개인은 (　　　) (　　　) 이상이다.

28. 일반 소방시설 공사업 중 전기분야의 영업 범위는 연면적 (　　　) 미만의 특정소방대상물에 설치되는 전기분야 소방시설의 공사·(　　　)·(　　　)·정비이다.

29. 전문 소방공사감리업의 기술인력. 단, 기계분야 및 전기분야의 자격을 함께 가지고 있는 사람이 있는 경우에는 그에 해당하는 사람 1명
① 소방기술사 (　　　) 이상
② 기계분야 및 전기분야의 특급 감리원 (　　　) 이상
③ 기계분야 및 전기분야의 고급 감리원 이상의 감리원 (　　　) 이상
④ 기계분야 및 전기분야의 중급 감리원 이상의 감리원 (　　　) 이상
⑤ 기계분야 및 전기분야의 초급 감리원 이상의 감리원 (　　　) 이상

30. 방염처리업에는 (　　　)방염업, (　　　)방염업, (　　　)방염업이 있다.

31. 「소방시설공사업법」 제4조 제1항에 따라 소방시설업을 등록하려는 자는 소방시설업 등록신청서에 필요한 서류를 첨부하여 「소방시설공사업법 시행령」 제20조 제3항에 따라 (　　　)에 제출해야 한다.

32. 소방시설업자협회는 소방시설업의 등록신청 서류에 첨부서류가 첨부되지 아니한 경우 등에 해당되는 경우에는 (　　　) 이내의 기간을 정하여 이를 보완하게 할 수 있다.

33. 소방시설업자협회는 검토·확인을 마쳤을 때에는 소방시설업 등록신청 서류에 그 결과를 기재한 소방시설업 등록신청서 서면심사 및 확인 결과를 첨부하여 접수일부터 (　　　) 이내에 신청인의 주된 영업소 소재지를 관할하는 시·도지사에게 보내야 한다.

34. 시·도지사는 접수일부터 (　　　) 이내에 협회를 경유하여 소방시설업 등록증 및 소방시설업 등록수첩을 신청인에게 발급해 주어야 한다.

35. 소방시설업자는 소방시설업 등록증 또는 등록수첩을 잃어버리거나 소방시설업 등록증 또는 등록수첩이 헐어 못 쓰게 된 경우에는 (　　　)에게 소방시설업 등록증 또는 등록수첩의 재발급을 신청할 수 있다.

36. 시·도지사는 재발급신청서를 제출받은 경우에는 (　　　) 이내에 협회를 경유하여 소방시설업 등록증 또는 등록수첩을 재발급하여야 한다.

37. 「공공기관의 운영에 관한 법률」에 따른 공기업·준정부기관 및 「지방공기업법」에 따라 설립된 지방공사나 지방공단이 (　　　)을 목적으로 설립되고, (　　　)를 주요 업무로 규정하고 있는 요건을 모두 갖춘 경우에는 시·도지사에게 등록을 하지 아니하고 자체 기술인력을 활용하여 설계·감리를 할 수 있다. 이 경우 대통령령으로 정하는 기술인력을 보유하여야 한다.

38. 소방시설업자는 등록한 사항 중 행정안전부령으로 정하는 중요 사항을 변경할 때에는 행정안전부령으로 정하는 바에 따라 (   )에게 신고하여야 한다.

39. 행정안전부령으로 정하는 중요 사항이란 (   ), (   ), (   ), (   )이다.

40. 소방시설업자는 소방시설업을 휴업·폐업 또는 (   )하는 때에는 행정안전부령으로 정하는 바에 따라 시·도지사에게 신고하여야 한다.

41. 소방시설업의 (   )신고를 받은 시·도지사는 소방시설업 등록을 말소하고 그 사실을 행정안전부령으로 정하는 바에 따라 공고하여야 한다.

42. 소방시설업의 폐업신고를 한 자가 소방시설업 등록이 말소된 후 (   ) 이내에 같은 업종의 소방시설업을 다시 등록한 경우 해당 소방시설업자는 폐업신고 전 소방시설업자의 지위를 (   )한다.

43. 소방시설업자는 다른 자에게 자기의 성명이나 상호를 사용하여 소방시설공사등을 수급 또는 시공하게 하거나 소방시설업의 (   ) 또는 (   )을 빌려 주어서는 아니 된다.

44. 영업정지처분이나 등록취소처분을 받은 소방시설업자는 (   )부터 소방시설공사등을 하여서는 아니 된다. 다만, 소방시설의 착공신고가 (   )되어 공사를 하고 있는 자로서 (   )계약이 해지되지 아니한 소방시설공사업자 또는 소방공사감리업자가 그 공사를 하는 동안이나 방염처리업을 등록한 자가 도급을 받아 방염 중인 것으로서 (   )계약이 해지되지 아니한 상태에서 그 방염을 하는 동안에는 그러하지 아니하다.

45. 소방시설업자가 소방시설공사등을 맡긴 특정소방대상물의 관계인에게 지체 없이 그 사실을 알려야 하는 경우
　①
　②
　③

46. 소방시설업자가 보관하여야 하는 관계 서류
　① 소방시설설계업 : 소방시설 (   ) 및 소방시설 설계도서
　② 소방시설공사업 : (   ) 기록부
　③ 소방공사감리업 : 소방공사 감리기록부, 소방공사 감리일지 및 소방시설의 (   )

47. 시·도지사는 소방시설업의 등록취소와 영업정지의 어느 하나에 해당하는 경우로서 영업정지가 그 이용자에게 불편을 주거나 그 밖에 공익을 해칠 우려가 있을 때에는 영업정지처분을 갈음하여 (   ) 이하의 과징금을 부과할 수 있다.

03 소방시설공사

48. 소방시설설계업을 등록한 자는 이 법이나 이 법에 따른 명령과 (　　)에 맞게 소방시설을 설계하여야 한다. 다만, 「소방시설 설치 및 관리에 관한 법률」 제18조 제1항에 따른 중앙소방기술심의위원회의 심의를 거쳐 소방시설의 구조와 원리 등에서 특수한 설계로 인정된 경우는 (　　)을 따르지 아니할 수 있다.

49. 「소방시설 설치 및 관리에 관한 법률」 제8조 제1항에 따른 특정소방대상물에 대해서는 그 (　　), (　　), 구조, 수용인원, (　　)의 종류 및 양 등을 고려하여 성능위주설계하여야 한다. 단, (　　)하는 것만 해당한다.

50. 성능위주설계를 하기 위한 기술인력은 소방기술사 1명 이상이다.　　○ | ✕

51. 성능위주설계자의 자격은 전문 소방시설설계업을 등록한 자이다.　　○ | ✕

52. 성능위주설계자의 자격은 전문 소방시설설계업 등록기준에 따른 기술인력을 갖춘 자로서 행정안전부령으로 정하는 연구기관 또는 단체이다.　　○ | ✕

53. (　　)는 이 소방시설공사업법이나 이 법에 따른 명령과 화재안전기준에 맞게 시공하여야 한다.

54. 연면적 10만제곱미터 이상인 특정소방대상물의 공사현장에는 행정안전부령으로 정하는 특급기술자인 소방기술자(기계분야 및 전기분야)를 배치해야 한다.　　○ | ✕

55. 지하층을 제외한 층수가 40층 이상인 특정소방대상물의 공사 현장에는 행정안전부령으로 정하는 특급기술자인 소방기술자(기계분야 및 전기분야)를 배치해야 한다.　　○ | ✕

56. 연면적 3만제곱미터 이상 10만제곱미터 미만인 특정소방대상물(아파트는 제외한다)의 공사 현장에는 행정안전부령으로 정하는 고급기술자 이상의 소방기술자(기계분야 및 전기분야)를 배치해야 한다.　　○ | ✕

57. 지하층을 포함한 층수가 16층 이상 40층 미만인 특정소방대상물의 공사 현장에는 행정안전부령으로 정하는 고급기술자 이상의 소방기술자(기계분야 및 전기분야)를 배치해야 한다.　　○ | ✕

58. 물분무등소화설비(호스릴 방식의 소화설비는 제외한다) 또는 제연설비가 설치되는 특정소방대상물의 공사 현장에는 행정안전부령으로 정하는 고급기술자 이상의 소방기술자(기계분야 및 전기분야)를 배치해야 한다. ○ | ×

59. 연면적 5천제곱미터 이상 3만제곱미터 미만인 특정소방대상물(아파트는 제외한다)의 공사 현장에는 행정안전부령으로 정하는 중급기술자 이상의 소방기술자(기계분야 및 전기분야)를 배치해야 한다. ○ | ×

60. 연면적 1만제곱미터 이상 20만제곱미터 미만인 아파트의 공사 현장에는 행정안전부령으로 정하는 중급기술자 이상의 소방기술자(기계분야 및 전기분야)를 배치해야 한다. ○ | ×

61. 연면적 1천제곱미터 이상 5천제곱미터 미만인 특정소방대상물(아파트는 제외한다)의 공사 현장에는 행정안전부령으로 정하는 초급기술자 이상의 소방기술자(기계분야 및 전기분야)를 배치해야 한다. ○ | ×

62. 연면적 1천제곱미터 이상 1만제곱미터 미만인 아파트의 공사 현장에는 행정안전부령으로 정하는 중급기술자 이상의 소방기술자(기계분야 및 전기분야)를 배치해야 한다. ○ | ×

63. 지하구(地下溝)의 공사 현장에는 행정안전부령으로 정하는 중급기술자 이상의 소방기술자(기계분야 및 전기분야)를 배치해야 한다. ○ | ×

64. 연면적 1천제곱미터 미만인 특정소방대상물의 공사 현장에는 자격수첩을 발급받은 소방기술자를 배치해야 한다. ○ | ×

65. 소방시설의 비상전원을 「전기공사업법」에 따른 전기공사업자가 공사하는 경우에는 소방기술자를 소방시설공사 현장에 배치하지 않을 수 있다. ○ | ×

66. 소방 외의 용도와 겸용되는 비상방송설비 또는 무선통신보조설비를 「정보통신공사업법」에 따른 정보통신공사업자가 공사하는 경우에는 소방기술자를 소방시설공사 현장에 배치하지 않을 수 있다. ○ | ×

67. 공사업자는 예외적인 경우를 제외하고 1명의 소방기술자를 2개의 공사 현장을 초과하여 배치해서는 안 된다. ○ | ×

68. 건축물의 연면적이 5천제곱미터 미만인 공사 현장에만 배치하는 경우에는 1명의 소방기술자를 2개의 공사 현장을 초과하여 배치할 수 있다. 다만, 그 연면적의 합계는 1만제곱미터를 초과해서는 안 된다. ○ | ×

69. 건축물의 연면적이 5천제곱미터 이상인 공사 현장 3개 이하와 5천제곱미터 미만인 공사 현장에 같이 배치하는 경우에는 1명의 소방기술자를 2개의 공사 현장을 초과하여 배치할 수 있다. 다만, 5천제곱미터 미만의 공사 현장의 연면적의 합계는 1만제곱미터를 초과해서는 안 된다. ◯ | ✕

70. 1명의 소방기술자를 2개의 공사 현장을 초과하여 배치할 수 있는 경우에도 연면적 5만제곱미터 이상의 특정소방대상물(아파트는 제외한다)이거나 지하층을 포함한 층수가 11층 이상으로서 300세대 이상인 아파트에 대한 소방시설 공사의 경우에는 소방기술자를 1개의 공사 현장에만 배치해야 한다. ◯ | ✕

71. 공사업자는 소방기술자를 소방시설공사의 착공일부터 소방시설 완공검사증명서 발급일까지 배치한다. ◯ | ✕

72. 민원 또는 계절적 요인 등으로 해당 공정의 공사가 일정 기간 중단된 경우에 발주자가 서면으로 승낙하는 경우에는 해당 공사가 중단된 기간 동안 소방기술자를 공사 현장에 배치하지 않을 수 있다. ◯ | ✕

73. 예산의 부족 등 발주자(하도급의 경우에는 수급인을 포함)의 책임 있는 사유 또는 천재지변 등 불가항력으로 공사가 일정기간 중단된 경우에도 공사가 중단된 기간 동안 소방기술자를 공사 현장에 배치하여야 한다. ◯ | ✕

74. 감리업자가 공사의 중단을 요청하는 경우 공사가 중단된 기간 동안 소방기술자를 공사 현장에 배치하지 않을 수 있다. ◯ | ✕

75. 공사업자는 대통령령으로 정하는 소방시설공사를 하려면 행정안전부령으로 정하는 바에 따라 그 공사의 내용, 시공 장소, 그 밖에 필요한 사항을 소방본부장이나 소방서장에게 (   )하여야 한다.

76. 신설하는 소방시설공사의 착공신고 대상

소화설비	경보설비	소화용수설비	소화활동설비
• 호스릴 포함한 옥내소화전설비 • 호스릴 포함한 ( ) • ( ) • 물분무등소화설비	• 자동화재탐지설비 • ( ) • 비상경보설비 • ( )	소화용수설비	• 연결송수관설비 • 연결살수설비 • ( ) • 연소방지설비 • ( ) • 무선통신보조설비

77. 「위험물안전관리법」 제2조 제1항 제6호에 따른 제조소등의 소방시설공사는 착공신고 대상이다. ◯ | ✕

78. 「다중이용업소의 안전관리에 관한 특별법」 제2조 제1항 제4호에 따른 다중이용업소에서의 소방시설공사는 착공신고 제외 대상이다. ☐O | ×☐

79. 「건설산업기본법 시행령」 별표 1에 따른 기계설비·가스공사업자가 공사하는 소방시설공사의 경우에는 착공신고 대상이다. ☐O | ×☐

80. 상·하수도설비공사업자가 소방시설 공사를 하는 경우에는 착공신고 제외 대상이다. ☐O | ×☐

81. 「정보통신공사업법」에 따른 정보통신공사업자가 소방시설 공사를 하는 경우에는 착공신고 제외 대상이다. ☐O | ×☐

82. 제연설비를 기계가스설비공사업자가 공사하는 경우에는 착공신고 대상이다. ☐O | ×☐

83. 증설하는 소방시설공사의 착공신고 대상

소화설비	경보설비	소화활동설비
• 호스릴 포함한 옥내소화전설비 • 호스릴 포함한 옥외소화전설비 • 스프링클러설비등의 방호·방수구역 • ( )의 방호·방수구역	• ( )의 경계구역 • ( )의 경계구역	• 제연설비의 제연구역 • 연결살수설비의 살수구역 • 연결송수관설비의 송수구역 • ( )의 전용회로 • ( )의 살수구역

84. 특정소방대상물에 설치된 소방시설등을 구성하는 (   ), 소화펌프, (   ), 감시제어반의 전부 또는 일부를 개설, 이전 또는 정비하는 공사는 소방본부장이나 소방서장에게 신고하여야 한다. 다만, 고장 또는 파손 등으로 인하여 작동시킬 수 없는 소방시설을 긴급히 교체하거나 보수하여야 하는 경우에는 신고하지 않을 수 있다.

85. 소방본부장 또는 소방서장은 착공신고 또는 변경신고를 받은 날부터 (   ) 이내에 신고수리 여부를 신고인에게 통지하여야 한다.

86. 소방본부장 또는 소방서장이 착공신고 또는 변경신고를 정한 기간 내에 신고수리 여부 또는 민원 처리 관련 법령에 따른 처리기간의 연장을 신고인에게 통지하지 아니하면 (   ).

87. 공사업자는 소방시설공사를 완공하면 소방본부장 또는 소방서장의 (   )를 받아야 한다. 다만, 공사감리자가 지정되어 있는 경우에는 공사감리 결과보고서로 (   )를 갈음하되, 대통령령으로 정하는 특정소방대상물의 경우에는 소방본부장이나 소방서장이 소방시설공사가 공사감리 결과보고서대로 완공되었는지를 (   )에서 확인할 수 있다.

88. 문화 및 집회시설, 종교시설, 판매시설, 근린생활시설, 수련시설, 운동시설, 숙박시설, 창고시설, 지하상가 및 다중이용업소는 완공검사를 위한 현장확인 대상 특정소방대상물이다. ○ | ✕

89. 스프링클러설비등이나 물분무등소화설비(호스릴 방식의 소화설비는 제외한다)가 설치된 특정소방대상물은 완공검사를 위한 현장확인 대상 특정소방대상물이다. ○ | ✕

90. 연면적 3만제곱미터 이상이거나 6층 이상인 특정소방대상물(아파트는 제외)은 완공검사를 위한 현장확인 대상 특정소방대상물이다. ○ | ✕

91. 가연성가스를 제조·저장 또는 취급하는 시설 중 지상에 노출된 가연성가스탱크의 저장용량 합계가 5천톤 이상인 시설은 완공검사를 위한 현장확인 대상 특정소방대상물이다. ○ | ✕

92. 공사업자가 소방대상물 일부분의 소방시설공사를 마친 경우로서 전체 시설이 준공되기 전에 부분적으로 사용할 필요가 있는 경우에는 그 일부분에 대하여 소방본부장이나 소방서장에게 부분완공검사를 신청할 수 없다. ○ | ✕

93. 소방본부장이나 소방서장은 완공검사나 부분완공검사를 하였을 때에는 완공검사증명서나 부분완공검사증명서를 발급하여야 한다. ○ | ✕

94. 비상경보설비, 비상방송설비, 피난기구의 하자보수 보증기간은 2년이다. ○ | ✕

95. 유도등, 비상조명등 및 무선통신보조설비의 하자보수 보증기간은 3년이다. ○ | ✕

96. 자동소화장치, 옥내소화전설비, 스프링클러설비등, 물분무등소화설비, 옥외소화전설비의 하자보수 보증기간은 3년이다. ○ | ✕

97. 자동화재탐지설비, 화재알림설비의 하자보수 보증기간은 2년이다. ○ | ✕

98. 소화용수설비 및 소화활동설비(비상콘센트설비는 제외한다)의 하자보수 보증기간은 3년이다. ○ | ✕

99. 관계인은 하자보수 기간에 소방시설의 하자가 발생하였을 때에는 공사업자에게 그 사실을 알려야 하며, 통보를 받은 공사업자는 (   ) 이내에 하자를 보수하거나 보수 일정을 기록한 하자보수계획을 관계인에게 (   )으로 알려야 한다.

100. 공사업자가 하자보수를 5일 이내에 이행하지 아니한 경우 관계인은 소방본부장이나 소방서장에게 그 사실을 알릴 수 있다. ○ | ✕

101. 공사업자가 하자보수 기간에 하자보수계획을 구두 또는 서면으로 알리지 아니한 경우 관계인은 소방본부장이나 소방서장에게 그 사실을 알릴 수 있다. ☐ ○ | × ☐

102. 공사업자의 하자보수계획이 불합리하다고 인정되는 경우 관계인은 소방본부장이나 소방서장에게 그 사실을 알릴 수 있다. ☐ ○ | × ☐

103. 소방본부장이나 소방서장은 하자보수계획의 통보를 받았을 때에는 「소방시설 설치 및 관리에 관한 법률」 제18조 제1항에 따른 중앙소방기술심의위원회에 심의를 요청하여야 하며, 그 심의 결과 불합리하다고 인정할 때에는 시공자에게 기간을 정하여 하자보수를 명하여야 한다. ☐ ○ | × ☐

104. 감리업자의 업무 중 적법성 검토
　①
　②
　③

105. 감리업자의 업무 중 적합성(적법성+합리성) 검토
　①
　②
　③
　④

106. 감리업자의 업무 중 지도·감독 업무
　•

107. 감리업자의 업무 중 성능시험 업무
　•

108. 상주공사감리 대상
　① 연면적 (　　　) 이상의 아파트는 제외한 특정소방대상물에 대한 소방시설의 공사
　② 지하층을 포함한 층수가 (　　)층 이상으로서 (　　)세대 이상인 아파트에 대한 소방시설의 공사

109. 상주공사감리 대상의 감리원이 행정안전부령으로 정하는 기간 중 부득이한 사유로 (　　) 이상 현장을 이탈하는 경우에는 감리일지 등에 기록하여 발주청 또는 발주자의 확인을 받아야 한다.

110. 일반공사감리 대상의 감리원은 행정안전부령으로 정하는 기간 중에는 주 (　　) 이상 공사 현장에 배치되어 감리업무를 수행하고 감리일지에 기록해야 한다.

111. 일반공사감리 대상의 감리업자는 감리원이 부득이한 사유로 (　　　) 이내의 범위에서 업무를 수행할 수 없는 경우에는 업무대행자를 지정하여 그 업무를 수행하게 해야 한다.

112. 일반공사감리 대상의 감리원 업무로 지정된 업무대행자는 주 (　　　) 이상 공사 현장에 배치되어 감리업무를 수행하며, 그 업무수행 내용을 감리원에게 통보하고 감리일지에 기록해야 한다.

113. 대통령령으로 정하는 특정소방대상물의 (　　　)이 특정소방대상물에 대하여 자동화재탐지설비, 옥내소화전설비 등 대통령령으로 정하는 소방시설을 시공할 때에는 소방시설공사의 감리를 위하여 감리업자를 공사감리자로 지정하여야 한다.

114. 주택건설 공사에서 (　　　)가 감리업자를 선정한 경우에는 그 감리업자를 공사감리자로 지정한다.

115. 공사감리자 지정대상 특정소방대상물의 범위
① 소화설비
　　㉠ 옥내소화전설비를 신설·(　　　) 또는 (　　　)할 때
　　㉡ 스프링클러설비등을 신설·개설하거나 방호·(　　　) 구역을 증설할 때
　　　단, (　　　) 간이스프링클러설비는 제외한다.
　　㉢ 물분무등소화설비를 신설·개설하거나 (　　　)·방수구역을 증설할 때
　　　단, (　　　) 방식의 소화설비는 제외한다.
　　㉣ 옥외소화전설비를 (　　　)·개설 또는 증설할 때
② 경보설비
　　㉠ 자동화재탐지설비를 (　　　) 또는 (　　　)할 때
　　㉡ (　　　)를 신설 또는 개설할 때
　　㉢ (　　　)를 신설 또는 개설할 때
　　㉣ (　　　)을 신설 또는 개설할 때
③ 소화용수설비를 신설 또는 (　　　)할 때
④ 소화활동설비
　　㉠ 제연설비를 신설·개설하거나 제연구역을 (　　　)할 때
　　㉡ 연결살수설비를 신설·개설하거나 (　　　)을 증설할 때
　　㉢ 비상콘센트설비를 신설·개설하거나 (　　　)를 증설할 때
　　㉣ 연소방지설비를 신설·개설하거나 (　　　)을 증설할 때
　　㉤ (　　　)를 신설 또는 개설할 때
　　㉥ (　　　)를 신설 또는 개설할 때

116. 소방공사 감리원의 배치기준

감리원 배치기준		소방시설공사 현장기준		
책임감리원	보조감리원	아파트	특정소방대상물	기타
① 특급감리원 중 ( )	초급감리원 : 기계분야·전기분야	㉠ 연면적 ( )m² 이상 ㉡ 지하를 포함한 ( )층 이상	㉠ 연면적 ( )m² 이상 ㉡ 지하를 포함한 ( )층 이상	
② 특급감리원 이상 : 기계분야·전기분야	초급감리원 : 기계분야·전기분야	지하를 포함한 ( )층 ~ ( )층	㉠ 연면적 ( )m² ~ ( )m² ㉡ 지하를 포함한 ( )층~( )층	
③ 고급감리원 이상 : 기계분야·전기분야	초급감리원 : 기계분야·전기분야	연면적 ( )m² ~ ( )m²		㉠ 호스릴 제외한 ( ) ㉡ ( )
④ 중급감리원 이상 : 기계분야·전기분야		연면적 ( )m² ~ ( )m²	연면적 ( )m² ~ ( )m²	
⑤ 초급감리원 이상 : 기계분야·전기분야		연면적 ( )m² 미만	연면적 ( )m² 미만	( )

117. 소방시설공사 현장의 연면적 합계가 ( ) 이상인 경우에는 ( )를 초과하는 연면적에 대하여 10만제곱미터마다 보조감리원 ( ) 이상을 추가로 배치해야 한다. 단, 20만제곱미터를 초과하는 연면적이 10만제곱미터에 미달하는 경우에는 10만제곱미터로 본다.

118. 감리업자는 소방공사 감리원을 상주 공사감리 및 일반 공사감리로 구분하여 소방시설공사의 ( )일부터 소방시설 ( ) 발급일까지의 기간 중 행정안전부령으로 정하는 기간 동안 배치한다.

119. 상주 공사감리 대상인 경우 기계분야의 감리원 자격을 취득한 사람과 전기분야의 감리원 자격을 취득한 사람 각 1명 이상을 감리원으로 배치한다. 다만, 기계분야 및 전기분야의 감리원 자격을 함께 취득한 사람이 있는 경우에는 ( ) 이상을 배치할 수 있다.

120. 상주 공사감리 대상인 경우 소방시설용 배관을 설치하거나 ( )하는 때부터 소방시설 완공검사증명서를 발급받을 때까지 소방공사감리현장에 감리원을 배치한다.

121. 일반 공사감리 대상인 경우 1명의 감리원이 담당하는 소방공사감리현장은 ( ) 이하로서 감리현장 연면적의 총 합계가 ( )제곱미터 이하여야 한다. 다만, 일반 공사감리 대상인 아파트의 경우에는 연면적의 합계에 관계없이 1명의 감리원이 ( ) 이내의 공사현장을 감리할 수 있다. 다만, 자동화재탐지설비 또는 ( ) 중 어느 하나만 설치하는 2개의 소방공사감리현장이 최단 차량주행거리로 ( )킬로미터 이내에 있는 경우에는 1개의 소방공사감리현장으로 본다.

122. 감리업자는 감리를 할 때 소방시설공사가 설계도서나 화재안전기준에 맞지 아니할 때에는 관계인에게 알리고, (   )에게 그 공사의 시정 또는 보완 등을 요구하여야 한다.

123. 감리업자는 (   )가 그 공사의 시정 또는 보완 등의 요구를 이행하지 아니하고 그 공사를 계속할 때에는 행정안전부령으로 정하는 바에 따라 (   )이나 (   )에게 그 사실을 보고하여야 한다.

124. 관계인은 감리업자가 소방본부장이나 소방서장에게 보고한 것을 이유로 감리계약을 (   )하거나 감리의 대가 지급을 거부하거나 (   )시키거나 그 밖의 불이익을 주어서는 아니 된다.

125. 감리업자는 소방공사의 감리를 마쳤을 때에는 행정안전부령으로 정하는 바에 따라 그 감리 결과를 그 특정소방대상물의 (   ), 소방시설공사의 (   ), 그 특정소방대상물의 공사를 감리한 (   )에게 서면으로 알리고, 소방본부장이나 소방서장에게 공사감리 결과보고서를 제출하여야 한다.

126. (   )은 방염처리업자의 방염처리능력 평가 요청이 있는 경우 해당 방염처리업자의 방염처리 실적 등에 따라 방염처리능력을 평가하여 공시할 수 있다.

127. 특정소방대상물의 관계인 또는 발주자는 소방시설공사등을 (   )할 때에는 해당 소방시설업자에게 (   )하여야 한다.

128. 소방시설공사는 다른 업종의 공사와 (   )하여 도급하여야 한다.

129. 「재난 및 안전관리 기본법」 제3조 제2호에 따른 재난의 발생으로 긴급하게 착공해야 하는 공사인 경우 소방시설공사 분리 도급의 예외 사유이다. ☐ O | X

130. 국방 및 국가안보 등과 관련하여 기밀을 유지해야 하는 공사인 경우 소방시설공사 분리 도급의 예외 사유에 해당하지 않는다. ☐ O | X

131. 착공신고를 해야 하는 소방시설공사에 해당하지 않는 공사인 경우 소방시설공사 분리 도급의 예외 사유이다. ☐ O | X

132. 연면적이 5천제곱미터 이하인 특정소방대상물에 비상경보설비를 설치하는 공사인 경우 소방시설공사 분리 도급의 예외 사유이다. ☐ O | X

133. 공사업자가 도급받은 소방시설공사의 도급금액 중 그 공사의 근로자에게 지급하여야 할 노임에 해당하는 금액은 (   )할 수 없다.

134. 도급을 받은 자는 소방시설의 설계, 시공, 감리를 제3자에게 하도급할 수 없다. 다만, (　　　)의 경우에는 대통령령으로 정하는 바에 따라 도급받은 소방시설공사의 일부를 다른 공사업자에게 하도급할 수 있다.

135. 발주자는 하수급인이 계약내용을 수행하기에 현저하게 부적당하다고 인정되거나 하도급계약금액이 대통령령으로 정하는 비율에 따른 금액에 미달하는 경우에는 하수급인의 시공 및 (　　　), 하도급계약 내용의 (　　　) 등을 심사할 수 있다.

136. 하도급계약금액이 소방시설공사등에 대한 발주자의 예정가격의 (　　　)에 해당하는 금액에 미달하는 경우 하도급 계약의 적정성 심사 대상이다.

137. 수급인은 발주자로부터 도급받은 소방시설공사등에 대한 (　　　)을 받은 경우에는 하도급대금의 전부를, (　　　)을 받은 경우에는 하수급인이 시공하거나 수행한 부분에 상당한 금액을 각각 지급받은 날부터 15일 이내에 하수급인에게 현금으로 지급하여야 한다.

138. 도급계약의 해지 사유 3가지 이상
　　①
　　②
　　③

139. 공사업자와 감리업자가 같은 자인 경우 특정소방대상물의 소방시설에 대한 시공과 감리를 함께 할 수 없다.　　O | X

140. 「독점규제 및 공정거래에 관한 법률」 제2조 제11호에 따른 기업집단의 관계인 경우 특정소방대상물의 소방시설에 대한 시공과 감리를 함께 할 수 없다.　　O | X

141. 법인과 그 법인의 임직원의 관계인 경우 특정소방대상물의 소방시설에 대한 시공과 감리를 함께 할 수 있다.　　O | X

142. 공사업자와 감리업자가 「민법」 제777조에 따른 친족관계인 경우 특정소방대상물의 소방시설에 대한 시공과 감리를 함께 할 수 있다.　　O | X

143. 소방청장은 관계인 또는 발주자가 적절한 공사업자를 선정할 수 있도록 하기 위하여 공사업자의 신청이 있으면 그 공사업자의 소방시설공사 (　　　), (　　　) 등에 따라 시공능력을 평가하여 공시할 수 있다.

144. (　　　) = 실적평가액 + 자본금평가액 + 기술력평가액 + 경력평가액 ± 신인도평가액

145. 국가, (   ) 또는 대통령령으로 정하는 (   )은 그가 발주하는 소방시설의 설계·공사 감리 용역 중 소방청장이 정하여 고시하는 금액 이상의 사업에 대하여는 대통령령으로 정하는 바에 따라 집행 계획을 작성하여 공고하여야 한다. 이 경우 공고된 사업을 하려면 기술능력, 경영능력, 그 밖에 대통령령으로 정하는 사업수행능력 평가기준에 적합한 (   )·(   )업자를 선정하여야 한다.

146. 시·도지사가 감리업자를 선정해야 하는 주택건설공사의 규모 및 대상은 「주택법」에 따른 공동주택으로서 (   )세대 이상인 것으로 한다.

147. 소방시설업자의 자본금·기술인력 보유 현황, 소방시설공사등 수행상황, 행정처분 사항 등 소방시설업자에 관한 정보는 소방시설업 종합정보시스템에서 관리·제공한다.　　O | X

148. 소방시설공사등의 착공 및 완공에 관한 사항, 소방기술자 및 감리원의 배치 현황 등 소방시설공사 등과 관련된 정보는 소방시설업 종합정보시스템에서 관리·제공한다.　　O | X

04 소방기술자

149. 소방기술자는 (   )과 이 법에 따른 명령과 (   ) 및 같은 법에 따른 명령에 따라 업무를 수행하여야 한다.

150. 소방기술자는 다른 사람에게 (   )을 빌려 주어서는 아니 된다.

151. (   )는 동시에 둘 이상의 업체에 취업하여서는 아니 된다. 다만, 소방기술자 업무에 영향을 미치지 아니하는 범위에서 근무시간 외에 소방시설업이 아닌 다른 업종에 종사하는 경우는 제외한다.

152. 소방청장은 소방기술의 효율적인 활용과 소방기술의 향상을 위하여 소방기술과 관련된 자격·학력 및 경력을 가진 사람을 (   )로 인정할 수 있다.

153. 소방기술자의 기술등급

구분	기계분야	전기분야
특급 기술자	• ( ) • 소방시설관리사 자격을 취득한 후 5년 이상 소방 관련 업무를 수행한 사람	
	• 건축사, 건축기계설비기술사, 건설기계기술사, 공조냉동기계기술사, 화공기술사, 가스기술사 자격을 취득한 후 ( ) 이상 소방 관련 업무를 수행한 사람	• 건축전기설비기술사 자격을 취득한 후 ( ) 이상 소방 관련 업무를 수행한 사람
	• 소방설비기사 기계분야의 자격을 취득한 후 ( ) 이상 소방 관련 업무를 수행한 사람	• 소방설비기사 전기분야의 자격을 취득한 후 ( ) 이상 소방 관련 업무를 수행한 사람
	• 소방설비산업기사 기계분야의 자격을 취득한 후 ( ) 이상 소방 관련 업무를 수행한 사람	• 소방설비산업기사 전기분야의 자격을 취득한 후 ( ) 이상 소방 관련 업무를 수행한 사람
	• 건축기사, 건축설비기사, 건설기계설비기사, 일반기계기사, 공조냉동기계기사, 화공기사, 가스기능장, 가스기사, 산업안전기사, 위험물기능장 자격을 취득한 후 ( ) 이상 소방 관련 업무를 수행한 사람	• 전기기능장, 전기기사, 전기공사기사 자격을 취득한 후 ( ) 이상 소방 관련 업무를 수행한 사람
고급 기술자	• ( )	
	• 건축사, 건축기계설비기술사, 건설기계기술사, 공조냉동기계기술사, 화공기술사, 가스기술사 자격을 취득한 후 ( ) 이상 소방 관련 업무를 수행한 사람	• 건축전기설비기술사 자격을 취득한 후 ( ) 이상 소방 관련 업무를 수행한 사람
	• 소방설비기사 기계분야의 자격을 취득한 후 ( ) 이상 소방 관련 업무를 수행한 사람	• 소방설비기사 전기분야의 자격을 취득한 후 ( ) 이상 소방 관련 업무를 수행한 사람

기계분야	전기분야
• 소방설비산업기사 기계분야의 자격을 취득한 후 ( ) 이상 소방 관련 업무를 수행한 사람 • 건축기사, 건축설비기사, 건설기계설비기사, 일반기계기사, 공조냉동기계기사, 화공기사, 가스기능장, 가스기사, 산업안전기사, 위험물기능장 자격을 취득한 후 ( ) 이상 소방 관련 업무를 수행한 사람 • 건축산업기사, 건축설비산업기사, 건설기계설비산업기사, 공조냉동기계산업기사, 화공산업기사, 가스산업기사, 산업안전산업기사, 위험물산업기사 자격을 취득한 후 ( ) 이상 소방 관련 업무를 수행한 사람	• 소방설비산업기사 전기분야의 자격을 취득한 후 ( ) 이상 소방 관련 업무를 수행한 사람 • 전기기능장, 전기기사, 전기공사기사 자격을 취득한 후 ( ) 이상 소방 관련 업무를 수행한 사람 • 전기산업기사, 전기공사산업기사 자격을 취득한 후 ( ) 이상 소방 관련 업무를 수행한 사람

	기계분야	전기분야
중급 기술자	• 건축사, 건축기계설비기술사, 건설기계기술사, 공조냉동기계기술사, 화공기술사, 가스기술사 • 기계분야 ( ) • 소방설비산업기사 기계분야의 자격을 취득한 후 ( ) 이상 소방 관련 업무를 수행한 사람 • 건축기사, 건축설비기사, 건설기계설비기사, 일반기계기사, 공조냉동기계기사, 화공기사, 가스기능장, 가스기사, 산업안전기사, 위험물기능장 자격을 취득한 후 ( ) 이상 소방 관련 업무를 수행한 사람 • 건축산업기사, 건축설비산업기사, 건설기계설비산업기사, 공조냉동기계산업기사, 화공산업기사, 가스산업기사, 산업안전산업기사, 위험물산업기사 자격을 취득한 후 ( ) 이상 소방 관련 업무를 수행한 사람	• 건축전기설비기술사 • 전기분야 ( ) • 소방설비산업기사 전기분야의 자격을 취득한 후 ( ) 이상 소방 관련 업무를 수행한 사람 • 전기기능장, 전기기사, 전기공사기사 자격을 취득한 후 ( ) 이상 소방 관련 업무를 수행한 사람 • 전기산업기사, 전기공사산업기사 자격을 취득한 후 ( ) 이상 소방 관련 업무를 수행한 사람
초급 기술자	• 기계분야 ( ) • 건축기사, 건축설비기사, 건설기계설비기사, 일반기계기사, 공조냉동기계기사, 화공기사, 가스기능장, 가스기사, 산업안전기사, 위험물기능장 자격을 취득한 후 ( ) 이상 소방 관련 업무를 수행한 사람 • 건축산업기사, 건축설비산업기사, 건설기계설비산업기사, 공조냉동기계산업기사, 화공산업기사, 가스산업기사, 산업안전산업기사, 위험물산업기사 자격을 취득한 후 ( ) 이상 소방 관련 업무를 수행한 사람 • 위험물기능사 자격을 취득한 후 ( ) 이상 소방 관련 업무를 수행한 사람	• 전기분야 ( ) • 전기기능장, 전기기사, 전기공사기사 자격을 취득한 후 ( ) 이상 소방 관련 업무를 수행한 사람 • 전기산업기사, 전기공사산업기사 자격을 취득한 후 ( ) 이상 소방 관련 업무를 수행한 사람

154. 소방공사감리원의 기술등급

구분	기계분야	전기분야
특급 감리원	•( ) 자격을 취득한 사람 •소방설비기사 기계분야 자격을 취득한 후 ( ) 이상 소방 관련 업무를 수행한 사람 •소방설비산업기사 기계분야 자격을 취득한 후 ( ) 이상 소방 관련 업무를 수행한 사람	•소방설비기사 전기분야 자격을 취득한 후 ( ) 이상 소방 관련 업무를 수행한 사람 •소방설비산업기사 전기분야 자격을 취득한 후 ( ) 이상 소방 관련 업무를 수행한 사람
고급 감리원	•소방설비기사 기계분야 자격을 취득한 후 ( ) 이상 소방 관련 업무를 수행한 사람 •소방설비산업기사 기계분야 자격을 취득한 후 ( ) 이상 소방 관련 업무를 수행한 사람	•소방설비기사 전기분야 자격을 취득한 후 ( ) 이상 소방 관련 업무를 수행한 사람 •소방설비산업기사 전기분야 자격을 취득한 후 ( ) 이상 소방 관련 업무를 수행한 사람
중급 감리원	•소방설비기사 기계분야 자격을 취득한 후 ( ) 이상 소방 관련 업무를 수행한 사람 •소방설비산업기사 기계분야 자격을 취득한 후 ( ) 이상 소방 관련 업무를 수행한 사람 •초급감리원을 취득한 후 ( ) 이상 기계분야 소방감리업무를 수행한 사람	•소방설비기사 전기분야 자격을 취득한 후 ( ) 이상 소방 관련 업무를 수행한 사람 •소방설비산업기사 전기분야 자격을 취득한 후 ( ) 이상 소방 관련 업무를 수행한 사람 •초급감리원을 취득한 후 ( ) 이상 전기분야 소방감리업무를 수행한 사람
초급 감리원	•해당하는 학사 이상의 학위를 취득한 후 ( ) 이상 소방 관련 업무를 수행한 사람 •「고등교육법」에 해당하는 학과의 전문학사학위를 취득한 후 ( ) 이상 소방 관련 업무를 수행한 사람 •고등학교 소방학과를 졸업한 후 ( ) 이상 소방 관련 업무를 수행한 사람 •( ) 이상 소방공무원으로서 해당하는 경력이 있는 사람 •( ) 이상 소방 관련 업무를 수행한 사람	

155. 소방기술자 양성·인정 교육훈련은 ( )이 실시할 수 있다.

156. 소방청장은 전문적이고 체계적인 소방기술자 양성·인정 교육훈련을 위하여 소방기술자 양성·인정 ( )을 지정할 수 있다.

157. 소방기술자 양성·인정 교육훈련기관 지정요건
① 전국 ( ) 이상의 시·도에 이론교육과 실습교육이 가능한 교육·훈련장을 갖출 것
② 소방기술자 양성·인정 교육훈련을 실시할 수 있는 전담인력을 ( ) 이상 갖출 것
③ 교육과목별 교재 및 ( ) 매뉴얼을 갖출 것
④ 교육훈련의 신청·수료, 성과측정, 경력관리 등에 필요한 교육훈련 ( )을 구축·운영할 것

05 소방시설업자협회

158. 소방시설업자는 소방시설업자의 권익보호와 소방기술의 개발 등 소방시설업의 건전한 발전을 위하여 (   )를 설립할 수 있다.

159. 소방시설업자협회는 법인으로 하고 소방청장의 (   )를 받아 주된 사무소의 소재지에 설립등기를 함으로써 성립한다.

160. 소방시설업자협회의 업무
① 소방시설업의 기술발전과 소방기술의 (   )을 위한 조사·연구·분석 및 평가
② 소방산업의 발전 및 (   )의 향상을 위한 지원
③ 소방시설업의 기술발전과 관련된 국제(   )·활동 및 행사의 (   )
④ 소방시설공사업법에 따른 (   ) 업무의 수행

161. 소방시설업자협회에 관하여 이 법에 규정되지 아니한 사항은 「민법」 중 (   )법인에 관한 규정을 준용한다.

162. (　　　), (　　　) 또는 (　　　)은 소방시설업의 감독을 위하여 필요할 때에는 소방시설업자나 관계인에게 필요한 보고나 자료 제출을 명할 수 있고, 관계 공무원으로 하여금 소방시설업체나 특정소방대상물에 출입하여 관계 서류와 시설 등을 검사하거나 소방시설업자 및 관계인에게 질문하게 할 수 있다.

163. (　　　)은 규정에 따라 소방청장의 업무를 위탁받은 실무교육기관 또는 「소방기본법」에 따른 한국소방안전원, 협회, 법인 또는 단체에 필요한 보고나 자료 제출을 명할 수 있고, 관계 공무원으로 하여금 실무교육기관, 한국소방안전원, 협회, 법인 또는 단체의 사무실에 출입하여 관계 서류 등을 검사하거나 관계인에게 질문하게 할 수 있다.

164. 소방시설업 (　　　)처분이나 (　　　)처분 또는 소방기술 인정 (　　　)처분을 하려면 청문을 하여야 한다.

165. 방염처리능력 평가 및 공시에 관한 업무는 시·도지사가 협회에 위탁하는 업무이다. O | X

166. 시공능력 평가 및 공시에 관한 업무는 소방청장이 협회에 위탁하는 업무이다. O | X

167. 소방시설업 종합정보시스템의 구축·운영은 소방청장이 협회에 위탁하는 업무이다. O | X

168. 소방시설업 등록신청의 접수 및 신청내용의 확인은 시·도지사가 협회에 위탁하는 업무이다. O | X

169. 소방시설업 등록사항 변경신고의 접수 및 신고내용의 확인은 소방청장이 협회에 위탁하는 업무이다. O | X

170. 소방시설업 휴업·폐업 또는 재개업 신고의 접수 및 신고내용의 확인은 시·도지사가 협회에 위탁하는 업무이다. O | X

171. 소방시설업자의 지위승계 신고의 접수 및 신고내용의 확인은 시·도지사가 협회에 위탁하는 업무이다. O | X

172. 소방시설업 등록을 하지 아니하고 영업을 한 자는 3년 이하의 징역 또는 3천만원 이하의 벌금에 처한다. **O | X**

173. 부정한 청탁을 받고 재물 또는 재산상의 이익을 취득하거나 부정한 청탁을 하면서 재물 또는 재산상의 이익을 제공한 자는 1년 이하의 징역 또는 1천만원 이하의 벌금에 처한다. **O | X**

174. 과태료의 부과기준 중 위반행위자가 처음 위반행위를 한 경우로서 5년 이상 해당 업종을 모범적으로 영위한 사실이 인정되는 경우는 감경대상이다. **O | X**

01 총칙

1. 위험물안전관리법은 위험물의 저장·취급 및 (　　)과 이에 따른 안전관리에 관한 사항을 규정함으로써 위험물로 인한 위해를 방지하여 공공의 (　　)을 확보함을 목적으로 한다.

2. 위험물이라 함은 (　　)성 또는 (　　)성 등의 성질을 가지는 것으로서 (　　)이 정하는 물품을 말한다.

3. 지정수량이라 함은 위험물의 (　　)별로 위험성을 고려하여 대통령령이 정하는 수량으로서 제조소등의 설치 허가 등에 있어서 (　　)의 기준이 되는 수량을 말한다.

4. (　　)라 함은 위험물을 제조할 목적으로 지정수량 이상의 위험물을 취급하기 위하여 허가를 받은 장소를 말한다.

5. (　　)라 함은 지정수량 이상의 위험물을 저장하기 위한 대통령령이 정하는 장소로서 허가를 받은 장소를 말한다.

6. (　　)라 함은 지정수량 이상의 위험물을 제조외의 목적으로 취급하기 위한 대통령령이 정하는 장소로서 허가를 받은 장소를 말한다.

7. (　　)이라 함은 제조소·저장소 및 취급소를 말한다.

8. 과염소산염류와 질산염류는 (　　) 위험물이고, 과염소산과 질산은 (　　) 위험물이다.

9. 염소화규소화합물은 (　　) 위험물이다.

10. 과아이오딘산과 아질산염류는 제1류 위험물로서 지정수량은 (　　)킬로그램이다.

11. 황화인, 적린, 황은 (　　) 위험물로서 위험등급 (　　)에 해당한다.

12. 칼륨, 나트륨, 알킬알루미늄, 알킬리튬은 제3류 위험물로서 지정수량은 (　　)킬로그램이고, 위험등급 (　　)에 해당한다.

13. 황린은 제3류 위험물로서 지정수량은 (　　)킬로그램이고, 위험등급 (　　)에 해당한다.

14. 질산에스터류, 유기과산화물, 나이트로화합물, 하이드록실아민은 (　　　) 위험물이다.

15. 제1류 위험물은 (　　　)고체, 제2류 위험물은 (　　　)고체, 제3류 위험물은 (　　　) 물질 및 (　　　) 물질, 제4류 위험물은 (　　　)액체, 제5류 위험물은 (　　　) 물질, 제6류 위험물은 (　　　)액체의 성질을 갖는다.

16. 인화성고체라 함은 (　　　)알코올 그 밖에 1기압에서 인화점이 섭씨 (　　　)도 미만인 고체를 말한다.

17. 철분이라 함은 철의 분말로서 (　　　)의 표준체를 통과하는 것이 (　　　) 미만인 것은 제외한다.

18. 황은 순도가 (　　　) 이상인 것을 말한다. 이 경우 순도측정에 있어서 불순물은 활석 등 불연성물질과 수분으로 한정한다.

19. 금속분이라 함은 알칼리금속·알칼리토류금속·철 및 (　　　) 외의 금속의 분말을 말하고, 구리분·(　　　) 및 (　　　)의 체를 통과하는 것이 50중량퍼센트 미만인 것은 제외한다.

20. 제3석유라 함은 중유, 클레오소트유 그 밖에 1기압에서 인화점이 섭씨 (　　　) 이상 섭씨 (　　　) 미만인 것을 말한다. 다만, 도료류 그 밖의 물품은 가연성 액체량이 40중량퍼센트 이하인 것은 제외한다.

21. 산화성고체라 함은 고체로서 (　　　)의 잠재적인 위험성 또는 (　　　)에 대한 민감성을 판단하기 위하여 소방청장이 정하여 고시하는 시험에서 고시로 정하는 성질과 상태를 나타내는 것을 말한다.

22. 특수인화물이라 함은 이황화탄소, 다이에틸에터 그 밖에 1기압에서 발화점이 섭씨 (　　　) 이하인 것 또는 인화점이 섭씨 (　　　) 이하이고 비점이 섭씨 40도 이하인 것을 말한다.

23. 제1석유류라 함은 아세톤, 휘발유 그 밖에 1기압에서 인화점이 섭씨 (　　　) 미만인 것을 말한다.

24. 제2류 위험물 중 황 또는 인화성고체(인화점이 섭씨 0도 이상인 것에 한한다)는 지정수량 이상의 위험물을 옥외저장소에 저장할 수 있다.　　　　　　　　　　　　　　　　　　　　　　|ㅇ ∣ ✕|

25. 제4류 위험물 중 특수인화물과 제1석유류는 지정수량 이상의 위험물을 옥외저장소에 저장할 수 있다.　　　　　　　　　　　　　　　　　　　　　　　　　　　　　　　|ㅇ ∣ ✕|

26. 제6류 위험물은 지정수량 이상의 위험물을 옥외저장소에 저장할 수 있다. ☐ ○ | ✕ ☐

27. 위험물 취급소는 (　　　), (　　　), (　　　), (　　　)로 나누어진다.

28. 위험물을 저장 또는 취급하는 탱크의 용량은 해당 탱크의 (　　　)에서 (　　　)을 뺀 용적으로 한다.

29. 지정수량 미만인 위험물의 저장 또는 취급에 관한 기술상의 기준은 (　　　)로 정한다.

02 위험물시설의 설치 및 변경

30. 제조소등을 설치하고자 하는 자는 대통령령이 정하는 바에 따라 그 설치장소를 관할하는 (   )의 허가를 받아야 한다.

31. 위험물의 품명·수량 또는 지정수량의 배수를 변경하고자 하는 자는 변경하고자 하는 날의 (   ) 전까지 행정안전부령이 정하는 바에 따라 시·도지사에게 신고하여야 한다.

32. 농예용·축산용 또는 수산용으로 필요한 난방시설 또는 건조시설을 위한 지정수량 (   ) 이하의 저장소는 허가를 받지 아니하고 당해 제조소등을 설치하거나 그 위치·구조 또는 설비를 변경할 수 있으며, 신고를 하지 아니하고 위험물의 품명·수량 또는 지정수량의 배수를 변경할 수 있다.

33. 주택의 난방시설(공동주택의 중앙난방시설을 제외한다)을 위한 저장소 또는 취급소는 허가를 받지 아니하고 위험물의 품명·수량 또는 지정수량의 배수를 변경할 수 있다. ○ | X

34. 시·도의 조례가 정하는 바에 따라 (   )의 승인을 받아 지정수량 이상의 위험물을 (   ) 이내의 기간 동안 임시로 저장 또는 취급하는 경우 제조소등이 아닌 장소에서 지정수량 이상의 위험물을 취급할 수 있다.

35. 군부대가 지정수량 이상의 위험물을 군사목적으로 (   )로 저장 또는 취급하는 경우 제조소등이 아닌 장소에서 지정수량 이상의 위험물을 취급할 수 있다.

36. 위험물을 저장 또는 취급하는 탱크로서 대통령령이 정하는 위험물탱크가 있는 제조소등의 설치 또는 그 위치·구조 또는 설비의 변경에 관하여 허가를 받은 자가 위험물탱크의 설치 또는 그 위치·구조 또는 설비의 변경공사를 하는 때에는 완공검사를 받기 전에 기술기준에 적합한지의 여부를 확인하기 위하여 (   )가 실시하는 탱크안전성능검사를 받아야 한다.

37. 옥외탱크저장소의 액체위험물탱크 중 그 용량이 (   ) 이상인 탱크는 기초·지반검사를 받아야 한다.

38. (   )을 저장 또는 취급하는 탱크는 충수·수압검사를 받아야 한다.

39. 제조소 또는 일반취급소에 설치된 탱크로서 용량이 지정수량 (   )인 것은 충수·수압검사 대상이 아니다.

40. 옥외탱크저장소의 (　　) 중 그 용량이 100만리터 이상인 탱크는 용접부검사를 받아야 한다.

41. 액체위험물을 저장 또는 취급하는 (　　)의 공간을 이용한 탱크는 암반탱크검사를 받아야 한다.

42. 시·도지사가 면제할 수 있는 탱크안전성능검사는 (　　)로 한다.

43. 위험물탱크에 대한 충수·수압검사를 면제받고자 하는 자는 위험물탱크안전성능시험자 또는 (　　)으로부터 충수·수압검사에 관한 (　　)을 받아 완공검사를 받기 전에 해당 시험에 합격하였음을 증명하는 서류를 시·도지사에게 제출해야 한다.

44. 허가를 받은 자가 제조소등의 설치를 마쳤거나 그 위치·구조 또는 설비의 변경을 마친 때에는 당해 제조소등마다 시·도지사가 행하는 (　　)를 받아 기술기준에 적합하다고 인정받은 후가 아니면 이를 사용하여서는 아니된다.

45. 제조소등의 위치·구조 또는 설비를 변경함에 있어서 변경허가를 신청하는 때에 화재예방에 관한 조치사항을 기재한 서류를 제출하는 경우에는 당해 (　　)와 관계가 없는 부분은 완공검사를 받기 전에 미리 사용할 수 있다.

46. 완공검사를 받고자 하는 자가 제조소등의 일부에 대한 설치 또는 변경을 마친 후 그 (　　)를 미리 사용하고자 하는 경우에는 당해 제조소등의 (　　)에 대하여 완공검사를 받을 수 있다.

47. 완공검사의 신청시기
① 지하탱크가 있는 제조소등의 경우 : 당해 지하탱크를 (　　)
② 이동탱크저장소의 경우 : 이동저장탱크를 완공하고 (　　)를 확보한 후
③ 이송취급소의 경우 : 이송배관 공사의 전체 또는 (　　)를 완료한 (　　). 다만, (　　)·하천 등에 매설하는 이송배관의 공사의 경우에는 (　　)을 매설하기 전
④ 전체 공사가 완료된 후에는 완공검사를 실시하기 곤란한 경우
　㉠ 위험물설비 또는 배관의 설치가 완료되어 기밀시험 또는 (　　)을 실시하는 시기
　㉡ 배관을 지하에 설치하는 경우에는 시·도지사, 소방서장 또는 (　　)이 지정하는 부분을 매몰하기 직전
　㉢ 기술원이 지정하는 부분의 (　　)을 실시하는 시기
⑤ 그 외의 제조소등의 경우 : 제조소등의 공사를 완료한 (　　)

48. 제조소등의 설치자의 지위를 승계한 자는 행정안전부령이 정하는 바에 따라 승계한 날부터 (　　) 이내에 시·도지사에게 그 사실을 신고하여야 한다.

49. 제조소등의 관계인은 당해 제조소등의 용도를 폐지한 때에는 행정안전부령이 정하는 바에 따라 제조소등의 용도를 폐지한 날부터 (   ) 이내에 시·도지사에게 신고하여야 한다.

50. 제조소등의 관계인은 제조소등의 사용을 중지하려는 경우에는 위험물의 제거 및 제조소등에의 출입통제 등 행정안전부령으로 정하는 (   )를 하여야 한다. 다만, 제조소등의 사용을 중지하는 기간에도 위험물안전관리자가 계속하여 직무를 수행하는 경우에는 (   )를 아니할 수 있다.

51. 사용이 중지된 제조소등의 안전조치
① 탱크·(   ) 등 위험물을 저장 또는 취급하는 설비에서 위험물 및 가연성 (   ) 등의 제거
② 관계인이 아닌 사람에 대한 해당 제조소등에의 (   ) 조치
③ 해당 제조소등의 사용중지 사실의 (   )
④ 위험물의 사고 (   )에 필요한 조치

52. 제조소등의 관계인은 제조소등의 사용을 중지하거나 중지한 제조소등의 사용을 재개하려는 경우에는 해당 제조소등의 사용을 중지하려는 날 또는 재개하려는 날의 (   ) 전까지 행정안전부령으로 정하는 바에 따라 제조소등의 사용 중지 또는 재개를 시·도지사에게 신고하여야 한다.

53. 시·도지사는 제조소등의 관계인이 다음의 어느 하나에 해당하는 때에는 행정안전부령이 정하는 바에 따라 허가를 취소하거나 (   ) 이내의 기간을 정하여 제조소등의 전부 또는 일부의 사용정지를 명할 수 있다.

54. 위험물안전관리법 시행규칙에 따른 제조소등의 사용정지에 관한 행정처분은 위반행위의 횟수에 따른 행정처분기준은 최근 (   )간 같은 위반행위로 행정처분을 받은 경우에 적용한다. 이 경우 기간의 계산은 위반행위에 대하여 행정처분을 받은 날과 그 처분 후 다시 같은 위반행위를 하여 적발된 날을 기준으로 한다.

55. 시·도지사는 제조소등에 대한 사용의 정지가 그 이용자에게 심한 불편을 주거나 그 밖에 공익을 해칠 우려가 있는 때에는 사용정지처분에 갈음하여 (   ) 이하의 과징금을 부과할 수 있다.

03 위험물시설의 안전관리

56. 제조소등의 (　　　)은 당해 제조소등의 위치·구조 및 설비가 기술기준에 적합하도록 유지·관리하여야 한다.

57. 시·도지사, 소방본부장 또는 소방서장은 유지·관리의 상황이 기술기준에 부적합하다고 인정하는 때에는 그 기술기준에 적합하도록 제조소등의 위치·구조 및 설비의 (　　　)·(　　　) 또는 (　　　)을 명할 수 있다.

58. 제조소등의 관계인은 위험물의 안전관리에 관한 직무를 수행하게 하기 위하여 제조소등마다 대통령령이 정하는 위험물의 취급에 관한 자격이 있는 위험물취급자격자를 (　　　)로 선임하여야 한다.

59. 허가를 받지 아니하는 제조소등과 (　　　)는 위험물안전관리자를 선임하지 않아도 된다.

60. 산화성고체, 가연성고체, 자연발화성 물질 및 금수성 물질, 인화성 액체, 자기반응성 물질, 산화성 액체를 취급할 수 있는 위험물취급자격자는 (　　　), (　　　), (　　　)의 자격을 취득한 사람이다.

61. 특수인화물, 제1석유류, 알코올류, 제2석유류, 제3석유류, 제4석유류, 동식물유류를 취급할 수 있는 위험물취급자격자는 (　　　)이수자와 소방공무원으로 근무한 경력이 (　　　) 이상인 자를 말한다.

62. 제조소등에서 저장·취급하는 위험물이 「화학물질관리법」에 따른 인체급성유해성물질, 인체만성유해성물질, 생태유해성물질에 해당하는 경우 등 대통령령이 정하는 경우에는 당해 제조소등을 설치한 자는 다른 법률에 의하여 (　　　)를 하는 자로 선임된 자 가운데 대통령령이 정하는 자를 (　　　)로 선임할 수 있다.

63. 제조소등에서 저장·취급하는 위험물이 「화학물질관리법」 제2조 제2호에 따른 유독물질에 해당하는 경우 「화학물질관리법」 제32조 제1항에 따라 해당 제조소등의 (　　　)로 선임된 자로서 법 제28조 또는 「화학물질관리법」 제33조에 따라 유해화학물질 안전교육을 받은 자를 (　　　)로 선임할 수 있다.

64. 안전관리자를 선임한 제조소등의 관계인은 그 안전관리자를 해임하거나 안전관리자가 퇴직한 때에는 해임하거나 퇴직한 날부터 (　　　) 이내에 다시 안전관리자를 선임하여야 한다.

65. 제조소등의 관계인은 안전관리자를 선임한 경우에는 선임한 날부터 (　　　) 이내에 (　　　)으로 정하는 바에 따라 소방본부장 또는 소방서장에게 신고하여야 한다.

66. 제조소등의 관계인이 안전관리자를 해임하거나 안전관리자가 퇴직한 경우 그 관계인 또는 안전관리자는 소방본부장이나 소방서장에게 그 사실을 알려 (　　　)되거나 (　　　)한 사실을 확인받을 수 있다.

67. 안전관리자를 선임한 제조소등의 관계인은 안전관리자가 여행·질병 그 밖의 사유로 인하여 일시적으로 직무를 수행할 수 없거나 안전관리자의 해임 또는 퇴직과 동시에 다른 안전관리자를 선임하지 못하는 경우에는 국가기술자격법에 따른 위험물의 취급에 관한 자격취득자 또는 위험물안전에 관한 기본지식과 경험이 있는 자로서 행정안전부령이 정하는 자를 (　　　)로 지정하여 그 직무를 대행하게 하여야 한다. 이 경우 (　　　)가 안전관리자의 직무를 대행하는 기간은 (　　　)을 초과할 수 없다.

68. 제조소등에 있어서 위험물취급자격자가 아닌 자는 (　　　) 또는 (　　　)가 참여한 상태에서 위험물을 취급하여야 한다.

69. 다수의 제조소등을 동일인이 설치한 경우에는 관계인은 대통령령이 정하는 바에 따라 1인의 안전관리자를 (　　　)하여 선임할 수 있다.

70. 보일러·버너 또는 이와 비슷한 것으로서 위험물을 소비하는 장치로 이루어진 (　　　) 이하의 일반취급소와 그 일반취급소에 공급하기 위한 위험물을 저장하는 저장소를 동일인이 설치한 경우 1인의 안전관리자를 중복하여 선임할 수 있다. 단, 일반취급소 및 저장소가 모두 (　　　)에 있는 경우에 한한다.

71. 위험물을 차량에 고정된 탱크 또는 운반용기에 옮겨 담기 위한 (　　　) 이하의 일반취급소와 그 일반취급소에 공급하기 위한 위험물을 저장하는 저장소를 동일인이 설치한 경우 1인의 안전관리자를 중복하여 선임할 수 있다. 단, 일반취급소 간의 보행거리가 (　　　) 이내인 경우에 한한다.

72. 동일구내에 있거나 상호 (　　　) 이내의 거리에 있는 저장소로서 저장소의 규모, 저장하는 위험물의 종류 등을 고려하여 행정안전부령이 정하는 저장소를 동일인이 설치한 경우 1인의 안전관리자를 중복하여 선임할 수 있다.

73. 1인의 안전관리자를 중복하여 선임할 수 있는 저장소 등
① 10개 이하의 (　　　)저장소, (　　　)저장소, (　　　)저장소
② 30개 이하의 (　　　)탱크저장소
③ (　　　)탱크저장소, (　　　)탱크저장소, (　　　)탱크저장소

74. 선박주유취급소의 고정주유설비에 공급하기 위한 위험물을 저장하는 저장소와 당해 선박주유취급소는 1인의 안전관리자를 중복하여 선임할 수 없다. ○│✕

75. 동일인이 설치한 각 제조소등이 동일구내에 위치하거나 상호 200미터 이내의 거리에 동일인이 설치하고, 각 제조소등에서 저장 또는 취급하는 위험물의 최대수량이 지정수량의 1천배 미만인 7개 이하의 제조소등은 1인의 안전관리자를 중복하여 선임할 수 있다. ○│✕

76. (　　　) 또는 제조소등의 (　　　)은 안전관리업무를 전문적이고 효율적으로 수행하기 위하여 탱크안전성능시험자로 하여금 이 법에 의한 검사 또는 점검의 일부를 실시하게 할 수 있다.

77. 관계인이 예방규정을 정하여야 하는 제조소등
① 지정수량의 (　　) 이상의 위험물을 취급하는 제조소
② 지정수량의 (　　) 이상의 위험물을 저장하는 옥외저장소
③ 지정수량의 (　　) 이상의 위험물을 저장하는 옥내저장소
④ 지정수량의 (　　) 이상의 위험물을 저장하는 옥외탱크저장소
⑤ (　　)탱크저장소
⑥ (　　)취급소
⑦ 지정수량의 10배 이상의 위험물을 취급하는 (　　)

78. 예방규정의 이행 실태 평가는 (　　), (　　), (　　)가 있다.

79. 정기점검의 대상인 제조소등
① (　　)규정을 두어야 하는 제조소등
② 지하(　　)저장소
③ (　　)탱크저장소
④ 위험물을 취급하는 탱크로서 (　　)된 탱크가 있는 제조소 · 주유취급소 또는 일반취급소

80. 제조소등의 관계인은 당해 제조소등에 대하여 (　　) 이상 정기점검을 실시하여야 한다.

81. 옥외탱크저장소 중 저장 또는 취급하는 액체위험물의 최대수량이 50만리터 이상 100만리터 미만인 경우를 (　　)라 한다.

82. 옥외탱크저장소 중 저장 또는 취급하는 액체위험물의 최대수량이 100만리터 이상인 경우를 (　　)라 한다.

83. 특정 · 준특정옥외탱크저장소의 관계인은 특정 · 준특정옥외탱크저장소의 설치허가에 따른 완공검사합격확인증을 발급받은 날부터 (　　)에 해당하는 기간 이내에 1회 이상 구조안전점검을 해야 한다.

84. 특정·준특정옥외탱크저장소의 관계인은 최근의 정밀정기검사를 받은 날부터 (　　　)에 해당하는 기간 이내에 1회 이상 구조안전점검을 해야 한다.

85. 특정·준특정옥외탱크저장소의 관계인은 특정·준특정옥외저장탱크에 안전조치를 한 후 구조안전점검시기 연장신청을 하여 해당 안전조치가 적정한 것으로 인정받은 경우에는 최근의 정밀정기검사를 받은 날부터 (　　　)에 해당하는 기간 이내에 1회 이상 구조안전점검을 해야 한다.

86. 정기점검을 한 제조소등의 관계인은 점검을 한 날부터 (　　　) 이내에 점검결과를 시·도지사에게 제출하여야 한다.

87. 정기점검의 대상이 되는 제조소등의 관계인 가운데 대통령령으로 정하는 제조소등의 관계인은 행정안전부령으로 정하는 바에 따라 소방본부장 또는 소방서장으로부터 해당 제조소등이 기술기준에 적합하게 유지되고 있는지의 여부에 대하여 정기적으로 (　　　)를 받아야 한다.

88. 액체위험물을 저장 또는 취급하는 (　　　) 이상의 옥외탱크저장소는 정기검사의 대상이다.

89. 특정·준특정옥외탱크저장소의 관계인은 특정·준특정옥외탱크저장소의 설치허가에 따른 완공검사합격확인증을 발급받은 날부터 (　　　)에 해당하는 기간 내에 1회 정밀정기검사를 받아야 한다.

90. 특정·준특정옥외탱크저장소의 관계인은 최근의 정밀정기검사를 받은 날부터 (　　　)에 해당하는 기간 내에 1회 정밀정기검사를 받아야 한다.

91. 특정·준특정옥외탱크저장소의 관계인은 특정·준특정옥외탱크저장소의 설치허가에 따른 완공검사합격확인증을 발급받은 날부터 (　　　)에 해당하는 기간 내에 1회 중간정기검사를 받아야 한다.

92. 특정·준특정옥외탱크저장소의 관계인은 최근의 정밀정기검사 또는 중간정기검사를 받은 날부터 (　　　)에 해당하는 기간 내에 1회 중간정기검사를 받아야 한다.

93. 정밀정기검사를 받아야 하는 특정·준특정옥외탱크저장소의 관계인은 정밀정기검사를 (　　　)을 실시하는 때에 함께 받을 수 있다.

94. 제조소등의 관계인은 당해 제조소등의 정기점검을 안전관리자 또는 (　　　)로 하여금 실시하도록 하여야 한다.

95. 안전관리자 등이 정기점검을 하여야 하는 규정에도 불구하고 제조소등의 관계인은 (　　　) 또는 (　　　)에게 정기점검을 의뢰하여 실시할 수 있다. 이 경우 해당 제조소등의 안전관리자는 (　　　) 또는 (　　　)의 점검현장에 참관해야 한다.

96. 다량의 위험물을 저장·취급하는 제조소등으로서 대통령령이 정하는 제조소등이 있는 동일한 사업소에서 대통령령이 정하는 수량 이상의 위험물을 저장 또는 취급하는 경우 당해 사업소의 (   )은 대통령령이 정하는 바에 따라 당해 사업소에 자체소방대를 설치하여야 한다.

97. 제조소 또는 일반취급소에서 취급하는 제4류 위험물의 최대수량의 합이 지정수량의 (   ) 이상인 경우 자체소방대를 설치하여야 한다.

98. 옥외탱크저장소에 저장하는 제4류 위험물의 최대수량이 지정수량의 (   ) 이상인 경우 자체소방대를 설치하여야 한다.

99. 보일러, 버너 그 밖에 이와 유사한 장치로 위험물을 소비하는 일반취급소는 자체소방대를 설치하여야 한다. `O | X`

100. 이동저장탱크 그 밖에 이와 유사한 것에 위험물을 주입하는 일반취급소는 자체소방대를 설치하여야 한다. `O | X`

101. 용기에 위험물을 옮겨 담는 일반취급소는 자체소방대의 설치 제외 대상이다. `O | X`

102. 유압장치, 윤활유순환장치 그 밖에 이와 유사한 장치로 위험물을 취급하는 일반취급소는 자체소방대의 설치 제외 대상이다. `O | X`

103. 「광산안전법」의 적용을 받는 일반취급소는 자체소방대의 설치 제외 대상이다. `O | X`

104. 자체소방대에 두는 화학소방자동차 및 인원

사업소의 구분	화학소방자동차	자체소방대원의 수
1. 제조소 또는 일반취급소에서 취급하는 제4류 위험물의 최대수량의 합이 지정수량의 3천배 이상 12만배 미만인 사업소	( )대	( )인
2. 제조소 또는 일반취급소에서 취급하는 제4류 위험물의 최대수량의 합이 지정수량의 12만배 이상 24만배 미만인 사업소	( )대	( )인
3. 제조소 또는 일반취급소에서 취급하는 제4류 위험물의 최대수량의 합이 지정수량의 24만배 이상 48만배 미만인 사업소	( )대	( )인
4. 제조소 또는 일반취급소에서 취급하는 제4류 위험물의 최대수량의 합이 지정수량의 48만배 이상인 사업소	( )대	( )인
5. 옥외탱크저장소에 저장하는 제4류 위험물의 최대수량이 지정수량의 50만배 이상인 사업소	( )대	( )인

105. 자체소방대 편성의 특례에 의해 2 이상의 사업소가 상호응원에 관한 협정을 체결하고 있는 경우 화학소방차 대수의 (　　　) 이상의 대수와 화학소방자동차마다 (　　　)인 이상의 자체소방대원을 두어야 한다.

106. 누구든지 제조소등에서는 지정된 장소가 아닌 곳에서 흡연을 하여서는 아니되며, 제조소등의 관계인은 해당 제조소등이 (　　　)구역임을 알리는 표지를 설치하여야 한다.

107. 제조소등의 관계인은 제조소등에서 흡연장소를 지정할 필요가 있다고 인정하는 경우 흡연장소는 (　　　) 외의 장소에 지정하는 등 위험물을 저장·취급하는 건축물, 공작물 및 기계·기구, 그 밖의 설비로부터 안전 확보에 필요한 일정한 거리를 두고, 흡연장소는 (　　　)로 지정할 것. 다만, 부득이한 경우에는 건축물 내에 지정할 수 있다.

108. 제조소등에 금연장소를 지정하는 경우 금연장소는 구획된 실로 하되, 가연성의 증기 또는 미분이 실내에 체류하거나 실내로 유입되는 것을 방지하기 위한 구조 또는 설비를 갖추어야 한다.
O | X

109. 제조소등에 흡연장소를 지정하는 경우 소형수동식소화기(이에 준하는 소화설비를 포함한다)를 2개 이상 비치하여야 한다.
O | X

04 위험물의 운반 등

110. 위험물의 운반은 그 용기·적재방법 및 운반방법에 관하여 (   )기준과 (   )기준으로 나누어진다.

111. 위험물 운반 규정에 따라 운반용기에 수납된 위험물을 지정수량 이상으로 차량에 적재하여 운반하는 차량의 운전자를 (   )라 한다.

112. 이동탱크저장소에 의하여 위험물을 운송하는 운송책임자 및 이동탱크저장소운전자를 (   )라 한다.

113. 위험물운반자의 자격 요건
① 「국가기술자격법」에 따른 (   ) 분야의 자격을 취득할 것
② (   )을 수료할 것

114. (   )는 운반용기를 제작하거나 수입한 자 등의 신청에 따라 운반용기를 검사할 수 있다.

115. 운송책임자의 감독·지원을 받아 운송하여야 하는 위험물
① (   )
② (   )
③ (   ) 또는 (   )을 함유하는 위험물

116. 운송책임자의 감독 또는 지원의 방법으로는 운송책임자가 (   )에 동승하여 운송 중인 위험물의 안전확보에 관하여 운전자에게 필요한 감독 또는 지원을 하는 방법이 있다.

05 감독 및 조치명령

117. (   ), (   ), (   ) 또는 (   )은 위험물의 저장 또는 취급에 따른 화재의 예방 또는 진압대책을 위하여 필요한 때에는 위험물을 저장 또는 취급하고 있다고 인정되는 장소의 관계인에 대하여 필요한 보고 또는 자료제출을 명할 수 있으며, 관계공무원으로 하여금 당해 장소에 출입하여 그 장소의 위치·구조·설비 및 위험물의 저장·취급상황에 대하여 검사하게 하거나 관계인에게 질문하게 하고 시험에 필요한 최소한의 위험물 또는 위험물로 의심되는 물품을 수거하게 할 수 있다. 다만, 개인의 주거는 관계인의 (   )을 얻은 경우 또는 화재발생의 우려가 커서 (   ) 필요가 있는 경우가 아니면 출입할 수 없다.

118. 소방공무원 또는 경찰공무원은 (   ) 또는 (   )의 요건을 확인하기 위하여 필요하다고 인정하는 경우에는 주행 중인 위험물 운반 차량 또는 이동탱크저장소를 정지시켜 해당 (   ) 또는 (   )에게 그 자격을 증명할 수 있는 국가기술자격증 또는 교육수료증의 제시를 요구할 수 있다.

119. 출입·검사 등은 그 장소의 (   )시간이나 (   )시간내 또는 해가 뜬 후부터 해가 지기 전까지의 시간내에 행하여야 한다. 다만, 건축물 그 밖의 공작물의 관계인의 (   )을 얻은 경우 또는 화재발생의 우려가 커서 (   ) 필요가 있는 경우에는 그러하지 아니하다.

120. (   ), (   ) 또는 (   )은 위험물의 누출·화재·폭발 등의 사고가 발생한 경우 사고의 원인 및 피해 등을 조사하여야 한다.

121. 소방청장, 소방본부장 또는 소방서장은 사고 조사에 필요한 경우 자문을 하기 위하여 관련 분야에 전문지식이 있는 사람으로 구성된 (   )를 둘 수 있다.

122. 위험물사고 조사위원회는 위원장 1명을 포함한 (   ) 이내의 위원으로 구성한다.

123. 시·도지사, 소방본부장 또는 소방서장은 (   )시험자에 대하여 당해 업무를 적정하게 실시하게 하기 위하여 필요하다고 인정하는 때에는 감독상 필요한 명령을 할 수 있다.

124. 시·도지사, 소방본부장 또는 소방서장은 위험물에 의한 재해를 방지하기 위하여 허가를 받지 아니하고 지정수량 이상의 위험물을 (   ) 또는 (   )하는 자에 대하여 그 위험물 및 시설의 제거 등 필요한 조치를 명할 수 있다.

125. 시·도지사, 소방본부장 또는 소방서장은 공공의 안전을 유지하거나 재해의 발생을 방지하기 위하여 긴급한 필요가 있다고 인정하는 때에는 제조소등의 관계인에 대하여 당해 제조소등의 사용을 (　　)하거나 그 사용을 (　　)할 것을 명할 수 있다.

126. 제조소등의 관계인은 당해 제조소등에서 위험물의 유출 그 밖의 사고가 발생한 때에는 즉시 그리고 지속적으로 위험물의 유출 및 확산의 (　　), 유출된 위험물의 (　　) 그 밖에 재해의 발생방지를 위한 (　　)조치를 강구하여야 한다.

06 보칙

127. (　　　)・(　　　)・(　　　)・(　　　) 등 위험물의 안전관리와 관련된 업무를 수행하는 자로서 대통령령이 정하는 자는 해당 업무에 관한 능력의 습득 또는 향상을 위하여 소방청장이 실시하는 교육을 받아야 한다.

128. 시・도지사, 소방본부장 또는 소방서장은 제조소등 설치허가의 취소 처분을 하고자 하는 경우에는 청문을 실시하여야 한다. ☐ O | X ☐

129. 시・도지사, 소방본부장 또는 소방서장은 안전관리자의 등록취소 처분을 하고자 하는 경우에는 청문을 실시하여야 한다. ☐ O | X ☐

130. 제조소등의 관계인, 위험물운송자, 탱크시험자 및 안전관리자의 업무를 위탁받아 수행할 수 있는 안전관리대행기관으로 소방청장의 지정을 받은 자는 위험물의 안전관리, 사고 예방을 위한 안전기술 개발, 그 밖에 위험물 안전관리의 건전한 발전을 도모하기 위하여 위험물 안전관리에 관한 (　　　)를 설립할 수 있다.

131. 협회는 (　　　)으로 하되 소방청장의 (　　　)를 받아 주된 사무소의 소재지에 설립등기를 함으로써 성립한다.

132. 협회의 업무는 (　　　)으로 정하고, 협회에 관하여 이 법에서 규정한 것 외에는 「민법」 중 (　　　)법인에 관한 규정을 준용한다.

133. 소방청장 또는 시・도지사는 이 법에 따른 권한의 일부를 대통령령이 정하는 바에 따라 (　　　), (　　　) 또는 (　　　)에게 위임할 수 있다.

시행규칙 세부표

134. 제조소 또는 일반취급소의 위치를 이전하는 경우 제조소등의 변경허가를 받아야 한다. O | ✕

135. 옥외저장탱크의 지붕판 표면적 20% 이상을 교체하거나 구조·재질 또는 두께를 변경하는 경우 제조소등의 변경허가를 받아야 한다. O | ✕

136. 옥외저장탱크의 밑판 또는 옆판의 표면적의 30%를 초과하는 겹침보수공사 또는 육성보수공사를 하는 경우 제조소등의 변경허가를 받아야 한다. O | ✕

137. 옥내저장소의 건축물의 벽·기둥·바닥·보 또는 지붕을 증설 또는 철거하나 배출설비를 신설하는 경우 제조소등의 변경허가를 받아야 한다. O | ✕

138. 옥내탱크저장소의 위치를 이전하거나 주입구의 위치를 이전하거나 신설하는 경우 제조소등의 변경허가를 받아야 한다. O | ✕

139. 이동탱크저장소의 상치장소의 위치를 이전하는 경우(같은 사업장 또는 같은 울안에서 이전하는 경우는 제외한다) 제조소등의 변경허가를 받지 않아도 된다. O | ✕

140. 안전거리란 위험물 시설과 방호 대상물 사이 외벽 간 (   )를 말한다.

141. 제조소의 안전거리

안전거리	대상물
( ) 이상	지정문화유산, 천연기념물
( ) 이상	학교, 병원급 의료기관, 3백명 이상의 인원을 수용하는 영화상영관 및 유사 시설, 아동복지시설·노인복지시설·장애인복지시설·한부모가족복지시설·어린이집·성매매피해자 등을 위한 지원시설·정신건강증진시설·가족폭력 복지시설 및 이와 유사시설로서 20명 이상의 인원을 수용할 수 있는 것
( ) 이상	고압가스, 액화석유가스 또는 도시가스를 저장 또는 취급하는 시설 중 고압가스제조시설, 고압가스저장시설, 액화산소를 소비하는 시설, 액화석유가스제조시설 및 액화석유가스저장시설, 가스공급시설
( ) 이상	주거용으로 사용되는 것(제조소가 설치된 부지내에 있는 것은 제외)
( ) 이상	사용전압이 35,000V를 초과하는 특고압가공전선
( ) 이상	사용전압이 7,000V 초과 35,000V 이하의 특고압가공전선

142. (　　　)란 위험물 시설 또는 그 구성 부분에 확보해야 할 절대공간을 말한다.

143. 제조소의 보유공지

취급하는 위험물의 최대수량	공지의 너비
지정수량의 10배 이하	(　　　) 이상
지정수량의 10배 초과	(　　　) 이상

144. 제조소에는 보기 쉬운 곳에 "위험물 제조소"라는 표시를 한 표지 설치
① 표지는 한변의 길이가 (　　　) 이상, 다른 한변의 길이가 (　　　) 이상인 직사각형으로 할 것
② 표지의 바탕은 (　　　)으로, 문자는 (　　　)으로 할 것
③ 게시판에는 저장 또는 취급하는 위험물의 유별·(　　　) 및 저장(　　　) 또는 취급최대수량, 지정수량의 배수 및 안전관리자의 (　　　) 또는 직명을 기재할 것

145. 제조소 게시판 설치 시 주의 사항
① 제1류 위험물 중 알칼리금속의 과산화물과 이를 함유한 것 또는 제3류 위험물 중 금수성물질에 있어서는 "(　　　)"
② 제2류 위험물에 있어서는 "(　　　)". 단, 인화성고체를 제외
③ 제2류 위험물 중 인화성고체, 제3류 위험물 중 자연발화성물질, 제4류 위험물 또는 제5류 위험물에 있어서는 "(　　　)"
④ 게시판의 색은 "물기엄금"을 표시하는 것에 있어서는 (　　　)바탕에 (　　　)문자로, "화기주의" 또는 "화기엄금"을 표시하는 것에 있어서는 (　　　)바탕에 (　　　)문자로 할 것

146. 제조소에는 보기 쉬운 곳에 다음의 기준에 따라 해당 제조소가 금연구역임을 알리는 표지를 설치해야 한다. 다만, 제조소에 출입하는 사람이 (　　　)으로 한정되고, 해당 제조소를 포함하는 사업소의 출입구에 해당 사업소 (　　　)가 금연구역임을 알리는 표지를 설치한 경우에는 해당 제조소에 금연구역임을 알리는 표지를 설치한 것으로 본다.
① 표지에는 금연을 상징하는 (　　　) 또는 문자, 위반 시 (　　　)사항 등이 포함될 것
② 건축물 또는 시설의 규모나 구조에 따라 표지의 (　　　)를 다르게 할 수 있으며, (　　　) 및 글씨 색상 등은 그 내용이 눈에 잘 띄도록 배색할 것

147. 위험물 운반시 운반용기의 외부 표시사항
① 제1류 위험물 중 (　　　)의 과산화물 또는 이를 함유한 것에 있어서는 "화기·충격주의", "(　　　)" 및 "가연물접촉주의", 그 밖의 것에 있어서는 "화기·충격주의" 및 "가연물접촉주의"
② 제2류 위험물 중 철분·금속분·마그네슘 또는 이들중 어느 하나 이상을 함유한 것에 있어서는 "화기주의" 및 "(　　　)", 인화성고체에 있어서는 "(　　　)", 그 밖의 것에 있어서는 "화기주의"
③ 제3류 위험물 중 자연발화성물질에 있어서는 "화기엄금" 및 "(　　　)", 금수성물질에 있어서는 "물기엄금"

④ 제4류 위험물에 있어서는 "(   )"
⑤ 제5류 위험물에 있어서는 "화기엄금" 및 "(   )"
⑥ 제6류 위험물에 있어서는 "(   )"

148. (   )은 가연물과의 접촉·혼합이나 분해를 촉진하는 물품과의 접근 또는 과열·충격·마찰 등을 피하는 한편, 알칼리금속의 과산화물 및 이를 함유한 것에 있어서는 물과의 접촉을 피하여야 한다.

149. (   )은 산화제와의 접촉·혼합이나 불티·불꽃·고온체와의 접근 또는 과열을 피하는 한편, 철분·금속분·마그네슘 및 이를 함유한 것에 있어서는 물이나 산과의 접촉을 피하고 인화성 고체에 있어서는 함부로 증기를 발생시키지 아니하여야 한다.

150. (   ) 중 자연발화성물질에 있어서는 불티·불꽃 또는 고온체와의 접근·과열 또는 공기와의 접촉을 피하고, 금수성물질에 있어서는 물과의 접촉을 피하여야 한다.

151. (   )은 불티·불꽃·고온체와의 접근 또는 과열을 피하고, 함부로 증기를 발생시키지 아니하여야 한다.

152. (   )은 불티·불꽃·고온체와의 접근이나 과열·충격 또는 마찰을 피하여야 한다.

153. (   )은 가연물과의 접촉·혼합이나 분해를 촉진하는 물품과의 접근 또는 과열을 피하여야 한다.

154. 제조소 건축물의 구조
① (   )층이 없도록 하여야 한다. 단, 새어나온 위험물 또는 가연성의 증기가 흘러 들어갈 우려가 없는 구조로 된 경우는 제외한다.
② 벽·기둥·바닥·보·서까래 및 계단을 (   )로 하고, 연소의 우려가 있는 외벽은 출입구 외의 개구부가 없는 (   )의 벽으로 하여야 한다. 이 경우 제6류 위험물을 취급하는 건축물에 있어서 위험물이 스며들 우려가 있는 부분에 대하여는 아스팔트 그 밖에 부식되지 아니하는 재료로 피복하여야 한다.
③ 지붕은 폭발력이 위로 방출될 정도의 가벼운 (   )로 덮어야 한다. 다만, 위험물을 취급하는 건축물이 다음에 해당하는 경우에는 그 지붕을 내화구조로 할 수 있다.
　㉠ 제2류 (   ). 단, 분말상태의 것과 인화성고체 제외, 제4류 위험물 중 (   )·(   ) 또는 (   ) 위험물을 취급하는 건축물인 경우
　㉡ (   ) 구조의 건축물인 경우 발생할 수 있는 내부의 과압 또는 부압에 견딜 수 있는 (   )일 것
　㉢ 밀폐형 구조의 건축물인 경우 외부화재에 (   ) 이상 견딜 수 있는 구조일 것

④ 출입구와 「산업안전보건기준에 관한 규칙」 제17조에 따라 설치하여야 하는 비상구에는
( )방화문·( )방화문 또는 ( )방화문을 설치하되, 연소의 우려가 있는 외벽에
설치하는 출입구에는 수시로 열 수 있는 자동폐쇄식의 ( )방화문·( )방화문을 설치
하여야 한다.

⑤ 위험물을 취급하는 건축물의 창 및 출입구에 유리를 이용하는 경우에는 ( )로 하여야 한다.

⑥ 액체의 위험물을 취급하는 건축물의 바닥은 위험물이 스며들지 못하는 재료를 사용하고, 적당
한 경사를 두어 그 최저부에 ( )를 하여야 한다.

155. 제조소의 채광설비는 ( )로 하고, 연소의 우려가 없는 장소에 설치하되 채광면적을 ( )로
할 것

156. 제조소의 조명설비

① 가연성가스 등이 체류할 우려가 있는 장소의 조명등은 ( )으로 할 것

② 전선은 ( )·( )전선으로 할 것

③ 점멸스위치는 출입구 ( )부분에 설치할 것. 다만, 스위치의 스파크로 인한 화재·폭발의
우려가 없을 경우에는 그러하지 아니하다.

157. 제조소의 환기설비

① 환기는 ( )배기방식으로 할 것

② 급기구는 당해 급기구가 설치된 실의 바닥면적 ( )마다 1개 이상으로 하되, 급기구의 크기
는 ( ) 이상으로 할 것. 다만 바닥면적이 ( ) 미만인 경우에는 다음의 크기로 한다.

바닥면적	급기구의 면적
60m^2 미만	( ) 이상
60m^2 이상 90m^2 미만	( ) 이상
90m^2 이상 120m^2 미만	( ) 이상
120m^2 이상 150m^2 미만	( ) 이상

③ 급기구는 ( ) 곳에 설치하고 가는 눈의 구리망 등으로 ( )을 설치할 것

④ 환기구는 지붕위 또는 지상 ( ) 이상의 높이에 회전식 고정벤티레이터 또는 루프팬 방식으
로 설치

⑤ 배출설비가 설치되어 유효하게 환기가 되는 건축물에는 ( )를 하지 아니할 수 있고, 조명
설비가 설치되어 유효하게 조도가 확보되는 건축물에는 ( )를 하지 아니할 수 있다.

158. 제조소의 배출설비

가연성의 증기 또는 미분이 체류할 우려가 있는 건축물에는 그 증기 또는 미분을 ( )의 높은
곳으로 배출할 수 있도록 다음 각호의 기준에 의하여 배출설비를 설치하여야 한다.

① 배출설비는 ( )방식으로 하여야 한다. 다만, 다음 어느 하나에 해당하는 경우에는 ( )
방식으로 할 수 있다.

PART · 06

      ㉠ 위험물취급설비가 (　　　) 등으로만 된 경우
      ㉡ 건축물의 (　　　)·(　　　)의 분포 등의 조건에 의하여 전역방식이 유효한 경우
  ② 배출설비는 배풍기·배출 덕트·후드 등을 이용하여 (　　　)으로 배출하는 것으로 해야 한다.
  ③ 배출능력은 1시간당 배출장소 용적의 (　　　) 이상인 것으로 하여야 한다. 다만, 전역방식의
    경우에는 바닥면적 1㎡당 (　　　) 이상으로 할 수 있다.
  ④ 배출설비의 급기구 및 배출구는 다음 각목의 기준에 의하여야 한다.
     ㉠ 급기구는 (　　　) 곳에 설치하고, 가는 눈의 구리망 등으로 인화방지망을 설치할 것
     ㉡ 배출구는 지상 (　　　) 이상으로서 연소의 우려가 없는 장소에 설치하고, 배출 덕트가 관통
       하는 벽부분의 바로 가까이에 화재시 자동으로 폐쇄되는 방화댐퍼를 설치할 것
  ⑤ 배풍기는 (　　　)방식으로 하고, 옥내 덕트의 내압이 대기압 이상이 되지 아니하는 위치에 설
    치하여야 한다.

159. 제조소 옥외설비의 바닥
  ① 바닥의 둘레에 높이 (　　　)m 이상의 턱을 설치하는 등 위험물이 외부로 흘러나가지 아니하도
    록 하여야 한다.
  ② 바닥은 (　　　) 등 위험물이 스며들지 아니하는 재료로 하고, 턱이 있는 쪽이 (　　　) 경사지
    게 하여야 한다.
  ③ 바닥의 최저부에 (　　　)를 하여야 한다.
  ④ 위험물을 취급하는 설비에 있어서는 당해 위험물이 직접 배수구에 흘러들어가지 아니하도록
    집유설비에 (　　　)를 설치하여야 한다.

160. 제조소의 정전기 제거설비는 (　　　)에 의한 방법, 공기 중의 상대습도를 (　　　) 이상으로 하는
방법, 공기를 (　　　)하는 방법으로 정전기를 유효하게 제거할 수 있는 설비를 설치하여야 한다.

161. 피뢰설비는 지정수량의 (　　　) 이상의 위험물을 취급하는 제조소에 설치하여야 한다. 단,
(　　　) 위험물을 취급하는 위험물 제조소를 제외한다.

162. (　　　)는 고정된 주유설비에 의하여 자동차·항공기 또는 선박 등의 연료탱크에 직접 주유하기
위하여 위험물을 취급하는 장소를 말한다.

163. (　　　)는 점포에서 위험물을 용기에 담아 판매하기 위하여 지정수량의 40배 이하의 위험물을 취
급하는 장소를 말한다.

164. (　　　)는 배관 및 이에 부속된 설비에 의하여 위험물을 이송하는 장소를 말한다. 다만, (　　　)
에 의하여 위험물을 이송하는 경우는 제외한다.

165. 주유취급소의 고정주유설비의 주위에는 주유를 받으려는 자동차 등이 출입할 수 있도록 너비 (　　) 이상, 길이 (　　) 이상의 콘크리트 등으로 포장한 공지를 보유하여야 한다.

166. 주유공지의 바닥은 주위 지면보다 (　　) 하고, 그 표면을 적당하게 경사지게 하여 새어나온 기름 그 밖의 액체가 공지의 외부로 유출되지 아니하도록 (　　)・(　　)설비 및 (　　)장치를 하여야 한다.

167. 주유취급소에는 (　　)바탕에 (　　)문자로 "주유중엔진정지"라는 표시를 한 게시판을 설치하여야 한다.

168. 주유취급소의 고정주유설비 또는 고정급유설비의 펌프기기의 토출량

종류	토출량(분당)
제1석유류	(　　) 이하
경유	(　　) 이하
등유	(　　) 이하

169. 이동저장탱크에 주입하기 위한 고정급유설비의 펌프기기는 최대토출량이 분당 (　　) 이하인 것으로 할 수 있으며, 분당 토출량이 (　　) 이상인 것의 경우에는 주유설비에 관계된 모든 배관의 안지름을 40mm 이상으로 하여야 한다.

170. 고정주유설비 또는 고정급유설비의 주유관의 길이는 (　　) 이내로 하고 그 선단에는 축적된 정전기를 유효하게 제거할 수 있는 장치를 설치하여야 한다.

171. 현수식 주유관의 경우에는 지면위 (　　)의 수평면에 수직으로 내려 만나는 점을 중심으로 반경 (　　) 이내가 되도록 설치하여야 한다.

172. 고정주유설비 또는 고정급유설비의 위치 기준
① 고정주유설비의 중심선을 기점으로 하여 도로경계선까지 (　　) 이상
② 부지경계선・담 및 건축물의 벽까지 (　　) 이상의 거리 유지. 단, 개구부가 없는 벽까지는 (　　)
③ 고정급유설비의 중심선을 기점으로 하여 도로경계선까지 (　　) 이상
④ 부지경계선 및 담까지 (　　) 이상
⑤ 건축물의 벽까지 (　　) 이상의 거리 유지. 단 개구부가 없는 벽까지는 (　　)
⑥ 고정주유설비와 고정급유설비의 사이에는 (　　) 이상의 거리 유지

173. 주유취급소의 주위에는 자동차 등이 출입하는 쪽 외의 부분에 높이 (　　) 이상의 내화구조 또는 불연재료의 담 또는 벽을 설치해야 한다.

174. 제1종 판매취급소는 저장 또는 취급하는 위험물의 수량이 지정수량의 (　　　) 이하인 판매취급소를 말한다.

175. 제2종 판매취급소는 저장 또는 취급하는 위험물의 수량이 지정수량의 (　　　) 이하인 판매취급소를 말한다.

176. 지하에 매설하는 이송취급소의 안전거리

시설물	안전거리
건축물(지하상가 내의 건축물 제외)	(　　　) 이상
지하상가 및 터널	(　　　) 이상
수도시설(위험물의 유입 우려가 있는 것)	(　　　) 이상

177. 지하에 매설하는 이송취급소의 안전거리 중 지하상가 및 터널, 수도시설의 경우 누설확산방지조치를 하는 경우 안전거리를 (　　　)의 범위 안에서 단축할 수 있다.

178. 지하에 매설하는 이송취급소의 배관은 그 외면으로부터 다른 공작물에 대하여 (　　　) 이상의 거리를 보유할 것

179. 지하에 매설하는 이송취급소 배관의 외면과 지표면과의 거리는 산이나 들에 있어서는 (　　　) 이상, 그 밖의 지역에 있어서는 (　　　) 이상으로 할 것

180. 지하에 매설하는 이송취급소의 배관은 지반의 (　　　)로 인한 손상을 받지 아니하는 적절한 깊이로 매설할 것

181. 도로 밑에 매설하는 이송취급소 배관은 그 외면으로부터 도로의 경계에 대하여 (　　　) 이상의 안전거리를 둘 것

182. 철도부지 밑에 매설하는 이송취급소 배관은 그 외면으로부터 철도 중심선에 대하여는 (　　　) 이상, 당해 철도부지의 용지경계에 대하여는 (　　　) 이상의 거리를 유지할 것. 다만, 열차하중의 영향을 받지 아니하도록 매설하거나 배관의 구조가 열차하중에 견딜 수 있도록 된 경우에는 그러하지 아니하다.

183. 철도부지 밑에 매설하는 이송취급소 배관의 외면과 지표면과의 거리는 (　　　) 이상으로 할 것

184. 지상에 설치하는 이송취급소

시설물	안전거리
• 철도 또는 도로의 경계선(공업지역 상업지역에 있는 것 제외) • 주택 또는 다수의 사람이 출입 또는 근무하는 곳	( ) 이상
• 고압가스제조시설, 고압가스저장시설, 액화산소소비시설, 액화석유가스제조시설, 액화석유가스저장시설	( ) 이상
• 학교, 병원(종합병원, 병원, 치과병원, 한방병원, 요양병원), 공연장, 영화상영관, 복지시설(아동복지시설, 노인복지시설, 장애인복지시설 등) • 공공 공지, 도시공원 • 판매시설, 숙박시설, 위락시설(연면적 1,000㎡ 이상) • 기차역 또는 버스터미널(1일 평균 2만명 이상 이용객)	( ) 이상
• 지정문화유산 및 천연기념물	( ) 이상
• 수도시설(위험물이 유입될 가능성이 있는 곳)	( ) 이상

185. ( )란 옥내에 저장하는 장소를 말한다. 단, 옥내탱크저장소 제외

186. ( )란 옥외에 있는 탱크에 위험물을 저장하는 장소를 말한다. 단, 이동탱크, 암반탱크 제외

187. ( )란 옥내에 있는 탱크에 위험물을 저장하는 장소를 말한다.

188. ( )란 지하에 매설한 탱크에 위험물을 저장하는 장소를 말한다.

189. ( )란 간이탱크에 위험물을 저장하는 장소를 말한다.

190. ( )란 차량에 고정된 탱크에 위험물을 저장하는 장소를 말한다.

191. ( )란 제2류 위험물중 황 또는 인화성고체, 제4류 위험물 중 제1석유류·알코올류·제2석유류·제3석유류·제4석유류 및 동식물유류, 제6류 위험물을 옥외에 저장하는 장소를 말한다.

192. ( )란 암반내의 공간을 이용한 탱크에 액체의 위험물을 저장하는 장소를 말한다.

193. 옥내저장소의 저장창고는 위험물의 저장을 전용으로 하는 ( )된 건축물로 하여야 한다.

194. 옥내저장소의 저장창고는 지면에서 처마까지의 높이가 ( ) 미만인 단층건물로 하고 그 바닥을 지반면보다 ( ) 하여야 한다.

195. 옥내저장소 중 제2류 또는 제4류의 위험물만을 저장하는 창고로서 벽·기둥·보 및 바닥을 (　　　)로 하고, 출입구에 (　　　)방화문·60분방화문을 설치했으며, 피뢰침을 설치한 창고의 경우에는 높이 (　　　) 이하로 할 수 있다.

196. 옥내저장소 저장창고의 바닥면적의 기준면적(하나의 창고 기준)

위험물을 저장하는 창고	기준면적
① 제1류 위험물 중 아염소산염류, 염소산염류, 과염소산염류, 무기과산화물 그 밖에 지정수량이 50kg인 위험물 ② 제3류 위험물 중 칼륨, 나트륨, 알킬알루미늄, 알킬리튬 그 밖에 지정수량이 10kg인 위험물 및 황린 ③ 제4류 위험물 중 특수인화물, 제1석유류 및 알코올류 ④ 제5류 위험물 중 유기과산화물, 질산에스터류 그 밖에 지정수량이 10kg인 위험물 ⑤ 제6류 위험물	(　　　) 이하
‘①’ ～ ‘⑤’ 외의 위험물을 저장하는 창고	(　　　) 이하

197. 옥외탱크저장소의 보유공지

저장 또는 취급하는 위험물의 최대수량	공지의 너비
지정수량의 500배 이하	(　　　) 이상
지정수량의 500배 초과 1,000배 이하	(　　　) 이상
지정수량의 1,000배 초과 2,000배 이하	(　　　) 이상
지정수량의 2,000배 초과 3,000배 이하	(　　　) 이상
지정수량의 3,000배 초과 4,000배 이하	(　　　) 이상
지정수량의 4,000배 초과	당해 탱크의 수평단면의 최대지름과 높이 중 큰 것과 같은 거리 이상. 다만, 30m 초과의 경우에는 (　　　) 이상으로 할 수 있고, 15m 미만의 경우에는 (　　　) 이상으로 하여야 한다.

198. 제6류 위험물 외의 위험물을 저장 또는 취급하는 옥외저장탱크를 동일한 방유제 안에 2개 이상 인접하여 설치하는 경우 그 인접하는 방향의 기준 보유공지의 (　　　) 이상의 너비로 할 수 있다. 이 경우 보유공지의 너비는 (　　　) 이상이 되어야 한다.

199. 제6류 위험물을 저장 또는 취급하는 옥외저장탱크는 보유공지의 (　　　) 이상의 너비로 할 수 있다. 이 경우 보유공지의 너비는 (　　　) 이상이 되어야 한다.

200. 옥외탱크저장소 방유제의 용량은 방유제 안에 설치된 탱크가 하나인 때에는 그 탱크 용량의 (　　　) 이상, 2기 이상인 때에는 그 탱크 중 용량이 최대인 것의 용량의 (　　　) 이상으로 할 것

201. 옥외탱크저장소 방유제는 높이 (　　　) 이상 3m 이하, 두께 (　　　) 이상, 지하매설깊이 (　　　) 이상으로 할 것

202. 옥외탱크저장소 방유제 내의 면적은 (   ) 이하로 하며, 방유제 내에 설치하는 옥외저장탱크의 수는 (   ) 이하로 할 것

203. 옥외탱크저장소 방유제 외면의 2분의 1 이상은 자동차 등이 통행할 수 있는 (   ) 이상의 노면 폭을 확보한 구내 도로에 직접 접하도록 할 것

204. 옥외탱크저장소 방유제에는 그 내부에 고인 물을 외부로 배출하기 위한 배수구를 설치하고 이를 개폐하는 밸브 등을 방유제의 (   )에 설치할 것

205. 높이가 1m를 넘는 방유제 및 간막이 둑의 안팎에는 방유제내에 출입하기 위한 계단 또는 경사로를 약 (   )마다 설치할 것

206. 제1류 위험물 중 아염소산염류, 염소산염류, 과염소산염류, (   ) 그 밖에 지정수량이 (   ) 인 위험물은 위험등급 I 이다.

207. 제3류 위험물 중 칼륨, 나트륨, 알킬알루미늄, 알킬리튬, (   ) 그 밖에 지정수량이 (   ) 또는 (   )인 위험물은 위험등급 I 이다.

208. 제4류 위험물 중 (   )은 위험등급 I 이다.

209. 제5류 위험물 중 지정수량이 (   )인 위험물은 위험등급 I 이다.

210. 제6류 위험물은 위험등급(   )이다.

211. 제1류 위험물 중 브로민산염류, (   ), 아이오딘산염류, 그 밖에 지정수량이 (   )인 위험물은 위험등급 II 이다.

212. 제2류 위험물 중 (   ), 적린, 황, 그 밖에 지정수량이 (   )인 위험물은 위험등급 II 이다.

213. 제3류 위험물 중 알칼리금속 및 알칼리토금속, 유기금속화합물 그 밖에 지정수량이 (   )인 위험물은 위험등급 II 이다. 단, 알킬알루미늄 및 알킬리튬을 제외한다.

214. 제4류 위험물 중 제1석유류 및 (   )는 위험등급 II 이다.

215. 화학소방자동차에 갖추어야 하는 소화능력 및 설비의 기준

화학소방자동차의 구분	소화능력 및 설비의 기준
포수용액 방사차	포수용액의 방사능력이 매분 (　　) 이상일 것
	소화약액탱크 및 소화약액(　　)를 비치할 것
	(　　) 이상의 포수용액을 방사할 수 있는 양의 소화약제를 비치할 것
분말 방사차	분말의 방사능력이 매초 (　　) 이상일 것
	분말탱크 및 (　　)가스설비를 비치할 것
	(　　) 이상의 분말을 비치할 것
할로젠화합물 방사차	할로젠화합물의 방사능력이 매초 (　　) 이상일 것
	할로젠화합물탱크 및 (　　)가스설비를 비치할 것
	(　　) 이상의 할로젠화합물을 비치할 것
이산화탄소 방사차	이산화탄소의 방사능력이 매초 (　　) 이상일 것
	이산화탄소(　　)를 비치할 것
	(　　) 이상의 이산화탄소를 비치할 것
제독차	가성소다 및 규조토를 각각 (　　) 이상 비치할 것

216. 옥내저장소에서는 용기에 수납하여 저장하는 위험물의 온도가 (　　)를 넘지 아니하도록 필요한 조치를 강구하여야 한다.

217. 보냉장치가 있는 이동저장탱크에 저장하는 아세트알데하이드등 또는 다이에틸에터등의 온도는 당해 위험물의 (　　) 이하로 유지하여야 한다.

218. 고인화점 위험물이란 인화점이 (　　) 이상인 제4류 위험물을 말한다.

219. 옥외탱크저장소의 밸브 없는 통기관의 경우 인화점이 (　　) 미만인 위험물만을 저장 또는 취급하는 탱크에 설치하는 통기관에는 (　　)방지장치를 설치한다.

220. 옥외탱크저장소의 대기밸브 부착 통기관은 (　　) 이하의 압력 차이로 작동할 수 있어야 한다.

221. 옥외탱크저장소의 밸브 없는 통기관의 끝부분은 수평면보다 (　　) 이상 구부려 빗물 등의 침투를 막는 구조로 한다.

222. 옥외탱크저장소의 밸브 없는 통기관의 지름은 (　　) 이상이어야 한다.

223. 지하탱크저장소의 탱크의 주위에 마른 모래 또는 습기 등에 응고되지 아니하는 입자지름 (　　) 이하의 마른 자갈분을 채워야 한다.

224. 지하탱크저장소의 지하저장탱크와 탱크전용실의 안쪽과의 사이는 (　　) 이상의 간격을 유지하도록 한다.

225. 지하탱크저장소에서 위험물을 저장 또는 취급하는 지하탱크는 지면하에 설치된 (　　)에 설치하여야 한다.

226. 지하탱크저장소의 탱크전용실은 지하의 가장 가까운 벽·피트·가스관 등의 시설물 및 대지경계선으로부터 (　　) 이상 떨어진 곳에 설치한다.

227. 지하저장탱크의 주위에는 당해 탱크로부터의 액체위험물의 누설을 검사하기 위한 관을 (　　)관으로 할 것. 다만, (　　)이 없는 상부는 단관으로 할 수 있다.

228. 지하저장탱크의 주위에는 당해 탱크로부터의 액체위험물의 누설을 검사하기 위해 관의 밑부분으로부터 탱크의 중심 높이까지의 부분에는 (　　)이 뚫려 있을 것. 다만, 지하수위가 높은 장소에 있어서는 지하수위 높이까지의 부분에 (　　)이 뚫려 있어야 한다.

229. 지하저장탱크의 주위에는 당해 탱크로부터의 액체위험물의 누설을 검사하기 위해 (　　)는 물이 침투하지 아니하는 구조로 하고, 뚜껑은 (　　)시에 쉽게 열 수 있도록 할 것

230. 이동저장탱크는 그 내부에 (　　) 이하마다 (　　) 이상의 강철판 또는 이와 동등 이상의 강도·내열성 및 내식성이 있는 금속성의 것으로 칸막이를 설치하여야 한다.

231. 고객이 직접 주유하는 주유취급소의 주유노즐은 자동차 등의 연료탱크가 가득 찬 경우 (　　)으로 정지시키는 구조이어야 한다.

232. 고객이 직접 주유하는 주유취급소의 주유호스는 (　　) 이하의 하중에 의하여 깨져 분리되거나 이탈되어야 하고, 깨져 분리되거나 이탈된 부분으로부터의 위험물 (　　)을 방지할 수 있는 구조일 것

233. 고객이 직접 주유하는 주유취급소의 1회의 연속주유량 및 주유시간의 (　　)을 미리 설정할 수 있는 구조일 것

234. 제1종 판매취급소의 출입구 문턱의 높이는 바닥면으로부터 (　　) 이상으로 한다.

235. 제조소등에는 화재발생시 소화가 곤란한 정도에 따라 그 소화에 (　　)이 있는 소화설비를 설치하여야 한다.

236. 주유취급소 중 건축물의 2층 이상의 부분을 점포·휴게음식점 또는 전시장의 용도로 사용하는 것과 옥내주유취급소에는 (   )를 설치하여야 한다.

237. 지정수량의 10배 이상의 위험물을 저장 또는 취급하는 제조소등에는 화재발생시 이를 알릴 수 있는 (   )를 설치하여야 한다. 단, 이동탱크저장소 제외

238. 지정수량의 10배 이상의 위험물을 저장 또는 취급하는 제조소등에 설치하는 경보설비는 (   )·(   )·(   ) 및 (   )로 구분하여 제조소등별로 그에 맞게 설치하여야 한다. 단, 이동탱크저장소 제외

239. 일반취급소 중 연면적 (   ) 이상인 경우는 소화난이도 등급 I의 제조소등이다.

240. 옥내저장소 중 처마높이가 (   ) 이상인 단층건물의 경우는 소화난이도 등급 I의 제조소등이다.

241. 옥외탱크저장소 중 지정수량의 (   ) 이상의 고체위험물을 저장하는 경우는 소화난이도 등급 I의 제조소등이다.

242. 암반탱크저장소 중 지정수량의 (   ) 이상의 고체위험물만을 저장하는 경우는 소화난이도 등급 I의 제조소등이다.

243. 위험물의 운반에 관한 기준 중 적재방법
① 하나의 (   )에는 다른 종류의 위험물을 수납하지 아니할 것
② 고체 위험물은 운반용기 내용적의 (   ) 이하의 수납율로 수납할 것
③ 액체 위험물은 운반용기 내용적의 (   ) 이하의 수납율로 수납하되, 55 ℃의 온도에서 누설되지 아니하도록 충분한 공간용적을 유지하도록 할 것
④ 자연발화성물질 중 알킬알루미늄등은 운반용기 내용적의 (   ) 이하의 수납율로 수납하되, (   )의 온도에서 (   ) 이상의 공간용적을 유지하도록 할 것
⑤ 위험물이 온도변화 등에 의하여 누설되지 아니하도록 운반용기를 (   )하여 수납할 것

244. 소화설비의 설치기준
① 위험물은 지정수량의 (   )를 1소요단위로 할 것
② 저장소의 건축물은 외벽이 내화구조인 것은 연면적 (   )를 1소요단위로 할 것
③ 제조소등에 전기설비가 설치된 경우에는 당해 장소의 면적 (   )마다 소형수동식소화기를 1개 이상 설치할 것
④ 옥내소화전은 제조소등의 건축물의 층마다 당해 층의 각 부분에서 하나의 호스접속구까지의 수평거리가 (   ) 이하가 되도록 설치할 것

소방학개론

정답 및 해설

01 연소의 개념 정답 및 해설

1. 연소란 가연물이 공기 중의 산소(O_2) 등과 반응하여 열과 빛을 발생하면서 (산화)하는 현상을 말한다.

2. 완전연소는 공기 중에 산소(O_2)의 공급이 (충분)할 때 일어나며, 불완전연소는 공기 중의 산소(O_2)가 (불충분)할 때 일어난다.

3. 액체나 고체의 경우에는 공기의 공급에 따라서 주어진 산소의 양만큼만 연소하게 되므로 (비정상연소)는 일어나지 않지만 기체의 연소의 경우에는 산소가 공급되는 방법에 따라 (정상연소) 또는 (비정상연소)를 하게 된다.

4. 주로 완전연소 시에는 (이산화탄소)가 불완전연소 시에는 (일산화탄소)가 발생하며, 이산화탄소의 연기의 색상은 (백색), 일산화탄소의 연기 색상은 (흑색)을 나타낸다.

5. 가연물질을 실제로 완전연소하려면 (이론공기량)보다 많은 공기가 필요하다. 실제공기량($A°$)이란 이때의 공기량을 말한다.

6. 이론공기량(A)의 산출공식은 $\dfrac{\text{이론산소량}}{0.21}$ 이다.

7. 가연성 가스를 공기 중에서 연소시킬 때 공기 중의 산소농도 증가 시 점화에너지는 <u>작아진다</u>. [×]

8. 불완전연소의 원인은 주위의 온도가 너무 낮기 때문이다. [○]

9. 가연성가스인 탄화수소계(C_mH_n)을 완전연소시키면 이산화탄소(CO_2)와 물(H_2O)이 발생된다. [○]

10. 탄화수소계의 완전연소 방정식 : $C_mH_n + (m + \dfrac{n}{4})O_2 \rightarrow (m)CO_2 + \dfrac{n}{2}H_2O$

11. 탄화수소계 가연성가스 중 산소원소(O)를 포함한 경우의 완전연소식 :

$C_mH_nO_L + (m + \dfrac{n}{4} - \dfrac{L}{2})O_2 \rightarrow mCO_2 + \dfrac{n}{2}H_2O$

12. 파라핀계 탄화수소의 탄소 수가 증가할수록 연소범위는 좁아지고, 연소속도는 늦어진다. [○]

13. 파라핀계 탄화수소의 탄소 수가 증가할수록 열과 닿는 표면적이 증가하여 발화점이 <u>낮아지고</u>, 위험도는 <u>커진다</u>. [×]

14. 최소산소 농도(MOC) = 완전연소를 위한 산소의 몰수 × 연소범위의 (하한계) 값

15. 연소불꽃의 색상에 따른 온도는 암적색은 (700)℃, 휘적색은 (950)℃, 휘백색은 (1,500)℃이다.

16. 인화점은 연소범위에서 외부의 직접적인 점화원에 의하여 인화될 수 있는(불이 붙을 수 있는) 최저 온도를 말한다. [○]

17. 액체가연물의 인화점은 다이에틸에터는 (−40)℃, 휘발유는 (−20)℃~−43℃, 벤젠은 (−11)℃, 등유는 (30)℃~60℃, 중유는 (60)℃~150℃이다.

18. 발화점은 외부의 직접적인 점화원 없이 가열된 열의 축적에 의하여 발화가 되고 연소가 시작되는 최저온도, 즉 점화원 없이 <u>스스로</u> 불이 붙을 수 있는 최저온도를 말한다. [○]

19. 화학적 활성도가 <u>클수록</u>, 활성화 에너지가 작을수록, 금속의 열전도율이 낮을수록 발화점은 낮아진다. [×]

20. 가연성가스와 공기의 조성비와 발화를 일으키는 공간의 형태와 크기는 발화점에 영향을 미치는 요인이다. [○]

21. (연소점)이란 점화원을 제거해도 연소상태가 지속될 수 있는 온도를 말한다.

22. 열이 물질에 가해졌을 때 상(기체·액체·고체)의 변화는 없으며 온도의 변화만을 가지는 열을 (현열)이라 한다.

23. 일반적으로 온도가 (10)℃ 상승하면 연소속도는 2~3배 정도 빨라진다.

24. (연소범위)란 공기 중 산소와 가연성증기가 혼합된 상태에서의 증기부피를 말하며, 공기 중 연소에 필요한 혼합가스 농도범위를 의미하는 것이다.

25. (CO)의 연소범위는 압력이 증가하면 반대로 좁아지고, (H_2)의 연소범위는 압력이 낮거나 높을 때 일시적으로 좁아진다.

26. 대체적으로 온도와 압력이 상승하면 연소범위가 넓어져 (위험성)은 증가한다.

27. 불활성가스를 첨가할수록 연소범위는 좁아진다. [○]

28. 가연성 기체의 위험도를 구하는 공식은 $\dfrac{상한계 - 하한계}{(하한계)}$ 이다.

29. 연소의 3요소는 가연물, 산소공급원, (점화원)이고, 3요소에 (연쇄반응)이 일어나면 4요소이다.

30. 가연성가스는 수소, 일산화탄소, 천연가스, 암모니아, 부탄, 메탄, 에탄, 프로판 등이다. [O]

31. 조연성(지연성)가스는 산소, 공기, 염소, 오존, 불소 등이고, <u>사이안화수소</u>는 가연성이다. [×]

32. 점화원의 종류

구분	종류
(열적 점화원)	고온표면, 적외선, 복사열 등
(기계적 점화원)	단열압축(압축열), 충격 및 마찰(마찰불꽃·스파크)
(화학적 점화원)	연소열, 용해열, 분해열, 생성열, 자연발화에 의한 열
(전기적 점화원)	정전기, 낙뢰, 전기불꽃, 유도열, 유전열, 저항열, 아크열

33. 제1석유류인 가솔린은 인화점이 섭씨 $-43℃{\sim}-20℃$로써 전기 (부도체)이며 공유결합으로 인해서 500㎖ 비커에 20㎖의 가솔린을 넣은 후 담뱃불을 던져도 (연소하지 않는다).

34. 정전기 방지 대책으로는 공기 중의 상대습도를 (70)% 이상으로 높인다.

35. 햇빛에 방치한 기름걸레는 (산화열)이 축적되어 자연발화를 일으킬 수 있다.

36. 연소범위 안에 있는 가연성기체가 공기와 혼합하여 발화하는 데 필요한 최소한의 에너지를 최소발화에너지(M.I.E : Minimum Ignition Energy)라 한다. [O]

37. 농도가 높으면 (분자) 간의 거리가 가까워져 최소발화에너지는 (작아)진다.

38. 가연성가스의 조성이 (화학양론적 농도) 부근일 경우 최소발화에너지가 최저가 된다.

39. (확산연소)란 가연성가스를 가스버너 주변으로 확산시켜서 산소와 접촉하도록 하면 연소범위의 혼합가스를 생성하면서 연소하는 형태를 말하며 발염연소라고도 한다.

40. 예혼합연소는 발생되는 화염은 짧고 고온이며 확산연소보다 반응속도, 즉 연소속도가 더 빠르게 진행된다. [O]

41. (증발연소)란 액체 가연물의 가장 일반적인 연소형태로 액체 가연물질이 액체 표면에 발생한 가연성 증기와 공기가 혼합된 상태에서 연소가 되는 형태를 말한다.

42. (분무연소)란 점도가 높고 비휘발성인 액체의 점도를 낮추어 버너를 이용하여 액체의 입자를 안개상태로 분출하여 표면적을 넓게 함으로써 공기와의 접촉면을 많게 하여 연소시키는 형태를 말한다.

43. 파라핀(양초), 왁스, 고형알코올, 나프탈렌($C_{10}H_8$), 황(S) 등은 증발연소를 한다. [O]

44. (표면연소)란 휘발성이 없는 고체 가연물이 고온 시 (열분해)나 증발 없이 표면에서 가연성가스를 발생시키지 않고 산소와 급격히 산화 반응하여 그 (물질 자체)가 불꽃이 없이 연소하는 형태로서 가연물이 (빨갛게) 되며, 불꽃연소에 비하여 연소속도가 느리다.

45. 표면연소는 화학적소화(부촉매·억제 소화)가 <u>없다</u>. [×]

46. 고체가연물의 (분해연소)란 불꽃연소의 한 형태로 가연성 고체가 뜨거운 열을 만나 으스러지면서 분해생성물이 공기와 혼합기체를 만들어 연소하는 현상이다.

47. 자기연소란 가연물의 분자 내에 (산소)를 함유하고 있어 열분해에 의해 가연성가스와 (산소)를 동시에 발생시키므로 공기 중 (산소) 없이 자체의 (산소)에 의해 연소하는 형태를 말한다.

48. 유염연소와 무염연소
① 불꽃연소 = 유염연소 = 표면화재 = 발염연소 = 화염연소, <u>훈소화재는 무염연소이다.</u> [×]
② 불씨연소 = 무염연소 = 표면연소 = 직접연소 = 백열연소 = 작열연소 = 응축연소 = 심부화재 [O]

02 열의 전달 정답 및 해설

49. 전도(Conduction)란 (고체) 또는 정지 상태의 (유체)의 열전달 방식으로 물질의 이동 없이 고온의 물체와 저온의 물체를 (직접 접촉)시킬 때 고온의 물체에서 활발하게 일어나는 분자운동이 접촉면에서 분자들의 (충돌)로 저온 물체의 분자운동을 활발하게 하여 에너지가 전달되는 현상이다.

50. 전도의 열전달속도는 열전도율, 열전달(면적) 또는 전열면, 고온측과 저온측의 (온도차)에 비례하고, 열이 전달되는 길이 및 두께차에 (반비례)한다.

51. 푸리에(Fourier)의 전도법칙

$$Q = K \cdot (A) \cdot \frac{T_1 - T_2}{(L)}[W]$$

Q : 열전달량$[W = j/s = cal/s]$, K : 열전도도$[W/(m \cdot ℃)]$, A : 표면적(m^2), T_1 : 내부온도$(℃)$, T_2 : 나중 온도$(℃)$, L : 벽두께(m)

52. 대류(Convection)란 액체 또는 기체와 같은 유체에서 생기는 밀도 차이에 의한 분자들의 흐름을 통한 열전달 방식이다. [O]

53. 대류는 기체나 액체의 온도가 다를 때 그 물질 순환 운동에 따라 유체열이 이동하는 현상으로 열에 의한 공기 등이 더워지면 가벼운 공기(밀도값이 작은 공기)는 상부로 올라가고 천장 등에 체류하는 무거운 공기(밀도값이 큰 공기)는 아래부분에 존재하는 열 교환현상이다. [O]

54. 뉴턴(Newton)의 냉각 법칙에 의한 대류열유속

$$Q = h \cdot (A) \cdot [T_2 - (T_1)]$$

Q : 열 전달량$[W = j/s = cal/s]$, h : 대류계수$[W/(m \cdot ℃)]$, A : 표면적(m^2), $T_2 - T_1$: 온도차$(℃)$

55. 복사(Radiation)란 열이 매질을 통하지 않고 직접 전자파의 형태로 전달되는 현상을 말한다. [O]

56. 슈테판–볼츠만의 법칙에 따르면 복사체로부터 방사되는 복사열은 열전달 면적에 (비례)하고, 절대온도의 (4제곱)에 비례한다.

57. 복사열유속$(q'') = \dfrac{X_r \cdot (Q)}{4\pi (r)^2} = \dfrac{복사분율(X_r) \times 화염의\ 열방출률(Q)}{4 \times 원주율(\pi) \times 거리(r)^2}$

・q'' : 복사열유속, Q : 화염의 열방출률, X_r : 복사분율, π : 원주율, r : 원의 중심으로부터의 거리

58. (비화 : Fire Sporting, 불티)란 불티나 불꽃이 기류를 타고 다른 가연물로 전달되어 화재가 일어나는 것을 말한다.

59. (역화 : Back fire)란 기체연료를 연소시킬 때 발생되는 이상연소 현상으로서 연료의 분출속도가 연소속도 보다 느릴 때 불꽃이 연소기의 내부로 빨려 들어가 혼합관 속에서 연소하는 현상을 말한다.

60. 역화의 주요 원인으로는 버너가 (과열)되어 있거나 노즐의 부식으로 분출구멍이 (커진) 경우 또는 (연소속 도)보다 혼합가스의 (분출속도)가 느릴 때가 있다.

61. (선화 : Lifting)란 기체연료를 연소시킬 때 연료가스의 분출속도가 연소속도보다 빠를 때 불꽃이 버너의 노즐에서 떨어져서 연소하는 현상을 말한다.

62. (블로우오프 : blow－off)란 선화 상태에서 연료가스의 분출속도가 증가하거나 주위 공기의 유동이 심하면 화염이 노즐에 정착하지 못하고 떨어져 화염이 꺼지는 현상을 말한다.

63. (황염)이란 불꽃의 색이 적황색으로 되는 현상으로 가스연소 시 공기량의 조절이 적정하지 못하여 완전연 소가 이루어지지 않을 때 발생하는 현상이다. (황염)은 분출하는 기체연료와 공기의 화학양론비에서 공기 량이 적을 때 발생한다.

64. (주염)은 가연성가스가 완전연소하면서 바람을 타고 흘러가는 현상을 말한다.

65. (아보가드로의 법칙)은 모든 기체는 같은 온도와 압력에서 같은 부피 속에는 같은 수의 기체입자 (분자)가 들어 있다는 법칙이다.

66. 모든 기체에서 1mol = 부피 (22.4)L(0℃, 1atm) = 원자, 분자, 이온 등의 개수 6.02×10^{23}개

67. 기체의 압력이 일정할 때 온도가 1℃ 올라가면 0℃일 때 기체 부피의 (1/273)만큼 부피가 증가한다.

68. H_2O 분자의 1mol의 질량은 (18)g이다.

69. CO_2 분자의 1mol 질량은 (44)g이다.

70. (보일의 법칙)은 일정한 온도에서 기체의 부피는 압력에 반비례한다는 법칙이다.

71. (샤를의 법칙)은 일정한 압력에서 기체의 부피는 절대온도에 비례한다는 법칙이다.

72. 보일－샤를의 법칙은 일정량의 기체의 체적은 압력에 (반비례)하고, 절대온도에 (비례)한다는 법칙이다.

73. 이상기체는 (비압축성)이며, 점성이 없는 유체로 가정한다.

74. (현열)은 열의 출입이 상변화에 사용되지 않고 온도변화 현상으로 나타나는 열이다.

75. (잠열)은 열의 출입이 온도변화 현상으로 나타나지 않고 상변화로 흡수, 방출되는 열이다.

76. (환원 : Reduction)은 분자, 원자 또는 이온이 산소를 잃거나 수소 또는 전자를 얻는 것을 말한다.

77. (산화 : Oxidation)는 분자, 원자 또는 이온이 산소를 얻거나 수소 또는 전자를 잃는 것을 말한다.

78. 탄화수소계 연소방정식 : $C_mH_n + (m + \dfrac{(n)}{4})O_2 \rightarrow (m)CO_2 + \dfrac{n}{2}H_2O$

79. 탄화수소계 연소방정식 : $C_mH_nO_L + (m + \dfrac{(n)}{4} - \dfrac{(L)}{2})O_2 \rightarrow mCO_2 + \dfrac{n}{2}H_2O$

80. 황의 연소반응식 : $S + O_2 \rightarrow (SO_2)$

81. 마그네슘의 연소식 : $2Mg + O_2 \rightarrow (2MgO)$

82. 이황화탄소의 연소반응식 : $CS_2 + 3O_2 \rightarrow (CO_2) + (2SO_2)$

83. 아세톤의 연소반응식 : $CH_3COCH_3 + (4)O_2 \rightarrow (3)CO_2 + 3H_2O$

84. 프로판올의 완전연소반응식 : $C_3H_7OH + (4.5)O_2 \rightarrow 3CO_2 + 4H_2O$

85. 연소하기 위해 필요한 물적조건은 발화하기 위한 (연소범위)를 말하며, 에너지조건은 발화하기 위한 (최소 발화에너지)를 말한다.

86. 연소조건

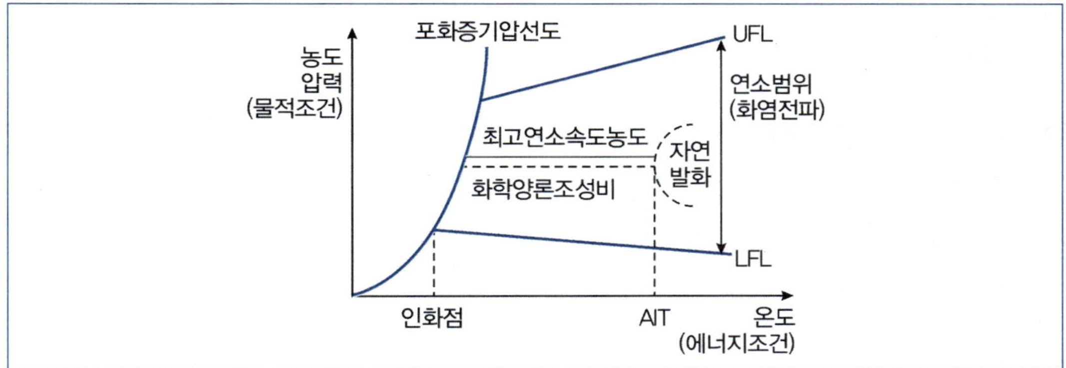

A : 화학양론조성비, B : 최고연소속도농도,   C : 자연발화

87. [연소하한계(LFL)]는 공기 중 가장 낮은 농도에서 연소할 수 있는 부피로서 조연성 가스는 많고 가연성가스는 적은 상태, 그 이하에서는 연소할 수 없는 한계치를 말한다. 따라서 연소하한계를 가연물의 (최저 용량비)라 한다.

88. [연소상한계(UFL)]는 공기 중에서 높은 농도에서 연소할 수 있는 부피로서 조연성 가스는 적고 가연성가스는 많은 상태, 그 이상에서는 연소할 수 없는 한계치이기도 하다. 따라서 연소 상한계를 가연물의 (최대 용량비)라 한다.

89. 연소 시 온도가 높은 경우 기체분자의 운동이 증가하여, 분자 간의 (충돌) 및 반응성이 활발해지며, (연소범위)가 넓어진다.

90. 연소 시 온도가 높아지면 열의 (발열)속도가 (방열)속도보다 크게 되어 연소범위가 넓어진다.

91. 연소 시 압력이 높아지면 분자 간 평균거리가 (짧아)지고, 유효충돌 횟수가 늘어나서 대체적으로 (연소범위)가 넓어진다. (CO와 H_2는 예외)

92. 연소 시 정촉매 첨가 시 (최소발화에너지)는 낮아지고, (연소범위)는 넓어지고, (부촉매) 첨가 시 최소발화 에너지는 높아지고, 연소범위는 좁아진다.

93. 혼합기체의 연소하한계를 르샤틀리에 공식에 의해 구할 때 혼합기체의 부피비율이 A기체 60vol%, B기체 30vol%, C기체 10vol%이고, 연소하한계는 A기체 3.0vol%, B기체 1.5vol%, C기체 1.0vol%이면 혼합기체의 하한계는 (2.0)vol%이다.

$$* \text{혼합기체의 하한계} = \frac{V_1 + V_2 + V_3 + \cdots}{\dfrac{V_1}{L_1} + \dfrac{V_2}{L_2} + \dfrac{V_3}{L_3} + \cdots} \text{ 이다. 따라서 } \frac{60 + 30 + 10}{\dfrac{60}{3} + \dfrac{30}{1.5} + \dfrac{10}{1}} = 2$$

94. (증기 – 공기밀도)란 어떤 온도와 압력에서 액체와 평형상태에 있는 증기와 공기의 혼합물이 보여주는 기체 비중을 말한다.

95. (최소발화에너지)란 불꽃에 의해 가연성 혼합기를 발화시키는 데 필요한 최소한의 에너지로 가연성가스나 증기를 발화시키는 데 필요한 최소한의 에너지를 말한다.

96. (인화점)이란 점화원에 의해 발화가 일어나는 최저온도로서 가연성 혼합기를 형성하는 고체 및 액체의 최저온도를 말하며 외부에너지를 제거하면 연소는 멈춘다.

97. 인화점 측정 시험방법은 밀폐식과 개방식으로 구분하며, 밀폐식의 경우 (태그 밀폐식), (신속평형법), (펜스키마텐스 밀폐식)의 방법으로, 개방식의 경우 (클리브랜드 개방식)으로 측정한다.

98. (연소점)이란 액체의 온도가 인화점을 넘어서 상승하면 점화원을 제거하여도 자발적으로 5초 이상 연소를 지속할 수 있는 온도로, 인화점보다 일반적으로 5~10℃ 높다.

99. (발화점)이란 외부의 직접적인 점화원 없이 스스로 발화하는 최저온도이다.

100. (화학양론 조성비)란 상온, 상압의 가연성가스에서 완전연소에 필요한 농도비율을 말하며, C_{st}[vol%]로 나타낸다.

101. 화학양론조성비 부근일 때 최소발화에너지는 (최소)가 되고, 연소속도는 (증가)한다.

102. $C_{st}[vol\%] = \dfrac{연료몰수}{(연료몰수) + (이론공기몰수)} \times 100\%$

103. 단일 물질의 경우 존슨법칙상의 연소 하한계의 계산식은 $(0.55)C_{st}$이고, 상한계는 $(3.5)C_{st}$이다.

104. (최소산소농도)란 예혼합 연소에서 화염을 전파하기 위한 최소산소농도로 연소를 지속하기 위한 최저농도이다.

105. MOC = 산소몰수 × (LFL 또는 연소하한계)

106. 가연성혼합기에 불연성가스 등을 첨가하면 MOC는 (감소)한다.

107. 물질이 연소하기 위해서는 최소한의 산소농도가 필요한데 이를 [한계 산소 지수(LOI : Limit Oxygen Index)]라 하고 섬유제품의 난연성 평가 방법으로 이용된다.

108. LOI가 (작을)수록 가연물 구비조건이 좋다.

109. (화염일주한계)란 폭발성 가스용기 내부에서 생성된 화염이 용기의 좁은 틈을 통하여 주변의 위험물을 점화시키지 않는 최대틈새를 말한다.

110. 가스폭발 3등급은 수소, 수성가스, 아세틸렌, 이황화탄소 등이다. [○]

111. 인화점, 발화점, 비점, 융점, 점성은 낮을수록 위험도가 증가한다. [○]

112. 열전도율, 활성화 에너지는 낮을수록 위험도가 증가하고, 화학적 활성도는 높을수록 위험도가 증가한다. [×]

04 연기 이론 정답 및 해설

113. (연기)란 기체 가운데 완전연소되지 않은 가연물이 고체 미립자가 되어 떠돌아다니는 상태이다.

114. 연기의 이동속도는 수평방향은 (0.5~1m/sec), 수직방향은 (2~3m/sec), 계단실은 (3~5m/sec)이다.

115. 감광계수법에 따른 연기의 감광계수가 (커지)면 가시거리가 짧아진다.

116. 연기로 인하여 어두침침한 것을 느낄 정도의 농도는 감광계수는 (0.5), 가시거리는 (3m)이다.

117. 연기농도 표시법은 크게 (중량농도법), (입자농도법), (투과율법) 3가지가 있다.

118. 연기농도 측정 방법은 (중량농도법), (입자농도법), (감광계수법)이 있다.

119. 연기에 (수소)가 많으면 백색연기로 변하고, (탄소)가 많으면 흑색연기로 변한다.

120. 화재 시 연기는 처음엔 (백색) 연기지만 나중에는 (흑색) 연기로 변하며, 화재 (초기) 발연양은 화재 (숙성기)의 발연양보다 많다고 할 수 있다.

121. (굴뚝효과)란 화재 시 건축물의 내부와 외부 온도차이로 공기가 유동하는 것을 말한다.

122. (중성대)란 건물화재 시 건축물 내부의 압력이 외부의 압력과 일치하는 수직적인 위치를 말한다.

123. (불연속선)이란 건물화재 시 실내 천장 쪽의 고온가스와 바닥 쪽의 찬공기의 경계선을 말한다.

124. 굴뚝효과의 영향인자로는 (화재구획실의 온도), (화재발생 건축물의 높이), (건축물 외벽의 기밀도), (건축물 내부와 외부의 온도차)가 있다.
→ 그 외에는 '각 층간의 공기누설', 'HVAC 시스템', '부력' 등이 있다.

125. 중성대의 (상부)는 열과 연기로 생존이 어렵고, (하부)는 신선한 공기가 존재하여 생존이 가능한 공간이 된다.

126. 여름철과 같이 건축물 외부가 내부보다 따뜻할 경우 들어온 공기는 하향으로 이동하게 되는데 이런 흐름을 (역 굴뚝효과)라 한다.

127. (저층건물)의 연기는 열, 대류이동, 화재압력 등이 유동 원인으로 작용한다.

128. (고층건물)의 연기는 굴뚝효과, 건물 내부와 외부 공기 사이의 온도차이가 유동 원인으로 작용한다.

129. 연소현장에서 연기를 제연하는 방식에는 (기계제연방식), (밀폐제연방식), (스모크타워제연방식), (자연제연방식)이 쓰이고 있다.

130. (제1종) 제연방식은 기계급기, 기계배기로서 급배기 균형에 주의하여 대형건물, 복합건축물 등에 주로 사용한다.

131. 자연급기, 기계배기로서 작은 공장 등에서 주로 사용되는 제연방식으로 연기의 확산을 방지하여 흡인효과를 증대시키기 위해 방연 수직 벽이나 접어올림 천장 등을 병용하는 제연 방식은 (제3종 제연방식)이다.

132. 화재 시 흡입된 (일산화탄소)는 인체 내 피속의 헤모글로빈(Hb)과 결합하여 산소운반을 저지하여 질식 사망하게 한다.

133. (황화수소)는 무색가스로서 달걀 썩은 냄새가 나며, 털, 고무, 나무, 가죽소파 등 황(S)이 함유된 물질의 불완전연소 시 발생한다.

134. (이산화황)은 산성비의 원인이기도 하며, 황(S)이 함유된 털, 고무, 나무, 가죽소파와 일부 목재류 등 물질의 완전연소 시 발생한다.

135. (암모니아)는 질소함유물이 연소할 때 발생하는 연소생성물로서 냉동시설의 냉매로 쓰인다.

136. (사이안화수소)는 질소성분을 가지고 있는 물질이 불연소할 때 발생하는 연소생성물로서 사람이 흡입하면 피속의 헤모글로빈과 결합하지 않고도 인체의 산소 이동을 막아 질식사하게 한다.

137. 포스겐은 맹독성가스로 열가소성 수지인 폴리염화비닐(PVC), 수지류 등이 연소할 때 발생되기도 하며, 일반적인 물질이 연소할 경우에는 거의 생성되지 않지만 (일산화탄소)와 (염소)가 반응하여 생성하기도 한다.

138. (염화수소)는 염소성분이 함유되어 있는 염화비닐수지(PVC), 건축물에 설치된 전선의 피복·절연재 및 배관재료 등이 연소할 때 발생되는 무색의 기체다.

139. 유독가스 허용농도

생성물질	발생조건	허용농도(TWA)
이산화탄소(CO_2)	탄소성분을 가진 가연물 등의 완전 연소 시 발생	(5,000ppm)
일산화탄소(CO)	탄소성분을 가진 가연물 등의 불완전 연소 시 발생	(50ppm)
암모니아(NH_3)	열경화성 수지, 나일론 등의 연소 시 발생	(25ppm)
황화수소(H_2S)	털, 고무, 나무, 가죽소파 등 황(S)이 함유된 물질의 불완전 연소 시 발생	(10ppm)

사이안화수소(HCN)	우레탄, 나일론, 폴리에틸렌, 고무, 모직물 등의 연소 시 발생	(10ppm)
이산화황(SO_2)	중질유, 고무, 황화합물 등의 연소 시 발생	(5ppm)
염화수소(HCl)	플라스틱, PVC 연소 시 발생	(5ppm)
플루오린화수소(HF)	합성수지인 불소계 수지의 연소 시 발생	(3ppm)
브로민화수소(HBr)	방염수지류 등이 연소할 때 발생	(3ppm)
이산화질소(NO_2)	폴리우레탄이나 질산셀룰로오스 등이 불완전연소 또는 분해될 때 발생	(1ppm)
염소(Cl)	소금물이나 액체 소금을 전기 분해시켜 얻으며, 화재 시 공기 중의 수소와 결합해 염화수소 발생	(1ppm)
포스겐($COCl_2$)	프레온 가스와 불꽃의 접촉 시 또는 폴리염화비닐(PVC), 수지류 등이 연소할 때 발생	(0.1ppm)
아크롤레인(C_3H_4O)	석유제품·유지류 등의 기름성분이 연소할 때 발생	(0.1ppm)
삼염화인(PCl_3)	인과 염소 반응에 의해 발생	(0.1ppm)

140. 일산화탄소(CO), 황화수소(H_2S), 이산화황(SO_2), 암모니아(NH_3)는 가연성이고, 포스겐($COCl_2$)은 불연성이다. [×]

> ㉠ 가연성 물질 : 일산화탄소(CO), 황화수소(H_2S), 이산화황(SO_2), 암모니아(NH_3), 사이안화수소(HCN), 아크롤레인(CH_2CHCHO), 벤젠(C_6H_6) 등
> ㉡ 불연성 물질 : 이산화탄소(CO_2), 포스겐($COCl_2$), 염화수소(HCl), 불화수소(HF), 브로민화수소(HBr)
> ㉢ 조연성 : 이산화질소(NO_2), 염소(Cl)

141. 산소농도가 14%~10%로 떨어지면 피로가 빨리 오고 판단력을 상실한다. [○]

> ㉠ 산소농도가 보통 15%로 떨어지면 근육이 말을 듣지 않는다.
> ㉡ 산소농도가 14%~10%로 떨어지면 피로가 빨리 오고 판단력을 상실한다.
> ㉢ 산소농도가 10%~6%이면 의식을 잃지만 신선한 공기 중에서 소생할 수 있다.
> ㉣ 기진한 상태에서는 산소요구량이 많아지므로 상기 농도보다 높아도 증세가 나타날 수 있다.

142. 공기온도가 120℃일 때 생존 한계시간은 15분 이하이다. [×]

공기온도 [℃]	생존 한계시간[분]
143	5 이하
120	15 이하
100	25 이하
65	60 이하

05 연소속도 정답 및 해설

143. 연소의 형태는 불꽃을 내는 유염연소와 불꽃을 내지 않는 무염연소로 구분할 수 있는데, 표면연소는 <u>무염연소</u>이다. [×]

144. 온도가 (10)℃ 증가하면 연소속도는 2~3배 정도 빨라진다.

145. 화염의 온도가 (높을)수록, 가연성 기체의 밀도와 비열은 (작을)수록, 열전도율은 (클)수록 연소속도가 빨라진다.

146. 산소의 농도가 (높을)수록, 촉매가 (많을 또는 있을)수록, 연소 후 생성된 불연성물질이 (적을)수록 연소속도가 빨라진다.

147. (연소속도)는 연소 시 화염이 미연소 혼합가스에 대하여 수직으로 이동하는 속도를 의미하며, 단위시간에 대한 단위 면적당 혼합가스($m^3/m^2 \cdot a$)으로 표현된다.

148. 화염은 이동하고 있는 미연소 가스 속을 전파해 가는데, 이러한 화염이 혼합가스를 이동하는 현상을 화염의 전파라 하고 이 경우 화염이 전파해 가는 속도를 (화염전파속도)라고 한다.

149. 화염의 속도 = 연소속도 + (미연소가스의 이동속도)

150. 화재성장속도 4단계 중 Slow ~ Medium 정도는 대부분의 대부분의 거주공간과 같은 주거시설, 업무시설 등의 공간에서 주로 발생하는데, Medium의 1MW 도달시간은 (300)초이다.

151. (화재플럼)은 화재 시 상승력이 커진 부력에 의해 연소가스와 유입공기가 상승하면서 화염이 섞인 연기기둥 형태를 나타내는 현상이다.

06 화재플럼 정답 및 해설

152. 화재플럼 영역

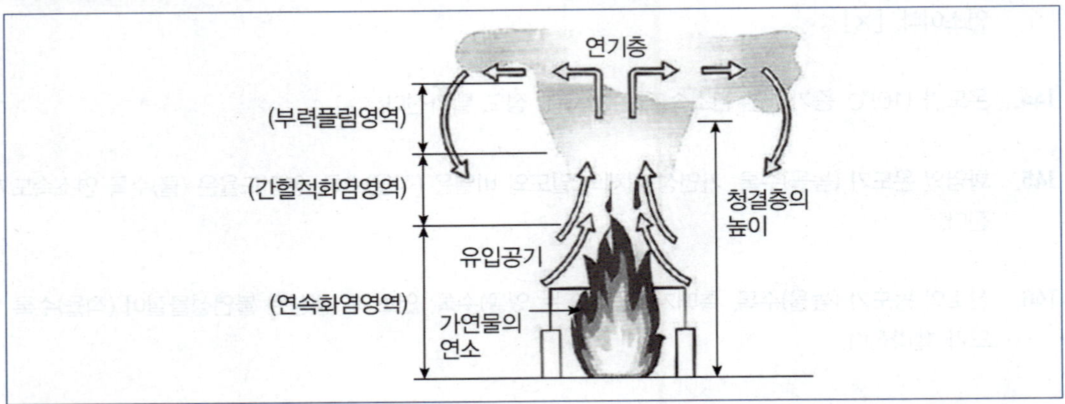

153. (천장제트흐름)이란 고온의 연소생성물이 부력에 의하여 힘을 받아 상승하며 천장면 아래에 얇은 층을 형성하는 빠른 속도의 가스흐름이다.

154. 천장제트흐름은 화재 (초기)에만 나타나는 현상으로서 흐름의 두께는 천장에서 화염까지 높이의 (5~12)% 내의 범위이다.

155. (낮은 천장)의 경우 스프링클러나 감지기가 천장으로부터 떨어진 위치가 전체 거리의 12%보다 크면 천장제트흐름의 범위 외가 되어 응답시간이 증가한다.

07 연소 특성 정답 및 해설

156. 연소불꽃의 색상에 따른 온도

연소불꽃의 색	온도[℃]	연소불꽃의 색	온도[℃]
(암적색)	700	(황적색)	1,100
(적색)	850	(백적색)	1,300
(휘적색)	950	(휘백색)	1,500

157. (난류 확산화염)은 화염 내에서의 가시성 와류에 의한 유체의 기계적인 불안정성에 따라 일어나며, (난류 확산화염)의 좋은 예는 산림화재를 들 수 있다.

158. 연료가스와 공기가 발화되어 전파되기 전에 미리 혼합된 상태에서 분출되며 연소되는 화염을 (예혼합화염)이라 한다.

159. (섭씨온도 또는 ℃)는 물의 어는점인 0℃와 끓는점인 100℃를 기준으로 한 온도 척도로서 두 기준 온도 사이에 100개의 눈금이 있기 때문에 일명 백분도 척도라 한다.

160. 물의 비점을 373.15K로 하는 온도를 (절대온도 또는 K)이라 한다.

161. (잠열)이란 물질 상태가 기체와 액체, 액체와 고체 사이에서 변화할 때 흡수 또는 방출하는 열을 말하며, 열의 출입이 있더라도 온도는 변하지 않기 때문에 숨은 열이라고도 부른다.

162. (현열)이란 열이 물질에 가해졌을 때 상(기체 · 액체 · 고체)의 변화는 없으며 온도만을 변화시키는 열을 의미한다.

163. (비열)이란 어떤 물질 1g을 섭씨 1℃ 올리는 데 필요한 열량을 말한다.

164. 물 1그램의 온도를 섭씨단위로 1℃ 올리는 데 필요한 열량은 (1)cal이다.

165. 0℃의 얼음 1g이 0℃의 물이 되려면 (80)cal, 100℃의 물 1g이 100℃의 수증기가 되려면 (539)cal가 필요하다.

166. (전도)란 열이 물체의 직접적인 접촉을 통해 고온 쪽에서 저온 쪽으로 이동하는 현상을 말한다.

167. (대류)란 공기의 운동이나 유체의 흐름에 의해 열이 이동되는 것으로 기체나 액체 간에 유체가 직접 이동하면서 열을 전달하는 현상이다.

168. (복사)란 서로 떨어져 있는 두 물체 사이에 열에너지가 전자파 형태로 물체에 복사되어 다른 물체에 전파 흡수되면 온도가 상승하여 열로 변하는 현상으로 물질을 매개체로 하지 않으며, 열이 직선 형태로 전해진다.

169. (비화)란 연소 시 불티나 불꽃이 기류를 타고 직접 관련이 없는 다른 가연물로 날아가 착화되는 현상을 말한다.

170. 에너지의 형태가 바뀌거나 다른 물체로 에너지가 이동할 때에도 전체의 에너지총량은 변화하지 않는다는 것을 (에너지보존법칙)이라 한다.

폭발 정답 및 해설

171. (폭발)이란 압력파의 전달로 폭음을 동반한 충격파를 가진 이상 팽창을 말한다.

172. 폭발의 3대 조건은 (밀폐된 공간), (점화원), (폭발범위)이고, 가스폭발의 2대 조건은 (점화원), (폭발범위)이다.

173. 폭발의 영향은 (비산), (압력), (열), (지진)이 대표적이다.

174. 폭발이란 급격한 압력의 발생, 해방의 결과로 그 현상이 격렬하게 폭음을 동반한 이상 팽창 현상으로 크게는 (물리적인 폭발)과 (화학적 폭발)로 구분하며, 물리적 상태에 따라 (응상폭발)과 (기상폭발)로 구분한다.

175. (물리적 폭발)이란 물질의 상변화에 의해 발생하는 폭발로 화학적 변화는 없으며, 화염을 동반하지 않는 경우가 많다.

176. 물리적 폭발의 종류 5가지 이상 : ① 과압 또는 과충전에 의한 고압용기 파열에 의한 폭발, ② 탱크의 감압장치 파손에 의한 폭발, ③ 진공용기의 압괴(압력밥솥 폭발 등), ④ 증기폭발, ⑤ 수증기폭발, ⑥ 폭발적 증발, ⑦ 폭발성 화합물의 폭발, ⑧ 혼합위험성 물질에 의한 폭발

177. 밀폐된 공간 속의 액체물질이 급속히 기화되면서 많은 양의 증기가 발생함으로써 증기압이 높아져 용기나 구조물의 내압을 초과하여 파열되는 현상을 (증기폭발)이라 하고, 밀폐된 공간에 용융금속 등 고온 물질이 물속에 투입되었을 때 물이 순간적으로 급격하게 비등하는 상태변화에 따른 현상을 (수증기폭발)이라 한다. → 수증기폭발은 증기폭발의 한 종류이다.

178. 화학적 폭발은 (분해폭발)·(산화폭발)·(촉매폭발)·(중합폭발)로 분류한다.

179. 반응폭주란 화학반응기 내에서 반응속도가 증대함으로써 반응이 과격화되는 현상으로 (화학적) 폭발로 분류한다.

180. (분해폭발)이란 분해성가스와 자기분해성 고체류가 산소와는 무관하게 단독으로 분해하면서 폭발하는 현상이다.

181. (산화폭발)이란 가연성가스가 공기 중에 누설되거나 인화성 액체 저장탱크에 공기가 혼합되어 폭발성 혼합가스를 형성함으로써 점화원에 의해 착화되어 폭발하는 현상으로 연소의 한 형태이다.

182. 분해폭발 물질은 분해성 가스인 (산화에틸렌)·(아세틸렌)·(하이드라진)과 자기분해성 고체류인 (다이아조화합물)이고, 중합폭발 가스는 (사이안화수소), (산화에틸렌), (염화비닐)이다.

183. 산화폭발은 (가스폭발), (분진폭발), (분무폭발)로 구분하고 있는데 이는 폭발주체가 되는 물질에 따른 것이다.

184. 수소 + 염소, 수소 + 산소에 빛을 쪼이면 폭발이 일어나는데 이것이 바로 (촉매폭발)이다.

185. (기상폭발)과 (응상폭발)은 폭발물질의 물리적 상태에 따라 분류한 것이며, (기상)이란 기체상태의 물질이고 (응상)이란 고상 및 액상을 말한다.

186. 기상폭발은 (가스폭발), (분해폭발), (분무폭발), (분진폭발)로 분류한다.

187. (가스폭발)은 가연성 기체와 공기 혼합기의 폭발이고, (분해폭발)은 분해연소성 기체 폭발이며, (분무폭발)은 공기 중에 분출된 미세한 기름방울 등 액적이 무상으로 되어 착화에너지가 주어지면 폭발하는 가연성 액체의 폭발, (분진폭발)은 가연성 고체 미분의 폭발이다.

188. 응상폭발 5가지 이상 : ① 증기폭발, ② 수증기폭발, ③ 보일러 폭발, ④ 전선폭발(금속선 폭발), ⑤ 고상 간 전이 폭발, ⑥ 혼합물에 의한 폭발, ⑦ 폭발성 물질의 폭발

189. 폭연과 폭굉은 (화염의 전파속도)에 따라 구분하고 있다.

190. 폭연은 (음속)보다 느리게 (아음속)으로 이동하는 것이고, 폭굉은 (음속)보다 빠르게 (초음속)으로 이동하는 것을 말한다.

191. 폭연의 화염의 전파속도는 (0.1 ~ 10)m/s이고, 폭굉의 화염의 전파속도는 (1,000 ~ 3,500)m/s이다.

192. 폭연은 폭굉으로 변화될 수 있는 (가역적 탄성파)이고 이러한 전이 현상을 (폭굉유도 거리)라 하며, 폭굉파는 음파와 달리 폭굉파가 통과한 곳은 화학적 조성이 변하므로 (비가역적인 탄성파)로 취급된다.

193. 폭굉은 파면에서 온도, 압력, 밀도가 (불연속적)으로 나타난다.

194. 폭굉의 유도거리가 짧아질 수 있는 요인 5가지 : ① 압력이 높을수록 ② 점화에너지가 강할수록 ③ 연소 속도가 큰 가스일수록 ④ 관경이 좁을수록 ⑤ 관속에 이물질이 있을수록

195. 폭연에서 폭굉으로 전이되는 과정은 '착화 → (화염전파) → (압축파) → (충격파) → 폭굉파' 순이다.

196. 전기회로가 동작할 때 접점등에서 발생하게 되는 아크나 기타 열 등으로 인해 화재나 폭발할 수 있는 장소에서 폭발 가능성 있는 화학 물질 등으로부터 발화원을 분리시키기 위한 구조를 (방폭구조)라 한다.

197. (내압 방폭구조 : Ex d)란 용기 내부에서 폭발성가스 또는 증기가 폭발하였을 때 용기가 그 압력에 견디며 또한 접합면 개구부 등을 통해서 외부의 폭발성 가스증기에 인화되지 않도록 한 구조를 말한다.

198. (압력 방폭구조 : Ex p)란 용기 내부의 압력을 외부 압력보다 높게 유지하여 내부에 가연성가스 또는 증기가 유입되지 못하도록 보호하는 방폭구조로 용기 내부에는 불활성가스를 압입하여 외부 폭발성가스의 침입을 방지하고 점화원과 폭발성가스를 격리하는 구조를 말한다.

199. (유입 방폭구조)란 가스·증기에 대한 전기기기 방폭구조의 한 형식으로 용기 내의 전기불꽃을 발생하는 부분을 유중에 내장시켜 유면상 및 용기의 외부에 존재하는 폭발성 분위기에 점화할 염려가 없게 한 방폭구조를 말한다.

200. (안전증가 방폭구조)란 정상운전 중에 폭발성가스 또는 증기에 점화원이 될 전기불꽃 아크 또는 고온 부분 등의 발생을 방지하기 위하여 기계적, 전기적 구조상 또는 온도상승에 대해서 특히 안전도를 증가시킨 구조를 말한다.

201. (본질 안전 방폭구조)란 정상 또는 폭발 분위기에 노출되거나 사고 상태 시에 있는 기계 기구 내의 전기에너지 권선 상호접속에 의한 전기불꽃 또는 열영향을 점화에너지 이하의 수준까지 제한하는 것을 기반으로 하는 방폭구조로서 단선, 단락, 지락 등에 의한 착화를 방지할 수 있는 구조이며 착화시험으로 성능이 확인된 방폭구조를 말한다.

202. 일정비율의 가연성가스와 조연성가스가 혼합된 가연성혼합기는 발화원에 의해 착화되면 (가스폭발)을 일으키며, 이것을 폭발성 혼합기 또는 폭발성 혼합가스라고 부른다.

203. 가스폭발 등급과 안전간격

등급분류	가스(기체)	안전간격(단위 : mm)
3등급	수소, 수성가스, 아세틸렌, 이황화탄소 등	(0.4) 이하
2등급	에틸렌, 석탄가스 등	(0.4) 초과 (0.6) 이하
1등급	프로판, 암모니아, 아세톤, 메탄, 일산화탄소, 에탄, 초산, 초산에틸, 벤젠, 메탄올, 톨루엔 등	(0.6) 초과

204. 분진폭발이란 (가연성고체)의 미분이 공기 중에 부유하고 있을 때 발화원에 의하여 착화됨으로써 연소·폭발하는 현상으로 화학적 폭발에 해당한다.

205. 분진폭발에 영향을 주는 요인 5가지 이상 : ① 수분, ② 입도와 입도분포, ③ 화학적 성질과 조성, ④ 입자의 형성, ⑤ 표면상태, ⑥ 폭발압력

206. 석회종류, 탄산칼슘, 생석회는 분진폭발이 잘 이루어지지 않는 종류이고, <u>철 등 금속류</u>는 폭발성분진이다.
[×] → 분진폭발이 잘 이루어지지 않는 종류로는 석회종류, 가성소다, 탄산칼슘, 생석회, 시멘트가루, 대리석가루, 유리 등이 있으며, 폭발성분진의 종류는 아연, 마그네슘, 알루미늄, 철 등 금속류와 코크스, 목탄, 석탄, 활성탄 등 탄소제품 그리고 후춧가루, 담배가루 등 농산가공품과 설탕, 전분, 밀가루, 분유 등 식료품 등 100종 이상에 달한다.

207. 분진폭발은 가스폭발보다 최소발화에너지(M.I.E)가 크다. [○]

208. 분진폭발은 가스폭발보다 연소속도, 폭발압력은 작으나 연소시간이 길고 발생에너지가 크기 때문에 그 파괴력과 그을음이 크다. [×]

209. 분진폭발은 1차 폭발의 영향으로 주위의 분진을 날리게 하여 2·3차 폭발이 발생할 수 있다. [○]

210. 가스폭발보다 분진폭발은 최소발화에너지(M.I.E)가 크다. [×]

211. 분해폭발은 공기가 섞이지 않은 순수한 상태에서도(산소 없이도) 폭발이 가능하므로 폭발상한계는 100%이다. [○]

212. 대량의 가연성가스 또는 기화하기 쉬운 가연성 액체가 지표로 유출되면서 형성된 가연성 혼합기체는 발화원에 의해 폭발하게 되는데 이 현상을 (증기운폭발)이라 하며, 이는 개방된 대기 중에서 발생되는 화학적 폭발이다.

213. 블레비(BLEVE) 현상은 끓는 액체팽창증기폭발이라 하며 화재 시 탱크 내부의 액화가스가 열로 인하여 급격한 팽창과 비등으로 내부압력이 증가되어 탱크의 안전장치 압력 완화율을 넘어서 용기벽면 등이 균열·파괴되고 분해되었을 때 (물리적 폭발)이 화염에 착화되어 순간적으로 (화학적 폭발)로 이어지는 폭발현상으로서 일반적으로 옥외탱크폭발현상이다.

214. 블레비(BLEVE) 현상 예방을 위해 용기 외부에 (열전도도가 낮은) 물질로 단열 시공조치하고 탱크를 지하에 설치한다.

215. 블레비에 영향을 주는 핵심 요인 3가지 이상 : ① 압력상태와 주위 온도, ② 저장용기(탱크)의 재질과 용량, ③ 저장된 물질의 종류와 형태, ④ 저장물의 물질적 역학상태, ⑤ 저장물의 인화성 여부

216. (파이어볼 : Fire Ball)이란 대량의 증발한 가연성 액체가 갑자기 연소할 때 형성되는 공 모양의 둥근 불꽃을 말하며, 약 1,500℃의 고온으로 복사열에 의한 피해가 심각하고, 수백 미터 이내의 가연물을 연소시킬 수 있는 위력이다.

217. (풀파이어 : Pool fire)란 개방공간의 액면화재라고도 하며, 대기상에 액면이 노출된 개방탱크, Pool 또는 흐르는 액체 상태에서 증발되는 연료에 착화되어 난류 확산화염이 발생하는 화재를 말한다.

218. (제트파이어 : Jet fire, spray fire)란 가압액체 분출 화재 또는 고압분출화재라고도 하며, 가압상태의 위험물 이송배관이나 가압펌프에서 액체가 분출될 때 착화된 화재다.

219. 고압분출화재는 탄화수소계 위험물의 이송배관이나 용기로부터 위험물이 고속으로 추출하거나 누출될 때 점화되어 발생하는 (층류) 화염 연소이며, (난류) 확산형 화재이다.

화재의 개념 정답 및 해설

1. 화재란 사람의 의도에 반하거나 고의 또는 과실에 의하여 발생하는 연소 현상으로서 (소화)할 필요가 있는 현상 또는 사람의 의도에 반하여 발생하거나 확대된 (화학적) 폭발현상을 말한다.

2. (화재하중)은 건축물에서 가연성 건축 구조재와 수용물의 양으로서 화재 시 예상 최대 가연물질의 양을 뜻한다.

3. 화재화중에 영향을 주는 요인 4가지는 (가연물의 양), (가연물의 단위발열량), (화재실 바닥면적), (목재단위발열량)이다.

4. (화재가혹도)란 화재심도라고도 하며 화재발생으로 건물 내 수용재산 및 건물자체에 손상을 입히는 정도를 말한다.

5. 화재가혹도에 영향을 주는 요인 4가지 이상 : ① 연소하는 물질의 연소속도, ② 연소열량, ③ 개구부의 위치 및 크기, ④ 가연물의 배열상태, ⑤ 화재하중 및 화재강도, ⑥ 방호공간 안에서 화재의 세기

6. 내화구조물의 화재가혹도 판단을 위한 주요 요소 중 화재지속시간을 산정하기 위한 인자는 화재실의 (바닥면적), 화재실의 개구부 (높이)와 (면적)이다.

7. 화재강도와 화재하중이 클수록 화재가혹도는 높아지고, 최고온도는 화재가혹도의 (질적) 개념으로 (화재강도)와 관련이 있으며, 지속시간은 화재가혹도의 (양적) 개념으로 (화재하중)과 관련이 있다.

8. 건축물 화재 시 단위시간당 축적되는 열의 값을 (화재강도)라 한다.

9. 화재강도에 영향을 주는 요인 3가지 이상 : ① 화재 시 산소공급, ② 화재실의 벽, 천장, 바닥 등의 단열성, ③ 가연물의 배열상태 · 발열량 · 비표면적, ④ 화재실의 구조 등

10. 화재구획의 실내 표면적에 대한 실내장식물의 화재 위험도를 나타내고 있으며 발열량이 클수록 화재하중이 크며 내장재의 불연화가 화재하중을 감소시킨다. [O]

11. 화재실의 바닥면적이 클수록 화재하중은 증가한다. [×]

12. 화재가혹도 = 최고온도 × 연소시간으로서 화재하중의 크기는 창고 > 도서관 · 독서실 > 호텔 > 공동주택 > 사무실 순으로 낮아진다. [O]

13. 화재하중은 연소하는 물질의 연소속도가 빠를수록, 연소열량이 클수록, 화재실의 개구부의 위치가 낮고 클수록 화재하중은 증가한다. [×]

14. 건물의 단열성능이 좋을수록, 가연물의 비표면적이 클수록 화재강도가 커진다. [O]

15. 개구부가 클수록, 가연물의 소진율 및 열발생률이 클수록 화재강도가 커진다. [×]

16. 화재등급의 분류

화재분류	국내		미국방화협회 (NFPA 10)	국제표준화기구 (ISO 7165)	표시색상
	검정기준	KS B 6259			
일반화재	A급	A급	A급	A급	백색
유류화재	B급	B급	B급	B급	황색
전기화재	(C)급	(C)급	(C)급	(E)급	(청색)
금속화재	–	D급	D급	D급	무색
가스화재	–	–	(E)급	(C)급	황색
주방화재	(K)급	–	(K)급	(F)급	–

17. 화재가 발생한 처종에 따라 (건축·구조물 화재), 자동차·철도차량 화재, 위험물·가스제조소 등 화재, 선박·항공기 화재, (임야화재), 기타화재로 분류되고 있다.

18. 화재는 발화 원인에 따라서 실화(失火), 방화(放火), 자연발화(自然發火), 천재발화(天災發火), 원인불명(原因不明)으로 구분된다. 이 중 (실화)는 취급부주의나 사용·보관 등의 잘못으로 발생한 과실적(過失的) 화재를 말하며 (중과실)과 (단순 실화인 경과실)이 있다.

19. 분말소화기 중 일반화재용은 (백색)의 원형 안에 (흑색)문자로 'A(일반)'라고 표기한다.

20. 분말소화기 중 유류화재용은 (적색)의 원형 안에 (흑색)문자로 'B(유류)'라고 표기한다.

21. 분말소화기 중 전기화재용은 (청색)의 원형 안에 (흑색)문자로 'C(전기)'라고 표기한다.

22. 일반화재는 산소와 친화력이 강한 가연물질에 의한 화재이며, 연기의 색상은 일반적으로 (백색)이며, 연소 후 반드시 타고 남은 (재)가 남는다.

23. 특수가연물의 지정수량

품명		수량
가연성 액체류		(2m^3) 이상
목재가공품 및 나무부스러기		(10m^3) 이상
면화류		(200kg) 이상
나무껍질 및 대팻밥		(400kg) 이상
넝마 및 종이부스러기		(1,000kg) 이상
사류(絲類)		
볏짚류		
가연성 고체류		(3,000kg) 이상
고무류 · 플라스틱류	발포시킨 것(액체)	(20m^3) 이상
	그 밖의 것(고체)	(3,000kg) 이상
석탄 · 목탄류		(10,000kg) 이상

24. 유류화재는 일반적으로 연기의 색상은 (흑색)이며, 화재 성장속도가 (일반화재)보다 빠르며, 포를 사용한 (질식소화)가 가장 효과적이다.

25. 전기화재는 전기가 통전되는 기계설비 화재를 말하며, (C)급 화재로 분류하고 색상은 (청색)으로 표기한다.

26. 전기화재는 CO$_2$소화약제를 사용한 (질식소화)가 가장 유효하며, 전기를 차단하는 (제거소화)가 적응성이 있다.

27. 전기화재 소화에 적응성이 있는 수계소화약제 2가지 이상 : ① 물 무상주수 시 질식 · 냉각 소화, ② 강화액 소화약제 무상주수 시 질식 · 냉각 소화, ③ 산 · 알칼리 소화약제 무상주수 시 질식 · 냉각소화

28. 금속화재는 철분, 마그네슘, 금속분 등의 화재를 말하며, (D급) 화재로 분류하고 색상은 (무색)이다.

29. 금속화재 시 금속화재용 분말을 사용한 (건조사)가 가장 유효하며, (물)로서 불을 소화할 수 없다.

30. 가연성가스의 화학적으로 발열량이 크거나 화학적 활성도가 높을수록 착화온도가 (낮아진다).

31. 가연성 혼합가스와 공기중에 분산된 폭발성 분진을 발화시키는 데 필요한 최소한의 에너지를 (최소 발화에너지)라 한다.

32. 부탄과 프로판을 액화시키면 부탄은 (225)배, 프로판은 (250)배로 부피가 축소되므로 상온에서 보관하기 쉽다.

33. 용기 내에 LPG를 저장하는 경우 가스가 일부 방출되고 난 후 압력은 (변하지 않는다). → 이는 용기 내의 증기압은 잔존량이 존재한다면 그 크기가 일정하기 때문이다.

34. 식용유는 발화점과 인화점의 차이가 (적고), 발화점이 비점보다 (낮다).

35. 강풍 등으로 인한 나뭇가지의 마찰에 의해 발생하는 열로 인한 화재는 (플레어 업)이고, 수목이 타는 것은 (수간화)이다.

02 구획실 화재 정답 및 해설

36. (플레임오버)는 구획실 내의 다른 가연물들의 표면에는 관련되지 않고 단지 연소 생성가스와 관련된다는 면에서 플래시오버와 구분되며, 뜨거운 가스층이 구획실의 천장부분에 형성되는 성장기에서 발생할 수 있다.

37. (롤오버)현상은 연소과정에서 발생된 가연성가스가 공기 중 산소와 혼합되어 천장부분에 집적된 상태에서 발화온도에 도달하여 발화함으로써 화재의 선단부분이 매우 빠르게 확대되어 가는 현상을 말한다.

38. (플래시오버)현상이란 화점 주위에서 화재가 서서히 진행하다가 어느 정도 시간이 경과함에 따라 대류와 복사현상에 의해 일정 공간 안에 있는 가연물이 발화점까지 가열되어 일순간 동시 발화되는 현상을 말한다.

39. (최성기) 때에는 화염의 분출이 강해지고, 온도가 최고조에 도달하여 화재진행단계에서 가장 격렬한 시기로서 구획실 내에서 연소하는 가연물은 최대의 열량 발산과 많은 양의 연소생성가스를 생성하지만 실내 산소 부족으로 (연소속도)가 느려진다.

40. (쇠퇴기) 때에는 화재가 구획실 내에 있는 이용 가능한 가연물을 연소시킴에 따라 열 발산율은 감소하기 시작하고 지붕이나 벽체, 대들보나 기둥도 무너져 떨어지기도 한다.

41. 플래시오버는 화재의 생애주기 중 가장 위험한 순간으로 순발연소, 전실화재 또는 전표면화재의 특징을 보인다. [○]

42. 화원이 크면 플래시오버의 발생·진행 시각이 빠르며, 벽 재료보다는 천장재가 발생시각에 큰 영향을 미친다. [×]

43. 구획실 화재 시 개구부의 크기가 큰 경우는 정상 연소를 하며, 개구부의 크기가 작은 경우 플래시오버가 아닌 백드래프트 현상이 발생한다. [○]

44. 플래시오버 3대 지연 소방전술 : ① (배연·배열 지연법), ② (공기차단 지연법), ③ (냉각 지연법)

45. (백드래프트)는 공기공급이 원활하지 않은 불완전 연소상태인 훈소상태에서 화재로 인하여 실내 상부쪽으로 고온의 기체가 축적되고 온도가 높아져서 기체가 팽창하고 산소가 부족한 건물 내에서 갑자기 산소가 새로 유입될 때 화염이 폭풍을 동반하여 실외로 분출되는 고열가스의 폭발 또는 급속한 연소가 발생하는 현상이다.

46. 백드래프트 현상은 불완전 연소된 (일산화탄소 또는 가연성가스)와 열이 집적되고 적절하게 배연되지 않은 상태에서 문의 손잡이가 뜨겁고 화재 가스들과 연기가 번갈아 가며 건물 내부에서 밖으로 향했다가 안으로 빨아들이면서 (휘파람) 소리를 내기도 하며, 산소가 결핍된 실내에 소방관이 소화활동이나 구조활동 중 문을 갑자기 (개방)하면 산소가 급격히 유입되면서 폭발하게 된다.

47. 백드래프트의 잠재적인 징후 4가지 이상
① 과도한 열의 축적
② 연기로 얼룩진 창문 등의 징후
③ 화염이 보이지 않거나 조금 보일 수 있다.
④ 짙은 황회색으로 변하는 검은 연기
⑤ 건물의 균열로 인한 작은 틈이나 구멍을 통하여 건물 안으로 연기가 빨려들어가는 현상
⑥ 압력차에 의해 공기가 빨려들어 오면서 휘파람소리 등과 진동이 발생하기도 한다.
⑦ 산소가 원활하지 못하여 불꽃이 노란색으로 보일 때도 있으며 훈소상태의 고열이다.

48. 백드래프트의 3대 소화전술은 (배연법 또는 지붕환기법), (급냉법 또는 담금질법), (측면 공격법)이다.

49. 백드래프트 대처 소방전술 3가지 이상
① 지붕배연 작업을 통해 가연성가스와 집적된 열을 배출시킨다(냉각작업).
② 배연작업 전에 창문이나 문을 통한 배연 또는 진입을 시도해서는 안 된다.
③ 급속한 연소현상에 대비하여 소방대원은 낮은 자세를 유지한다.
④ 일반적으로 적절한 내부공격시점은 지붕배연작업 후이다.
⑤ 출입구나 개구부 개방이 불가피할 경우 가능한 한 서서히 개방한다.

50. 플래시오버(Flashover) 현상과 백드래프트(Backdraft) 현상 비교

구분	플래시오버(Flashover)	백드래프트(Backdraft)
산소량	상대적으로 산소 공급 원활	산소 부족
연소현상	자유연소상태	불완전연소상태(훈소상태)
발생시점	성장기와 최성기의 과도기적 단계	성장기, 감퇴기
폭발성유무	폭발 아님	폭발현상, 충격파, 붕괴, 화염폭풍 발생
악화요인	열(축적된 복사열)	외부유입 공기(산소)

51. 폭발압력에 따른 효과

압력(Peak Pressure)	효과(Effect)
0.5psi	창문에 심한 충격이 가해짐
1psi	(소방관이 넘어짐)
1~2psi	목재구조 벽이 붕괴됨
2~3psi	(콘크리트 블록 벽이 붕괴됨)
7~8psi	벽돌조 벽이 붕괴됨

연료지배형 화재 및 환기지배형 화재 정답 및 해설

52. 구획된 건물 화재현상에 따라 연료지배형 화재 및 환기지배형 화재로 나누어지는데 일반적으로 (플래시오버) 이전의 화재는 연료지배형 화재이고, (플래시오버) 이후의 화재는 환기지배형 화재이다.

53. 연소속도는 분해, 증발률에 비례한다. 화세가 약한 초기에는 산소량이 원활하므로 화재는 공기량보다 실내의 (가연물)에 의해 지배되는 연료지배형의 연소형태를 갖는다.

54. 연소속도는 환기요소에 비례한다. 플래시오버에 이르러서 실내온도가 급격히 상승하여 가연물의 열분해가 진행되고 화세가 강하게 되면 산소량이 급격히 소진되어 환기가 잘 되지 않으며 연소현상은 연료지배형에서 (환기량)에 지배되는 환기지배형으로 전환된다.

55. 환기지배형 화재는 공기공급이 충분하지 않으므로 불완전연소가 심하다. [O]

56. 연료지배형 화재는 공기공급이 충분한 조건에서 발생한 화재가 일반적이다. [×]

57. 연료지배형 화재는 주로 큰 창문이나 개방된 공간에서, 환기지배형 화재는 내화구조 및 콘크리트 지하층에서 발생하기 쉽다. [×]

58. 환기요소인 A는 개구부 면적(A)과 개구부 높이(H)에 같이 비례하지만, H보다는 A에 더 큰 영향을 받는다. 즉 개구부의 높이보다는 개구부의 면적이 더 영향이 크다. [×]

59. 구획실 화재 시 환기관계는 개구부 면적에 비례하고, 개구부는 높이의 제곱근(루트, 평방근)에 비례한다. [×]

60. 구획실 화재 시 환기가 잘 되면 온도에 비례하고, 지속시간에 반비례하여 불은 빨리 탄다. [O]

61. 연료지배형 화재와 환기지배형 화재의 환기요소식($A\sqrt{H}$) 비교

연료지배형(환기정상)	환기지배형(환기불량)
$A\sqrt{H}$: A는 개구부 또는 창문의 면적 : H는 개구부 또는 창문의 높이	− 온도인자 : $\dfrac{A\sqrt{H}}{A_r}$: A_r은 실내의 전표면적
− 개구부가 작으면 온도가 (낮고), 지속시간이 (길다). − 개구부가 크면 온도가 (높고), 지속시간이 (짧다). − 개구부가 (아래)에 있는 것보다 (위)에 있는 것이 좀 더 환기가 잘된다.	− 실내면적이 좁으면 온도가 (높아)진다. → (반비례) − 실내면적이 넓으면 온도는 (낮아)진다. → (반비례) − 지속시간인자(F): $\dfrac{A_F}{A\sqrt{H}}$: A_F는 바닥면적 − 바닥면적이 커지면 지속시간은 (길어)진다. → (비례) − 바닥면적이 작으면 지속시간은 (짧아)진다. → (비례) − 온도가 높으면 (빨리) 탄다. → (비례) − 온도가 낮으면 (늦게) 탄다. → (비례)

04 목조건축물과 내화구조 건축물의 화재 정답 및 해설

62. 목조건축물의 화재진행
화재원인 → (무염착화) → (발염착화) → 발화 → 최성기 → (연소낙화) → 진화

63. 목재의 연소 시 산화물 3가지 이상
① (일산화탄소), ② (질소산화물), ③ (사이안화수소), ④ (이산화탄소) 등

64. 내화건축물의 화재 시 콘크리트, 회반죽, 장식물 등이 무너져 내리는 콘크리트 폭발현상은 (최성기)에서 발생한다.

65. 내화건축물의 화재 시 흑색 연기 및 화염 등이 분출하여 실내 전체가 한 순간에 화염으로 휩싸이는 시기는 (성장기)이다.

66. 철근콘크리트조, 연와조, 기타 이와 유사한 구조로 대통령령으로 정한 내화성능을 가지는 것을 말하며, 최종적인 단계에서 내장재가 전소된다 하더라도 수리하여 재사용할 수 있는 구조를 (내화구조)라 한다.

67. 내화구조로서 벽(외벽 중 비내력벽 제외)의 기준
① 철근콘크리트조 또는 철골철근콘크리트조로서 두께가 (10)센티미터 이상인 것
② 골구를 철골조로 하고 그 양면을 두께 (4)센티미터 이상의 철망모르타르 또는 두께 5센티미터 이상의 콘크리트블록·벽돌 또는 석재로 덮은 것
③ 철재로 보강된 콘크리트블록조·벽돌조 또는 석조로서 철재에 덮은 콘크리트블록 등의 두께가 (5)센티미터 이상인 것
④ 벽돌조로서 두께가 (19)센티미터 이상인 것
⑤ 고온·고압의 증기로 양생된 경량기포 콘크리트패널 또는 경량기포 콘크리트블록조로서 두께가 (10)센티미터 이상인 것

68. 내화구조로서 외벽 중 비내력벽의 기준
① 철근콘크리트조 또는 철골철근콘크리트조로서 두께가 (7)센티미터 이상인 것
② 골구를 철골조로 하고 그 양면을 두께 (3)센티미터 이상의 철망모르타르 또는 두께 (4)센티미터 이상의 콘크리트블록·벽돌 또는 석재로 덮은 것
③ 철재로 보강된 콘크리트블록조·벽돌조 또는 석조로서 철재에 덮은 콘크리트블록등의 두께가 (4)센티미터 이상인 것
④ 무근콘크리트조·콘크리트블록조·벽돌조 또는 석조로서 그 두께가 (7)센티미터 이상인 것

69. 목재구조와 내화구조의 비교

	목재구조	내화구조
최고온도	(1,100~1,300)℃	(900~1,100)℃
진행시간	(30~40)분	(2~3)시간
특징	(고온 단기형)	(저온 장기형)

05 건축물의 방화구조 정답 및 해설

70. 구획실 화재 시 화염이 최초의 발화원으로 다시 되돌아와 옮겨 붙는 현상으로서 불이나 고온의 표면 근처에서 인화성 액체 용기를 들고 액체를 부었을 때 인화성 액체를 타고 화염이 용기를 향해 역으로 연소해 들어가는 현상은 [플래시백(Flash Back)]이다.

71. (잔염시간)이란 착화 후에 버너를 제거한 때부터 불꽃을 올리면서 연소하는 상태가 그칠 때까지의 경과시간이다.

72. (잔신시간)이란 착화 후에 버너를 제거한 때부터 불꽃을 올리지 아니하고 연소하는 상태가 그칠 때까지의 경과시간이다.

73. (접염횟수)란 완전히 용융될 때까지 필요한 불꽃을 접하는 횟수이다.

74. (방화구획)이란 실내화재 발생 시 하중지지력, 차염성, 차열성을 확보하기 위하여 설정하는 구획으로 인접구역의 화염, 열 연기의 확산을 방지한다.

75. (방연구획)이란 연기가 확산되지 않도록 일정한 성능을 갖춘 방연벽 등을 설치하는 것이다.

76. (제연구획)이란 설비에 의한 차압을 발생시켜 의해 화재나 연기가 구획내로 들어오지 못하도록 설비시설을 설치하는 것이다.

77. (안전구획)이란 화재발생 시 인명의 피난에 안전하도록 방화, 방연상 구획되고 제연설비를 갖춘 안전한 장소를 말한다.

78. (면적구획)이란 면적에 따라 소방시설의 설치를 구획하는 것이다.

79. (방화벽)이란 화재발생 시 화염확산을 방지하기 위해 공간을 구획하는 것을 말한다.

80. 방화문의 종류
① (60분＋방화문)이란 연기 및 불꽃을 차단할 수 있는 시간이 60분 이상이고, 열을 차단할 수 있는 시간이 30분 이상인 방화문이다.
② (60분 방화문)이란 연기 및 불꽃을 차단할 수 있는 시간이 60분 이상인 방화문이다.
③ (30분 방화문)이란 연기 및 불꽃을 차단할 수 있는 시간이 30분 이상 60분 미만인 방화문이다.

81. (A급 개구부)는 건물과 건물 간의 벽에서의 개구부로서 내화율은 3시간 이상인 것이다.

82. (B급 개구부)는 건물 내 계단 및 엘리베이터 등 수직으로 통하는 개구부로서 내화율은 1시간 30분 이상인 것이다.

83. 건축물의 방화계획 중 공간적 대응은 (대항성), (회피성), (도피성)이다.

84. 재난상황 시 인간의 피난본능
① (귀소본능)에 따라 화재 시 인간은 평소의 습관처럼 출입구, 통로를 향하는 경향이 있다. 따라서 이동방향의 마지막을 안전지대로 만드는 것이 좋다.
② (퇴피본능)에 따라 화재 발생 시 초기의 상황 파악을 위해 소수 인원만 모이지만 화재가 확대되면 위험을 감지하고 발화지점의 반대 방향으로 이동한다.
③ (지광본능)에 따라 화재 시 연기와 화염에 의해 시야가 흐려지면 개구부, 조명이 있는 곳으로 모이기 때문에 출입구, 계단 등에 유도등을 설치하고 외부 피난계단을 설치한다.
④ (추종본능)에 따라 불특정 다수가 모이면 화재의 최초 대응자를 따라 전체가 움직이는 본능 때문에 피해가 확대되는 현상이 나타나기도 한다.
⑤ (좌회본능)에 따라 일반적으로 오른손잡이는 오른쪽 신체로 행동하기 때문에 화재와 같은 어두운 환경에서는 왼쪽방향인 시계반대방향으로 이동한다.

85. 피난 경로는 간단명료해야 하며, 피난 수단은 <u>원시적</u> 방법에 의하는 것을 원칙으로 한다. [×]

86. 피난설비는 <u>고정적인</u> 시설에 의하되, 보조적으로 <u>이동식</u> 설비를 설치한다. [×]

87. 일정한 구획을 한정하여 피난Zone을 설정하고, 피난구는 항시 사용할 수 있도록 해야 한다. [O]

88. 피난대책은 Fool-Proof와 Fail-Safe의 원칙으로 하되, 정전시에도 피난방향을 명백히 할 수 있는 표시를 한다. [O]

89. 피난방향의 종류 중 확실한 피난로가 보장되는 방식은 <u>X형과 Y형</u>이다. [×]

90. 피난방향의 종류 중 방향이 확실하여 분간하기 쉬운 방식은 <u>T형과 I형</u>이다. [×]

91. 피난방향의 종류 중 중앙 Core식으로 피난자들의 집중으로 Panic 현상이 일어날 우려가 있는 방식은 H형과 Co형이다. [O]

92. 피난방향의 종류 중 중앙복도형에서 Core식 중 양호한 방식은 Z형과 ZZ형이다. [O]

93. (Fool-Proof)란 피난 및 유도표시는 문자보다는 색과 형태를 이용하거나 피난방향으로 문을 열 수 있도록 하는 것 등의 방법이다.

94. (Fail-Safe)란 2방향 이상의 피난통로를 확보하는 피난대책 등의 방법이다.

95. 피난시설계획에서 수평방향 이동의 가장 중요 수단은 (복도)이고, 수직방향 이동의 가장 중요 수단은 (계단)이다.

96. (직통계단)은 한곳에서 연속되는 계단을 말한다.

06 위험물 정답 및 해설

97. 제1류 위험물은 (산화성) 고체로서, 가열, 충격, 마찰, 타격으로 분해하여 산소를 방출하여 가연물의 연소를 도와준다.

98. 제1류 위험물 중 액상인 것은 수직으로 된 안지름 30mm, 높이 120mm의 원통형 유리 시험관에 시료를 (55)mm까지 채운 다음 시험관을 수평으로 하였을 때 시료액면의 선단이 (30)mm를 이동하는 데 걸리는 시간이 (90)초 이내에 있는 것이다.

99. 제1류 위험물 중 (무기과산화물류)를 제외하고는 다량의 물을 사용하여 소화하는 것이 유효하다.

100. 제1류 위험물 중 지정수량이 50kg 이하인 것 3가지 이상
① 아염소산염류, ② 염소산염류, ③ 과염소산염류, ④ 무기과산화물, ⑤ 차아염소산염류

101. 무기과산화물 종류 3가지 이상
① 과산화칼륨, ② 과산화나트륨, ③ 과산화칼슘, ④ 과산화바륨, ⑤ 과산화마그네슘

102. 제2류 위험물은 (가연성) 고체로서 화염에 의한 발화의 위험성 또는 인화의 위험성을 판단하기 위하여 고시로 정하는 시험에서 고시로 정하는 성질과 상태를 나타내는 것이다.

103. 제2류 위험물 중 황은 순도가 (60)wt% 이상인 것이고, 철분은 철의 분말로서 (53)㎛의 표준체를 통과하는 것이 (50)wt% 미만인 것은 제외된다.

104. 제2류 위험물 중 금속분이라 함은 알칼리금속·알칼리토류금속·철 및 마그네슘 외의 금속의 분말을 말하고, (구리분)·니켈분 및 (150)마이크로미터의 체를 통과하는 것이 (50)중량퍼센트 미만인 것은 제외한다.

105. 제2류 위험물 중 마그네슘에서 (2)밀리미터의 체를 통과하지 아니하는 덩어리 상태의 것과 직경 2밀리미터 이상의 막대 모양의 것은 (제외)된다.

106. 제2류 위험물 중 지정수량이 100kg인 것은 (황화인), (적린), (황)이고, 지정수량이 1,000kg인 것은 (인화성 고체)이다.

107. 제2류 위험물은 비중은 1보다 크고 물에 (불용성)이며 산소를 함유하지 않기 때문에 강력한 (환원성) 물질이다.

108. 제2류 위험물의 (황화인), (철분), (금속분), (마그네슘)은 건조사, 건조분말 등으로 질식소화하여야 하는데 이중 (황화인)은 금수성은 아니나 물과 만나 유독물질인 (황화수소 : H_2S)가 발생하기 때문에 건조사가 적합하다.

109. 적린과 인화성고체 등은 물에 의한 (냉각소화)가 적당하고, 황은 (물분무)가 적당하다.

110. 황은 공기중에서 연소하면 푸른빛을 내며 (아황산가스 또는 이산화황)을 발생시킨다.

111. 철분, 금속분인 알루미늄분·아연분·티타늄, 마그네슘은 물과 만나 (수소 : H_2)를 발생시킨다.

112. 마그네슘과 이산화탄소의 반응식
① $2Mg + CO_2 \rightarrow 2MgO + (C)$
② $Mg + CO_2 \rightarrow MgO + (CO)$

113. 인화성고체라 함은 고형알코올 그 밖에 1기압에서 인화점이 (섭씨 40도 미만)인 고체를 말한다.

114. (자연발화성 물질 및 금수성 물질)이란 고체 또는 액체로서 공기 중에서 발화의 위험성이 있거나 물과 접촉하여 발화하거나 가연성가스를 발생하는 위험성이 있는 것을 말한다.

115. 제3류 위험물 중 유기화합물은 (알킬알루미늄), (알킬리튬), (유기금속화합물류)이다.

116. (황린)을 제외한 금수성 물질은 물과 반응하여 가연성가스를 발생하고 발열한다.

117. (칼륨), (나트륨) 및 (알칼리금속)은 산소가 함유되지 않은 경유, 등유 등에 저장한다.

118. 저급 물질이란 (분자)의 수가 적은 것을 의미하고, 알킬기에서 (탄소)의 수가 적은 것을 말하며, 저급의 것은 반응성이 풍부하여 공기 중에서 (자연발화)한다.

119. 칼륨과 나트륨의 물리적 상태는 (고체)이고, 트라이메틸알루미늄과 트라이에틸알루미늄은 (액체)이다.

120. 트라이메틸알루미늄은 물과 만나 (메탄)을 발생시키고, 트라이에틸알루미늄은 물과 만나 (에탄)을 발생시키며, 칼륨과 나트륨은 물과 만나 (수소)를 발생시킨다.

121. 황린의 자연발화점
① 습한 공기 중에서는 (30)℃에서 자연발화가 가능
② 미분인 가루 상태에서는 (34)℃에서 자연발화가 가능
③ 고체에서는 (60)℃에서 자연발화가 가능

122. 인화칼슘과 인화알루미늄은 물과 만나 (포스핀) 가스를 발생시킨다.

123. 탄화칼슘은 물과 만나 (아세틸렌)이 발생한다.

124. (인화성액체)란 가연성물질로서 인화성 증기를 발생하는 액체위험물로 흔히 기름이라 말하는 것으로 액체 연료 및 여러 물질을 녹이는 용제 등으로 일상생활 및 산업분야 등에 많이 이용되고 있다.

125. 인화성액체는 주로 물보다 (가벼운) 유류가 더 많으며, 기화된 유증기는 공기보다 (무겁다).

126. 유류화재 시에는 (이산화탄소 소화약제, 포소화약제, 할로젠화합물, 분말소화약제 중 하나)에 의한 질식소 화가 좋다.

127. 제4류 위험물 중 물에 혼합되는 수용성 위험물에는 (알코올형포 또는 내알콜올포)를 사용하여 질식소화하 거나 다량의 물로 희석시켜 희석소화한다.

128. 제3석유류인 중유 또는 클레오소트유 화재 시 (무상)주수하면 유류 표면에 엷은 수막층이 형성되어 공기중 의 산소공급을 차단하는 (유화)효과와 질식소화 효과가 있다.

129. 제4류 위험물의 인화점
① 특수인화물의 인화점은 1기압에서 (영하 20)℃ 이하
② 제1석유류의 인화점은 1기압에서 (영하 20)℃ 이하
③ 제2석유류의 인화점은 1기압에서 (21)℃ 이상 (70)℃ 미만
④ 제3석유류의 인화점은 1기압에서 (70)℃ 이상 (200)℃ 미만
⑤ 제4석유류의 인화점은 1기압에서 (200)℃ 이상 (250)℃ 미만
⑥ 동식물유류의 인화점은 1기압에서 (250)℃ 미만

130. 제4류 위험물은 전기 (부도체)이므로 정전기 발생에 주의해야 한다.

131. (이황화탄소)는 제4류 위험물 중 착화점이 낮고 증기가 유독하며, 연소 시 (아황산가스)가 발생하면 파란 불꽃을 나타낸다. 따라서 가연성 증기 발생을 억제하기 위하여 (물속)에 저장한다.

132. 알코올류는 1분자를 구성하는 탄소원자의 수가 (1개)부터 (3개)까지인 포화 (1가) 알코올(변성알코올 포함) 을 말하며, 알코올의 함유량이 (60)중량퍼센트 미만인 수용액은 제외된다.

133. 동식물유류는 (아이오딘 값)에 따라 건성유, 반성유, 불건성유로 분류되며, (아이오딘 값)이 클수록 자연발 화가 잘 일어난다.

134. (제5류 위험물)은 자기연소성 물질 또는 내부연소성 물질이라 하며 가연물인 동시에 자체 내에 산소공급체 가 공존하는 것으로서 화약의 원료 등으로 많이 이용되고 있다.

135. 제5류 위험물은 물질자체 내부에 산소를 함유하여 (질식)소화가 어렵다.

136. 제5류 위험물은 화재 초기시에는 다량의 물로 (냉각)소화가 적당하다.

137. (산화성 액체)는 액체로서 산화력의 잠재적인 위험성을 판단하기 위하여 고시로 정하는 시험에서 고시로 정하는 성질과 상태를 나타낸 것이다.

138. 제6류 위험물 중 (과산화수소)를 제외하고 물과 접촉하면 심하게 발열한다.

139. 과산화수소의 농도가 (36)wt% 이상인 것과 질산의 비중이 (1.49) 이상인 것이 제6류 위험물이다.

140. 제6류 위험물은 (불연성)이지만 연소를 돕는 물질이므로 화재 시에는 가연물과 (격리)하도록 한다.

141. 과산화수소 화재 시에는 다량의 물을 사용하여 (희석소화)가 가능하다.

142. 마그네슘의 연소반응식 : $2Mg + O_2 \rightarrow$ (2MgO)

143. 물과 반응하여 아세틸렌(C_2H_2)이 발생하는 물질 2가지 이상
① (탄화칼슘), ② (탄화나트륨), ③ (탄화칼륨), ④ (탄화마그네슘)

144. 물과 반응하여 포스핀(PH_3)이 발생하는 물질 2가지 이상
① (인화알루미늄), ② (인화칼슘), ③ (인화아연)

145. 에틸알코올의 연소반응식 : $C_2H_5OH + (3)O_2 \rightarrow (2)CO_2 + (3)H_2O$

146. 위험물안전관리법령상 위험등급 I
① 제1류 위험물 중 아염소산염류, 염소산염류, 과염소산염류, (무기과산화물) 그 밖에 지정 수량이 (50)kg 인 위험물
② 제3류 위험물 중 칼륨, 나트륨, 알킬알루미늄, (알킬리튬), (황린) 그 밖에 지정수량이 (10)kg 또는 (20)kg 인 위험물
③ 제4류 위험물 중 (특수인화물)
④ 제5류 위험물 지정수량이 (10)kg인 위험물
⑤ (제6류 위험물)

147. 제1류 위험물은 가연물과의 접촉·혼합이나 분해를 촉진하는 물품과의 접근 또는 과열·충격·(마찰) 등을 피하는 한편, (알칼리금속의 과산화물) 및 이를 함유한 것에 있어서는 물과의 접촉을 피하여야 한다.

148. 제2류 위험물은 산화제와의 (접촉)·혼합이나 불티·불꽃·고온체와의 접근 또는 과열을 피하는 한편, (철분)·(금속분)·(마그네슘) 및 이를 함유한 것에 있어서는 물이나 산과의 접촉을 피하고 (인화성 고체)에 있어서는 함부로 증기를 발생시키지 아니하여야 한다.

149. 제3류 위험물 중 (자연발화성물질)에 있어서는 불티·불꽃 또는 고온체와의 접근·과열 또는 공기와의 접촉을 피하고, (금수성물질)에 있어서는 물과의 접촉을 피하여야 한다.

150. 제4류 위험물은 불티·(불꽃)·고온체와의 접근 또는 과열을 피하고, 함부로 (증기)를 발생시키지 아니하여야 한다.

151. 제5류 위험물은 불티·불꽃·고온체와의 접근이나 과열·(충격) 또는 (마찰)을 피하여야 한다.

152. 제6류 위험물은 가연물과의 접촉·혼합이나 (분해)를 촉진하는 물품과의 접근 또는 (과열)을 피하여야 한다.

153. 제조소에는 보기 쉬운 곳에 다음 각목의 기준에 따라 "위험물 제조소"라는 표시를 한 표지를 설치하여야 한다.
① 표지는 한변의 길이가 (0.3)m 이상, 다른 한변의 길이가 (0.6)m 이상인 직사각형으로 할 것
② 표지의 바탕은 (백색)으로, 문자는 (흑색)으로 할 것
③ 게시판에는 저장 또는 취급하는 위험물의 (유별)·품명 및 (저장최대수량) 또는 취급최대수량, 지정수량의 배수 및 안전관리자의 성명 또는 직명을 기재할 것

154. 제1류 위험물 중 알칼리금속의 과산화물과 이를 함유한 것 또는 제3류 위험물 중 금수성물질의 게시판에는 (물기엄금)을 표기해야 한다.

155. 제2류 위험물 중 인화성고체를 제외하고 게시판에는 (화기주의)를 표기해야 한다.

156. 제2류 위험물 중 인화성고체, 제3류 위험물 중 자연발화성물질, 제4류 위험물 또는 제5류 위험물의 게시판에는 (화기엄금)을 표기해야 한다.

157. 위험물 게시판의 색은 "물기엄금"을 표시하는 것에 있어서는 (청색)바탕에 (백색)문자로, "화기주의" 또는 "화기엄금"을 표시하는 것에 있어서는 (적색)바탕에 (백색)문자로 할 것

158. 위험물 운반 시 운반용기 외부 표시사항(예외적인 경우 제외)
① 제1류 위험물 중 알칼리금속의 과산화물 또는 이를 함유한 것에 있어서는 (화기·충격주의), (물기엄금) 및 (가연물접촉주의), 그 밖의 것에 있어서는 "화기·충격주의" 및 "가연물 접촉주의"
② 제2류 위험물 중 철분·금속분·마그네슘 또는 이들 중 어느 하나 이상을 함유한 것에 있어서는 (화기주의) 및 (물기엄금), 인화성고체에 있어서는 (화기엄금), 그 밖의 것에 있어서는 "화기주의"
③ 제3류 위험물 중 자연발화성물질에 있어서는 (화기엄금) 및 (공기접촉엄금), 금수성물질에 있어서는 "물기엄금"

④ 제4류 위험물에 있어서는 (화기엄금)

⑤ 제5류 위험물에 있어서는 (화기엄금) 및 (충격주의)

⑥ 제6류 위험물에 있어서는 (가연물접촉주의)

159. 주유취급소 표지에는 (황색)바탕에 (흑색)문자로 "주유중엔진정지"라는 표시를 한 게시판을 설치해야 한다.

160. (보일오버)란 유류탱크의 화재 시 액면에 열유층이 생성되어 이 열이 서서히 탱크바닥으로 도달했을 때 물과 기름의 에멀션이 부피팽창을 하면서 기화되고 탱크의 유류가 갑자기 밖으로 분출하여 화재를 확대시키는 현상이다.

161. (슬롭오버)란 유류저장탱크 화재 시 물분무나 포를 방사했을 때 표면에서 유류가 소화용수와 함께 튀어 오르는 현상이다.

162. (프로스오버)란 가열된 아스팔트와 같이 물이 비점(100℃)보다 온도가 높은 액체를 용기에 부을 때 용기바닥에 고여 있는 물과 닿으면서 물이 비등하여 거품이 넘치는 현상으로 화염은 발생하지 않는다.

163. (오일오버)란 저장된 유류 저장량이 내용적의 50% 미만으로 충전되어 있는 저장탱크에서 발생하며, 화재로 인한 내부 압력상승으로 인한 탱크 폭발현상으로 가장 격렬하다.

164. (링파이어)란 탱크의 벽면이 가열된 상태에서 포를 방출하는 경우 가열된 벽면 부분에서 포가 열화되어 안정성이 저하된 상태에서 증발된 유류가스가 발포되어 있는 거품층을 뚫고 상승되어 유류가스에 불이 붙는 현상이다.

165. (풀 파이어)란 가연성 또는 인화성액체가 저장탱크 또는 웅덩이에서 일정한 액면이 대기 중에 노출되어 화염의 열에 의해 불이 붙는 액면화재를 말한다.

166. (제트 파이어)란 가압상태의 위험물 이송배관이나 가압펌프에서 액체가 분출될 때 착화된 화재로서 탄화수소계 위험물의 이송배관이나 용기로부터 위험물이 고속으로 추출될 때 점화되어 발생하는 (층류) 확산형 화재이다.

167. 보일오버의 화재 시 바닥의 (물)을 배출하여 (수층)의 형성을 방지하거나 (모래) 등을 탱크 내부로 던져서 물이 끓기 전에 비등석이 (기포)를 막아 갑작스런 물의 비등을 억제한다.

168. 식용유 화재에서 슬롭오버현상이 나타나는 경우 뚜껑을 덮거나 (젖은 담요) 등을 덮어 기름의 (비산)을 방지하고 질식소화를 해야 한다.

169. 제트 파이어 발생 시 소규모 화재인 경우 관계인은 빨리 (밸브)를 차단하고 대규모일 경우 (복사열)에 의해 접근이 어려우므로 소방대가 (분무)주수로 엄호하며 접근해 밸브를 차단해야 한다.

170. 블레비 현상 예방법으로는 용기 외부에 열전도도가 (낮은) 물질로 단열 시공조치를 하거나 (물분무소화설비) 같은 고정식 살수설비를 설치하여 탱크 (상층)부 냉각을 해야 한다.

171. 화재란 사람의 의도에 반하거나 고의 또는 (과실)에 의하여 발생하는 연소 현상으로서 (소화)할 필요가 있는 현상 또는 사람의 의도에 반하여 발생하거나 확대된 (화학적) 폭발현상을 말한다.

172. (화재조사)란 소방청장, 소방본부장 또는 소방서장이 화재원인, 피해상황, 대응활동 등을 파악하기 위하여 자료의 수집, 관계인 등에 대한 질문, 현장 확인, 감식, 감정 및 실험 등을 하는 일련의 행위를 말한다.

173. (감식)이란 화재원인의 판정을 위하여 전문적인 지식, 기술 및 경험을 활용하여 주로 시각에 의한 종합적인 판단으로 구체적인 사실관계를 명확하게 규명하는 것을 말한다.

174. (감정)이란 화재와 관계되는 물건의 형상, 구조, 재질, 성분, 성질 등 이와 관련된 모든 현상에 대하여 과학적 방법에 의한 필요한 실험을 행하고 그 결과를 근거로 화재원인을 밝히는 자료를 얻는 것을 말한다.

175. (화재조사관)이란 화재조사에 전문성을 인정받아 화재조사를 수행하는 소방공무원을 말한다.

176. (발화열원)이란 발화의 최초 원인이 된 불꽃 또는 열을 말한다.

177. (발화지점)이란 열원과 가연물이 상호작용하여 화재가 시작된 지점을 말한다.

178. (발화요인)이란 발화열원에 의하여 발화로 이어진 연소현상에 영향을 준 인적·물적·자연적인 요인을 말한다.

179. (발화관련 기기)란 발화에 관련된 불꽃 또는 열을 발생시킨 기기 또는 장치나 제품을 말한다.

180. (동력원)이란 발화관련 기기나 제품을 작동 또는 연소시킬 때 사용된 연료 또는 에너지를 말한다.

181. (연소확대물)이란 연소가 확대되는 데 있어 결정적 영향을 미친 가연물을 말한다.

182. (재구입비)란 화재 당시의 피해물과 같거나 비슷한 것을 재건축(설계 감리비를 포함한다) 또는 재취득하는 데 필요한 금액을 말한다.

183. (내용연수)란 고정자산을 경제적으로 사용할 수 있는 연수를 말한다.

184. (손해율)이란 피해물의 종류, 손상 상태 및 정도에 따라 피해금액을 적정화시키는 일정한 비율을 말한다.

185. (잔가율)이란 화재 당시에 피해물의 재구입비에 대한 현재가의 비율을 말한다.

186. (최종잔가율)이란 피해물의 내용연수가 다한 경우 잔존하는 가치의 재구입비에 대한 비율을 말한다.

187. 소방청장, 소방본부장 또는 소방서장은 화재발생 사실을 알게 된 때에는 (지체 없이) 화재조사를 하여야 한다.

188. 「소방의 화재조사에 관한 법률」 제5조 제1항에 따라 화재조사관은 화재발생 사실을 (인지하는 즉시) 화재조사를 시작해야 한다.

189. 소방관서장은 「소방의 화재조사에 관한 법률 시행령」 제4조 제1항에 따라 조사관을 근무 교대조별로 (2인 이상) 배치하여야 한다.

190. 화재조사 대상은 「소방기본법」에 따른 (소방대상물)에서 발생한 화재와 (소방관서장)이 화재조사가 필요하다고 인정하는 화재이다.

191. 화재조사 사항 4가지 이상
① 화재원인에 관한 사항
② 화재로 인한 인명·재산피해상황
③ 대응활동에 관한 사항
④ 소방시설 등의 설치·관리 및 작동 여부에 관한 사항
⑤ 화재발생건축물과 구조물, 화재유형별 화재위험성 등에 관한 사항
⑥ 「화재예방 및 안전관리에 관한 법률」 제7조에 따른 화재안전조사의 실시 결과에 관한 사항

192. 화재조사 절차는 '현장출동 중 조사 → (화재현장 조사) → (정밀조사) → 화재조사 결과 보고' 순이다.

193. 화재조사의 과학적 방법은 '필요성 인식 → (문제의 정의) → 자료수집 → (자료분석) → 가설수립 → (가설검증) → 최종가설선택' 순이다.

194. 구획실 화재 시 부력에 의해 화염과 고온가스는 상승하게 되므로 상부에는 고온가스, 하단에는 화염이 있는 (기둥형태)를 나타난다.

195. 구획실 화재 시 연소의 확산속도는 수평 (1)m/s, 아래 (0.3)m/s, 위 (20)m/s이다.

196. (스팬드럴)이란 건물 외벽 등 외주부를 통한 화염의 상층으로의 수직확산을 방지하기 위해 창문 등의 개구부와 개구부 사이의 내화구조 등으로 된 벽체 등의 구조를 말한다.

197. 탄화심도는 발화부에 가까울수록 (깊어지는) 경향이 있으므로 이곳을 발화부로 추정한다.

198. (코안다 효과)란 화재로 화염이 외부로 누출되면 벽면을 따라 상층으로 확대될 때 유출된 화염은 초기에는 벽에 부착되지 않고 떨어져서 상승하지만, 시간이 지나면서 벽과 외기의 압력차에 의해 화염이 벽쪽으로 기울어지면서 재부착이 일어나는 현상이다.

199. (컨버전스 클러스터 행동)이란 화재 시 피난 도중 다른 집단이나 사람을 만나면 탈출을 멈추고 한군데 모여서 죽음을 맞이하는 현상이다.

200. 화재플럼에 의한 지배패턴의 종류 3가지 이상
　① 수직표면에서의 V패턴(V Patterns on Vertical Surfaces)
　② 역원뿔 패턴(Inverted Cone Patterns, 역 V 패턴)
　③ 모래시계 패턴(Hourglass Patterns)
　④ U자형 패턴 (U-shaped Patterns)
　⑤ 지시계 및 화살형 패턴(Pointer and Arrow Patterns)
　⑥ 원형 패턴(Circular-shaped Pattern)

201. 화재패턴은 그 형상에 따라 크게 (일반적인 화재 패턴)과 (유류화재 패턴) 두 가지로 나뉘게 된다.

202. 화재패턴 중 (V패턴)이란 발화지점에서 화염이 위로 올라가면서 밑면은 뾰족하고 위로 갈수록 수평면으로 넓어지는 연소 형태이다.

203. 화재패턴 중 바닥 표면이 넓게 연소되고 수직벽면으로 연소될 때 상부가 좁고 하부가 넓은 패턴을 (역원뿔형 패턴)이라 한다.

204. (포어패턴)이란 일명 퍼붓기 패턴이라고도 하며, 액체가연물이 흐르는 형태대로 연소한 흔적이다. 이는 인화성액체 가연물이 바닥에 쏟아졌을 때 쏟아진 부분과 쏟아지지 않은 부분의 탄화 경계 흔적을 말한다. 이러한 형태는 액체가연물이 있는 곳은 다른 곳보다 연소형태가 강하기 때문에 정도의 강약에 의해서 구분된다.

205. (스플래시패턴)이란 일명 튀김연소 패턴이라고도 하며, 인화성액체가 쏟아지면서 주변으로 튀거나, 연소되면서 발생하는 열에 의해 가열되어 액면에서 끓고, 주변으로 튄 액체가 포어패턴의 미연소 부분에서 국부적으로 점처럼 연소된 흔적을 의미한다.

206. (고스트마크패턴)이란 타일 밑으로 스며든 액체가연물이 화재발생과 동시에 격렬하게 연소되고, 타일 틈새 모양으로 박리된 패턴을 나타낸다.

207. (원형패턴)이란 화재 현장에서 원형 또는 타원형의 연소 흔적이 남는 형태를 말하며, 특정한 발화지점에서 불꽃이 퍼져나가는 상황을 나타낸다.

208. (도넛패턴)이란 일명 고리모양 패턴이라고도 하며, 거친 고리모양으로 연소된 부분이 덜 연소된 부분을 둘러싸고 있는 '도넛모양'형태는 가연성액체가 웅덩이처럼 고여 있을 경우 발생한다.

209. (트레일러패턴)이란 수평면에 길고 직선적인 형태로 나타나는 좁은 연소패턴으로 의도적으로 불을 지르기 위해 두루마리 화장지 등에 인화성 액체를 뿌려 놓고 한 지점에서 다른 지점으로 연소확대시키기 위한 수단으로 쓰일 때 나타난다.

210. 방화와 관련된 화재패턴으로는 (트레일러패턴), (낮은연소패턴), (독립연소패턴), (포어패턴)이 있다.

211. (미소화원)이란 작은 불씨를 말하는 것으로 담배꽁초, 향불, 용접 및 절단작업에서 발생하는 스파크, 기계적 충격에 의한 스파크, 그라인더 등 절삭기에 의한 스파크 등을 말한다.

212. 화재현장 보존조치를 하거나 통제구역을 설정한 경우 누구든지 (소방관서장) 또는 (경찰서장)의 허가 없이 화재현장에 있는 물건 등을 이동시키거나 변경·훼손하여서는 아니 된다.

213. 화재현장 보존조치를 하거나 통제구역을 설정하는 경우 화재현장 보존조치나 통제구역의 (설정의 이유 및 주체), (설정의 범위), (설정의 기간)이 포함된 표지를 설치해야 한다.

214. 화재현장 보존조치의 해제 사유는 (화재조사가 완료된 경우)와 화재현장 보존조치나 통제구역의 설정이 해당 화재조사와 관련이 없다고 인정되는 경우이다.

215. 전담부서의 업무 3가지 이상
① 화재조사의 실시 및 조사결과 분석·관리
② 화재조사 관련 기술개발과 화재조사관의 역량증진
③ 화재조사에 필요한 시설·장비의 관리·운영
④ 화재조사에 관하여 필요한 업무

216. 소방관서장은 (화재조사관)으로 하여금 화재조사 업무를 수행하게 하여야 한다.

217. 화재조사관의 자격기준
① 소방청장이 실시하는 화재조사에 관한 시험에 합격한 소방공무원
② 「국가기술자격법」에 따른 국가기술자격의 직무분야 중 화재감식평가 분야의 기사 또는 산업기사 자격을 취득한 소방공무원

218. 소방관서장은 화재조사전담부서에 화재조사관을 (2명 이상) 배치해야 한다.

219. 화재조사관 자격시험에 응시할 수 있는 소방공무원은 소방관서장이 실시하는 화재조사관 양성을 위한 전문교육을 이수한 사람과 (국립과학수사연구원) 또는 소방청장이 인정하는 외국의 화재조사 관련 기관에서 (8주) 이상 화재조사에 관한 전문교육을 이수한 사람이다.

220. 화재합동조사단 구성과 운영에 관한 기준(단, 임야화재는 제외한다)
　① 소방서장 : 사망자가 (5명) 이상이거나 사상자가 10명 이상 또는 재산피해액이 (100억원) 이상 발생한 화재
　② 소방본부장 : 사상자가 (20)명 이상이거나 2개 (시·군·구) 이상에 발생한 화재
　③ 소방청장 : 사상자가 (30)명 이상이거나 2개 (시·도) 이상에 걸쳐 발생한 화재

221. 1건의 화재란 (1개의 발화지점)에서 확대된 것으로 발화부터 진화까지를 말한다.

222. 동일 소방대상물의 발화점이 2개소 이상 있는 화재로서 누전점이 동일한 누전에 의한 화재는 (1건)의 화재로 한다.

223. 동일 소방대상물의 발화점이 2개소 이상 있는 화재로서 지진, 낙뢰 등 자연현상에 의한 다발화재는 (1건)의 화재로 한다.

224. 동일범이 아닌 각기 다른 사람에 의한 방화, 불장난은 동일 대상물에서 발화했더라도 각각 (별건)의 화재로 한다.

225. 건축물, 구조물 또는 그 수용물이 소손된 것은 (건축·구조물) 화재이다.

226. 산림, 야산, 들판의 수목, 잡초, 경작물 등이 소손된 것은 (임야화재)이다.

227. 사상자는 화재현장에서 (사망한) 사람과 (부상당한) 사람을 말한다. 다만, 화재현장에서 부상을 당한 후 (72시간) 이내에 사망한 경우에는 당해 화재로 인한 사망으로 본다.

228. 화재현장에서의 부상의 정도는 의사의 진단을 기초로 하며, 3주 이상의 입원치료를 필요로 하는 부상을 (중상)이라 한다.

229. 화재의 소실정도는 건물의 (입체면적)에 대한 비율로 산정한다.

230. 화재의 소실면적 산정은 건물의 (소실 바닥면적)으로 산정한다.

231. (전소)란 건물의 화재로 소실된 입체면적의 비율이 (70)% 이상 소실되었거나 또는 그 미만이라도 잔존부분을 보수하여도 (재사용)이 불가능한 것을 말한다.

232. (반소)란 건물의 화재로 소실된 입체면적의 비율이 건물의 30% 이상 70% 미만 소실된 것을 말한다.

233. 건축물의 동수산정 시 주요구조부가 하나로 연결되어 있는 것은 (1동)으로 한다.

234. 건축물의 동수산정 시 건축물이 (건널 복도) 등으로 2 이상의 동에 연결되어 있는 것은 그 부분을 절반으로 분리하여 각 동으로 본다.

235. 건축물의 동수산정 시 건물의 외벽을 이용하여 실을 만들어 헛간, 목욕탕, 작업실, 사무실 및 기타 건물 용도로 사용하고 있는 것은 (주건물과 같은 동)으로 본다.

236. 건축물의 동수산정 시 구조에 관계없이 지붕 및 실이 하나로 연결되어 있는 것은 (같은 동)으로 본다.

237. 건축물의 동수산정 시 목조 또는 내화조 건물의 경우 격벽으로 방화구획이 되어 있는 경우는 (같은 동)으로 한다.

238. 독립된 건물과 건물 사이에 차광막, 비막이 등의 덮개를 설치하고 그 밑을 통로 등으로 사용하는 경우는 (다른 동)으로 한다.

239. 화재피해액의 산정 시 건물 등 자산에 대한 최종잔가율은 건물·부대설비·구축물·가재도구는 (20)%로 하며, 그 이외의 자산은 (10)%로 정한다.

240. 화재 피해조사 시 피해산정 추정 방식

① 건물·건축물 : 신축단가(m^2당) × (소실면적) × $\left(1 - \dfrac{0.8 \times (경과연수)}{내용연수}\right)$ × 손해율

② 공구 및 기구 : (재구입비) × $\left(1 - \dfrac{(0.9) \times 경과연수}{내용연수}\right)$ × 손해율

241. (소방청장)은 과학적이고 전문적인 화재조사를 위하여 대통령령으로 정하는 시설과 전문인력 등 지정기준을 갖춘 기관을 화재감정기관으로 지정·운영하여야 한다.

242. 화재감정기관의 주된 기술인력이 되려면 화재조사관 자격 취득 후 화재조사 관련 분야에서 (5년 이상) 근무한 사람이어야 한다.

243. 국가화재정보시스템에서 수집·관리해야 하는 화재정보 5가지 이상
  ① 화재원인
  ② 화재피해상황
  ③ 대응활동에 관한 사항
  ④ 소방시설 등의 설치·관리 및 작동 여부에 관한 사항
  ⑤ 화재발생건축물과 구조물, 화재유형별 화재위험성 등에 관한 사항
  ⑥ 화재예방 관계 법령 등의 이행 및 위반 등에 관한 사항
  ⑦ 관계인의 보험가입 정보 등에 관한 사항
  ⑧ 화재예방과 소방활동에 활용할 수 있는 정보

244. 정당한 사유 없이 화재조사관의 출입 또는 조사를 거부·방해 또는 기피한 사람은 (300만원) 이하의 (벌금)에 처한다.

245. 화재조사관의 출입하여 화재조사 시 보고 또는 자료 제출을 하지 아니하거나 거짓으로 보고 또는 자료를 제출한 사람은 (200만원) 이하의 (과태료)에 처한다.

01 소화의 기본원리 정답 및 해설

1. 연소의 4요소 중 (하나 이상)을 제거하는 것이 소화의 기본원리며, 이를 4대 소화 효과라고 한다.

2. 4대 소화 효과는 (냉각소화), (제거소화), (질식소화), (부촉매소화)이다.

3. (냉각소화)란 연소되고 있는 가연물질 또는 주위의 온도를 활성화 에너지 이하로 냉각시켜 소화하는 방법으로 기화열을 이용하여 인화점 및 발화점 이하로 낮추어 소화하는 방법이다.

4. (질식소화)란 산소 제거에 의한 소화로서 가연물이 연소하는 데 필요한 산소량을 조절하여 소화하는 방법이다.

5. (제거소화)란 연소의 4요소 중에 가연물질의 공급을 차단하거나 안전한 장소로 이동시켜 더 이상 연소가 진행되지 않도록 하는 소화방법이다.

6. (부촉매소화)란 연소의 연쇄반응을 차단·억제하여 소화하는 방법으로 억제소화, 화학적소화작용이라 하며, 할로젠화합물 소화약제가 대표적이다.

7. (유화소화)란 비중이 물보다 큰 중유 등 비수용성 유류화재 시 무상주수하거나 포소화약제를 방사하여 유류표면에 엷은 층을 형성하여 공기 중의 산소 공급을 차단시켜 소화하는 방법을 말한다.

8. (희석소화)란 가연물의 농도를 희석시키는 것이 기본원리이며, 수용성인 인화성액체의 농도를 묽게 하여 연소농도 이하가 되게 하거나 식용유화재 시 상온의 식용유를 넣어 희석시키는 소화이다.

9. (피복소화)란 목재나 유류의 표면화재에서 공기보다 무거운 기체를 방사하여, 연소면이 불연성 물질로 피복되고 연소에 필요한 산소는 차단되어 질식하게 하는 것으로 표면화재와 심부화재에 적합하다.

10. (건조사)는 수분 없이 질식과 냉각을 통한 소화방법을 의미한다.

11. 소화약제의 구비조건 4가지 이상
① 연소의 4요소 중 한 가지 이상을 제거할 수 있어야 한다.
② 가격이 저렴하고 저장 시 안정성이 있어 장기보관이 용이하여야 한다.
③ 환경에 오염과 인체에 대한 독성이 없어야 한다.
④ 현저한 독성이나 부식성이 없어야 하고, 열과 접촉 시에도 독성이나 부식성 가스를 발생시키지 않아야 한다.
⑤ 가스계의 경우 대기 중에 잔존 시간이 짧을수록 좋다.
⑥ 지구온난화에 끼치는 영향이 적을수록 좋다.
⑦ 오존층 파괴에 끼치는 영향이 적을수록 좋다.

12. 물의 비중은 순수한 물인 경우 1기압 <u>4℃</u>일 때 비중이 가장 크다. [×]

13. 물은 분자 내에서는 수소결합을, 원자 간에는 극성공유결합을 하여 소화약제로써의 효과가 뛰어나다. [○]

14. 물의 입자크기가 작게(무상주수하게) 되면 표면적이 증가해서 열을 흡수하여 기화가 용이하게 되므로 입경이 작을수록 냉각효과가 크다. [○]

15. 물은 증발잠열이 <u>크고</u> 비열도 <u>높아</u> 가연물의 온도를 인화점 또는 발화점 이하로 낮추는 냉각소화작용이 대표적인 소화효과이다. [×]

16. 물의 소화효과 5가지 이상
① 냉각소화, ② 질식소화, ③ 희석소화, ④ 유화소화, ⑤ 파괴·타격소화, ⑥ 배연 및 배열효과, ⑦ 방염소화

17. 물의 동결방지제로는 ① 에틸렌글리콜, ② 글리세린, ③ 프로필렌글리콜, ④ 염화나트륨, ⑤ 염화칼슘 등이 있다.

18. 물은 표면장력이 커서 가연물에 침투가 비교적 느리지만 (침투제 또는 Wetting Agent)를 사용하여 물의 표면장력을 작게 하면 가연물에 침투가 더 빨라지게 된다.

19. (증점제 또는 Viscous Agent)는 물은 유동성이 커서 소화대상물에 장기간 부착되지 못하므로 화재에 방사되는 물 소화약제의 접착성질을 강화시키기 위하여 첨가하는 약제이다.

20. 증점제를 첨가한 물은 물의 사용량을 줄일 수 있고 (공중소화)에서 사용 시 물이 분산되지 않으므로 목표
물에 정확히 도달할 수 있어 주로 (산림)화재 진압용으로 사용되는 점성의 약제이다.

21. 무기과산화물은 주수소화가 적응성이 없다. [×]

22. 철분, 마그네슘, 금속분은 주수소화가 적응성이 없다. [O]

23. 탄화칼슘(CaC_2)은 물과 반응하여 아세틸렌(C_2H_2)이 발생한다. [×]

24. 물의 가열 곡선에 따른 헌열과 비열

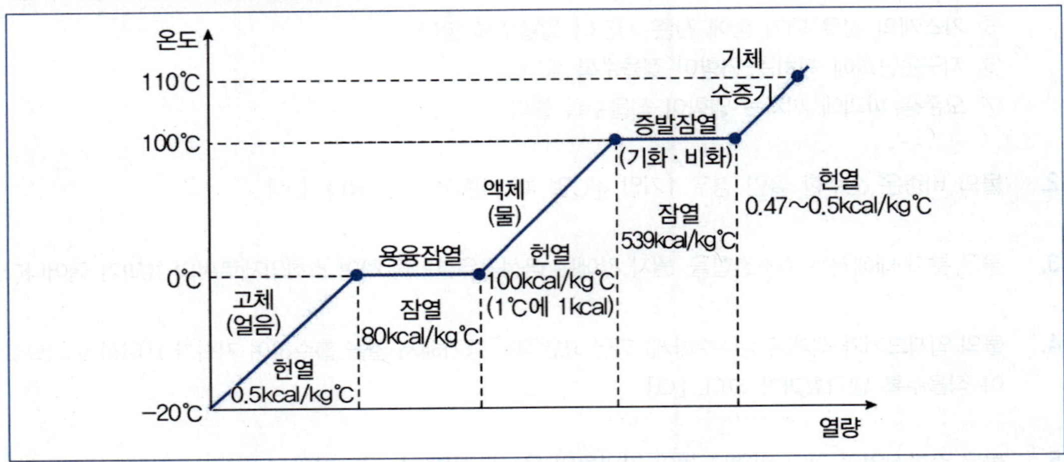

03 포 소화약제 정답 및 해설

25. 유류화재 시 물을 사용하면 오히려 화재면을 확대할 우려가 있어 (이산화탄소 소화약제 또는 포 소화약제)를 사용한다.

26. 포 소화약제는 주로 (질식)·(냉각)·(유화) 소화효과가 있다.

27. 수성막포소화기를 제외한 포소화기의 사용 온도는 (5℃ 이상 30℃ 이하)이고, 수성막포소화기는 (−20℃ 이상 30℃ 이하)에서 사용한다.

28. 포소화약제의 구비조건 3가지 이상
　① 포의 안전성이 좋아서 포의 유지시간이 길어야 한다.
　② 포의 내유성 및 내열성이 좋아야 한다.
　③ 포의 유동성이 좋아서 유류의 표면에 잘 분산되어야 한다.
　④ 포의 점착성이 좋아야 한다.
　⑤ 포의 부식성 및 독성이 없어 인체에 무해해야 한다.

29. 포소화약제는 물보다 비중이 낮은 유류 표면에 거품을 형성하여 유류의 연소진행을 억제하는 효과가 있기 때문에 질식 및 냉각효과가 커서 유류화재 및 (일반화재)에도 사용된다.

30. 포소화약제는 소화작업 후 거품에 의한 현장 주변의 (오염)을 제거하기 어려운 단점이 있고, 물이 주성분이어서 (전기화재 및 금속화재)의 소화작업에는 사용하기 어렵다.

31. (수성막포)는 화재 액표면 위에 수성의 막을 형성함으로써 유동성이 좋은 포의 전파속도를 증가시키고 얇은 수막을 형성하여 유류화재에 적합하나 알코올 등 (수용성) 유류에는 적합하지 않다.

32. 수성막포는 (Light water), (Aqueous Film Forming Foam : AFFF), (Fluoro chemical foam)이라고 불리기도 한다.

33. 수성막포는 단백포 소화약제의 소화능력보다 (3~5)배 정도 높으며 (드라이케미컬)과 함께 사용했을 경우는 7~8배 정도 소화성능이 증가한다.

34. 수성막포는 (1,000℃) 이상의 가열된 탱크 벽에서는 벽 주변의 피막이 파괴되고, 포가 얇아 내열성이 약해 (윤화 또는 Ring fire)현상이 일어날 수 있다.

35. 수성막포의 원액은 (흑갈)색이고, 화학적 안정성이 좋아 (장기)보관이 가능하며, 내유성이 커서 (표면하주입)방식에 적당하다.

36. 표면하주입방식이 적당한 포소화약제는 (수성막포)와 (불화단백포) 소화약제이다.

37. 수용성 가연물의 경우 포의 소포성을 방지하기 위하여 단백질의 가수분해물, 계면활성제에 금속비누 등을 첨가하여 유화 분산시킨 것을 원제로 한 (알코올형포 또는 내알코올포) 소화약제를 사용한다.

38. 단백포 소화약제는 내열성이 좋아 (링 파이어 또는 윤화)현상이나 재연소 방지효과가 좋으나 (유동성)이 좋지 않아 유면을 덮는 데 오래 걸린다.

39. (합성계면 활성제포)소화약제는 고발포형이 있어 팽창범위가 넓다.

40. 합성계면 활성제포는 고발포는 저발포에 비해 (소포성 또는 환원성)이 좋다.

41. 기계포의 포의 팽창비 : $\dfrac{(발포\ 후\ 포수액의\ 체적)}{발포\ 전\ 포수액의\ 체적}$

42. 기계포의 저발포 형은 (3%, 6%)형이 있으며, 팽창비는 (6배 이상 ~ 20배 이하)이다.

43. 기계포의 고발포 형은 (1%, 1.5%, 2%)형이 있으며, 팽창비에 따라 3종으로 구분한다.
  ① 제1종 기계포 : 80배 이상 ~ 250배 미만
  ② 제2종 기계포 : 250배 이상 ~ 500배 미만
  ③ 제3종 기계포 : 500배 이상 ~ 1,000배 미만

44. (라인 프로포셔너)는 펌프와 발포기의 중간에 설치된 벤투리관의 벤투리 작용에 의하여 포소화약제를 흡입, 혼합하는 방식이다.

45. (펌프 프로포셔너)는 펌프의 토출관과 흡입관 사이의 배관 도중에 설치한 흡입기에 펌프에서 토출된 물의 일부를 보내고 농도 조절밸브에서 조정된 포소화약제의 필요량을 포소화약제 탱크에서 펌프 흡입측으로 보내어 약제를 혼합하는 방식이다.

46. (프레저 프로포셔너)는 펌프와 발포기의 중간에 설치된 벤투리관의 작용과 펌프 가압수의 포소화약제 저장 탱크에 대한 압력에 의하여 포소화약제를 흡입, 혼합하는 방식이다.

47. (프레저사이드 프로포셔너)는 펌프 토출관에 압입기를 설치하여 포소화약제 압입용 펌프로 포소화약제를 압입시켜 혼합하는 방식이다.

48. (압축공기포혼합방식)은 압축공기 또는 압축질소를 일정비율로 포수용액에 강제 주입 혼합하는 장치이다.

49. 라인 프로포셔너방식은 소규모 또는 이동식 간이설비에 사용되는 방법으로 포소화전 또는 한정된 방호대상물의 포소화설비에 적용한다. [○]

50. 펌프 프로포셔너방식은 혼합기를 통한 압력손실이 매우 <u>높고</u>, 혼합 가능한 유량의 범위가 <u>좁다</u>. [×]

51. 펌프 프로포셔너방식은 화학소방차 등에서 주로 사용하는 방식이다. [○]

52. <u>프레져 프로포셔너방식</u>은 포소화설비의 가장 일반적인 혼합방식이다. [×]

53. 프레져 프로포셔너방식은 소화용수의 수압에 의한 압입과 혼합기의 벤투리효과에 의한 흡입을 이용한 것으로 약제 탱크에는 격막이 있는 것과 없는 것의 2종류가 있다. [○]

54. 프레져 프로포셔너방식 사용 시 물과 비중이 비슷한 <u>수성막포 소화약제</u>는 혼합에 어려움이 있고, 혼합비에 도달하는 시간이 소형은 2~3분, 대형은 15분 정도로 다소 소요된다. [×]

55. 프레져 프로포셔너방식은 격막이 없는 저장탱크의 경우 <u>물이 유입되면 재사용이 불가능해진다</u>. [×]

56. 프레져사이드 프로포셔너방식은 소화용수와 약제의 혼합 우려가 없어 장기간 보존하며 사용할 수 있으며, 혼합기를 통한 압력손실이 <u>낮다</u>. [×]

57. 프레져사이드 프로포셔너방식은 시설이 거대해지며 설치비가 비싸고 원액펌프의 토출압력이 급수펌프의 토출압력보다 <u>낮으면</u> 원액이 혼합기에 유입되지 못한다. [×]

58. 프레져사이드 프로포셔너방식은 비행기 격납고, 대규모 유류저장소, 석유화학 Plant 시설 등과 같은 대단위 고정식 포소화설비에 사용한다. [○]

59. <u>포소화약제 혼합방식 구조도</u>

① 라인 프로포셔너
(Line Proportioner)

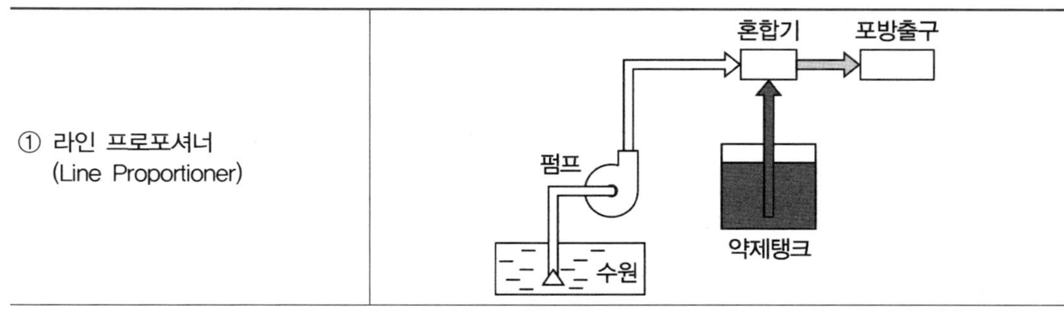

② 펌프 프로포셔너
(Pump Proportioner)

③ 프레져 프로포셔너
(Pressure Proportioner)

④ 프레져사이드 프로포셔너
(Pressure-side Proportioner)

⑤ 압축공기포혼합방식
(Compressed Air Foam
System Mixing Chamber)

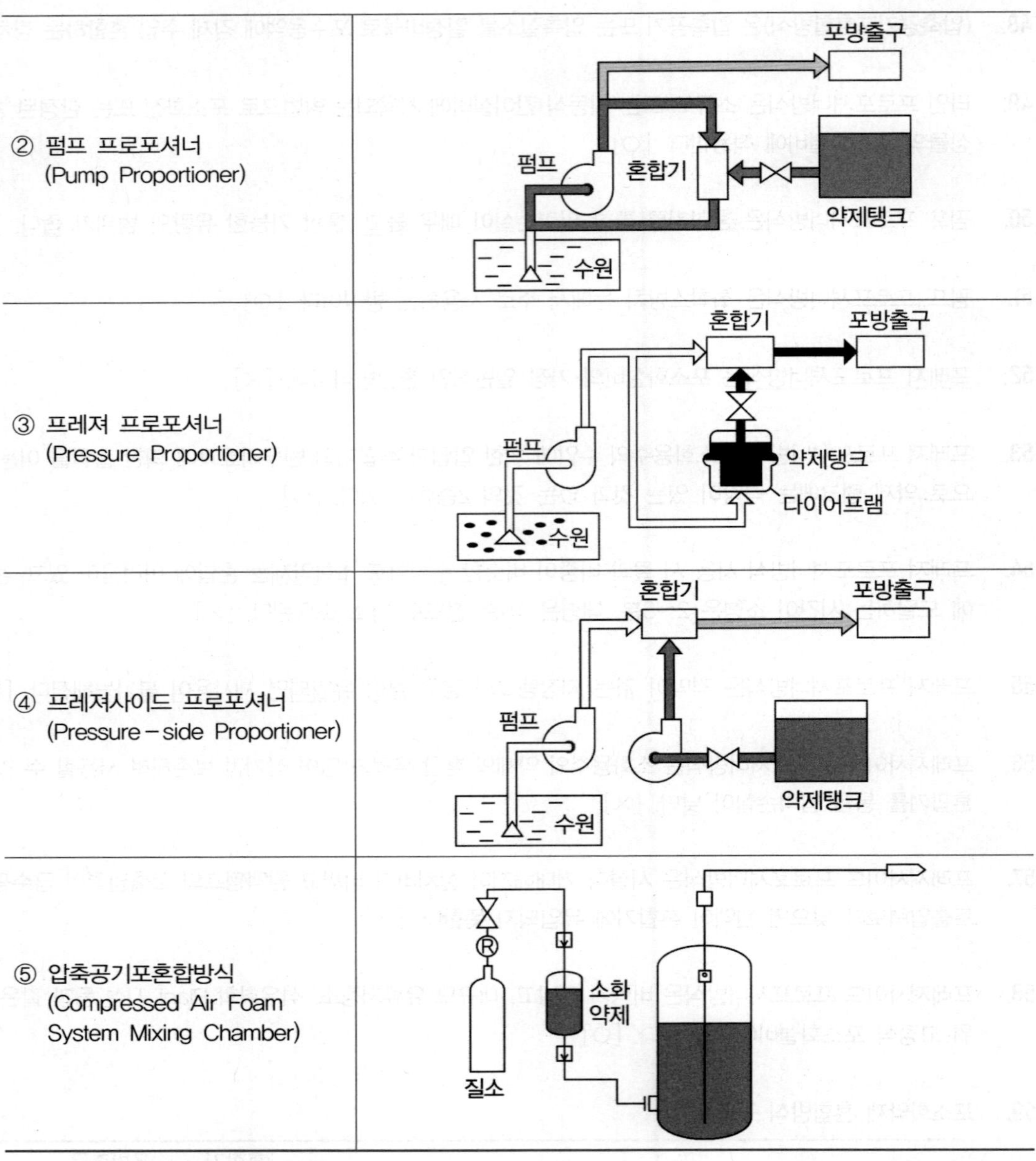

04 이산화탄소 소화약제 정답 및 해설

60. 이산화탄소는 소화효과가 타 약제에 비하여 크지 않기 때문에 여러 개의 (집합관) 방식을 통해 전기실 등의 소화설비에 사용되고 있다.

61. 이산화탄소 소화약제의 소화 효과
① (질식효과) : 공기 중 산소농도 21%를 약 16~15% 이하의 저농도로 낮추는 효과
② (냉각효과) : 이산화탄소 소화기를 방사할 때 기화열에 의한 열흡수 효과
③ (피복효과) : 이산화탄소 분자량이 공기보다 약 1.5배 무거워 연소물을 덮는 효과

62. 이산화탄소 소화약제는 전기실화재, 통신실화재, (유류화재)에 적응성이 있다.

63. 이산화탄소 소화약제는 방출 시 인명피해가 우려되는 (밀폐된) 지역에는 사용이 제한된다.

64. 이산화탄소 소화약제는 공기보다 무거워서 (심부화재)에 효과가 있으며, (표면화재)에도 우수하다.

65. 이산화탄소 소화약제는 (자체압력)으로 방출이 가능하나 고압으로 방사 시 소음이 크며 질식 우려가 있다.

66. 이산화탄소 체적농도 : $CO_2[vol\%] = \dfrac{(21) - O_2}{(21)} \times 100$

67. 이산화탄소(CO_2) 소화약제가 공기 중에 34vol% 공급되면 산소의 농도는 (13.86)vol%이다.

05 분말 소화약제 정답 및 해설

68. 분말 소화약제는 자체적으로는 전기가 통하지 않는 (비전도성)이며 독성이 없는 분말약제를 연소물 표면에 뿌려 주변 열을 이용하여 열분해반응을 일으켜 생성된 물질(CO_2, H_2O, HPO_3) 등에 의한 소화방법으로 표면화재에 (속효성)이 있다.

69. (제3종 분말소화기)는 A · B · C급 소화에 쓸 수 있으며 일반화재의 대표적인 차고나 주차장에 적합하며, 질식효과와 부촉매효과를 기대할 수 있다.

70. (제1종 분말소화기)는 식용유가 (나트륨이온 또는 Na^+)과 만나 비누화현상을 일으키며, 발생된 거품이 유면을 덮어 질식과 냉각 소화효과가 있다. 이때 생성된 거품이 유면을 덮어 냉각효과가 발생하기 때문에 (재발화) 방지에 효과가 있다.

71. (제2종 분말소화기)는 (칼륨이온 또는 K^+)이 발생하여 화학적 소화효과가 있다.

72. 제3종 분말소화기는 열분해되어 생성된 (메타인산)이 산소와 접촉 · 차단하여 가연물의 숯불 형태의 잔진 상태의 연소까지 저지시키는 (방진작용)에 의한 소화효과가 있다.

73. 분말 소화약제는 습기와 반응하여 고화되기 때문에 이를 방지하기 위하여 금속의 (스테아린산염)이나 (실리콘수지) 등으로 방습 가공을 해야 한다.

74. 분말 소화약제에 사용되는 분말의 입도는 ($10 \sim 70 \mu m$) 범위이며 최적의 소화효과를 나타내는 입도의 분포는 ($20 \sim 25 \mu m$)이다.

75. 분말 소화약제의 분말을 수면에 고르게 살포한 경우에 (1시간) 이내에 침강하지 아니하여야 한다.

76. 분말 소화약제의 소화효과 순서는 '(제1종) 분말 < (제2종) 분말 < (제3종) 분말 < (제4종) 분말' 순으로 좋다.

77. 분말소화기의 종류별 주성분 및 열분해 반응식

종류	분말소화약제	착색	소화	열분해 반응식
제1종	중탄산나트륨	(백색)	B · C급	$2NaHCO_3 \rightarrow Na_2CO_3 + CO_2 + H_2O$
제2종	(중탄산칼륨)	담회색	B · C급	$(2KHCO_3 \rightarrow K_2CO_3 + CO_2 + H_2O)$
제3종	제1인산암모늄	(담홍색)	(A · B · C)급	$(NH_4H_2PO_4) \rightarrow HPO_3 + NH_3 + H_2O(P_2O_5)$
제4종	중탄산칼륨 + (요소)	(회색)	B · C급	$2KHCO_3 + (NH_2)_2CO \rightarrow K_2CO_3 + 2NH_3 + 2CO_2$

78. CDC 소화약제는 (포소화약제)와 함께 사용되는 약제이다.

79. CDC 소화약제는 방사된 분말이 화염을 입체적으로 둘러싸고 (부촉매), (냉각), (질식), (방사열 차단) 효과
등이 있다.

80. (마른모래)는 만능소화약제이다.

06 할론 소화약제 정답 및 해설

81. 메탄 또는 에탄의 수소원자와 할로젠족원소(F, Cl, Br, I)와의 치환체로 만들어진 소화약제로서 일명 (할론)이라고도 한다.

82. (할론 소화약제)는 지구의 오존층을 파괴하는 오존파괴지수가 커서 환경문제점을 갖는 소화약제이다.

83. 할론 소화약제의 종류 및 명명법

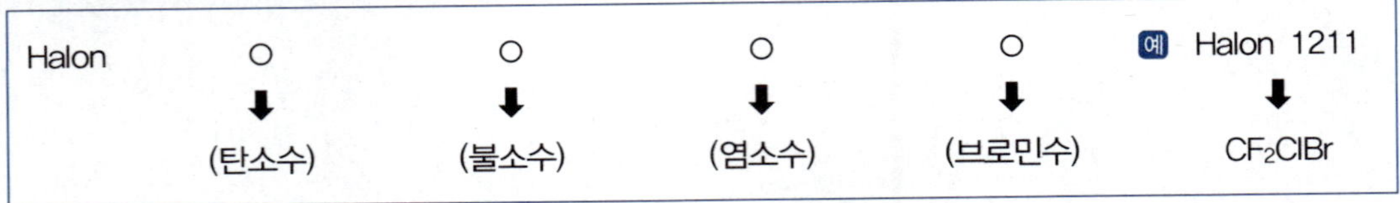

84. (할론 1301)은 메탄의 유도체로서 자체 독성은 없으나 고온에서 열분해 시 독성이 강한 분해생성물이 발생하며, 할론 소화약제 중에서 독성이 가장 약하다.

85. (할론 1211)은 메탄의 유도체로서 상온에서 기체이며 공기보다 약 5배 무겁고, 증기압이 낮아 가압용가스로 질소를 사용하여 소화력도 좋은 편이다.

86. (할론 2402)는 에탄이 치환된 유도체로서 독성이 강하여 소화약제로 거의 사용하지 않고, 상온에서 액체이며, 공기보다 약 9배 무겁다.

87. 할론 소화약제의 대표적인 소화효과는 (부촉매 소화)효과이다.

88. 할론 소화약제의 특성 비교
① 할로젠족원소의 (반응성)의 비교 : F > Cl > Br > I
② 할로젠족원소의 부촉매효과의 (소화강도) 크기 : F < Cl < Br < I
③ 소화성능 비교 : 1301 > (1211) > (2402)
④ 오존파괴 지수(ODP) : (1301) > (2402) > 1211
⑤ 독성의 크기 : (2402) > 1211 > (1301)

89. 오존파괴지수 계산법 : $ODP = \dfrac{\text{어떤 물질 1kg이 파괴하는 오존량}}{\text{(CFC} - \text{11)의 1kg이 파괴하는 오존량}}$

90. 지구온난화지수의 계산법 : $GWP = \dfrac{\text{어떤 물질 1kg이 기여하는 온난화 정도}}{\text{(CO}_2\text{)의 1kg이 기여하는 온난화 정도}}$

07 할로젠화합물 및 불활성기체 소화약제 정답 및 해설

91. 할로젠화합물 소화약제는 (불소), (염소), (브로민) 또는 (아이오딘) 중 하나 이상의 원소를 포함하고 있는 (유기)화합물을 기본성분으로 하는 소화약제를 말한다.

92. 할로젠화합물 소화약제는 오존과의 반응성이 강한 브로민이 함유되어 있지 않기 때문에 (오존파괴지수)와 (지구온난화지수)가 Halon 물질과 (이산화탄소)에 비하여 무시할 정도로 낮다.

93. 'HCFC BLEND A'의 화학식은 'HCFC $-$ 123 : (4.75)%', 'HCFC $-$ 22 : 82%', 'HCFC $-$ 124 : (9.5)%', '$C_{10}H_{16}$: 3.75%'이다.

94. (불활성기체 소화약제)는 헬륨, 네온, 아르곤, 질소 중 하나 이상의 원소를 포함하고 있는 소화약제를 말한다.

95. 불활성기체 소화약제는 (부촉매소화) 효과가 없어서, 밀폐된 공간에서 산소농도를 낮추는 것에 의해 소화한다.

96. (불활성기체 소화약제 또는 IG $-$ 541)은 소화성능을 발휘할 수 있는 약제의 농도에서도 사람의 호흡에 문제가 없으므로 사람이 있는 곳에서도 사용이 가능하다.

97. 불활성기체 소화약제의 종류

소화약제	화학식	최대허용 설계농도
불연성 · 불활성 기체혼합가스(IG $-$ 100)	(N_2 : 100%)	43%
불연성 · 불활성 기체혼합가스(IG $-$ 01)	(Ar : 100%)	(43%)
불연성 · 불활성 기체혼합가스(IG $-$ 55)	N_2 : (50%), Ar : (50%)	43%
불연성 · 불활성 기체혼합가스(IG $-$ 541)	N_2 : (52%), Ar : (40%), CO_2 : (8%)	43%

98. (NOAEL)은 소화약제 농도를 증가시킬 때 신체에 나쁜 영향을 감지할 수 없는 최대농도이다.

99. (LOAEL)은 소화약제 농도를 감소시킬 때 신체에 나쁜 영향을 감지할 수 있는 최소농도이다.

100. 강화액 소화약제는 (칼륨이온), 제1종 분말소화약제는 (나트륨이온), 제2종 분말소화약제는 (칼륨이온), 제3종 분말소화약제는 (암모늄이온)에 의해서 부촉매 효과를 가진다.

101. 소방시설의 개념(「소방시설 설치 및 관리에 관한 법률」 기준 근거)

① (소화설비) : 물 또는 그 밖의 소화약제를 사용하여 소화하는 기계·기구 또는 설비

② (경보설비) : 화재발생 사실을 통보하는 기계·기구 또는 설비

③ (피난구조설비) : 화재가 발생할 경우 피난하기 위하여 사용하는 기구 또는 설비

④ (소화용수설비) : 화재를 진압하는 데 필요한 물을 공급하거나 저장하는 설비

⑤ (소화활동설비) : 화재를 진압하거나 인명구조활동을 위하여 사용하는 설비

102. 스프링클러설비등에는 (스프링클러설비), (캐비닛형 간이스프링클러설비를 포함한 간이스프링클러설비), (화재조기진압용 스프링클러설비)가 있다.

103. 물분무등소화설비에는 (물분무소화설비), 미분무소화설비, 포소화설비, 이산화탄소소화설비, 할론소화설비, (할로젠화합물 및 불활성기체소화설비), 분말소화설비, 강화액소화설비, 고체에어로졸소화설비가 있다.

104. 소형소화기는 능력단위 (1단위) 이상, 대형소화기 능력단위 미만인 소화기이고, 대형소화기는 화재 시 쉽게 운반할 수 있도록 운반대와 바퀴가 설치되어 있고 능력단위 A급 (10단위) 이상, B급 (20단위) 이상인 소화기이다.

105. 이산화탄소 대형소화기의 약제량은 (50킬로그램)이고, 기계포소화기 대형소화기의 약제량은 (20리터)이다.

106. 소화기는 각 층마다 설치하되 소형소화기는 보행거리 (20미터) 이내마다 대형소화기는 보행거리 (30미터) 이내마다 설치해야 한다.

107. 소화설비의 능력단위

소화설비	용량	능력단위
소화전용(專用)물통	(8ℓ)	(0.3)
수조(소화전용물통 3개 포함)	80ℓ	(1.5)
수조(소화전용물통 6개 포함)	(190ℓ)	(2.5)
마른 모래(삽 1개 포함)	(50ℓ)	0.5
팽창질석 또는 팽창진주암(삽 1개 포함)	160ℓ	(1.0)

108. (위락시설)의 소화기구의 능력단위는 해당 용도의 바닥면적 30m²마다 능력단위 1단위 이상으로 한다.

109. 문화 및 집회시설(전시장 및 동·식물원은 제외)·의료시설·장례시설 중 장례식장 및 문화재의 소화기구의 능력단위는 해당 용도의 바닥면적 (50m²)마다 능력단위 1단위 이상으로 한다.

110. 공동주택 · 근린생활시설 · 문화 및 집회시설 중 전시장 · 판매시설 · 운수시설 · 노유자시설 · 업무시설 · 숙박시설 · 공장 · 창고시설 · 항공기 및 자동차 관련 시설 · 방송통신시설 및 관광휴게시설의 소화기구의 능력단위는 해당 용도의 바닥면적 (100m²)마다 능력단위 1단위 이상으로 한다.

111. 소화기는 특정소방대상물의 각 층마다 설치하되, 각 층이 둘 이상의 거실로 구획된 경우에는 각 층마다 설치하는 것 외에 바닥면적이 (33제곱미터) 이상으로 구획된 각 거실에도 배치할 것

112. 소화기 사용온도 범위(적응성)
① 강화액소화기 : (−20℃) 이상 (40℃) 이하에서 사용함
② 분말소화기 : (−20℃) 이상 (40℃) 이하에서 사용함
③ CO_2 · 할론소화기 : (0℃) 이상 (40℃) 이하에서 사용함
④ 할로겐화합물 및 불활성기체소화기 : (55℃) 이하에서 사용함
⑤ 포소화기 : (5℃) 이상 (30℃) 이하에서 사용함
⑥ 수성막포소화기 : 일반용(−5℃ ~ 30℃), 내한용(−10℃ ~ 30℃), 초내한용(−20℃ ~ 30℃) 이하에서 사용함

113. 간이소화용구 중 마른모래는 삽을 상비한 (50리터) 이상 1포, 팽창질석 또는 팽창진주암은 삽을 상비한 (80리터) 이상 1포의 능력단위는 0.50이다.

114. (옥내소화전)이란 소방대상물에서 화재가 발생한 초기에 관계인, 자위소방대원이 복도 등에 설치된 소화전 함내 장치 · 기구를 조작하여 화재를 진압할 수 있도록 설치된 고정된 수동식 초기 진화용소화설비를 말한다.

115. (고가수조)란 구조물 또는 지형지물 등에 설치하여 자연낙차의 압력으로 급수하는 수조를 말한다.

116. (압력수조)란 소화용수와 공기를 채우고 일정압력 이상으로 가압하여 그 압력으로 급수하는 수조를 말한다.

117. (진공계)란 대기압 이하의 압력을 측정하는 계측기를 말한다.

118. (연성계)란 대기압 이상의 압력과 대기압 이하의 압력을 측정할 수 있는 계측기를 말한다.

119. (체절운전)이란 펌프의 성능시험을 목적으로 펌프토출측의 개폐밸브를 닫은 상태에서 펌프를 운전하는 것으로 수온상승 방지를 위하여 (순환배관)을 설치한다.

120. 수원의 종류는 (고가수조), (압력수조), (지하수조)가 있으며, 비상용의 2차 수원 개념으로 (옥상수조)가 있다.

121. 옥내소화전방수구는 호스릴 옥내소화전 포함하여 설치개수가 가장 많은 층의 설치개수에 (2.6m³)을 곱한 양 이상이어야 하며, 설치개수가 (2개)를 넘는 경우는 (2개)로 한다.

122. $2.6m^3 = 130\ell/분 \times (20분)$

123. 옥상수조의 수원은 산출된 유효수량 외에 유효수량의 (3분의 1) 이상을 옥상에 설치하여야 한다.

124. 가압송수장치는 소화전에서 소화에 필요한 물을 압력을 가해서 보내는 장치를 말하며 (고가수조방식) · (압력수조방식) · 펌프방식의 3가지가 있으나 대부분 펌프방식이 설치되고 있다.

125. (공동현상)은 펌프의 흡입압력이 액체의 증기압보다 낮을 때 발생되며 이때 물이 증발되고 물속에 용해되어 있던 공기가 물과 분리되어 기포가 발생되는 현상으로 압력이 떨어져 액체가 기체가 되면서 기포가 발생하는 것이라 할 수 있다.

126. 공동현상의 발생원인 4가지 이상
① 펌프의 흡입측 수두가 클 경우 : 소화펌프의 흡입높이가 클 때
② 펌프의 날개인 임펠러속도가 클 경우 : 날개와 물의 마찰 때문
③ 마찰 손실이 클 경우 : 유량이 증가하여 펌프물이 과속으로 흐를 때
④ 배관 내의 수온이 높을 때 : 물의 온도가 높을 때 물의 퍼짐현상 때문
⑤ 펌프의 설치위치가 수원보다 높을 경우 : 흡입거리가 길 때
⑥ 펌프의 흡입거리가 길 때 : 흡입거리가 길 때
⑦ 펌프의 흡입관경이 너무 작을 경우 : 배관이 부딪혀서 나타나는 현상
⑧ 펌프의 흡입압력이 유체의 증기압보다 낮을 경우 : 흡입력이 없을 때

127. 공동현상의 방지대책 4가지 이상
① 펌프의 흡입측 수두를 작게 한다 : 펌프의 높이를 작게 한다.
② 펌프의 임펠러 속도를 작게 한다 : 마찰을 줄어들게 한다.
  * 펌프를 2대 이상 설치해서 양쪽에서 흡입하여 속도를 줄인다.
③ 마찰손실을 작게 한다 : 펌프의 마찰을 작게 한다.
④ 펌프의 설치 위치를 수원보다 낮게 한다 : 펌프의 위치가 낮을수록 공동화 현상을 방지
⑤ 배관 내 수온을 낮춰준다.
⑥ 흡입관의 배관을 간단히 한다 : 배관이 휘고 복잡하면 더 부딪혀 마찰로 인한 기포 발생
⑦ 펌프의 흡입관경을 크게 한다.
⑧ 펌프를 2대 이상 설치한다.

128. (수격작용)이란 펌프에서 유체가 이동 시 정전 등으로 갑자기 펌프가 정지한 경우 혹은 밸브를 갑자기 잠글 경우 배관 내의 유체의 운동에너지가 압력에너지로 변하여 고압이 발생하거나, 유속이 급변하여 압력 변화를 가져와 배관 내의 벽면을 치는 현상이라 할 수 있다.

129. 수격작용의 발생원인
① 정전 등으로 갑자기 펌프가 정지할 경우
② 급히 밸브를 잠글 경우
③ 펌프의 정상 운전 시 유체의 압력 변동이 있는 경우

130. 수격현상의 방지대책

① 수격현상이 발생하는 밸브 부근에 수격을 흡수하는 수격방지기를 설치한다.

② 관로에 서지 탱크(surge tank)를 설치한다.

③ 플라이휠(flywheel)을 부착하여 펌프의 급격한 속도 변화를 억제한다.

④ 배관지름을 크게 하면 동일한 유량일 때 유속이 감소하므로 수격현상이 방지된다.

131. (맥동현상)이란 송출 압력과 송출 유량의 주기적인 변동이 발생하는 현상으로서 주로 공동현상 이후에 발생한다.

132. (Air Binding) 현상이란 원심 펌프에서 일어나는 현상으로 펌프 내에 공기가 차 있으며 공기의 밀도는 물의 밀도보다 작으므로 공기가 물의 위에 있게 되어 수두를 감소시켜 송액이 되지 않는 현상으로 펌프작동 전 공기를 제거하거나 (자동공기제거)펌프를 사용해야 한다.

133. (스프링클러설비)는 화재가 발생하면 방호구역에 설치된 감지기 또는 헤드가 화재를 감지하고 일정 이상의 온도에 이르게 되면 헤드가 개방되어 소화수가 방사됨으로써 자동적으로 화재를 진압하게 된다.

134. 개방형 헤드를 사용하는 스프링클러설비는 (일제살수식) 스프링클러설비이고, 폐쇄형 헤드를 사용하는 스프링클러설비는 (습식, 건식, 준비작동식, 부압식) 스프링클러설비이다.

135. 연기 또는 열 감지기와 같이 쓰이는 스프링클러설비는 (준비작동식, 일제살수식, 부압식) 스프링클러설비이다.

136. (습식 스프링클러설비)는 가압송수장치에서 유수검지장치 1차 측까지 배관 내에 항상 물이 가압되어 있고, 2차 측에서 폐쇄형스프링클러헤드까지 물이 가압되어 있다.

137. (준비작동식 스프링클러설비)는 난방이 되지 않는 옥내에 설치하는 스프링클러설비로서 1차측에는 가압수가 2차측에는 대기압상태로 폐쇄형 헤드가 설치되어 있으며, 일제개방밸브로는 프리액션밸브를 사용한다.

138. (가지배관)은 스프링클러헤드가 설치되어 있으며, 스프링클러 배관 중 가장 가는 관이다.

139. (교차배관)은 직접 또는 수직배관을 통하여 가지배관에 급수하는 배관으로 수평주행배관 중 가지배관에 소화용수를 공급하는 배관으로 가지배관의 하부 또는 측면에 설치되어 가지배관과 교차되는 배관을 말한다.

140. (물분무 소화설비)는 물을 무상으로 방사하여 소화하는 소화설비로서 화재 진압 및 화재의 확대 방지에 이상적인 소화설비이다.

141. 물분무 소화설비 펌프의 성능은 체절운전 시 정격토출압력의 (140)퍼센트를 초과하지 않고, 정격토출량의 (150)퍼센트로 운전 시 정격토출압력의 (65)퍼센트 이상이 되어야 한다.

142. (미분무소화설비)란 가압된 물이 헤드 통과 후 미세한 입자로 분무됨으로써 소화성능을 가지는 설비를 말하며, 소화력을 증가시키기 위해 강화액 등을 첨가할 수 있다.

143. 미분무란 물만을 사용하여 소화하는 방식으로 최소설계압력에서 헤드로부터 방출되는 물입자 중 99%의 누적체적분포가 (400μm) 이하로 분무되고 (A·B·C)급 화재에 적응성을 갖는 것을 말한다.

144. (포소화설비)는 물만으로는 소화가 불가능하거나 소화효과가 적거나 또는 오히려 화재를 확대시킬 우려가 있는 인화성액체 물질에서 발생하는 화재를 효과적으로 진압하기 위한 소화설비이다.

145. 포소화설비 중 (Ⅰ형)은 방출된 포가 유면상에서 신속히 전개되도록 유면상을 덮어 소화작용을 하도록 통계단 등의 부속설비가 있는 포방출구로서 콘루프탱크에 설치한다.

146. 포소화설비 중 (특형)은 탱크 측면으로부터 0.9m 이상의 굽도리판을 1.2m 떨어진 곳에 설치하고 양쪽 사이의 환상부위에 포를 방사하는 고정포방출구로서 Floating Roof Tank에 설치한다.

147. 포소화설비 중 (Ⅲ형 또는 표면하 주입식)은 옥외탱크 화재 시 표면하 주입식의 경우는 화재로 인하여 탱크 측면에 설치된 폼 챔버가 파손되는 단점이 있으며, 또한 초대형 탱크에서는 표면에서 주입하는 기존의 방식으로는 유효한 소화가 곤란하다.

148. (이산화탄소 소화설비)는 스프링클러설비나 포소화설비 등 물에 의한 피해가 예상되는 장소나 전기화재, 유류화재 등에 사용되며, 심부화재와 표면화재에 사용이 가능하다.

149. 이산화탄소 소화설비 작동순서
화재발생 → 교차회로방식의 화재감지기 또는 수동기동장치에 의해 작동 → 제어반 → 수신기의 화재표시등, 지구표시등 점등 및 화재경보 → 수신기 지연타이머 작동 → (기동용기 솔레노이드밸브작동) → 기동용기 가스 방출 → 기동용기 → (선택밸브 개방) → (저장용기 개방) → 압력스위치가 작동하여 방출표시등 점등 → 소화가스 방사

150. 이산화탄소 소화설비의 방출방식은 (전역방출) 방식, (국소방출) 방식, (호스릴) 방식이 있다.

151. (분말 소화설비)는 연소확대 위험이 크거나 열과 연기가 충만하여 소화기구로는 소화할 수 없는 방호대상물에 설치한다.

152. (비상방송설비)는 자동화재탐지설비에 의해 감지된 화재를 소방대상물 내의 사람들에게 음성으로 알려 피난을 도와 주는 설비이다.

153. (자동화재탐지설비)는 화재초기에 발생되는 열, 연기, 불꽃 등을 감지하여 경보를 통해 화재발생뿐만 아니라 화재가 건물의 어느 지점에서 발생했는지도 알려주어 초기 대응을 가능하게 해주는 설비이고, (자동화재속보설비)는 화재발생시 수동 또는 자동으로 작동하여 화재발생장소를 신속하게 소방관서에 통보해 주는 설비를 말한다.

154. 자동화재탐지설비의 (경계구역)이란 특정소방대상물 중 화재신호를 발신하고 그 신호를 수신 및 유효하게 제어할 수 있는 구역을 말한다.

155. 자동화재탐지설비의 수평적 경계구역 기준

구분	원칙	예외
층별	층별	한 층에 하나의 경계구역이나 2개의 층이 (500m²) 이하일 때는 하나의 경계구역으로 할 수 있다.
면적	(600m²) 이하	주된 출입구에서 건물 내부 전체가 보일 때는 한 변의 길이가 50m 범위 내에서 (1,000m²) 이하로 할 수 있다.
한 변의 길이	(50m) 이하	지하구는 (700m), 터널의 경우에는 (100m) 이하로 할 수 있다.

156. 자동화재탐지설비의 수직적 경계구역은 계단·경사로·엘리베이터 승강로·린넨슈트·파이프 피트 및 덕트 기타 이와 유사한 부분에 대하여는 (별도로) 경계구역을 설정하되, 계단 및 경사로에서 하나의 경계구역은 높이 (45m) 이하로 하고, 지하층의 계단 및 경사로는 별도로 하나의 경계구역으로 하여야 한다.

157. 자동화재탐지설비의 (수신기)는 감지기나 발신기에서 발하는 화재신호를 직접 수신하거나 중계를 통하여 수신하여 화재의 발생을 표시 및 경보해 주는 장치를 말한다.

158. P형 수신기는 감지기 또는 P형 발신기에서 보낸 화재신호를 직접 (공통신호)로서 수신하여 화재를 경보하고 (중·소규모)의 건물에 많이 사용되며, 감지기 또는 발신기에서 (1 : 1 접점)방식으로 전송된 신호를 수신한다.

159. R형 수신기는 감지기 또는 발신기로부터 발생하는 화재신호를 중계기를 통해서 (고유신호)로서 수신하여 화재를 경보하고 (대규모) 건물이나 다수의 동이 있는 건축물에 적합하며, 감지기 또는 발신기에서 (다중전송)방식으로 신호를 수신한다.

160. 자동화재탐지설비의 음향장치 설치기준
• 층수가 11층(공동주택의 경우에는 16층) 이상의 특정소방대상물
 ① 2층 이상의 층에서 발화한 때에는 발화층 및 그 직상 (4개)층에 경보를 발할 것
 ② 1층에서 발화한 때에는 발화층·그 직상 4개층 및 (지하)층에 경보를 발할 것
 ③ 지하층에서 발화한 때에는 발화층·그 (직상)층 및 기타의 지하층에 경보를 발할 것

161. 차동식 열 감지기는 주위 온도가 (일정상승률) 이상이 되는 경우 작동하며, 일국소의 열효과에 의해 작동하는 것은 (차동식 스포트형 감지기)이고, 넓은 범위에서 열효과의 누적에 의해 작동하는 것은 (차동식 분포형 감지기)이다.

162. 정온식 열 감지기는 주위 온도가 (일정온도) 이상이 되는 경우 작동하며, 전선 구조가 아닌 것이 일국소의 열효과에 의해 작동하는 것은 (정온식 스포트형 감지기)이고, 외관이 전선으로 되어 있는 것은 (정온식 감지선형 감지기)이다.

163. (보상식 스포트형 감지기)는 차동식 스포트형과 정온식 스포트형 둘 중에 어느 한 기능이 작동되면 작동된다.

164. 정온식 스포트형 감지기는 주방・보일러실 등으로서 다량의 (화기)를 취급하는 장소에 설치하되, (공칭작동온도)가 최고 주위 온도보다 일정온도 이상 높은 것으로 설치해야 한다.

165. (이온화식 스포트형) 감지기는 연기에 의한 이온전류 변화에 의해 작동한다.

166. 정관식 연기감지기는 (광전식 스포트형 감지기), (광전식 분리형 감지기), 광전식 공기흡입형 감지기가 있다.

167. (광전식 공기흡입형) 감지기는 평상시 주위 공기를 계속 흡입하고 화재 시 흡입된 공기 중 연소생성물을 분석하여 작동한다.

168. 감지기 부착높이가 4m 이상 8m 미만인 것 5가지 이상
① 차동식(스포트형, 분포형), ② 보상식 스포트형, 정온식(스포트형, 감지선형) 특종 또는 1종, ③ 이온화식 1종 또는 2종, ④ 광전식(스포트형, 분리형, 공기흡입형) 1종 또는 2종, ⑤ 열복합형, ⑥ 연기복합형, ⑦ 열・연기복합형, ⑧ 불꽃감지기

169. 감지기 부착높이가 20m 이상인 것은 (불꽃감지기), (광전식 분리형 중 아날로그방식), (광전식 공기흡입형 중 아날로그방식)이다.

170. 자동화재탐지설비의 음향장치는 정격전압의 (80)% 전압에서 음향을 발할 수 있는 것으로 하고, 음량은 부착된 음향장치의 중심으로부터 1m 떨어진 위치에서 (90)dB 이상이 되는 것으로 해야 한다.

171. 누전경보기는 경계전로의 정격전류가 (60)A를 초과하는 전로에 있어서는 1급 누전경보기를, (60)A 이하의 전로에 있어서는 1급 또는 2급 누전경보기를 설치해야 한다.

172. (완강기)란 사용자의 몸무게에 따라 자동적으로 내려올 수 있는 기구 중 사용자가 교대하여 연속적으로 사용할 수 있는 것을 말한다.

173. (대피용 자루 또는 구조대)란 포지 등을 사용하여 자루 형태로 만든 것으로서 화재 시 사용자가 그 내부에 들어가서 내려옴으로써 대피할 수 있는 것을 말한다.

174. (공기안전매트)란 화재 발생시 사람이 건축물 내에서 외부로 긴급히 뛰어내릴 때 충격을 흡수하여 안전하게 지상에 도달할 수 있도록 포지에 공기 등을 주입하는 구조로 되어 있는 것을 말한다.

175. (승강식 피난기)란 사용자의 몸무게에 의하여 자동으로 하강하고 내려서면 스스로 상승하여 연속적으로 사용할 수 있는 무동력 승강식 기기를 말한다.

176. (하향식 피난구용 내림식사다리)란 하향식 피난구 해치에 격납하여 보관하고 사용 시에는 사다리 등이 소방대상물과 접촉되지 않는 내림식 사다리를 말한다.

177. (미끄럼대)란 사용자가 미끄럼식으로 신속하게 지상 또는 피난층으로 이동할 수 있는 피난기구를 말한다.

178. (피난교)란 인근 건축물 또는 피난층과 연결된 다리 형태의 피난기구를 말한다.

179. (피난용트랩)이란 화재 층과 직상 층을 연결하는 계단형태의 피난기구를 말한다.

180. (방열복)이란 고온의 복사열에 가까이 접근하여 소방활동을 수행할 수 있는 내열피복을 말한다.

181. (공기호흡기)란 소화활동 시에 화재로 인하여 발생하는 각종 유독가스 중에서 일정시간 사용할 수 있도록 제조된 압축공기식 개인호흡장비를 말한다.

182. (인공소생기)란 호흡 부전 상태인 사람에게 인공호흡을 시켜 환자를 보호하거나 구급하는 기구를 말한다.

183. (방화복)이란 화재진압 등의 소방활동을 수행할 수 있는 피복을 말한다.

184. (비상조명등)이란 화재발생 등에 따른 정전 시 안전하고 원활한 피난활동을 할 수 있도록 거실 및 피난통로 등에 설치되어 자동 점등되는 조명등을 말한다.

185. (휴대용비상조명등)이란 화재발생 등으로 정전시 안전하고 원활한 피난을 위하여 피난자가 휴대할 수 있는 조명등을 말한다.

186. (유도등)이란 화재 시에 피난을 유도하기 위한 등으로서 정상상태에서는 상용전원에 따라 켜지고 상용전원이 정전되는 경우에는 비상전원으로 자동전환되어 켜지는 등을 말한다.

187. (피난구유도등)이란 피난구 또는 피난경로로 사용되는 출입구를 표시하여 피난을 유도하는 등을 말한다.

188. (소화전)이란 소방관이 사용하는 설비로서, 수도배관에 접속·설치되어 소화수를 공급하는 설비를 말한다.

189. 수조를 설치하고 여기에 소화에 필요한 물을 항시 채워두는 것으로서, (소화수조)는 소화용수의 전용 수조를 말하고, (저수조)란 소화용수와 일반 생활용수의 겸용 수조를 말한다.

190. (제연설비)란 화재가 발생한 거실의 연기를 배출함과 동시에 옥외의 신선한 공기를 공급하여 거주자들이 안전하게 피난하고, 소방대가 원활한 소화활동을 할 수 있도록 연기를 제어하는 설비를 말한다.

191. (예상제연구역)이란 화재 시 연기의 제어가 요구되는 제연구역을 말한다.

192. (공동예상제연구역)이란 2개 이상의 예상제연구역을 동시에 제연하는 구역을 말한다.

193. 제연설비의 배출기의 흡입측 풍도 안의 풍속은 초속 (15미터) 이하로 하고 배출측 풍속은 초속 (20미터) 이하로 해야 한다.

194. 제연설비의 유입풍도 안의 풍속은 초속 (20미터) 이하로 하고 풍도의 강판두께는 화재안전성능 기준으로 설치해야 한다.

195. 제연설비의 자동 작동과정
화재감지기 작동 → (수신기) → (급기·배기 댐퍼 작동) → 팬 작동 → 제연

196. (연결살수설비)는 지하상가나 지하층에 화재가 발생하면 짙은 연기로 진입이 어렵고 화점을 찾기 어려운 일정 규모 이상의 판매시설 및 지하층과 연결통로 천장에 살수헤드를 설치하여 화재 시 호스를 연장하지 않고도 소방펌프차로부터 송수된 가압송수에 의하여 살수시켜 소화하는 설비로 자동화 시스템은 아니다.

197. (비상콘센트설비)는 건축물에 화재 발생 시 소화활동에 필요한 전원을 전용으로 공급받기 위해 설치한 설비로 전원, 배선, 콘센트, 보호함으로 구성된다.

198. 비상콘센트설비는 전원회로는 (단상 220V)인 것으로서 공급용량은 1.5kVA이상인 것으로 할 것. 다만, 단상교류 100V 또는 (3상 교류 200V) 또는 380V인 것으로 공급용량은 3상 교류인 경우 (3kVA) 이상인 것과 단상교류인 경우 1.5kVA 이상인 것을 추가할 수 있다.

199. (무선통신보조설비)는 지하상가나 지하층 화재 시 건축물 구조상 무선교신이 원활하지 않아 소방관이 화재 진압 또는 인명구조활동에 어려움이 많이 발생하기 때문에 이러한 무선교신의 어려움을 보완하기 위해 안테나나 누설동축케이블을 설치하여 무선교신을 원활하게 하는 설비를 말한다.

200. (연소방지설비)란 지하구 화재발생 시 출동한 소방차가 지상 송수구를 통하여 방수헤드로 살수되는 것으로서 케이블 등의 화재가 확산되는 것을 방지하기 위한 설비이다.

소방의 역사 정답 및 해설

1. 소방이란 화재를 진압하거나 예방하는 것이다. [○]

2. 형식적 의미의 소방이란 소방행정 목적을 달성하기 위하여 구성되는 조직, 즉 소방기관을 의미하고, 실질적 의미의 소방은 화재의 예방, 경계 및 진압을 위한 일체의 활동과정을 말한다. [×]

3. 소방력의 3요소는 소방인력, 소방장비, 소방용수이고, 소방전용 통신 및 전산 설비를 더하여 소방력의 4요소라 한다. [○]

4. 고려시대에는 별도의 소방조직은 없었으나 금화제도가 시행되었으며, 소방을 소재라 칭하기도 했으며, 화통도감을 두어 화약을 따로 관리하였다. [×]

5. 조선시대에는 금화법령이 제정되었고 우리나라 최초의 소방관서라 할 수 있는 금화도감이 설치되었다. [○]

6. 조선시대 화재의 예방대책으로 오가작통법이 시행되었고, 금화도감에서 시행한 화재 진압대책으로는 신패발급, 진압대책, 화재전파가 있다. [×]

7. 세종 8년인 1426년 2월 우리나라 최초의 소방관서인 금화도감을 병조에 설치하였고, 이후 금화도감과 성문도감을 합하여 공조에 수성금화도감이 설치되었다. [×]

8. 세종 13년인 1431년 궁중·관아·민가의 화재 방어를 위해 운영된 군사조직인 금화군제도를 시행하였다. 이는 최초의 소방관·소방수이다. [○]

9. 세종 19년인 1437년 경상감사의 주청으로 주민 자위활동이 허락되면서 지방 의용금화조직이 공인되어 각 동리에 재난이 있을 때에 청장년들이 자력으로 방재활동을 하기 시작한 것이 오늘날 의용소방대의 시작이라 할 수 있다. [○]

10. 경종 3년인 1723년에 중국으로부터 수총기를 도입하였다. [×]

11. 1895년 경무청세칙에서 "소방"이란 용어가 역사 이래 최초로 등장하였다. [○]

12. 1889년 경성에 소방조를 설치한 이래로 각 지역별로 소방조를 설치하여 운영하였다. [×]

13. 1910년 중앙에서는 소방사무를 경무총감부 보안과 내 소방계에서 담당하면서 상비소방수제도를 운영하였다. [○]

14. 1939년 소방조와 수방단을 해체하고 경방단으로 통합하여 소방 활동을 하였다. [○]

15. 1925년 우리나라 최초의 소방서인 경성소방서가 개서되고, <u>1939년</u> 부산과 평양에 소방서를 신설하기 시작하여 청진(1941년), 인천(1944년), 함흥(1944년), 용산(1944년) 그리고 1945년 성동 소방서를 끝으로 일제 강점기 시대에 설치된 소방서의 수는 8개였다. [×]

16. 제2차 세계대전에서 일본의 패배로 일제 통치가 종식되자 경방단은 자동적으로 해체되어 다시 <u>소방대</u>가 조직되었다. [×]

17. 미군정시대(1945년~1948년 정부수립 이전)에 경찰조직에서 소방을 분리하여 최초의 독립된 자치소방제도를 시행하였다. [○]

18. 1946년 중앙소방위원회를 설치하고, 1947년 집행기구로 중앙소방청을 설치하였으며, 이후 서울시에는 소방부, 각 도에는 소방위원회와 지방소방청을, 시·읍·면에는 소방부를 설치하였다. [○]

19. 1948년 대한민국 정부수립 이후 독립된 자치소방제도를 폐지하고 소방청 등 자치소방기구를 경찰에 흡수하여 <u>국가소방체제</u>로 전환되었다. [×]

20. 1950년 내무부직제의 개정으로 소방과는 치안국 보안과 내 소방계로 <u>축소</u>하였다. [×]

21. 1952년 방공단규칙 제정을 계기로 소방대가 방공단에 흡수되었다. [○]

22. 1958년 <u>소방법</u>을 제정공포하였다. [×]

23. 의용소방대의 필요성이 재인식되어 1954년 1월에 전국적으로 의용소방대가 재조직되었고, 1958년 소방법 제정 시 의용소방대의 법적 설치 규정이 마련되었다. [○]

24. 1961년 지방세법 개정으로 목적세인 소방공동시설세가 신설되었다. [○]

25. 1969년 소방서에 소방과와 방호과를 두었으며, 소방서장은 <u>소방총경</u>으로 보임하였다. [×]

26. 1970년 정부조직법 개정으로 내무부의 소방기능을 삭제하고 소방사무를 자치사무로 이양함으로써 국가와 자치의 이원적 소방체제가 되었다. [○]

27. 1972년 서울특별시와 <u>부산광역시</u>에 최초의 소방본부를 설치하였다. [×]

28. 1975년 내무부치안본부 소방과에서 민방위본부 내 소방국을 설치하였으며, 이때의 민방위본부는 <u>소방청</u>의 전신이었다. [×]

29. 1977년 12월 31일부로 소방공무원법이 제정·공포되고 1978년 3월 1일부터 시행됨에 따라 국가공무원, 지방공무원 모두 소방공무원으로 신분단일화하였다. [○]

30. 1978년 중앙소방학교를 설치하여 소방교육을 체계화하였다. [○]

31. 1981년 국가공무원법상 소방공무원을 별정직에서 경력직 공무원 중 특정직 공무원으로 분류한 이후 1983년 소방공무원법이 개정되어 별정직의 소방공무원이 특정직소방공무원로 신분이 변화되었다. [○]

32. 1983년 소방설비공사업에 대한 면허제가 실시되고 <u>청원소방원제도</u>가 새로이 실시되었다. [×]

33. 1983년 구급대의 운영규정이 신설되었다. [○]

34. <u>1987년</u> 119특별구조대를 편성·운영하였으며, <u>이후 1989년</u> 구조업무를 소방의 기본업무로 법제화하였다. [×]

35. 1991년 소방연구실 설치로 소방의 과학화 기틀을 마련하였다. [○]

36. 1992년 <u>모든 시·도에 소방본부</u>를 설치하였다. [×]

37. 1992년 소방행정은 광역소방체제로 전환되었다. [○]

38. 1995년 삼풍백화점붕괴사건을 계기로 <u>재난관리법</u>이 제정되고, 중앙119구조대를 설치하였다. [×]

39. 2003년 소방법이 4대 소방관계법령으로 분법되어 2004년 시행되었다. [○]

40. 2004년 대구지하철 화재사건을 계기로 소방방재청이 개청되고, 재난관리법을 폐지하고 재난 및 안전관리 기본법을 제정하였다. [○]

41. 2014년 소방방재청을 폐지하고 국민안전처를 설치하였고, 소방조직은 중앙소방본부로 개편하였다. [○]

42. 2017년 정부조직법 개편으로 국민안전처를 행정안전부가 흡수하고 소방청은 행정안전부 산하 외청으로 독립되었다. [○]

43. 2020년 소방공무원의 신분을 국가직으로 단일화하였다. [○]

44. 2022년 4대 소방관계법령이 6대 소방관계법령으로 분법되었다. [○]

45. (소방청)의 설립목적은 재난 관련 업무체제의 일원화를 통한 재난관리 전담기능 강화, 재난 예방 강화, 자치단체의 재난관리 기능과 민관 협조체제 강화, 구조·구급 및 현장수습 등 현장대응 체제 강화에 있다.

46. 119특수구조대에는 화학구조대, (수난구조대), 산악구조대, (고속국도구조대), 지하철구조대가 있다.

47. 소방공무원임용령에서 소방기관이라 함은 소방청, 특별시·광역시·특별자치시·도·특별자치도와 중앙소방학교·(중앙119구조본부)·(국립소방연구원)·지방소방학교·서울종합방재센터·소방서·119특수대응단 및 (소방체험관)을 말한다.

48. 중앙소방행정 조직은 소방청, (중앙소방학교), 중앙119구조본부, (국립소방연구원)이다.

49. 소방공무원의 계급은 '소방총감 → (소방정감) → 소방감 → 소방준감 → (소방정) → 소방령 → (소방경) → 소방위 → (소방장) → 소방교 → (소방사)' 순으로 내려간다.

50. (소방서)는 시·군·구 단위로 설치하되, 소방업무의 효율적인 수행을 위하여 특히 필요한 경우에는 인근 시·군·구를 포함한 지역을 단위로 설치할 수 있다.

51. 소방서의 관할구역에 설치된 119안전센터의 수가 (5개)를 초과하는 경우에는 소방서를 추가로 설치할 수 있다.

52. (분업의 원리)란 한 사람이나 한 부서가 한 가지의 주된 업무를 맡는다는 원리를 말한다.

53. (명령계 통일의 원리)란 한 사람의 상급자에게 명령을 받고 보고하는 원리를 말한다.

54. (계층제의 원리)란 상하의 계층제를 형성하는 원리를 말한다.

55. (계선의 원리)란 개인이 의견 참여는 되지만 결정을 내리는 것은 소속기관의 기관장이 하는 원리를 말한다.

56. (업무조정의 원리)란 조직을 통합하고 행동을 통일시키는 원리를 말한다.

57. (통솔 범위의 원리)란 한 사람의 상관이 감독하는 부하의 수는 그 상관의 통제 능력 범위 내에 한정되어야 한다는 원리를 말한다.

58. 소방행정의 업무적 특성 5가지 이상
① 현장성, ② 대기성, ③ 신속·정확성, ④ 전문성, ⑤ 일체성 또는 계층성, ⑥ 가외성 또는 중복성, ⑦ 위험성, ⑧ 결과성

59. 국민의 안전의식과 화재에 대한 경각심을 높이고 (안전문화)를 정착시키기 위하여 매년 11월 9일을 소방의 날로 정하여 기념행사를 한다.

60. 국가는 국민의 안전의식 수준을 높이기 위하여 매년 4월 16일을 (국민안전)의 날로 정하여 필요한 행사 등을 한다.

61. 매월 4일은 가스, 전기 등 (안전 점검)의 날이다.

62. 매년 (5월 25일)은 방재의 날로 재해 예방에 대한 국민의 의식을 높이고, 방재훈련을 효율적으로 추진하기 위해 제정한 날이다.

63. 소방공무원은 경력직공무원 중 (특정직)공무원이다.

64. 소방공무원법상 임용이란 신규채용·승진·전보·파견·강임·휴직·(직위해제)·정직·강등·복직·면직·해임 및 (파면)을 말한다.

65. 소방공무원의 인사에 관한 중요사항에 대하여 소방청장의 자문에 응하게 하기 위하여 소방청에 소방공무원 (인사위원회)를 두고, 시·도지사가 임용권을 행사하는 경우에는 시·도에 (인사위원회)를 둔다.

66. (소방령) 이상의 소방공무원은 소방청장의 제청으로 국무총리를 거쳐 대통령이 임용한다. 다만, 소방총감은 대통령이 임명하고, 소방령 이상 (소방준감) 이하의 소방공무원에 대한 전보, 휴직, 직위해제, 강등, 정직 및 복직은 소방청장이 한다.

67. 소방경 이하의 소방공무원은 (소방청장)이 임용한다.

68. 시·도 소속 소방경 이하의 소방공무원에 대한 임용권은 (시·도지사)가 행사한다.

69. 중앙소방학교와 중앙119구조본부 소속 소방공무원 중 소방령에 대한 전보·휴직·직위해제·정직 및 (복직)에 관한 권한과 (소방경) 이하의 소방공무원에 대한 임용권을 각각 중앙소방학교와 중앙119구조본부장에게 위임한다.

70. 소방정인 지방소방학교장에 대한 휴직, (직위해제), (정직) 및 복직에 관한 권한은 시·도지사가 행사한다.

71. 소방사의 공개경쟁채용시험의 응시연령은 (18세 이상 40세 이하)이다.

72. 소방공무원을 신규채용할 때에는 (소방장) 이하는 6개월간 시보로 임용하고, (소방위) 이상은 1년간 시보로 임용하며, 그 기간이 만료된 다음 날에 정규 소방공무원으로 임용한다.

73. 대통령령으로 정하는 경우에는 시보임용을 면제하거나 그 기간을 (단축)할 수 있다.

74. 공개경쟁채용시험·경력경쟁채용시험등 및 소방간부후보생 선발시험의 합격자를 결정할 때 선발예정인원을 초과하여 동점자가 있는 경우에는 (그 선발예정인원에 불구하고 모두 합격자로 한다).

75. 신규채용을 통해 소방사로 임용된 사람은 (최하급) 소방기관에 보직해야 한다.

76. 소방공무원의 승진임용은 (심사승진)임용, (시험승진)임용 및 (특별승진)임용으로 구분한다.

77. 소방준감 이하 계급으로의 승진은 (승진심사)에 의하여 한다. 다만, (소방령) 이하 계급으로의 승진은 대통령령으로 정하는 비율에 따라 승진심사와 승진시험을 병행할 수 있다.

78. (소방위, 소방장, 소방교, 소방사)의 승진소요 최저 근무연수는 1년이다.

79. 근속승진 근무기간
① 소방사를 소방교로 근속승진임용하려는 경우 : 해당 계급에서 (4년) 이상 근속자
② 소방교를 소방장으로 근속승진임용하려는 경우 : 해당 계급에서 (5년) 이상 근속자
③ 소방장을 소방위로 근속승진임용하려는 경우 : 해당 계급에서 (6년 6개월) 이상 근속자
④ 소방위를 소방경으로 근속승진임용하려는 경우 : 해당 계급에서 (8년) 이상 근속자

80. 소방공무원의 연령정년은 (60)세이고, 계급정년은 소방감 : (4년), 소방준감 : (6년), 소방정 : (11년), 소방령 : (14년)이며, 소방총감 및 소방정감 그리고 (소방경) 이하는 계급정년이 없다.

81. (소방준감) 이상의 국가소방공무원에 대한 징계의결은 「국가공무원법」에 따라 국무총리 소속으로 설치된 징계위원회에서 한다.

82. (소방정) 이하의 소방공무원에 대한 징계의결을 하기 위하여 소방청 및 대통령령으로 정하는 소방기관에 소방공무원 징계위원회를 둔다.

83. 시·도지사가 임용권을 행사하는 소방공무원에 대한 징계의결을 하기 위하여 (시·도 및 대통령령)으로 정하는 소방기관에 징계위원회를 둔다.

84. (중징계)란 파면, 해임, 강등 또는 정직을 말하고, (경징계)란 감봉 또는 견책을 말한다.

85. 정직은 (1개월 이상 3개월) 이하의 기간으로 하고, 정직 처분을 받은 자는 그 기간 중 공무원의 신분은 보유하나 직무에 종사하지 못하며 보수는 (전액)을 감하며, 징계로서 일정기간 (승진임용 및 승급)이 제한된다.

86. 감봉은 1개월 이상 3개월 이하의 기간 동안 보수의 (3분의 1)을 감한다.

87. 소방청에 설치된 소방공무원 징계위원회에서 징계부가금 부과 사건을 심의·의결하는 대상
① 소방청 소속 소방정 이하의 소방공무원
② 소방청 소속기관의 소방정 또는 소방령인 소방공무원. 다만, 국립소방연구원의 경우에는 소방정인 소방공무원을 말한다.
③ 소방정인 지방소방학교장

88. 징계처분, 휴직처분, 면직처분, 그 밖에 의사에 반하는 불리한 처분에 대한 행정소송의 경우에는 (소방청장)을 피고로 한다. 다만, 시·도지사가 임용권을 행사하는 경우에는 관할 (시·도지사)를 피고로 한다.

89. 의용소방대는 소방업무를 보조하는 (민간 소방조직)이다.

90. 특별시장·광역시장·특별자치시장·도지사·특별자치도지사 또는 (소방서장)은 재난현장에서 화재진압, 구조·구급 등의 활동과 화재예방활동에 관한 업무를 보조하기 위하여 의용소방대를 설치할 수 있다.

91. 의용소방대는 특별시·광역시·특별자치시·도·특별자치도, (시·읍 또는 면)에 둔다.

92. 의용소방대의 대장 및 부대장은 의용소방대원 중 관할 소방서장의 추천에 따라 (시·도지사)가 임명한다.

93. 의용소방대에 두는 의용소방대원의 정원
① 시·도 : (60명) 이내
② 시·읍 : (60명) 이내
③ 면 : (50명) 이내
④ 시·도지사 또는 소방서장이 필요에 따라 관할구역을 따로 정한 지역에 설치하는 의용소방대 : (50명) 이내
⑤ 전문의용소방대 : (50명) 이내

03 구조·구급 행정관리와 구조·구급 활동 정답 및 해설

94. 중앙119구조본부는 소방청 직제기관으로서 (소방청장)이 설치·운영한다. 다만, 권한의 일부는 (중앙119구조본부장)에게 위임한다.

95. 일반구조대는 소방서마다 1개 대 이상 설치하며, (소방서장)이 설치·운영한다.

96. 특수구조대는 (소방서장)이 필요에 따라 소방서에 설치한다.

97. 직할구조대는 (소방청장 또는 소방본부장)이 소방청 또는 소방본부에 설치·운영한다.

98. 테러대응구조대는 (소방청장 또는 소방본부장)이 소방청 또는 소방본부에 설치·운영한다. 단 효율적 운영을 위해 (화학구조대)와 직할구조대를 테러대응구조대로 지정할 수 있다.

99. 국제 구조대·구급대는 (소방청장)이 소방청에 설치하는 직할구조대에 설치·운영할 수 있으며, 현재는 중앙119구조본부에서 업무를 담당한다. 단, 파견시 (외교부장관)과 협의해야 한다.

100. 119항공대는 (소방청장 또는 소방본부장)이 소방청 또는 소방본부에 설치·운영한다.

101. 119구조견대는 (소방청장 또는 소방본부장)이 중앙119구조본부 또는 소방본부에 설치한다.

102. 일반 구급대는 시·도의 규칙으로 정하는 바에 따라 소방서마다 (1개 대) 이상 설치하되, 소방서가 설치되지 아니한 시·군·구의 경우에는 해당 시·군·구 지역의 중심지에 소재한 (119안전센터)에 설치할 수 있다.

103. 고속도로 구급대는 교통사고 발생 빈도 등을 고려하여 소방청, (시·도 소방본부) 또는 고속국도를 관할하는 소방서에 설치하되, 시·도 소방본부 또는 소방서에 설치하는 경우에는 (시·도의 규칙)으로 정하는 바에 따른다.

104. 구조활동의 우선순위는 '구명 → (신체구출) → 고통경감 → (재산보호)' 순이다.

105. PreKTAS 분류상 준응급 또는 응급에 해당되지는 않으나 응급실 진료가 필요한 경우는 (잠재응급)으로 분류한다.

106. 긴급구조대응활동 및 현장지휘에 관한 규칙에 따른 분류반은 재난현장에서 발생한 사상자를 검진하여 사상자의 상태에 따라 (사망)·(긴급)·(응급) 및 (비응급)의 4단계로 분류한다.

107. 활력징후, 신체검진 및 주요병력 확인, 세부 신체검진은 환자평가 중 (2차) 평가에 해당된다.

108. 구조대원의 자격기준은 소방청장이 실시하는 (인명구조사) 교육을 받았거나 (인명구조사) 시험에 합격한 사람이다.

109. 국제구조대의 임무는 (인명 탐색 및 구조), (안전평가), 상담, 응급처치, 응급이송, 시설관리, 공보연락 등이다.

110. 국제구급대의 임무는 안전평가, 상담, (응급처치), (응급이송), 시설관리, 공보연락 등이다.

111. 의료법 제2조 제1항에 따른 의료인은 (구급)대원의 자격기준에 해당한다.

112. 아나필락시스 쇼크 시 자동주입펜을 이용한 에피네프린 투여와 정맥로의 확보 시 정맥혈 채혈은 (1급) 응급구조사의 업무 범위이다.

113. 구조출동 요청 거절 사유 3가지 이상
① 단순 문 개방의 요청을 받은 경우
② 시설물에 대한 단순 안전조치 및 장애물 단순 제거의 요청을 받은 경우
③ 동물의 단순 처리·포획·구조 요청을 받은 경우
④ 주민생활 불편해소 차원의 단순 민원 등 구조활동의 필요성이 없다고 인정되는 경우

114. 구급출동 요청 거절 사유 4가지 이상
① 단순 치통환자
② 단순 감기환자. 다만, 섭씨 38도 이상의 고열 또는 호흡곤란이 있는 경우는 제외한다.
③ 혈압 등 생체징후가 안정된 타박상 환자
④ 술에 취한 사람. 다만, 강한 자극에도 의식이 회복되지 아니하거나 외상이 있는 경우는 제외
⑤ 만성질환자로서 검진 또는 입원 목적의 이송 요청자
⑥ 단순 열상(裂傷) 또는 찰과상(擦過傷)으로 지속적인 출혈이 없는 외상환자
⑦ 병원 간 이송 또는 자택으로의 이송 요청자. 다만, 의사가 동승한 응급환자의 병원 간 이송은 제외

115. 구조·구급대원은 구조 대상자 또는 응급환자가 구조·구급대원에게 (폭력)을 행사하는 등 구조·구급활동을 (방해)하는 경우에는 구조·구급활동을 거절할 수 있다.

소방 전술 정답 및 해설

116. 소방전술의 기본원칙 3가지 이상
① 신속대응의 원칙, ② 인명구조 최우선의 원칙, ③ 선착대 우선의 원칙, ④ 포위공격의 원칙, ⑤ 중점주의 원칙

117. (공격전술)이란 화재의 진압을 목적으로 하는 것으로 소방력이 화세보다 우세할 때 직접 방수 등의 방법에 의해 일시에 소화하는 것으로 소방력을 화점에 집중적으로 발휘하게 하는 것을 말한다.

118. (수비전술)이란 소방력이 화세보다 약한 경우 화면을 포위하고 방수 등에 의하여 화세를 저지하는 것을 의미한다.

119. 후착대의 임무는 (비화경계), (수손방지), 급수중계가 대표적이다.

120. (포위전술)이란 화재는 사방으로 확대되기 때문에 포위하여 관창을 배치·진압하고 출동 초기부터 차량으로 포위하고 만약 소방대의 배치가 한쪽 방향으로 치우친 경우에는 호스선으로 포위하는 전술이다.

121. 블록전술이란 주로 (인접건물)로의 화재 확대방지를 위해 적용하는 전술형태로 블록의 4방면 중 확대가 가능한 면을 동시에 방어하는 전술이다.

122. (중점전술)이란 화세에 비해 소방력이 부족하거나 천재지변 등으로 전체 화재현장을 모두 통제할 수 없는 경우 화재발생장소 주변에 사회적, 경제적 혹은 소방상 중요한 시설 또는 대상물이 있을 때 이곳에 중점을 두어 진압하는 전술이며 천재지변 등 보통의 전술로는 진압이 곤란한 경우의 전술이다.

123. (집중전술)이란 부대가 집중하여 일시에 진화하는 작전으로 예컨대 위험물 옥외저장탱크 화재 등에 사용된다.

124. 사정거리가 길고, 다른 방법에 비해 바람의 영향이 적어서 화세가 강해 접근할 수 없는 경우에 유효한 주수 방법은 (직사주수)이다.

125. (분무주수)는 직사주수보다 냉각효과와 질식효과가 크다.

126. 분무주수는 (고속분무주수), (중속분무주수), 저속분무주수로 나누어진다.

127. 간접공격법인 레이드로만전법에 가장 적합한 주수방법은 (저속분무주수)이다.

128. 간접공격법은 연소물체 또는 옥내의 온도가 높은 (상층부)를 향하여 주수하는 것으로 주수 시 (개구부)는 가능한 한 작게 하는 것이 위험성을 감소시킨다.

129. 사다리를 활용한 주수 시 사다리 설치 각도는 (75°) 이하를 원칙으로 한다.

130. 연소 중의 실내에서 연기, 열기에 휩싸여 있는 구조 대상자가 있거나 또는 대원이 복사열에 의해 접근이 곤란할 경우 작업 중인 대원의 등 뒤에서 신체 전체를 덮을 수 있도록 분무주수하는 것을 (엄호주수)라 한다.

131. (유하주수)란 주수압력을 약하게 하여 물을 흐르듯이 주수하는 방법으로서 건물의 벽 속에 잠재하는 화세의 잔화처리 등에 이용한다.

01 재난관리론 정답 및 해설

1. (재난)이란 국민의 생명·신체·재산과 국가에 피해를 주거나 줄 수 있는 것을 말한다.

2. (아네스)는 재난을 자연재난과 인위재난으로 대분류한 후, 자연재난을 기후성재난과 지진성 재난으로 인위재난을 사고성 재난과 계획적 재난으로 세분류하였다.

3. (존스)는 재난을 발생원인과 재난현상에 따라 자연재난, 준 자연재난, 인위재난으로 분류하였다.

4. 아네스는 (해일)을 자연재난 중 지진성 재난으로 분류하였으나 존슨은 (해일)을 자연재난 중 기상학적 재난으로 분류하였다.

5. 하인리히의 도미노이론은 재해발생과정을 '(유전적 요인 및 사회적 환경) → 개인적 결함 → (불안전 행동 및 불안전 상태) → 사고 → 상해'라는 5개 요인의 연쇄작용으로 설명하였다.

6. 하인리히의 도미노이론에 의하면 (불안전 행동과 불안전 상태)를 제거하면 재해를 방지할 수 있다.

7. 하인리히의 재해예방 4원칙은 (예방가능의 원칙), (손실우연의 원칙), 대책선정의 원칙, 원인연계의 원칙이다.

8. 프랭크 버드의 수정 도미노이론은 '제어의 부족 → (기본원인) → (직접원인) → 사고 → 재해'의 5단계로 구분하고 있다.

9. 프랭크 버드의 수정 도미노이론에서는 반드시 (기본원인)을 제거하라고 주장한다.

10. (정상사고) 이론이란 복잡하고 견고하게 이루어진 사회에서는 필연적으로 사고가 발생한다는 이론으로 재난 발생 원인을 현대사회의 기술적·조직적 시스템이 복잡하게 꽉 짜여진 것에서 찾으면, 예기치 않은 사건이 필연적으로 발생하고 거대한 재난으로 확대되는 경향이 있다고 보았다.

11. 재해분석의 한 방법으로 미국 공군에서 개발하여 미국 국가교통안전위원회가 채용하고 있는 방법이 있는데, 이 방법에 의할 때 재해의 기본원인인 4개의 M은 (인간), (기계), 작업, (관리)를 말한다.

12. 4개의 M이론 중 작업에 해당하는 주요인 3가지 이상
① 작업 정보의 부적절, ② 작업자세, 작업동작의 결함, ③ 작업방법의 부적절, ④ 작업공간의 불량, ⑤ 작업환경 조건의 불량

13. 재난이 발생하게 되면 재난 자체와 피해지역의 주요 기반시설 및 다수의 피해주민이 상호 영향을 미치면서 재난이 복잡하게 전개되는 재난의 특징은 (상호작용성)을 말한다.

14. 재난관리의 3원칙은 (사전대비), 현장중심, (정보공유)이다.

15. 재난 위험도 계산법 : 위험도 $= \dfrac{(위험요인) \times 재난관리}{(위기)}$

16. 재난의 종류에 따라 대응방식의 차이와 대응계획 및 책임기관이 각각 다르게 배정되는 재난관리방식은 (분산관리)방식이다.

17. 모든 재난에 대한 관리책임이 집중되고 부처 이기주의가 발생할 가능성이 높은 재난관리방식은 (통합관리)방식이다.

18. 재난관리단계를 예방·대비·대응·복구단계의 4단계로 구분하고, 예방단계와 (대비단계)를 사전단계, (대응단계)와 복구단계를 사후단계라 한다.

19. 예방단계는 재난이 실제로 발생하기 전에 재난촉진 요인을 미리 제거하거나, 재난요인이 가급적 발생하지 않도록 억제 또는 완화시키는 과정으로 (재난완화)활동이라고도 한다.

20. 대비단계는 사전에 재난상황에서 수행하여야 할 제반 사항을 계획·준비·교육·훈련을 함으로서 재난대비능력을 제고시키고, 재난발생 시 즉각적으로 대응할 수 있도록 태세를 강화시키기 위해 개인·집단·조직·국가에 의해서 취해지는 모든 활동과정을 말하며, (준비단계)라고도 한다.

21. 재난관리 단계 중 소방이 주도적인 역할을 하는 단계는 (대응단계)이다.

22. (복구단계)는 실제 재난이 발생한 후부터 피해지역이 재난발생 이전으로 원상회복되는 장기적인 과정일 뿐만 아니라 초기 회복기간으로부터 피해지역이 정상상태로 돌아올 때까지 지속적인 지원을 제공하는 단계이다.

02 재난 및 안전관리 기본법 정답 및 해설

23. 자연재난이란 태풍, 홍수, 호우, 강풍, 풍랑, 해일, 대설, 한파, 낙뢰, 가뭄, 폭염, 지진, 황사, 조류 대발생, 조수, 화산활동, 「우주개발 진흥법」에 따른 (자연우주물체)의 추락·충돌, 그 밖에 이에 준하는 자연현상으로 인하여 발생하는 재해를 말한다.

24. 사회재난이란 화재·붕괴·폭발·항공사고 및 해상사고를 포함한 교통사고·화생방사고·환경오염사고·(다중운집인파사고) 등으로 인하여 발생하는 (대통령령)으로 정하는 규모 이상의 피해와 국가핵심기반의 마비, 「감염병의 예방 및 관리에 관한 법률」에 따른 감염병 또는 「가축전염병예방법」에 따른 가축전염병의 확산, 「미세먼지 저감 및 관리에 관한 특별법」에 따른 미세먼지, 「우주개발 진흥법」에 따른 (인공우주물체)의 추락·충돌 등으로 인한 피해를 말한다.

25. 사회재난으로 인정되는 대통령령으로 정하는 규모 이상의 피해란 국가 또는 (지방자치단체) 차원의 대처가 필요한 인명 또는 재산의 피해와 이와 피해에 준하는 것으로서 (행정안전부장관)이 재난관리를 위하여 필요하다고 인정하는 피해를 말한다.

26. (해외재난)이란 대한민국의 영역 밖에서 대한민국 국민의 생명·신체 및 재산에 피해를 주거나 줄 수 있는 재난으로서 정부차원에서 대처할 필요가 있는 재난을 말한다.

27. (재난관리)란 재난의 예방·대비·대응 및 복구를 위하여 하는 모든 활동을 말한다.

28. (안전관리)란 재난이나 그 밖의 각종 사고로부터 사람의 생명·신체 및 재산의 안전을 확보하기 위하여 하는 모든 활동을 말한다.

29. (안전기준)이란 각종 시설 및 물질 등의 제작, 유지관리 과정에서 안전을 확보할 수 있도록 적용하여야 할 기술적 기준을 체계화한 것을 말한다.

30. 안전기준의 분야는 (건축 시설) 분야, 생활 및 여가 분야, 환경 및 에너지 분야, (교통 및 교통시설) 분야, 산업 및 공사장 분야, 정보통신 분야, 보건·식품 분야, 그 밖의 분야로 나누어진다.

31. 재난관리책임기관이란 재난관리업무를 하는 기관으로서 (중앙행정기관) 및 지방자치단체와 지방행정기관·공공기관·공공단체 및 재난관리의 대상이 되는 (중요시설)의 관리기관 등으로서 대통령령으로 정하는 기관을 말한다.

32. (재난관리주관기관)이란 재난이나 그 밖의 각종 사고에 대하여 그 유형별로 예방·대비·대응 및 복구 등의 업무를 주관하여 수행하도록 대통령령으로 정하는 관계 중앙행정기관을 말한다.

33. 재난주관기관은 재난관리 방식 중 (분산관리)방식에 해당한다.

34. 「우주개발 진흥법」 제2조 제3호 나목에 따른 자연우주물체의 추락·충돌 등으로 인해 발생하는 재해의 재난관리주관기관은 (과학기술정보통신부 및 우주항공청)이다.

35. 「자연재해대책법」 제2조 제3호에 따른 조수로 인해 발생하는 재해를 제외한 풍수해의 재난관리주관기관은 (행정안전부)이다.

36. 황사로 인해 발생하는 재해의 재난관리주관기관은 (환경부)이다.

37. 「자연재해대책법」 제2조 제3호에 따른 풍수해 중 조수로 인해 발생하는 재해의 재난관리주관기관은 (해양수산부)이다.

38. 해외재난의 재난관리주관기관은 (외교부)이다.

39. 「유선 및 도선 사업법」 제28조 및 제29조에 따른 사고로 인해 발생하는 대규모 피해의 재난관리주관기관은 (행정안전부)이다.

40. 일반인이 자유로이 모이거나 통행하는 도로, 광장 및 공원의 다중운집인파사고로 인해 발생하는 대규모 피해의 재난관리주관기관은 (행정안전부 및 경찰청)이다.

41. 「소방기본법」 제2조 제1호에 따른 소방대상물의 화재로 인해 발생하는 대규모 피해의 재난관리주관기관은 (행정안전부 및 소방청)이다.

42. 「가축전염병 예방법」 제2조 제2호에 따른 가축전염병의 확산으로 인한 피해의 재난관리주관기관은 (농림축산식품부)이다.

43. 「감염병의 예방 및 관리에 관한 법률」 제2조 제1호에 따른 감염병의 확산으로 인한 피해의 재난관리주관기관은 (보건복지부 및 질병관리청)이다.

44. 「미세먼지 저감 및 관리에 관한 특별법」 제2조 제1호에 따른 미세먼지로 인한 피해의 재난관리주관기관은 (환경부)이다.

45. 「국토의 계획 및 이용에 관한 법률」 제2조 제9호에 따른 공동구의 화재등으로 인해 발생하는 대규모 피해의 재난관리주관기관은 (국토교통부)이다.

46. 「해양환경관리법」 제2조 제2호에 따른 해양오염으로 인해 발생하는 대규모 피해의 재난관리주관기관은 (해양수산부 및 해양경찰청)이다.

47. 「원자력시설 등의 방호 및 방사능 방재 대책법」 제2조 제8호에 따른 방사능재난의 재난관리주관기관은 (원자력안전위원회)이다.

48. 「산림보호법」 제2조 제7호에 따른 산불로 인해 발생하는 대규모 피해의 재난관리주관기관은 (산림청)이다.

49. 긴급구조란 재난이 발생할 우려가 현저하거나 재난이 발생하였을 때에 국민의 생명·신체 및 재산을 보호하기 위하여 긴급구조기관과 (긴급구조지원기관)이 하는 (인명구조), 응급처치, 그 밖에 필요한 모든 긴급한 조치를 말한다.

50. (긴급구조기관)이란 소방청·(소방본부) 및 소방서를 말한다. 다만, 해양에서 발생한 재난의 경우에는 해양경찰청·(지방해양경찰청) 및 해양경찰서를 말한다.

51. (긴급구조지원기관)이란 긴급구조에 필요한 인력·시설 및 장비, 운영체계 등 긴급구조능력을 보유한 기관이나 단체로서 대통령령으로 정하는 기관과 단체를 말한다.

52. 긴급구조관련기관에 해당하는 기관은 긴급구조기관, 긴급구조지원기관, (현장에 참여하는 자원봉사기관 및 단체)를 말한다.

53. (기관별지휘소)란 재난현장에 출동하는 긴급구조관련기관별로 소속 직원을 지휘·조정·통제하는 장소 또는 지휘차량·선박·항공기 등을 말한다.

54. (국가재난관리기준)이란 모든 유형의 재난에 공통적으로 활용할 수 있도록 재난관리의 전 과정을 통일적으로 단순화·체계화한 것으로서 행정안전부장관이 고시한 것을 말한다.

55. (안전문화활동)이란 안전교육, 안전훈련, 홍보, 사고 예방 신고 장려 등을 통하여 안전에 관한 가치와 인식을 높이고 안전을 생활화하도록 하는 등 재난이나 그 밖의 각종 사고로부터 안전한 사회를 만들어가기 위한 활동을 말한다.

56. 안전취약계층이란 (어린이), 노인, (장애인), 저소득층 등 신체적·사회적·경제적 요인으로 인하여 재난에 취약한 사람을 말한다.

57. 재난관리정보란 재난관리를 위하여 필요한 (재난상황)정보, (동원가능 자원)정보, 시설물정보, 지리정보를 말한다.

58. 재난안전통신망이란 재난관리책임기관·(긴급구조기관) 및 (긴급구조지원기관)이 재난 및 안전관리업무에 이용하거나 재난현장에서의 통합지휘에 활용하기 위하여 구축·운영하는 통신망을 말한다.

59. (국가핵심기반)이란 에너지, 정보통신, 교통수송, 보건의료 등 국가경제, 국민의 안전·건강 및 정부의 핵심기능에 중대한 영향을 미칠 수 있는 시설, 정보기술시스템 및 자산 등을 말한다.

60. 재난 및 안전관리에 관한 사항을 심의하기 위하여 (국무총리) 소속으로 중앙안전관리위원회를 둔다.

61. 중앙안전관리위원회는 (재난사태)의 선포와 (특별재난지역)의 선포에 관한 사항을 심의한다.

62. 중앙위원회의 위원장은 국무총리가 되고, 위원은 대통령령으로 정하는 (중앙행정기관) 또는 관계 기관·단체의 장이 된다.

63. 중앙위원회에 상정될 안건을 사전에 검토하고 사무를 수행하기 위하여 (중앙위원회)에 안전정책조정위원회를 둔다.

64. 조정위원회의 위원장은 (행정안전부장관)이 되고, 위원은 대통령령으로 정하는 중앙행정기관의 차관 또는 차관급 공무원과 재난 및 안전관리에 관한 지식과 경험이 풍부한 사람 중에서 위원장이 임명하거나 위촉하는 사람이 된다.

65. 대통령령으로 정하는 중앙안전관리위원회의 위원은 중앙행정기관의 장 중 (국가보훈부장관)을 제외한 18부의 장관이다.

66. 대통령령으로 정하는 중앙안전관리위원회의 위원 중 관계 기관의 장은 국가정보원장, 방송통신위원회위원장, (국무조정실장), 식품의약품안전처장, 금융위원회위원장 및 원자력안전위원회위원장이다.

67. 대통령령으로 정하는 중앙안전관리위원회의 위원 중 관계 청의 장은 (소방청장), 경찰청장, 국가유산청장, 산림청장, 질병관리청장, 기상청장 및 해양경찰청장이다.

68. 지역별 재난 및 안전관리에 관한 사항을 심의·조정하기 위하여 시·도지사 소속으로 (시·도 안전관리위원회)를 두고, 시장·군수·구청장 소속으로 (시·군·구 안전관리위원회)를 둔다.

69. 시·도 안전관리위원회의 위원장은 (시·도지사)가 되고, 시·군·구 안전관리위원회의 위원장은 (시장·군수·구청장)이 된다.

70. 대통령령으로 정하는 대규모 재난의 대응·복구·수습 등에 관한 사항을 총괄·조정하고 필요한 조치를 하기 위하여 (행정안전부)에 중앙재난안전대책본부를 둔다.

71. 중앙재난안전대책본부의 재난관리방식은 (통합관리)방식이다.

72. 중앙대책본부의 본부장은 (행정안전부장관)이 되고, 시·도 대책본부의 본부장은 (시·도지사)이며 시·군·구 대책본부의 본부장은 (시·군·구청장)이 된다.

73. 재난의 효과적인 수습을 위하여 국무총리가 범정부적 차원의 통합 대응이 필요하다고 인정하는 경우 국무총리가 중앙대책본부장의 권한을 (행사할 수 있다).

74. 해외재난의 경우에는 (외교부장관)이, 「원자력시설 등의 방호 및 방사능 방재 대책법」에 따른 방사능재난의 경우에는 같은 법에 따른 (중앙방사능방재대책본부)의 장이 각각 중앙대책본부장의 권한을 행사한다.

75. 재난관리주관기관의 장은 재난이 발생하거나 발생할 우려가 있는 경우에는 대통령령으로 정하는 바에 따라 재난상황을 효율적으로 관리하고 재난을 수습하기 위한 (중앙사고수습본부)를 신속하게 설치·운영하여야 한다.

76. 중앙사고수습본부의 장은 해당 (재난관리주관기관)의 장이 된다.

77. 중앙사고수습본부장은 재난정보의 (수집·전파), (상황관리), 재난발생 시 초동조치 및 지휘 등을 위한 수습본부상황실을 설치·운영하여야 한다.

78. (지역대책본부장)은 재난의 효율적 수습을 위하여 지역대책본부에 통합자원봉사지원단을 설치·운영할 수 있다.

79. 통합자원봉사지원단의 업무 4가지 이상
① 자원봉사자의 모집·등록
② 자원봉사자의 배치 및 운영
③ 자원봉사자에 대한 교육훈련
④ 자원봉사자에 대한 안전조치
⑤ 자원봉사 관련 정보의 수집 및 제공
⑥ 자원봉사 활동의 지원에 관한 사항

80. 행정안전부장관, 시·도지사 및 시장·군수·구청장은 재난정보의 수집·전파, 상황관리, 재난발생 시 초동 조치 및 지휘 등의 업무를 수행하기 위하여 다음에 따른 상시 (재난안전상황실)을 설치·운영하여야 한다.

81. 중앙재난안전상황실은 (행정안전부장관)이, 시·도별 재난안전상황실은 (시·도지사)가, 시·군·구별 재난안전상황실은 (시장·군수·구청장)이 설치·운영하여야 한다.

82. (재외공관의 장)은 관할구역에서 해외재난이 발생하거나 발생할 우려가 있으면 즉시 그 상황을 외교부장관에게 보고하여야 한다.

83. (국무총리)는 재난 및 사고로부터 국민의 생명·신체 및 재산을 보호하기 위하여 (5년)마다 국가의 재난 및 안전관리업무에 관한 기본계획을 수립하여야 한다.

84. 국가안전관리기본계획에 포함되어야 하는 사항 3가지 이상
① 재난 및 안전관리의 중장기 목표 및 기본방향
② 재난 및 안전관리 현황 및 여건 변화, 전망에 관한 사항

③ 재난 및 안전관리를 위한 법령·제도의 마련 등 재난 및 안전관리체계 확립에 관한 사항
④ 재난의 예방·대비·대응 및 복구에 필요한 기반 조성에 관한 사항
⑤ 재난 및 안전관리에 관한 사항으로서 대통령령으로 정하는 사항

85. 특정관리대상지역에 대한 정기안전점검 실시 기간
① A등급, B등급 또는 C등급에 해당하는 특정관리대상지역 : (반기별 1회 이상)
② D등급에 해당하는 특정관리대상지역 : (월 1회 이상)
③ E등급에 해당하는 특정관리대상지역 : (월 2회 이상)

86. 긴급안전점검 결과에 따른 재난예방을 위한 안전조치는 (정밀안전진단), 보수 또는 보강 등 정비, 재난을 발생시킬 위험요인의 제거이다.

87. 안전취약계층으로 지원하는 대상은 (13세 미만)의 어린이, (65세 이상)의 노인, (「장애인복지법」 제2조)에 따른 장애인, 재난이나 그 밖의 각종 사고에 취약하다고 인정되는 사람이다.

88. 재난의 예측 및 예측정보 등의 제공·이용에 관한 체계의 구축 및 재난 발생에 대비한 교육·훈련과 재난관리예방에 관한 홍보는 재난관리단계 중 (예방단계)이다.

89. 재난관리를 위하여 필요한 물품, 재산 및 인력 등의 물적·인적자원을 (재난관리자원)이라 한다.

90. 국가재난관리기준의 제정·운용과 기능별 재난대응 활동계획의 작성·활용은 재난관리단계 중 (대비단계)이다.

91. 재난분야 위기관리 매뉴얼은 (위기관리 표준매뉴얼), 위기대응 실무매뉴얼, (현장조치 행동매뉴얼)이다.

92. (위기대응 실무매뉴얼)은 위기관리 표준매뉴얼에서 규정하는 기능과 역할에 따라 실제 재난대응에 필요한 조치사항 및 절차를 규정한 문서로 재난관리주관기관의 장과 관계 기관의 장이 작성한다.

93. 다중이용 건축물 중 바닥면적의 합계가 5천제곱미터 이상인 종교시설 및 판매시설은 (위기상황) 매뉴얼 작성·관리 대상이다.

94. (행정안전부장관)은 체계적인 재난관리를 위하여 재난안전통신망을 구축·운영하여야 하며, 재난관리책임기관·긴급구조기관 및 긴급구조지원기관은 재난관리에 재난안전통신망을 사용하여야 한다.

95. 행정안전부장관은 대통령령으로 정하는 재난이 발생하거나 발생할 우려가 있는 경우 사람의 생명·신체 및 재산에 미치는 중대한 영향이나 피해를 줄이기 위하여 긴급한 조치가 필요하다고 인정하면 중앙위원회의 심의를 거쳐 (재난사태)를 선포할 수 있다.

96. 행정안전부장관은 재난상황이 긴급하여 중앙위원회의 심의를 거칠 시간적 여유가 없다고 인정하는 경우에는 중앙위원회의 심의를 거치지 아니하고 재난사태를 선포할 수 있으며, 재난사태를 선포한 경우에는 (지체 없이) 중앙위원회의 승인을 받아야 하고, 승인을 받지 못하면 선포된 재난사태를 (즉시 해제)하여야 한다.

97. 시·도지사는 관할 구역에서 재난이 발생하거나 발생할 우려가 있는 등 대통령령으로 정하는 경우 사람의 생명·신체 및 재산에 미치는 중대한 영향이나 피해를 줄이기 위하여 긴급한 조치가 필요하다고 인정하면 시·도위원회의 심의를 거쳐 재난사태를 선포할 수 있다. 이 경우 시·도지사는 지체 없이 그 사실을 (행정안전부장관)에게 통보하여야 한다.

98. 지역통제단장의 응급조치는 (진화), (긴급수송 및 구조 수단)의 확보, (현장지휘통신체계)의 확보이다.

99. 재난이 발생하거나 발생할 우려가 있다고 인정되는 경우 응급조치를 위하여 재난관리책임기관의 장에 대한 관계 직원의 출동 또는 재난관리자원의 동원 등 필요한 조치의 요청을 할 수 있는 권한권자는 (중앙대책본부장)과 (시장·군수·구청장 또는 시·군·구 대책본부장)이다.

100. 시장·군수·구청장과 (지역통제단장)은 재난이 발생하거나 발생할 우려가 있는 경우에 사람의 생명 또는 신체나 재산에 대한 위해를 방지하기 위하여 필요하면 해당 지역 주민이나 그 지역 안에 있는 사람에게 대피하도록 명하거나 선박·자동차 등을 그 소유자·관리자 또는 점유자에게 대피시킬 것을 명할 수 있다.

101. 위험구역의 설정과 강제대피조치, 통행제한, 응급부담에 대한 조치명령은 (시장·군수·구청장)과 (지역통제단장)이 명할 수 있다.

102. 긴급구조에 관한 사항의 총괄·조정, 긴급구조기관 및 긴급구조지원기관이 하는 긴급구조활동의 역할 분담과 지휘·통제를 위하여 소방청에 (중앙긴급구조통제단)을 둔다.

103. 중앙긴급구조통제단의 단장은 (소방청장)이고 시·도 긴급구조통제단의 단장은 (소방본부장)이 되고 시·군·구 긴급구조통제단의 단장은 (소방서장)이 된다.

104. 중앙긴급구조통제단은 (대응계획)부, (현장지휘)부, (자원지원)부로 구성된다.

105. 중앙긴급구조통제단에서 통합 지휘·조정, 상황 분석·보고, 작전계획 수립, 연락관 소집·파견, 공보, 지원기관 연락관의 업무를 담당하는 부는 (대응계획부)이다.

106. 중앙긴급구조통제단의 현장지휘부는 (위험진압), (수색구조), 응급의료, 항공·현장통제, 안전관리, 자원대기소 운영의 업무를 담당한다.

107. 시·군·구 긴급구조통제단장이 하는 긴급구조 현장지휘 사항 3가지 이상
① 재난현장에서 인명의 탐색·구조
② 긴급구조기관 및 긴급구조지원기관의 긴급구조요원·긴급구조지원요원 및 재난관리자원의 배치와 운용

③ 추가 재난의 방지를 위한 응급조치
④ 긴급구조지원기관 및 자원봉사자 등에 대한 임무의 부여
⑤ 사상자의 응급처치 및 의료기관으로의 이송
⑥ 긴급구조에 필요한 재난관리자원의 관리
⑦ 현장접근 통제, 현장 주변의 교통정리, 그 밖에 긴급구조활동을 효율적으로 하기 위하여 필요한 사항

108. 「재해구호법」제29조에 따른 전국재해구호협회는 (긴급구조지원)기관이다.

109. 긴급구조기관의 장은 긴급구조지원기관의 장에게 평상시 해당 긴급구조지원기관의 긴급구조대응계획 수립 및 재난관리자원의 관리 등의 업무를 수행하는 (긴급대응협력관)을 대통령령으로 정하는 바에 따라 지정·운영하게 할 수 있다.

110. 긴급구조기관의 장이 수립하는 긴급구조대응계획은 기본계획, (기능별) 긴급구조대응계획, (재난유형별) 긴급구조대응계획으로 구분한다.

111. 긴급구조대응계획 중 기본계획은 긴급구조대응계획의 (목적) 및 적용범위, (기본방침)과 절차, 운영책임에 관한 사항이다.

112. 긴급구조체제 및 중앙통제단과 지역통제단의 운영체계 등에 관한 사항은 기능별 긴급구조대응계획 중 (지휘통제)에 관한 사항이다.

113. 긴급구조활동을 원활하게 하기 위한 긴급구조차량 접근 도로 복구 등에 관한 사항은 기능별 긴급구조대응계획 중 (긴급복구)에 관한 사항이다.

114. 긴급구조지휘대는 (현장지휘요원), 자원지원요원, 통신지원요원, 안전관리요원, 상황조사요원, (구급지휘요원)으로 구성된다.

115. 긴급구조지휘대는 소방서현장지휘대, (방면현장지휘대), 소방본부현장지휘대 및 (권역현장지휘대)로 구분한다.

116. 권역현장지휘대는 2개 이상 4개 이하의 (소방본부)별로 (소방청장)이 1개를 설치·운영한다.

117. 긴급구조지휘대를 구성하는 현장지휘요원, 통신지원요원, 안전관리요원, 구급지휘요원은 통제단이 설치·운영되는 경우 (현장지휘부)에 배치된다.

118. (통제단장)은 재난현장에 출동한 응급의료관련자원을 총괄·지휘·조정·통제하고, 사상자를 분류·처치 또는 이송하기 위하여 사상자의 수에 따라 재난현장에 적정한 현장응급의료소를 설치·운영해야 한다.

119. 현장응급의료소에는 소장 1명과 (분류반)·(응급처치반) 및 이송반을 둔다.

120. 현장응급의료소에는 (응급의학 전문의)를 포함한 의사 3명, 간호사 또는 (1급응급구조사) 4명 및 지원요원 1명 이상으로 편성한다.

121. 현장응급의료소의 분류반은 재난현장에서 발생한 사상자를 검진하여 사상자의 상태에 따라 (사망)·긴급·(응급) 및 비응급의 4단계로 분류한다.

122. (소방청장)은 항공기 조난사고가 발생한 경우 항공기 수색과 인명구조를 위하여 항공기 수색·구조계획을 수립·시행하여야 한다.

123. (중앙대책본부장)은 대통령령으로 정하는 규모의 재난이 발생하여 국가의 안녕 및 사회질서의 유지에 중대한 영향을 미치거나 피해를 효과적으로 수습하기 위하여 특별한 조치가 필요하다고 인정하거나 지역대책본부장의 요청이 타당하다고 인정하는 경우에는 중앙위원회의 심의를 거쳐 해당 지역을 특별재난지역으로 선포할 것을 대통령에게 건의할 수 있다.

124. 특별재난지역의 선포를 건의받은 (대통령)은 해당 지역을 특별재난지역으로 선포할 수 있다.

125. 재난관리에 필요한 비용은 재난 및 안전관리법 또는 다른 법령에 특별한 규정이 있는 경우 외에는 이 법 또는 안전관리계획에서 정하는 바에 따라 (그 시행의 책임이 있는) 자가 부담한다.

126. 특별재난지역의 선포 및 지원은 재난관리 단계 중 (복구)단계에 해당한다.

127. 재난지역에 대한 국고보조 대상이 되는 재난은 (자연재난)과 사회재난 중 (특별재난지역으로 선포된 지역의 재난)이다.

128. (국무총리)는 재난을 예방하고, 재난이 발생할 경우 그 피해를 최소화하기 위하여 재난 및 안전관리업무에 종사하는 자가 지켜야 할 사항 등을 정한 안전관리헌장을 제정·고시하여야 한다.

129. (중앙행정기관)의 장 또는 (지방자치단체)의 장은 대통령령으로 정하는 지역축제를 개최하려면 해당 지역축제가 안전하게 진행될 수 있도록 지역축제 안전관리계획을 수립하고, 그 밖에 안전관리에 필요한 조치를 하여야 한다.

130. 지역축제 개최 시 관할 소방관서의 장의 안전관리조치를 위한 협조 사항 3가지 이상
　① 긴급자동차 대기 및 소방관 배치
　② 소방안전점검
　③ 지역축제 행사장 현장 소방연락관 운영
　④ 관할 소방관서의 소관 업무 중 지역축제 안전관리를 위해 필요한 사항

131. (지방자치단체의 장)은 다중운집으로 인한 재난이나 각종 사고가 발생하는 것을 예방하기 위하여 대통령령으로 정하는 시설·장소에 대하여 다중운집의 일시 및 장소, 인파의 밀집도 및 유동시간 등의 사항을 포함한 실태조사를 실시하여야 한다.

132. 재난관리기금의 매년도 최저적립액은 최근 3년 동안의 「지방세법」에 의한 보통세의 수입결산액의 평균연액의 (100분의 1에) 해당하는 금액으로 한다.

133. 재난관리기금에서 생기는 수입은 그 전액을 (재난관리기금)에 편입하여야 한다.

134. (행정안전부장관)은 재난 및 안전관리에 관한 과학기술의 진흥을 위하여 (5년)마다 관계 중앙행정기관의 재난 및 안전관리기술개발에 관한 계획을 종합하여 조정위원회의 심의와 「국가과학기술자문회의법」에 따른 국가과학기술자문회의의 심의를 거쳐 재난 및 안전관리기술개발 종합계획을 수립하여야 한다.

135. 재난관리책임기관의 장은 재난 및 안전관리 업무의 전문성 및 효율성을 위하여 (공인재난관리사) 자격을 가진 사람 등 대통령령으로 정하는 재난관리 전문인력을 해당 업무에 배치하도록 노력하여야 한다.

136. 재난관리책임기관의 장은 해당 기관의 재난 및 안전관리업무를 총괄하는 (안전책임관) 및 담당직원을 소속 공무원 또는 임직원 중에서 임명할 수 있다.

정태화 소방학개론, 소방관계법규

빈칸 채우기 및 OX형 문제

소방관계법규

정답 및 해설

1. 소방기본법은 화재를 예방·경계하거나 진압하고 화재, 재난·(재해), 그 밖의 (위급)한 상황에서의 구조·(구급) 활동 등을 통하여 국민의 생명·신체 및 재산을 보호함으로써 공공의 안녕 및 질서 유지와 (복리) 증진에 이바지함을 목적으로 한다.

2. (소방대상물)이란 건축물, 차량, 선박(「선박법」 제1조의2 제1항에 따른 선박으로서 항구에 매어둔 선박만 해당한다), 선박 건조 구조물, 산림, 그 밖의 인공 구조물 또는 물건을 말한다.

3. (관계지역)이란 소방대상물이 있는 장소 및 그 이웃지역으로서 화재의 예방·경계·진압, 구조·구급 등의 활동에 필요한 지역을 말한다.

4. (관계인)이란 소방대상물의 소유자·관리자 또는 점유자를 말한다.

5. (소방본부장)이란 특별시·광역시·특별자치시·도 또는 특별자치도에서 화재의 예방·경계·진압·조사 및 구조·구급 등의 업무를 담당하는 부서의 장을 말한다.

6. (소방대)란 화재를 진압하고 화재, 재난·재해, 그 밖의 위급한 상황에서 구조·구급 활동 등을 하기 위하여 소방공무원, 의무소방원, 의용소방대원으로 구성된 조직체를 말한다.

7. (소방대장)이란 소방본부장 또는 소방서장 등 화재, 재난·재해, 그 밖의 위급한 상황이 발생한 현장에서 소방대를 지휘하는 사람을 말한다.

8. 국가와 지방자치단체는 화재, 재난·재해, 그 밖의 위급한 상황으로부터 국민의 (생명)·신체 및 (재산)을 보호하기 위하여 필요한 시책을 수립·시행하여야 한다.

9. 시·도의 화재 예방·경계·진압 및 조사, 소방안전교육·홍보와 화재, 재난·재해, 그 밖의 위급한 상황에서의 구조·구급 등의 업무를 수행하는 소방기관의 설치에 필요한 사항은 (대통령령)으로 정한다.

10. 소방업무를 수행하는 소방본부장 또는 소방서장은 그 소재지를 관할하는 (시·도지사)의 지휘와 감독을 받는다.

11. 시·도지사의 지휘와 감독권에도 불구하고 소방청장은 화재 예방 및 대형 재난 등 필요한 경우 시·도 (소방본부장) 및 (소방서장)을 지휘·감독할 수 있다.

12. 시·도에서 소방업무를 수행하기 위하여 시·도지사 직속으로 (소방본부)를 둔다.

13. 소방청장, 소방본부장 및 소방서장은 화재, 재난·재해, 그 밖에 구조·구급이 필요한 상황이 발생하였을 때에 신속한 소방활동을 위한 정보의 수집·분석과 판단·전파, 상황관리, 현장 지휘 및 조정·통제 등의 업무를 수행하기 위하여 (119종합상황실)을 설치·운영하여야 한다.

14. 소방본부에 설치하는 119종합상황실에는 「지방자치단체에 두는 국가공무원의 정원에 관한 법률」에도 불구하고 대통령령으로 정하는 바에 따라 (경찰공무원)을 둘 수 있다.

15. 119종합상황실의 설치·운영에 필요한 사항은 (행정안전부령)으로 정한다.

16. 「소방기본법」 제4조 제2항의 규정에 의한 종합상황실은 (소방청)과 (시·도의 소방본부) 및 (소방서)에 각각 설치·운영하여야 한다.

17. 소방청장, 소방본부장 또는 소방서장은 신속한 소방활동을 위한 정보를 수집·전파하기 위하여 119종합상황실에 「소방력 기준에 관한 규칙」에 의한 (전산)·(통신)요원을 배치하고, 소방청장이 정하는 유·무선 통신시설을 갖추어야 한다.

18. 119종합상황실은 (24시간) 운영체제를 유지하여야 한다.

19. 119종합상황실의 실장 업무 4가지 이상
① 화재, 재난·재해 그 밖에 구조·구급이 필요한 재난상황의 발생의 신고 접수
② 접수된 재난상황을 검토하여 가까운 소방서에 인력 및 장비의 동원을 요청하는 등의 사고수습
③ 하급소방기관에 대한 출동지령 또는 동급 이상의 소방기관 및 유관기관에 대한 지원요청
④ 재난상황의 전파 및 보고
⑤ 재난상황이 발생한 현장에 대한 지휘 및 피해현황의 파악
⑥ 재난상황의 수습에 필요한 정보수집 및 제공

20. 소방서의 종합상황실의 경우는 소방본부의 종합상황실에, 소방본부의 종합상황실의 경우는 소방청의 종합상황실에 각각 보고해야 하는 사항
① 사망자가 5인 이상 발생하거나 사상자가 10인 이상 발생한 화재 [○]
② 재산피해액이 <u>50억원 이상</u> 발생한 화재 [×]
③ 관공서·학교·정부미도정공장·문화재·지하철 또는 지하구의 화재 [○]
④ 관광호텔, <u>11층 이상인 건축물</u>, 지하상가, 시장, 백화점에서 발생한 화재 [×]
⑤ 층수가 <u>5층 이상</u>이거나 객실이 30실 이상인 숙박시설에서 발생한 화재 [×]
⑥ 층수가 5층 이상이거나 병상이 30개 이상인 종합병원·정신병원·한방병원·요양소에서 발생한 화재 [○]
⑦ 항구에 매어둔 <u>총 톤수가 1천톤 이상</u>인 선박에서 발생한 화재 [×]
⑧ 철도차량, 항공기, 발전소 또는 변전소에서 발생한 화재 [○]
⑨ 「위험물안전관리법」 제2조 제2항의 규정에 의한 지정수량의 <u>3천배 이상</u>의 위험물의 제조소·저장소·취급소에서 발생한 화재 [×]

　　⑩ 가스 및 화약류의 폭발에 의한 화재 [○]
　　⑪ 「다중이용업소의 안전관리에 관한 특별법」 제2조에 따른 다중이용업소의 화재 [○]
　　⑫ 「긴급구조대응활동 및 현장지휘에 관한 규칙」에 의한 통제단장의 현장지휘가 필요한 재난상황 [×]
　　⑬ 언론에 보도된 재난상황 [○]
　　⑭ 이재민이 100인 이상 발생한 화재 [×]

21. 종합상황실 근무자의 근무방법 등 종합상황실의 운영에 관하여 필요한 사항은 종합상황실을 설치하는 소방청장, 소방본부장 또는 소방서장이 각각 정한다. [×]

22. (소방청장) 및 (시·도지사)는 119종합상황실 등의 효율적 운영을 위하여 소방정보통신망을 구축·운영할 수 있다.

23. 소방정보통신망의 안정적 운영을 위하여 소방정보통신망의 회선을 (이중화)할 수 있다. 이 경우 (이중화)된 각 회선은 (서로 다른 사업자)로부터 제공받아야 한다.

24. 소방정보통신망의 구축 및 운영에 필요한 사항은 (행정안전부령)으로 정한다.

25. (소방청장) 또는 (소방본부장)은 소방시설, 소방공사 및 위험물 안전관리 등과 관련된 법령해석 등의 민원을 종합적으로 접수하여 처리할 수 있는 소방기술민원센터를 설치·운영할 수 있다.

26. 소방기술민원센터의 설치·운영 등에 필요한 사항은 (대통령령)으로 정한다.

27. 소방기술민원센터는 센터장을 포함하여 (18)명 이내로 구성한다.

28. 소방기술민원센터의 업무 3가지 이상
　　① 소방시설, 소방공사와 위험물 안전관리 등과 관련된 법령해석 등의 소방기술민원의 처리
　　② 소방기술민원과 관련된 질의회신집 및 해설서 발간
　　③ 소방기술민원과 관련된 정보시스템의 운영·관리
　　④ 소방기술민원과 관련된 현장 확인 및 처리
　　⑤ 소방기술민원과 관련된 업무로서 소방청장 또는 소방본부장이 필요하다고 인정하여 지시하는 업무

29. (소방청장 또는 소방본부장)은 소방기술민원센터의 업무수행을 위하여 필요하다고 인정하는 경우에는 관계 기관의 장에게 소속 공무원 또는 직원의 파견을 요청할 수 있다.

30. 법령에서 규정한 사항 외에 소방기술민원센터의 설치·운영에 필요한 사항은 소방청에 설치하는 경우에는 소방청장이 정하고, 소방본부에 설치하는 경우에는 (시·도의 규칙)으로 정한다.

31. 소방박물관 및 소방체험관의 설립·운영

구분	설립·운영권자	근거법령
소방박물관	(소방청장)	(행정안전부령)
소방체험관	(시·도지사)	(시·도 조례)

32. 소방청장은 소방박물관을 설립·운영하는 경우에는 소방박물관에 소방박물관장 1인과 부관장 (1)인을 두되, 소방박물관장은 소방공무원 중에서 (소방청장)이 임명한다.

33. 소방박물관에는 그 운영에 관한 중요한 사항을 심의하기 위하여 (7)인 이내의 위원으로 구성된 운영위원회를 둔다.

34. 소방체험관이 수행하는 기능 3가지 이상
① 재난 및 안전사고 유형에 따른 예방, 대처, 대응 등에 관한 체험교육의 제공
② 체험교육 프로그램의 개발 및 국민 안전의식 향상을 위한 홍보·전시
③ 체험교육 인력의 양성 및 유관기관·단체 등과의 협력
④ 체험교육을 위하여 시·도지사가 필요하다고 인정하는 사업의 수행

35. 소방체험관 중 소방안전 체험실로 사용되는 부분의 바닥면적의 합이 (900)제곱미터 이상이 되어야 한다.

36. 소방체험관에는 화재안전 체험실, (시설안전) 체험실, 보행안전 체험실, (자동차안전) 체험실, 기후성 재난 체험실, (지질성 재난) 체험실, (응급처치) 체험실을 모두 갖추어야 하며, 체험실별 바닥면적은 (100)제곱미터 이상이어야 한다.

37. 체험실별 체험교육을 총괄하는 교수요원은 소방공무원 중 소방 관련학과의 <u>석사학위</u> 이상을 취득한 사람이어야 한다. [×]

38. 체험실별 체험교육을 총괄하는 교수요원은 소방공무원 중 소방활동이나 생활안전활동을 <u>3년 이상</u> 수행한 경력이 있는 사람이어야 한다. [×]

39. 체험실별 체험교육을 지원하고 실습을 보조하는 조교는 중앙소방학교 또는 지방소방학교에서 2주 이상의 소방안전교육사 관련 전문교육과정을 이수한 사람이어야 한다. [○]

40. 체험실별 체험교육을 지원하고 실습을 보조하는 조교는 소방활동이나 생활안전활동을 <u>1년 이상</u> 수행한 경력이 있는 사람이어야 한다. [×]

41. 소방체험에서 체험교육을 실시할 때 체험실에는 1명 이상의 교수요원을 배치하고, 조교는 체험교육대상자 <u>30명당 1명 이상</u>이 배치되도록 하여야 한다. 다만, 소방체험관의 장은 체험교육대상자의 연령 등을 고려하여 조교의 배치기준을 달리 정할 수 있다. [×]

42. 소방체험관의 장은 체험교육의 운영결과, 만족도 조사결과 등을 기록하고 이를 <u>3년간</u> 보관하여야 한다. [×]

43. (소방청장)은 화재, 재난·재해, 그 밖의 위급한 상황으로부터 국민의 생명·신체 및 재산을 보호하기 위하여 소방업무에 관한 종합계획을 (5년)마다 수립·시행하여야 하고, 이에 필요한 재원을 확보하도록 노력하여야 한다.

44. 소방업무에 관한 종합계획에 포함되어야 하는 사항 중 법률로 정하는 4가지 이상
① 소방서비스의 질 향상을 위한 정책의 기본방향
② 소방업무에 필요한 체계의 구축, 소방기술의 연구·개발 및 보급
③ 소방업무에 필요한 장비의 구비
④ 소방전문인력 양성
⑤ 소방업무에 필요한 기반조성
⑥ 소방업무의 교육 및 홍보(소방자동차의 우선 통행 등에 관한 홍보를 포함)
⑦ 소방업무의 효율적 수행을 위하여 필요한 사항으로서 대통령령으로 정하는 사항

45. 재난·재해 환경 변화에 따른 소방업무에 필요한 대응 체계 마련은 소방업무에 관한 종합계획에 포함되어야 하는 사항 중 <u>대통령령으로</u> 정하는 사항이다. [×]

46. 장애인, 노인, 임산부, 영유아 및 어린이 등 이동이 어려운 사람을 대상으로 한 소방활동에 필요한 조치는 소방업무에 관한 종합계획에 포함되어야 하는 사항 중 대통령령으로 정하는 사항이다. [○]

47. 소방청장은 「소방기본법」에 따른 소방업무에 관한 종합계획을 관계 중앙행정기관의 장과의 협의를 거쳐 계획 시행 전년도 <u>10월 31일까지</u> 수립하여야 한다. [×]

48. 시·도지사는 「소방기본법」에 따른 종합계획의 시행에 필요한 세부계획을 계획 시행 전년도 12월 31일까지 수립하여 소방청장에게 제출하여야 한다. [○]

49. 소방청장은 재난·재해, 그 밖의 위급한 상황으로부터 국민의 생명·신체 및 재산을 보호하기 위하여 세부계획 수립의 적절성, 세부계획 추진실적 등에 대하여 <u>정기적으로</u> 평가할 수 있다. [×]

50. 소방청장은 세부계획 추진실적의 평가를 하려는 경우 다음 연도의 평가계획을 <u>11월 30일까지</u> 시·도지사에게 통지해야 한다. [×]

51. 세부계획 추진실적의 평가 통지를 받은 시·도지사는 전년도 세부계획 추진실적 등을 1월 31일까지 소방청장에게 제출해야 하고, 소방청장은 평가결과를 3월 31일까지 시·도지사에게 통보해야 한다. [○]

52. 국민의 안전의식과 화재에 대한 경각심을 높이고 (안전문화)를 정착시키기 위하여 매년 (11월 9일)을 소방의 날로 정하여 기념행사를 한다.

53. 소방의 날 행사에 관하여 필요한 사항은 소방청장 또는 (시·도지사)가 따로 정하여 시행할 수 있다.

54. (소방력)이라 함은 소방기관이 소방업무를 수행하는 데에 필요한 인력과 장비 등을 의미하며, 이에 관한 기준은 (행정안전부령)으로 정한다.

55. (시·도지사)는 소방력의 기준에 따라 관할구역의 소방력을 확충하기 위하여 필요한 계획을 수립하여 시행하여야 한다.

56. 소방자동차 등 소방장비의 분류·표준화와 그 관리 등에 필요한 사항은 (따로 법률)에서 정한다.

57. 국가는 소방장비의 구입 등 시·도의 소방업무에 필요한 경비의 (일부)를 보조한다.

58. 국고보조 대상사업의 범위와 (기준보조율)은 대통령령으로 정한다.

59. 소방활동장비와 설비의 구입 및 설치의 국고보조 대상사업의 범위
① 소방자동차
② 소방헬리콥터 및 소방정
③ 소방전용통신설비 및 전산설비
④ 방화복 등 소방활동에 필요한 소방장비

60. 소방관서용 청사의 건축에 관한 국고보조 대상사업의 범위는 건축물을 신축·(증축)·개축·재축·(이전)하는 것이다.

61. 소방활동장비 및 설비의 종류와 규격은 (행정안전부령)으로 정한다.

62. 국고보조 대상사업의 기준보조율은 「보조금 관리에 관한 법률 (시행령)」에서 정하는 바에 따른다.

63. 국고보조산정을 위한 기준가격
① 국내조달품 : (정부고시가격)
② 수입물품 : (조달청에서 조사한 해외시장의 시가)
③ 정부고시가격 또는 조달청에서 조사한 해외시장의 시가가 없는 물품 : 2 이상의 공신력 있는 물가조사기관에서 조사한 가격의 (평균가격)

64. 국고보조의 대상이 되는 소방활동장비 및 설비의 기준은 대형 펌프차는 (240마력) 이상, 중형 구조차는 (170마력) 이상 (240마력) 미만, 일반 구급차는 (85마력) 이상 (90마력) 미만이다.

65. (시·도지사)는 소방활동에 필요한 소화전·급수탑·저수조를 설치하고 유지·관리하여야 한다.

66. 소방용수시설 중 「수도법」 제45조에 따라 소화전을 설치하는 일반수도사업자는 관할 소방서장과 (사전협의)를 거친 후 소화전을 설치하여야 하며, 설치 사실을 관할 소방서장에게 (통지)하고, 그 소화전을 유지·관리하여야 한다.

67. 시·도지사는 소방자동차의 우선 통행 등에 따른 소방자동차의 진입이 곤란한 지역 등 화재발생 시에 초기 대응이 필요한 지역으로서 대통령령으로 정하는 지역에 (소방호스) 또는 호스 릴 등을 (소방용수시설)에 연결하여 화재를 진압하는 시설이나 장치를 설치하고 유지·관리할 수 있다.

68. (비상소화장치)란 소방호스 또는 호스 릴 등을 소방용수시설에 연결하여 화재를 진압하는 시설이나 장치를 말한다.

69. 비상소화장치의 설치대상 지역은 (화재예방강화지구)와 (시·도지사)가 소방용수시설의 설치 및 관리 규정에 따른 비상소화장치의 설치가 필요하다고 인정하는 지역이다.

70. 소방용수시설과 비상소화장치의 설치 기준은 (행정안전부령)으로 정한다.

71. 지하에 설치하는 소화전 또는 저수조의 소방용수표지 기준
① 맨홀 뚜껑은 지름 (648)밀리미터 이상의 것으로 할 것. 다만, 승하강식 소화전의 경우에는 이를 적용하지 않는다.
② 맨홀 뚜껑에는 "소화전·(주정차금지)" 또는 "(저수조)·주정차금지"의 표시를 할 것
③ 맨홀 뚜껑 부근에는 (노란)색 반사도료로 폭 (15)센티미터의 선을 그 둘레를 따라 칠할 것

72. 지상에 설치하는 소화전, 저수조 및 급수탑의 소방용수표지 기준
① 안쪽 문자는 (흰색), 바깥쪽 문자는 (노란색)으로, 안쪽 바탕은 (붉은색), 바깥쪽 바탕은 (파란색)으로 하고, (반사)재료를 사용해야 한다.
② 규격에 따른 소방용수표지를 세우는 것이 (매우 어렵거나 부적당한) 경우에는 그 규격 등을 다르게 할 수 있다.

73. 소방용수시설은 국토의 계획 및 이용에 관한 법률 제36조 제1항 제1호의 규정에 의한 주거지역·상업지역 및 (공업지역)에 설치하는 경우에는 소방대상물과의 수평거리를 (100)미터 이하가 되도록 할 것

74. 소화전의 설치기준 : 상수도와 연결하여 지하식 또는 지상식의 구조로 하고, 소방용호스와 연결하는 소화전의 (연결)금속구의 구경은 (65)밀리미터로 할 것

75. 급수탑의 설치기준 : 급수배관의 구경은 (100)밀리미터 이상으로 하고, 개폐밸브는 지상에서 (1.5)미터 이상 (1.7)미터 이하의 위치에 설치하도록 할 것

76. 저수조의 설치기준
    ① 지면으로부터의 낙차가 (4.5)미터 이하일 것
    ② 흡수부분의 수심이 (0.5)미터 이상일 것
    ③ (소방펌프)자동차가 쉽게 접근할 수 있도록 할 것
    ④ (흡수)에 지장이 없도록 토사 및 쓰레기 등을 제거할 수 있는 설비를 갖출 것
    ⑤ 흡수관의 투입구가 사각형의 경우에는 (한 변)의 길이가 (60)센티미터 이상, 원형의 경우에는 (지름)이 (60)센티미터 이상일 것
    ⑥ 저수조에 물을 공급하는 방법은 (상수도)에 연결하여 (자동)으로 급수되는 구조일 것

77. 비상소화장치는 비상소화장치함, (소화전), 소방호스, (관창)을 포함하여 구성할 것

78. 소방본부장 또는 (소방서장)은 원활한 소방활동을 위하여 소방용수시설 및 지리에 대한 조사를 (월 1회) 이상 실시하여야 한다.

79. 소방용수시설 조사 대상은 (소화전), (급수탑), (저수조)이다.

80. 소방대상물의 지리 조사는 인접한 도로의 (폭)·(교통)상황, 도로주변의 토지의 고저·(건축물)의 개황 그 밖의 소방활동에 필요한 지리에 대한 조사이다.

81. 소방용수시설 및 지리조사 결과는 (전자적) 처리가 불가능한 특별한 사유가 없으면 (전자적) 처리가 가능한 방법으로 작성·관리하여야 하고, 그 조사결과를 (2년)간 보관하여야 한다.

82. 소방본부장이나 소방서장은 소방활동을 할 때에 긴급한 경우에는 이웃한 소방본부장 또는 소방서장에게 소방업무의 (응원)을 요청할 수 있다.

83. 소방업무의 응원을 위하여 파견된 소방대원은 응원을 (요청)한 소방본부장 또는 소방서장의 지휘에 따라야 한다.

84. (시·도지사)는 소방업무의 응원을 요청하는 경우를 대비하여 출동 대상지역 및 규모와 필요한 경비의 부담 등에 관하여 필요한 사항을 행정안전부령으로 정하는 바에 따라 이웃하는 시·도지사와 협의하여 (미리 규약)으로 정하여야 한다.

85. 소방업무의 상호응원협정 중 소방활동에 관한 사항은 (화재의 경계·진압 활동), (구조·구급업무의 지원), (화재조사활동)에 관한 사항이 포함되도록 해야 한다.

86. (소방청장)은 해당 시·도의 소방력만으로는 소방활동을 효율적으로 수행하기 어려운 화재, 재난·재해, 그 밖의 구조·구급이 필요한 상황이 발생하거나 특별히 국가적 차원에서 소방활동을 수행할 필요가 인정될 때에는 각 (시·도지사)에게 행정안전부령으로 정하는 바에 따라 소방력을 동원할 것을 요청할 수 있다.

87. 소방청장이 소방력 동원을 요청하는 경우 통지해야 하는 사항
① 동원을 요청하는 인력 및 장비의 규모
② 소방력 이송 수단 및 집결장소
③ 소방활동을 수행하게 될 재난의 규모, 원인 등 소방활동에 필요한 정보

88. 소방청장의 소방력 동원요청 시 긴급을 요하는 경우에는 (시·도 소방본부 또는 소방서의 종합상황실장)에게 직접 요청할 수 있다.

89. 동원된 소방대원이 다른 시·도에 파견·지원되어 소방활동을 수행할 때에는 특별한 사정이 없으면 (화재, 재난·재해 등이 발생한 지역을 관할하는 소방본부장 또는 소방서장)의 지휘에 따라야 한다. 다만, (소방청장)이 직접 소방대를 편성하여 소방활동을 하게 하는 경우에는 소방청장의 지휘에 따라야 한다.

90. 소방활동을 수행하는 과정에서 발생하는 경비 부담에 관한 사항, 소방활동을 수행한 민간 소방 인력이 사망하거나 부상을 입었을 경우의 보상주체·보상기준 등에 관한 사항, 그 밖에 동원된 소방력의 운용과 관련하여 필요한 사항은 (대통령령)으로 정한다.

91. 동원된 소방력의 소방활동 수행 과정에서 발생하는 경비는 화재, 재난·재해 또는 그 밖의 구조·구급이 필요한 상황이 발생한 시·도에서 부담하는 것을 원칙으로 하되, 구체적인 내용은 해당 (시·도가 서로 협의)하여 정한다.

92. 동원된 민간 소방 인력이 소방활동을 수행하다가 사망하거나 부상을 입은 경우 화재, 재난·재해 또는 그 밖의 구조·구급이 필요한 상황이 발생한 시·도가 해당 (시·도의 조례)로 정하는 바에 따라 보상한다.

93. (소방청장), (소방본부장) 또는 (소방서장)은 화재, 재난·재해, 그 밖의 위급한 상황이 발생하였을 때에는 소방대를 현장에 신속하게 출동시켜 화재진압과 인명구조·구급 등 소방에 필요한 소방활동을 하게 하여야 한다.

94. 누구든지 정당한 사유 없이 출동한 소방대의 (소방활동)을 방해하여서는 아니 된다.

95. 소방청장·소방본부장 또는 소방서장은 공공의 안녕질서 유지 또는 복리증진을 위하여 필요한 경우 소방활동 외에 (소방지원)활동을 하게 할 수 있다.

96. 소방지원활동은 소방활동 수행에 (지장을 주지 아니하는) 범위에서 할 수 있다.

97. 유관기관·단체 등의 요청에 따른 소방지원활동에 드는 비용은 지원요청을 한 유관기관·단체 등에게 (부담하게) 할 수 있다. 다만, 부담금액 및 부담방법에 관하여는 지원요청을 한 유관기관·단체 등과 (협의)하여 결정한다.

98. 소방청장·소방본부장 또는 소방서장은 신고가 접수된 (생활안전) 및 위험제거 활동에 대응하기 위하여 소방대를 출동시켜 (생활안전)활동을 하게 하여야 한다. 단, 화재, 재난·재해, 그 밖의 위급한 상황에 해당하는 것은 제외한다.

99. 산불에 대한 예방·진압 등은 소방지원활동이다. [×]

100. 자연재해에 따른 급수·배수 및 제설 등은 소방지원활동이다. [×]

101. 집회·공연 등 각종 행사 시 사고에 대비한 근접대기 등은 소방지원활동이다. [○]

102. 화재, 재난·재해로 인한 피해복구 활동은 소방지원활동이다. [○]

103. 군·경찰 등 유관기관에서 실시하는 훈련지원 활동은 행정안전부령으로 정하는 소방지원활동이다. [×]

104. 소방시설 오작동 신고에 따른 조치활동은 행정안전부령으로 정하는 소방지원활동이다. [○]

105. 방송제작 또는 촬영 관련 지원활동은 행정안전부령으로 정하는 소방지원활동이다. [×]

106. 붕괴, 낙하 등이 우려되는 고드름, 나무, 위험 구조물 등의 제거활동은 생활안전활동이다. [○]

107. 위해동물, 벌 등의 포획 및 퇴치 활동은 생활안전활동이다. [○]

108. 끼임, 고립 등에 따른 위험제거 및 구출 활동은 생활안전활동이다. [○]

109. 단전사고 시 비상전원 또는 조명의 공급은 <u>생활안전활동</u>이다. [×]

110. 방치하면 급박해질 우려가 있는 위험을 예방하기 위한 활동은 생활안전활동이다. [○]

111. 소방지원활동등은 소방지원활동과 생활안전활동을 의미한다. [○]

112. (소방대원)은 소방지원활동 및 생활안전활동을 한 경우 기록지에 해당 활동상황을 상세히 기록하고, 소속 소방관서에 (3년)간 보관해야 한다.

113. (소방본부장)은 소방지원활동등의 상황을 종합하여 연 (2회) 소방청장에게 보고해야 한다.

114. (시·도지사)는 소방자동차의 공무상 운행 중 교통사고가 발생한 경우 그 운전자의 법률상 분쟁에 소요되는 비용을 지원할 수 있는 보험에 가입하여야 하며, (국가)는 보험 가입비용의 일부를 지원할 수 있다.

115. 소방공무원이 (소방활동)으로 인하여 타인을 사상에 이르게 한 경우 그 (소방활동)이 불가피하고 소방공무원에게 고의 또는 중대한 과실이 없는 때에는 그 정상을 참작하여 사상에 대한 형사책임을 감경하거나 면제할 수 있다.

116. 소방청장, 소방본부장 또는 소방서장은 소방공무원이 (소방활동), (소방지원활동), (생활안전활동)으로 인하여 민·형사상 책임과 관련된 소송을 수행할 경우 변호인 선임 등 소송수행에 필요한 지원을 할 수 있다.

117. 소방안전에 관한 교육과 훈련을 실시할 경우 소방청장, 소방본부장 또는 소방서장은 해당 어린이집·유치원·학교·장애인복지시설·(아동복지시설의 장) 또는 (노인복지시설의 장)과 교육일정 등에 관하여 협의하여야 한다. → [시행 2026.1.1.] 포함

118. 화재진압훈련 대상은 (화재진압업무를 담당하는 소방공무원), 「의무소방대설치법 시행령」 제20조 제1항 제1호에 따른 임무를 수행하는 의무소방원, 「의용소방대 설치 및 운영에 관한 법률」 제3조에 따라 임명된 의용소방대원이다.

119. 인명구조훈련 대상은 (구조업무를 담당하는 소방공무원), 「의무소방대설치법 시행령」 제20조 제1항 제1호에 따른 임무를 수행하는 의무소방원, 「의용소방대 설치 및 운영에 관한 법률」 제3조에 따라 임명된 의용소방대원이다.

120. 응급처치훈련 대상은 구급업무를 담당하는 소방공무원, (「의무소방대설치법」 제3조)에 따라 임용된 의무소방원, 「의용소방대 설치 및 운영에 관한 법률」 제3조에 따라 임명된 의용소방대원이다.

121. 인명대피훈련 대상은 (소방공무원), 「의무소방대설치법」 제3조에 따라 임용된 의무소방원, 「의용소방대 설치 및 운영에 관한 법률」 제3조에 따라 임명된 의용소방대원이다.

122. 현장지휘훈련 대상은 (소방정), (소방령), (소방경), (소방위)이다.

123. 소방 교육·훈련 횟수는 (2년마다 1회), 기간은 (2주) 이상으로서 법령에서 규정한 사항 외에 소방대원의 교육 및 훈련에 필요한 사항은 (소방청장)이 정한다.

124. 소방안전교육훈련에 필요한 소방안전교실은 화재안전 및 생활안전 등을 체험할 수 있는 (100제곱미터) 이상의 실내시설을 갖추어야 한다.

125. 소방안전교육훈련에 필요한 이동안전체험차량은 어린이는 (30명), 성인은 (15명)을 동시에 수용할 수 있는 실내공간을 갖춘 자동차여야 한다.

126. 소방 관련학과의 (석사)학위 이상을 취득한 사람은 소방안전교육훈련 강사가 될 수 있다.

127. 소방공무원으로서 (5년) 이상 근무한 경력이 있는 사람은 소방안전교육훈련 강사가 될 수 있다.

128. 소방공무원으로서 (3년) 이상 근무한 경력이 있는 사람은 소방안전교육훈련 보조강사가 될 수 있다.

129. 소방안전교육훈련은 이론교육과 실습 또는 체험교육을 병행하여 실시하되, 실습 또는 체험교육이 전체 교육 시간의 (100분의 30) 이상이 되어야 한다.

130. 실습 또는 체험교육 인원은 특별한 경우가 아니면 강사 1명당 (30명)을 넘지 않아야 한다.

131. 소방청장, 소방본부장 또는 소방서장은 소방안전교육훈련 중 발생한 사고로 인한 교육훈련대상자 등의 생명·신체나 재산상의 손해를 보상하기 위한 (보험 또는 공제)에 가입하여야 한다.

132. 소방청장은 소방안전교육을 위하여 소방청장이 실시하는 시험에 합격한 사람에게 (소방안전교육사) 자격을 부여한다.

133. 소방안전교육사는 소방안전교육의 (기획)·진행·분석·평가 및 (교수)업무를 수행한다.

134. 소방안전교육사 시험의 응시자격, 시험방법, 시험과목, 시험위원, 그 밖에 소방안전교육사 시험의 실시에 필요한 사항은 (대통령령)으로 정한다.

135. 소방공무원으로 <u>3년</u> 이상 근무한 경력이 있는 사람은 소방안전교육사 시험의 응시 자격 요건에 해당한다. [×]

136. 중앙소방학교 또는 지방소방학교에서 <u>2주</u> 이상의 소방안전교육사 관련 전문교육과정을 이수한 사람은 소방안전교육사 시험의 응시 자격 요건에 해당한다. [×]

137. 「초·중등교육법」 제21조에 따라 교원의 자격을 취득한 사람은 소방안전교육사 시험의 응시 자격 요건에 해당한다. [O]

138. 「유아교육법」 제22조에 따라 <u>교원의 자격을 취득한 사람</u>은 소방안전교육사 시험의 응시 자격 요건에 해당한다. [×]

139. 「영유아보육법」 제21조에 따라 어린이집의 원장 또는 보육교사의 자격을 <u>취득 후 3년 이상의 보육업무 경력이 있는 사람</u>은 소방안전교육사 시험의 응시 자격 요건에 해당한다. [×]

140. 「의료법」 제7조에 따라 간호사 면허를 취득한 후 간호업무 분야에 1년 이상 종사한 사람은 소방안전교육사 시험의 응시 자격 요건에 해당한다. [O]

141. 「응급의료에 관한 법률」 제36조 제2항에 따라 1급 응급구조사 자격을 취득한 후 응급의료 업무 분야에 <u>1년 이상</u> 종사한 사람은 소방안전교육사 시험의 응시 자격 요건에 해당한다. [×]

142. 「응급의료에 관한 법률」 제36조 제3항에 따라 2급 응급구조사 자격을 취득한 후 응급의료 업무 분야에 <u>3년 이상</u> 종사한 사람은 소방안전교육사 시험의 응시 자격 요건에 해당한다. [×]

143. 「의용소방대 설치 및 운영에 관한 법률」 제3조에 따라 의용소방대원으로 임명된 후 5년 이상 의용소방대 활동을 한 경력이 있는 사람은 소방안전교육사 시험의 응시 자격 요건에 해당한다. [O]

144. 소방안전교육사시험의 제1차 시험과목은 소방학개론, 구급·응급처치론, 재난관리론 및 교육학개론 중 응시자가 선택하는 3과목이다. [O]

145. 소방청장은 소방안전교육사시험 응시자격심사위원 및 시험위원으로 소방공무원을 임명하는 경우 <u>소방위 이상</u>의 소방공무원이어야 한다. [×]

146. 소방안전교육사시험은 <u>2년마다 1회</u> 시행함을 원칙으로 하되, 소방청장이 필요하다고 인정하는 때에는 그 횟수를 증감할 수 있으며, 소방안전교육사시험의 시행일 <u>90일</u> 전까지 소방청의 인터넷 홈페이지 등에 공고해야 한다. [×]

147. 소방안전교육사의 결격사유
　① 피성년후견인
　② 금고 이상의 실형을 선고받고 그 집행이 끝나거나(집행이 끝난 것으로 보는 경우를 포함) 집행이 면제된 날부터 2년이 지나지 아니한 사람

③ 금고 이상의 형의 집행유예를 선고받고 그 유예기간 중에 있는 사람
④ 법원의 판결 또는 다른 법률에 따라 자격이 정지되거나 상실된 사람

148. 소방안전교육사의 배치대상별 배치기준

배치대상	배치기준(단위 : 명)
1. 소방청	(2) 이상
2. 소방본부	(2) 이상
3. 소방서	(1) 이상
4. 한국소방안전원	본회 : (2) 이상 / 시·도지부 : (1) 이상
5. 한국소방산업기술원	(2) 이상

149. 청소년에게 소방안전에 관한 올바른 이해와 안전의식을 함양시키기 위하여 (한국119청소년단)을 설립한다.

150. 한국119청소년단에 관하여 이 법에서 규정한 것을 제외하고는 「민법」 중 (사단법인)에 관한 규정을 준용한다.

151. 한국119청소년단이 아닌 자가 한국119청소년단 또는 이와 유사한 명칭을 사용하는 자에게는 (200만원) 이하의 (과태료)를 부과한다.

152. 한국119청소년단의 사업 범위 3가지 이상
① 한국119청소년단 단원의 선발·육성과 활동 지원
② 한국119청소년단의 활동·체험 프로그램 개발 및 운영
③ 한국119청소년단의 활동과 관련된 학문·기술의 연구·교육 및 홍보
④ 한국119청소년단 단원의 교육·지도를 위한 전문인력 양성
⑤ 관련 기관·단체와의 자문 및 협력사업
⑥ 그 밖에 한국119청소년단의 설립목적에 부합하는 사업

153. 화재예방, 소방활동 또는 소방훈련을 위하여 사용되는 소방신호의 종류와 방법은 (행정안전부령)으로 정한다.

154. (경계신호)는 화재예방상 필요하다고 인정되거나 「화재의 예방 및 안전관리에 관한 법률」 제20조의 규정에 의한 화재위험경보시 발령한다.

155. (발화신호)는 화재가 발생한 때 발령한다.

156. (해제신호)는 소화활동이 필요없다고 인정되는 때 발령한다.

157. (훈련신호)는 훈련상 필요하다고 인정되는 때 발령한다.

158. 소방신호의 방법

구분	타종신호	싸이렌 신호
경계신호	(1타와 연2타)를 반복	5초 간격을 두고 30초씩 3회
발화신호	난타	(5초 간격을 두고 5초씩) 3회
해제신호	상당한 간격을 두고 (1타씩) 반복	1분간 1회
훈련신호	연3타 반복	(10초 간격을 두고 1분씩) 3회

159. 소방신호의 방법은 그 (전부 또는 일부)를 함께 사용할 수 있으며, 게시판을 철거하거나 통풍대 또는 기를 내리는 것으로 소방활동이 (해제)되었음을 알린다.

160. 소방대의 비상소집을 하는 경우에는 (훈련)신호를 사용할 수 있다.

161. 화재 현장 또는 구조·구급이 필요한 사고 현장을 발견한 사람은 그 현장의 상황을 소방본부, 소방서 또는 관계 행정기관에 (지체 없이) 알려야 한다.

162. 화재로 오인할 만한 우려가 있는 불을 피우거나 연막 소독을 하려는 자가 시·도의 조례로 정하는 바에 따라 관할 소방본부장 또는 소방서장에게 신고하여야 하는 지역 또는 장소 4곳 이상
① 시장지역
② 공장·창고가 밀집한 지역
③ 목조건물이 밀집한 지역
④ 위험물의 저장 및 처리시설이 밀집한 지역
⑤ 석유화학제품을 생산하는 공장이 있는 지역
⑥ 시·도의 조례로 정하는 지역 또는 장소

163. (관계인)은 소방대상물에 화재, 재난·재해, 그 밖의 위급한 상황이 발생한 경우에는 소방대가 현장에 도착할 때까지 경보를 울리거나 대피를 유도하는 등의 방법으로 사람을 구출하는 조치 또는 불을 끄거나 불이 번지지 아니하도록 필요한 조치를 하여야 한다.

164. 관계인은 화재를 진압하거나 구조·구급 활동을 하기 위하여 상설 조직체를 설치·(운영할 수 있다). 이 경우 「위험물안전관리법」 제19조 및 그 밖의 다른 법령에 따라 설치된 (자체소방대)를 포함한다.

165. 자체소방대는 소방대가 현장에 도착한 경우 (소방대장)의 지휘·통제에 따라야 한다.

166. 모든 차와 사람은 지휘를 위한 자동차와 구조·구급차를 포함한 소방자동차가 화재진압 및 구조·구급 활동을 위하여 (출동)을 할 때에는 이를 방해하여서는 아니 된다.

167. 소방자동차가 화재진압 및 구조·구급 활동을 위하여 출동하거나 훈련을 위하여 필요할 때에는 (사이렌) 을 사용할 수 있다.

168. 소방자동차의 우선 통행에 관하여는 (「도로교통법」)에서 정하는 바에 따른다.

169. 「건축법」 제2조 제2항 제2호에 따른 공동주택 중 대통령령으로 정하는 공동주택의 (건축주)는 소방활동의 원활한 수행을 위하여 공동주택에 소방자동차 전용구역을 설치하여야 한다.

170. 「건축법 시행령」 별표 1 제2호 가목의 아파트 중 세대수가 (100세대) 이상인 아파트와 라목의 기숙사 중 (3층) 이상의 기숙사는 소방자동차 전용구역의 설치 대상이다.

171. 하나의 대지에 하나의 동으로 구성되고 「도로교통법」 제32조 또는 제33조에 따라 (정차) 또는 주차가 금지된 편도 (2차선) 이상의 도로에 직접 접하여 소방자동차가 도로에서 직접 소방활동이 가능한 공동주택은 소방자동차 전용구역 설치 대상에서 제외한다.

172. 공동주택의 건축주는 소방자동차가 접근하기 쉽고 소방활동이 원활하게 수행될 수 있도록 (각 동별) 전면 또는 후면에 소방자동차 전용구역을 (1개소) 이상 설치해야 한다.

173. 전용구역 노면표지의 외곽선은 빗금무늬로 표시하되, 빗금은 두께를 (30센티미터)로 하여 50센티미터 간격으로 표시하고, 전용구역 노면표지 도료의 색채는 (황색)을 기본으로 하되, (문자)는 백색으로 표시한다.

174. 소방자동차 전용구역 앞면, 뒷면 또는 양 측면에 물건 등을 쌓거나 주차하는 행위는 전용구역 방해행위의 기준에 해당하나 (「주차장법」 제19조에 따른 부설주차장의 주차구획 내에 주차하는 경우)는 제외한다.

175. 운행기록장치 장착 소방자동차의 범위
① 소방펌프차, ② (소방물탱크차), ③ 소방화학차, ④ (소방고가차), ⑤ 무인방수차, ⑥ (구조차)

176. 소방대의 (긴급통행)이란 화재, 재난·재해, 그 밖의 위급한 상황이 발생한 현장에 신속하게 출동하기 위하여 긴급할 때에는 일반적인 통행에 쓰이지 아니하는 도로·빈터 또는 물 위로 통행할 수 있는 것을 말한다.

177. (소방대장)은 화재, 재난·재해, 그 밖의 위급한 상황이 발생한 현장에 소방활동구역을 정하여 소방활동에 필요한 사람으로서 대통령령으로 정하는 사람 외에는 그 구역에 출입하는 것을 제한할 수 있다.

178. (경찰공무원)은 소방대가 소방활동구역에 있지 아니하거나 (소방대장)의 요청이 있을 때에는 소방활동구역에 따른 조치를 할 수 있다.

179. 소방활동구역의 출입자
　① 소방활동구역 안에 있는 소방대상물의 소유자·관리자 또는 점유자 [○]
　② 전기·가스·수도·통신·<u>교통</u>의 업무에 종사하는 사람으로서 <u>원활한 소방활동을 위하여 필요한</u> <u>사람</u> [×]
　③ 의사·간호사 그 밖의 구조·구급업무에 종사하는 사람 [○]
　④ 취재인력 등 보도업무에 종사하는 사람 [○]
　⑤ <u>수사업무에 종사하는 사람</u> [×]
　⑥ <u>소방대장</u>이 소방활동을 위하여 출입을 허가한 사람 [×]

180. 소방활동에 종사한 사람 중 소방대상물에 화재, 재난·재해, 그 밖의 위급한 상황이 발생한 경우 그 관계인은 시·도지사로부터 소방활동의 비용을 지급받을 수 <u>없다.</u> [×]

181. 소방활동에 종사한 사람 중 고의 또는 과실로 화재 또는 구조·구급 활동이 필요한 상황을 발생시킨 사람은 시·도지사로부터 소방활동의 비용을 지급받을 수 <u>없다.</u> [×]

182. 소방활동에 종사한 사람 중 화재 또는 구조·구급 현장에서 물건을 가져간 사람은 소방활동의 비용을 지급받을 수 없다. [○]

183. 소방본부장, 소방서장 또는 (소방대장)은 사람을 구출하거나 불이 번지는 것을 막기 위하여 필요할 때에는 화재가 발생하거나 불이 번질 우려가 있는 소방대상물 및 토지를 일시적으로 사용하거나 그 사용의 제한 또는 소방활동에 필요한 처분을 할 수 있다.

184. 소방본부장, 소방서장 또는 소방대장은 사람을 구출하거나 불이 번지는 것을 막기 위하여 긴급하다고 인정할 때에는 강제처분된 소방대상물 또는 토지 (외의) 소방대상물과 토지에 대하여 강제처분을 할 수 있다.

185. 소방본부장, 소방서장 또는 소방대장은 소방활동을 위하여 긴급하게 출동할 때에는 소방자동차의 통행과 소방활동에 방해가 되는 주차 또는 정차된 차량 및 물건 등을 (제거)하거나 (이동)시킬 수 있다.

186. (피난명령)이란 소방본부장, 소방서장 또는 소방대장은 화재, 재난·재해, 그 밖의 위급한 상황이 발생하여 사람의 생명을 위험하게 할 것으로 인정할 때에 일정한 구역을 지정하여 그 구역에 있는 사람에게 그 구역 밖으로 피난할 것을 명하는 것이다.

187. 소방본부장, 소방서장 또는 소방대장은 화재진압 등 소방활동을 위하여 필요할 때에는 소방용수 외에 댐·저수지 또는 수영장 등의 물을 사용하거나 (수도의 개폐)장치 등을 조작할 수 있다.

188. 소방본부장, 소방서장 또는 소방대장은 화재 발생을 막거나 폭발 등으로 화재가 확대되는 것을 막기 위하여 가스·전기 또는 유류 등의 시설에 대하여 (위험물질의 공급을 차단)하는 등 필요한 조치를 할 수 있다.

189. 소방대원은 (소방활동) 또는 (생활안전활동)을 방해하는 행위를 하는 사람에게 필요한 경고를 하고, 그 행위로 인하여 사람의 생명·신체에 위해를 끼치거나 재산에 중대한 손해를 끼칠 우려가 있는 긴급한 경우에는 그 행위를 제지할 수 있다.

190. 정당한 사유 없이 손상·파괴, 철거 또는 그 밖의 방법으로 소방용수시설의 효용을 해치는 행위를 한 사람에게는 (5년) 이하의 징역 또는 (5천만원) 이하의 벌금에 처한다.

04 소방산업의 육성 · 진흥 및 지원 정답 및 해설

191. 국가는 소방산업의 육성 · 진흥을 위하여 필요한 계획의 수립 등 행정상 · 재정상의 지원(시책)을 마련하여야 한다.

192. 소방기술의 연구 · 개발사업을 수행할 수 있는 기관 4곳 이상
① 국공립 연구기관
② 「과학기술분야 정부출연연구기관 등의 설립 · 운영 및 육성에 관한 법률」에 따라 설립된 연구기관
③ 「특정연구기관 육성법」에 따른 특정연구기관
④ 「고등교육법」에 따른 대학 · 산업대학 · 전문대학 및 기술대학
⑤ 「민법」이나 다른 법률에 따라 설립된 소방기술 분야의 법인인 연구기관 또는 법인 부설 연구소
⑥ 「기업부설연구소등의 연구개발 지원에 관한 법률」에 따라 인정받은 기업부설연구소 → [시행 2026.2.1.]
⑦ 「소방산업의 진흥에 관한 법률」에 따른 한국소방산업기술원
⑧ 대통령령으로 정하는 소방에 관한 기술개발 및 연구를 수행하는 기관 · 협회

193. (국가)는 소방기술 및 소방산업의 국제경쟁력과 국제적 통용성을 높이는 데에 필요한 기반 조성을 촉진하기 위한 시책을 마련하여야 한다.

194. 소방청장은 소방기술 및 소방산업의 국제경쟁력과 국제적 통용성을 높이기 위하여 소방기술 및 소방산업의 국제 협력을 위한 조사 · 연구 사업을 추진하여야 한다. [○]

195. 소방청장은 소방기술 및 소방산업의 국제경쟁력과 국제적 통용성을 높이기 위하여 소방기술 및 소방산업에 관한 국제 전시회, 국제 학술회의 개최 등 국제 교류 사업을 추진하여야 한다. [○]

196. 소방청장은 소방기술 및 소방산업의 국제경쟁력과 국제적 통용성을 높이기 위하여 소방기술 및 소방산업의 국외시장 개척 사업을 추진하여야 한다. [○]

197. 소방청장은 소방기술 및 소방산업의 국제경쟁력과 국제적 통용성을 높이기 위하여 <u>소방기술 및 소방산업의 국외시장 개척</u> 사업을 추진하여야 한다. [×]

198. 소방기술과 안전관리기술의 향상 및 홍보, 그 밖의 교육·훈련 등 행정기관이 위탁하는 업무의 수행과 소방업계의 건전한 발전 및 소방 관계 종사자의 기술 향상을 위하여 (한국소방안전원)을 설립한다.

199. 한국소방안전원에 관하여는 이 법에 규정된 것을 제외하고는 「민법」 중 (재단법인)에 관한 규정을 준용한다.

200. 한국소방안전원의 장은 소방기술과 안전관리의 기술향상을 위하여 매년 교육 수요조사를 실시하여 교육계획을 수립하고 (소방청장)의 승인을 받아야 한다.

201. 소방기술과 안전관리에 관한 교육 및 조사·연구는 한국소방안전원의 업무이다. [O]

202. 소방기술과 안전관리에 관한 각종 간행물 발간은 한국소방안전원의 업무이다. [O]

203. 화재 예방과 안전관리의식 고취를 위한 대국민 홍보는 한국소방안전원의 업무이다. [O]

204. 소방업무에 관하여 행정기관이 위탁하는 업무는 한국소방안전원의 업무이다. [O]

205. 소방안전에 관한 국제협력은 한국소방안전원의 업무이다. [×]

206. 한국소방안전원 회원에 대한 기술지원 등 정관으로 정하는 사항은 한국소방안전원의 업무이다. [×]

06 보칙 정답 및 해설

207. (소방청장) 또는 시·도지사는 소방기관 또는 소방대의 (적법)한 소방업무 또는 소방활동으로 인하여 손실을 입은 자 등에게 손실보상심의위원회의 심사·의결에 따라 (정당)한 보상을 하여야 한다.

208. 생활안전활동에 따른 조치로 인하여 손실을 입은 자는 손실보상 대상이다. [×]

209. 소방활동 종사명령에 따른 소방활동 종사로 인하여 사망하거나 부상을 입은 자는 손실보상 대상이다. [×]

210. 화재가 발생하거나 불이 번질 우려가 있는 소방대상물 또는 토지 외의 소방대상물에 대한 강제처분 또는 소방활동을 위한 긴급 출동 시에 방해가 되는 주차 및 정차된 차량이나 물건 등을 제거하거나 이동시키는 처분으로 인하여 손실을 입은 자는 손실보상 대상이다. [×]

211. 주차 및 정차된 차량이나 물건 등이 법령을 위반하여 소방자동차의 통행과 소방활동에 방해가 된 경우에도 그 주차 및 정차된 차량이나 물건 등을 제거하거나 이동시키는 처분으로 인하여 손실을 입은 자는 손실보상 대상에서 제외된다. [×]

212. 화재 진압 등 소방활동을 위하여 필요할 때에 소방용수 외에 댐·저수지 또는 수영장 등의 물을 사용하거나 수도의 개폐장치 등을 조작하는 행위 등 필요한 조치로 인하여 손실을 입은 자는 손실보상 대상이다. [○]

213. 화재 발생을 막거나 폭발 등으로 화재가 확대되는 것을 막기 위하여 가스·전기 또는 유류 등의 시설에 대하여 위험물질의 공급을 차단하는 등 필요한 조치로 인하여 손실을 입은 자는 손실보상 대상이다. [○]

214. 소방기관 또는 소방대의 적법한 소방업무 또는 소방활동으로 인하여 손실을 입은 자는 손실보상 대상이다. [×]

215. 소방기본법령에 따른 손실보상을 청구할 수 있는 권리는 손실이 있음을 안 날부터 (3년), 손실이 발생한 날부터 (5년)간 행사하지 아니하면 시효의 완성으로 소멸한다.

216. 소방기본법령에 따라 소방청장등은 손실보상심의위원회의 심사·의결을 거쳐 특별한 사유가 없으면 보상금 지급 청구서를 받은 날부터 (60일) 이내에 보상금 지급 여부 및 보상금액을 결정하여야 한다.

217. 소방기본법령에 따라 소방청장등은 결정일부터 (10일) 이내에 행정안전부령으로 정하는 바에 따라 결정 내용을 청구인에게 통지하고, 보상금을 지급하기로 결정한 경우에는 특별한 사유가 없으면 통지한 날부터 (30일) 이내에 보상금을 지급하여야 한다.

218. 소방기본법령에 따른 손실보상심의위원회는 위원장 1명을 포함하여 (5명) 이상 7명 이하의 위원으로 구성하며, 위원의 임기는 (2년)으로 한다.

219. 소방기본법령상 소방활동 종사 사상자의 보상금액 등의 기준으로는 사망자의 (보상금액) 기준, (부상)등급의 기준, 부상등급별 보상금액 기준, 보상금 (지급)순위의 기준, 보상금의 환수 기준이다.

220. 소방기본법령에 따른 과태료 일반기준은 위반행위의 횟수에 따른 과태료의 가중된 부과기준은 최근 (1년)간 같은 위반행위로 과태료 부과처분을 받은 경우에 적용한다. 이 경우 기간의 계산은 위반행위에 대하여 과태료 부과처분을 받은 날과 그 처분 후 다시 같은 위반행위를 하여 적발된 날을 기준으로 한다.

221. 소방기본법령에 따른 과태료는 대통령령으로 정하는 바에 따라 관할 (시·도지사), (소방본부장) 또는 (소방서장)이 부과·징수한다. 단, 법 제57조에 따른 20만원 이하의 과태료는 제외한다.

총칙 정답 및 해설

1. 소방의 화재조사에 관한 법률은 화재예방 및 소방정책에 활용하기 위하여 (화재원인), 화재성장 및 확산, 피해현황 등에 관한 과학적·(전문적)인 조사에 필요한 사항을 규정함을 목적으로 한다.

2. 화재란 사람의 의도에 반하거나 고의 또는 과실에 의하여 발생하는 연소 현상으로서 소화할 필요가 있는 현상 또는 사람의 의도에 반하여 발생하거나 확대된 (화학적) 폭발현상을 말한다.

3. (화재조사)란 소방청장, 소방본부장 또는 소방서장이 화재원인, 피해상황, 대응활동 등을 파악하기 위하여 자료의 수집, 관계인등에 대한 질문, 현장 확인, 감식, 감정 및 실험 등을 하는 일련의 행위를 말한다.

4. 화재조사관이란 화재조사에 전문성을 인정받아 화재조사를 수행하는 (소방공무원)을 말한다.

5. 화재 현장을 발견하고 신고한 사람은 (관계인등)에 해당한다.

6. (국가)와 지방자치단체는 화재조사에 필요한 기술의 연구·개발 및 화재조사의 정확도를 향상시키기 위한 (시책)을 강구하고 추진하여야 한다.

7. (소방청장, 소방본부장 또는 소방서장)은 화재발생 사실을 알게 된 때에는 (지체 없이) 화재조사를 하여야 한다. 이 경우 수사기관의 범죄수사에 지장을 주어서는 아니 된다.
* 소방관서장 = 소방청장·소방본부장·소방서장

8. 화재원인에 관한 사항과 화재로 인한 인명·재산피해상황은 화재조사 사항이다. [○]

9. 대응활동에 관한 사항과 소방시설 등의 설치·관리 및 작동 여부에 관한 사항은 화재조사 사항이다. [×]

10. 화재발생건축물과 구조물, 화재유형별 화재위험성 등에 관한 사항은 화재조사 사항이다. [○]

11. 「화재의 예방 및 안전관리에 관한 법률」 제7조에 따른 화재안전조사의 실시 결과에 관한 사항은 화재조사 사항이다. [×]

12. 「소방기본법」에 따른 소방대상물에서 발생한 화재는 화재조사의 대상이다. [○]

13. 소방관서장이 화재조사가 필요하다고 인정하는 화재는 화재조사의 대상이다. [×]

14. 화재조사 절차에서 현장출동 중 조사는 (화재발생) 접수, 출동 중 (화재상황) 파악 등이다.

15. 화재조사 절차에서 화재현장 조사는 화재의 (발화)원인, (연소)상황 및 피해상황 조사 등이다.

16. 화재조사 절차에서 정밀조사는 감식·(감정), (화재)원인 판정 등이다.

17. 화재조사 절차는 '현장출동 중 조사 → 화재현장 조사 → 정밀조사 → (화재조사 결과 보고)' 순이다.

18. (소방관서장)은 전문성에 기반하는 화재조사를 위하여 화재조사전담부서를 설치·운영하여야 한다.

19. 화재조사전담부서의 업무는 화재조사의 (실시) 및 조사결과 분석·(관리)이다.

20. 소방관서장은 (화재조사관)으로 하여금 화재조사 업무를 수행하게 하여야 한다.

21. 화재조사관은 소방청장이 실시하는 화재조사에 관한 시험에 합격한 (소방공무원) 등 화재조사에 관한 전문적인 자격을 가진 (소방공무원)으로 한다.

22. 소방관서장은 화재조사전담부서에 화재조사관을 (2명) 이상 배치해야 한다.

23. 화재조사전담부서에 갖추어야 할 장비 중 공구세트, 전동 드릴은 (발굴용구)에 해당한다.

24. 화재조사전담부서에 갖추어야 할 장비 중 절연저항계, 검전기, 내시경현미경은 (감식기기)에 해당한다.

25. 화재조사전담부서에 갖추어야 할 장비 중 금속현미경, 주사전자현미경, 가스크로마토그래피는 (감정용 기기)에 해당한다.

26. 화재조사전담부서에 갖추어야 할 장비 중 보호용 작업복, 보호용 장갑, 안전화는 (안전장비)에 해당한다.

27. 화재조사전담부서에 갖추어야 할 시설 중 화재조사 분석실은 화재조사 분석실의 구성장비를 유효하게 보존·사용할 수 있고, 환기 시설 및 수도·배관시설이 있는 (30제곱미터) 이상의 실을 갖추어야 한다.

28. 화재조사관 자격기준
① 소방청장이 실시하는 화재조사에 관한 시험에 합격한 소방공무원
② 「국가기술자격법」에 따른 국가기술자격의 직무분야 중 화재감식평가 분야의 기사 또는 산업기사 자격을 취득한 소방공무원

29. 국립과학수사연구원 또는 소방청장이 인정하는 외국의 화재조사 관련 기관에서 (8주) 이상 화재조사에 관한 전문교육을 이수한 소방공무원은 화재조사관 자격시험에 응시할 수 있다.

30. 소방관서장은 사상자가 많거나 사회적 이목을 끄는 화재 등 대통령령으로 정하는 대형화재 등이 발생한 경우 종합적이고 정밀한 화재조사를 위하여 유관기관 및 관계 전문가를 포함한 (화재합동조사단)을 구성·운영할 수 있다.

31. 사망자가 (5명) 이상 발생한 화재는 화재합동조사단을 구성·운영해야 하는 화재이다.

32. 소방관서장은 화재조사를 위하여 필요한 범위에서 화재현장 보존조치를 하거나 화재현장과 그 인근 지역을 (통제구역)으로 설정할 수 있다.

33. 화재현장과 그 인근 지역이 방화 또는 실화의 혐의로 수사의 대상이 된 경우에는 (관할 경찰서장) 또는 (해양경찰서장)이 통제구역을 설정한다.

34. 화재현장 보존조치나 통제구역에 설치된 표지에는 설정의 이유 및 (주체), 설정의 (범위), 설정의 (기간)이 포함되어야 한다.

35. 소방관서장이나 경찰서장은 화재조사가 완료된 경우 등에는 화재현장 보존조치나 통제구역의 설정을 (지체 없이 해제해야 한다).

36. 소방관서장은 화재조사를 위하여 필요한 경우에 관계인에게 보고 또는 (자료 제출)을 명하거나 화재조사관으로 하여금 해당 장소에 (출입)하여 화재조사를 하게 하거나 관계인등에게 질문하게 할 수 있다.

37. 소방관서장은 관계인등의 출석을 요구하려면 출석일 (3일) 전까지 출석 일시와 장소, 출석 요구 사유의 사항 등을 관계인등에게 알려야 한다.

38. 소방관서장은 화재조사를 위하여 필요한 경우 화재조사관에게 증거물을 수집하여 (검사) · (시험) · 분석 등을 하게 할 수 있다.

39. 소방관서장은 수집한 화재조사 증거물이 (화재와 관련이 없다고 인정)되는 경우와 (화재조사가 완료되는 등 증거물을 보관할 필요가 없게) 된 경우에는 증거물을 지체 없이 반환해야 한다.

40. 화재현장의 출입 · 보존 및 통제에 관한 사항에 대해서 (소방공무원)과 (경찰공무원)은 서로 협력하여야 한다.

41. (소방관서장)은 방화 또는 실화의 혐의가 있다고 인정되면 지체 없이 (경찰서장)에게 그 사실을 알리고 필요한 증거를 수집 · 보존하는 등 그 범죄수사에 협력하여야 한다.

03 화재조사 결과의 공표 정답 및 해설

42. 소방관서장은 국민이 유사한 화재로부터 피해를 입지 않도록 하기 위한 경우 등 필요한 경우 화재조사 결과를 (공표)할 수 있다.

43. 화재조사 결과의 공표 시 포함되어야 하는 사항
① 화재원인에 관한 사항
② 화재로 인한 인명·재산피해에 관한 사항
③ 화재발생 건축물과 구조물에 관한 사항
④ 화재예방을 위해 공표할 필요가 있다고 소방관서장이 인정하는 사항

44. 소방청장은 과학적이고 전문적인 화재조사를 위하여 대통령령으로 정하는 시설과 전문인력 등 지정기준을 갖춘 기관을 (화재감정기관)으로 지정·운영하여야 한다.

45. 거짓이나 그 밖의 부정한 방법으로 화재감정기관 지정을 받은 경우 소방청장은 지정을 (취소)하여야 한다.

46. 소방청장은 화재조사 결과, 화재원인, 피해상황 등에 관한 화재정보를 종합적으로 수집·관리하여 화재예방과 소방활동에 활용할 수 있는 (국가화재정보시스템)을 구축·운영하여야 한다.

47. (소방청장)은 화재조사 기법에 필요한 연구·실험·조사·기술개발 등을 지원하는 시책을 수립할 수 있다.

총칙 정답 및 해설

1. 화재의 예방 및 안전관리에 관한 법률은 화재의 예방과 안전관리에 필요한 사항을 규정함으로써 화재로부터 국민의 생명·(신체) 및 재산을 보호하고 공공의 (안전)과 (복리) 증진에 이바지함을 목적으로 한다.

2. (예방)이란 화재의 위험으로부터 사람의 생명·신체 및 재산을 보호하기 위하여 화재발생을 사전에 제거하거나 방지하기 위한 모든 활동을 말한다.

3. (안전관리)란 화재로 인한 피해를 최소화하기 위한 예방, 대비, (대응) 등의 활동을 말한다.

4. (화재안전조사)란 소방청장, 소방본부장 또는 소방서장이 소방대상물, 관계지역 또는 관계인에 대하여 소방시설등이 소방 관계 법령에 적합하게 설치·관리되고 있는지, 소방대상물에 화재의 발생 위험이 있는지 등을 확인하기 위하여 실시하는 현장조사·(문서열람)·보고요구 등을 하는 활동을 말한다.

5. (화재예방강화지구)란 특별시장·광역시장·특별자치시장·도지사 또는 특별자치도지사가 화재발생 우려가 크거나 화재가 발생할 경우 피해가 클 것으로 예상되는 지역에 대하여 화재의 예방 및 안전관리를 강화하기 위해 지정·관리하는 지역을 말한다.

6. (화재예방안전진단)이란 화재가 발생할 경우 사회·경제적으로 피해 규모가 클 것으로 예상되는 소방대상물에 대하여 화재위험요인을 조사하고 그 위험성을 평가하여 개선대책을 수립하는 것을 말한다.

화재의 예방 및 안전관리 기본계획의 수립·시행 정답 및 해설

7. 국가는 화재로부터 국민의 생명과 재산을 보호할 수 있도록 화재의 예방 및 안전관리에 관한 (화재예방정책)을 수립·시행하여야 한다.

8. (지방자치단체)는 국가의 화재예방정책에 맞추어 지역의 실정에 부합하는 화재예방정책을 수립·시행하여야 한다.

9. (소방청장)은 화재예방정책을 체계적·효율적으로 추진하고 이에 필요한 기반 확충을 위하여 화재의 예방 및 안전관리에 관한 기본계획을 (5년)마다 수립·시행하여야 한다.

10. 소방청장은 「화재의 예방 및 안전관리에 관한 법률」 제4조 제1항에 따른 화재의 예방 및 안전관리에 관한 기본계획을 계획 시행 전년도 (8월 31일)까지 관계 중앙행정기관의 장과 협의한 후 계획 시행 전년도 (9월 30일)까지 수립해야 한다.

11. 기본계획에 포함되어야 하는 사항 4가지 이상
① 화재예방정책의 기본목표 및 추진방향
② 화재의 예방과 안전관리를 위한 법령·제도의 마련 등 기반 조성
③ 화재의 예방과 안전관리를 위한 대국민 교육·홍보
④ 화재의 예방과 안전관리 관련 기술의 개발·보급
⑤ 화재의 예방과 안전관리 관련 전문인력의 육성·지원 및 관리
⑥ 화재의 예방과 안전관리 관련 산업의 국제경쟁력 향상
⑦ 대통령령으로 정하는 화재의 예방과 안전관리에 필요한 사항

12. 기본계획에 포함되어야 하는 사항 중 대통령령으로 규정된 사항 3가지 이상
① 화재발생 현황
② 소방대상물의 환경 및 화재위험특성 변화 추세 등 화재예방정책의 여건 변화에 관한 사항
③ 소방시설의 설치·관리 및 화재안전기준의 개선에 관한 사항
④ 계절별·시기별·소방대상물별 화재예방대책의 추진 및 평가 등에 관한 사항
⑤ 화재의 예방 및 안전관리와 관련하여 소방청장이 필요하다고 인정하는 사항

13. 소방청장은 기본계획을 시행하기 위한 시행계획을 계획 시행 전년도 (10월 31일)까지 수립해야 한다.

14. 소방청장은 기본계획 및 시행계획의 수립·시행에 필요한 기초자료를 확보하기 위하여 소방대상물의 용도별·규모별 현황 등의 사항에 대하여 (실태조사)를 할 수 있다.

15. 「화재의 예방 및 안전관리에 관한 법률」 제5조 제1항에 따른 실태조사는 (통계조사), 문헌조사 또는 (현장조사)의 방법으로 하며, 정보통신망 또는 전자적인 방식을 사용할 수 있다.

16. 소방청장은 실태조사를 실시하려는 경우 실태조사 시작 (7일) 전까지 조사 일시, 조사 사유 및 조사 내용 등을 포함한 (조사계획)을 조사대상자에게 서면 또는 전자우편 등의 방법으로 미리 알려야 한다.

17. (소방청장)은 화재의 예방 및 안전관리에 관한 통계를 매년 작성·관리하여야 한다.

화재안전조사 정답 및 해설

18. (소방관서장)은 화재예방강화지구 등 법령에서 화재안전조사를 하도록 규정되어 있는 경우 등에는 화재안전조사를 실시할 수 있다.

19. 개인의 주거에 대한 화재안전조사는 (관계인)의 승낙이 있거나 화재발생의 우려가 뚜렷하여 (긴급한 필요)가 있는 때에 한정한다.

20. 화재안전조사를 정당한 사유 없이 거부·방해 또는 기피한 자는 (300만원) 이하의 벌금에 처한다.

21. 「소방시설 설치 및 관리에 관한 법률」 제22조에 따른 자체점검이 불성실하거나 불완전하다고 인정되는 경우에는 화재안전조사를 실시할 수 있다. [○]

22. 화재예방강화지구 등 법령에서 화재안전조사를 하도록 규정되어 있는 경우에는 화재안전조사를 실시할 수 있다. [○]

23. 화재예방안전진단이 불성실하거나 불완전하다고 인정되는 경우에는 화재안전조사를 실시할 수 있다. [×]

24. 국가적 행사 등 주요 행사가 개최되는 장소 및 그 주변의 관계 지역에 대하여 소방안전관리 실태를 조사할 필요가 있는 경우에는 화재안전조사를 실시할 수 있다. [×]

25. 화재가 자주 발생하였거나 발생할 우려가 뚜렷한 곳에 대한 조사가 필요한 경우에는 화재안전조사를 실시할 수 있다. [○]

26. 재난예측정보, 기상예보 등을 분석한 결과 소방대상물에 화재의 발생 위험이 크다고 판단되는 경우에는 화재안전조사를 실시할 수 있다. [○]

27. 법령에서 규정한 사항 외에 화재, 그 밖의 긴급한 상황이 발생할 경우 인명 또는 재산 피해의 우려가 현저하다고 판단되는 경우에는 화재안전조사를 실시할 수 있다. [×]

28. 화재안전조사의 항목은 (대통령령)으로 정한다. 이 경우 화재안전조사의 항목에는 화재의 (예방조치 상황), 소방시설등의 관리 상황 및 소방대상물의 화재 등의 발생 위험과 관련된 사항이 포함되어야 한다.

29. 소방관서장은 화재안전조사를 조사의 목적에 따라 제7조 제2항에 따른 화재안전조사의 항목 전체에 대하여 (종합적)으로 실시하거나 (특정 항목에 한정)하여 실시할 수 있다.

30. 소방관서장은 화재안전조사를 실시하려는 경우 사전에 관계인에게 (조사대상), 조사기간 및 (조사사유) 등을 우편, 전화, 전자메일 또는 문자전송 등을 통하여 통지하고 이를 대통령령으로 정하는 바에 따라 인터넷 홈페이지나 제16조 제3항의 전산시스템 등을 통하여 공개하여야 한다.

31. 화재가 발생할 우려가 뚜렷하여 긴급하게 조사할 필요가 있는 경우에는 화재안전조사 실시 계획을 사전에 관계인에게 통보하지 않아도 된다. [○]

32. 화재안전조사의 실시를 사전에 통지하거나 공개하면 조사목적을 달성할 수 없다고 인정되는 경우에는 화재안전조사 실시 계획을 사전에 관계인에게 통보하지 않아도 된다. [×]

33. 화재안전조사는 관계인의 승낙 없이 소방대상물의 (공개시간) 또는 (근무시간) 이외에는 할 수 없다.

34. 화재가 발생할 우려가 뚜렷하여 긴급하게 조사할 필요가 있는 경우에는 관계인의 승낙 없이 화재안전조사를 실시할 수 있다. [○]

35. 화재안전조사 통지를 받은 관계인은 천재지변이나 그 밖에 대통령령으로 정하는 사유로 화재안전조사를 받기 곤란한 경우에는 화재안전조사를 통지한 소방관서장에게 대통령령으로 정하는 바에 따라 화재안전조사를 연기하여 줄 것을 신청할 수 있다. [×]

36. 관계인이 화재안전조사 연기를 신청한 경우 소방관서장은 연기신청 승인 여부를 결정하고 그 결과를 조사 시작 전까지 관계인에게 알려 주어야 한다. [○]

37. 「재난 및 안전관리 기본법」 제3조 제1호에 해당하는 재난이 발생한 경우에는 화재안전조사 연기를 신청할 수 있는 사유이다. [×]

38. 관계인의 질병, 사고, 장기출장의 경우에는 화재안전조사 연기를 신청할 수 있는 사유이다. [×]

39. 소방관서장은 법 제8조 제4항 후단에 따라 화재안전조사의 연기를 승인한 경우라도 연기기간이 끝나기 전에 연기사유가 없어졌거나 긴급히 조사를 해야 할 사유가 발생하였을 때는 관계인에게 미리 알리고 화재안전조사를 할 수 있다. [×]

40. 「화재의 예방 및 안전관리에 관한 법률 시행령」 제9조 제2항에 따라 화재안전조사의 연기를 신청하려는 관계인은 화재안전조사 시작 (3일) 전까지 화재안전조사 연기신청서에 화재안전조사를 받기 곤란함을 증명할 수 있는 서류를 첨부하여 소방관서장에게 제출해야 한다.

41. 화재안전조사는 (종합조사)와 (부분조사)의 방법으로 화재안전조사를 실시할 수 있다.

42. 소방관서장은 화재안전조사를 실시하려는 경우 사전에 조사대상, 조사기간 및 조사사유 등 조사계획을 소방관서의 (인터넷 홈페이지)나 법 제16조 제3항에 따른 전산시스템을 통해 (7일) 이상 공개해야 한다.

43. 소방관서장은 화재안전조사를 효율적으로 수행하기 위하여 대통령령으로 정하는 바에 따라 소방청에는 (중앙화재안전조사단)을, 소방본부 및 소방서에는 (지방화재안전조사단)을 편성하여 운영할 수 있다.

44. 중앙화재안전조사단 및 지방화재안전조사단은 각각 단장을 포함하여 (50명) 이내의 단원으로 성별을 고려하여 구성하며, (단장)은 단원 중에서 소방관서장이 임명하거나 위촉한다.

45. <u>소방공무원은 중앙·지방 화재안전조사단 단원이 될 수 있다.</u> [×]

46. 소방관서장은 화재안전조사의 대상을 객관적이고 공정하게 선정하기 위하여 필요한 경우 (화재안전조사위원회)를 구성하여 화재안전조사의 대상을 선정할 수 있다.

47. 화재안전조사위원회는 위원장 (1명)을 포함하여 (7명) 이내의 위원으로 성별을 고려하여 구성하며, 위원회의 위원장은 (소방관서장)이 된다.

48. 과장급 직위 이상의 소방공무원은 화재안전조사위원회의 위원이 될 수 있다. [○]

49. 소방관서장은 필요한 경우에는 (소방기술사), (소방시설관리사), 그 밖에 화재안전 분야에 전문지식을 갖춘 사람을 화재안전조사에 참여하게 할 수 있다.

50. 화재안전조사 업무를 수행하는 관계 공무원 및 관계 전문가는 그 권한 또는 자격을 표시하는 (증표)를 지니고 이를 (관계인)에게 내보여야 한다.

51. 화재안전조사 업무를 수행하는 자가 관계인의 정당한 업무를 방해하거나, 조사업무를 수행하면서 취득한 자료나 알게 된 비밀을 다른 사람 또는 기관에게 제공 또는 누설하거나 목적 외의 용도로 사용한 경우 (1년) 이하의 징역 또는 (1천만원) 이하의 벌금에 처한다.

52. 소방관서장은 화재안전조사를 마친 때에는 그 조사 결과를 관계인에게 (서면)으로 통지하여야 한다. 다만, 화재안전조사의 현장에서 관계인에게 조사의 결과를 설명하고 화재안전조사 결과서의 (부본)을 교부한 경우에는 그러하지 아니하다.

53. 소방관서장은 화재안전조사 결과에 따른 소방대상물의 위치·구조·설비 또는 관리의 상황이 화재예방을 위하여 보완될 필요가 있거나 화재가 발생하면 인명 또는 재산의 피해가 클 것으로 예상되는 때에는 행정안전부령으로 정하는 바에 따라 관계인에게 그 소방대상물의 (개수)·이전·제거, 사용의 (금지) 또는 제한, (사용)폐쇄, 공사의 정지 또는 중지, 그 밖에 필요한 조치를 명할 수 있다.

54. 소방청장 또는 (시·도지사)는 화재안전조사 결과에 따른 조치명령으로 인하여 손실을 입은 자가 있는 경우에는 (대통령령)으로 정하는 바에 따라 보상하여야 한다.

55. 소방청장 또는 시·도지사가 화재안전조사 결과에 따른 조치명령으로 인하여 손실을 보상하는 경우에는 <u>시가</u>로 보상해야 한다. [×]

56. 화재안전조사 결과에 따른 조치명령으로 인하여 손실보상에 관하여는 소방청장 또는 시·도지사와 손실을 입은 자가 (협의)해야 하며, 보상금액에 관한 (협의)가 성립되지 않은 경우에는 그 보상금액을 지급하거나 (공탁)하고 이를 상대방에게 알려야 한다.

57. 화재안전조사 결과에 따른 조치명령으로 인하여 손실보상의 보상금의 지급 또는 공탁의 통지에 불복하는 자는 지급 또는 공탁의 통지를 받은 날부터 (30일) 이내에 「공익사업을 위한 토지 등의 취득 및 보상에 관한 법률」 제49조에 따른 중앙토지수용위원회 또는 관할 지방토지수용위원회에 재결을 신청할 수 있다.

58. 화재안전조사 결과 공개 시 공개할 수 있는 사항 4가지 이상
① 소방대상물의 위치, 연면적, 용도 등 현황
② 소방시설등의 설치 및 관리 현황
③ 피난시설, 방화구획 및 방화시설의 설치 및 관리 현황
④ 제조소등 설치 현황
⑤ 소방안전관리자 선임 현황
⑥ 화재예방안전진단 실시 결과

59. 화재안전조사 결과는 해당 소방관서 인터넷 홈페이지나 (전산시스템) 등을 통하여 공개할 수 있다.

60. 화재안전조사 결과를 공개하는 경우 공개 (절차), 공개 (기간) 및 공개 방법 등에 필요한 사항은 대통령령으로 정한다.

61. (소방청장)은 화재안전조사 결과를 체계적으로 관리하고 활용하기 위하여 전산시스템을 구축·운영하여야 한다.

화재의 예방조치 등 정답 및 해설

62. 누구든지 (화재예방강화지구) 및 이에 준하는 대통령령으로 정하는 장소에서는 모닥불, 흡연 등 화기의 취급 등에 해당하는 행위를 하여서는 아니 된다.

63. 화재예방강화지구에 준하는 대통령령으로 정하는 장소 4곳 이상
① 제조소등
② 「고압가스 안전관리법」 제3조 제1호에 따른 저장소
③ 「액화석유가스의 안전관리 및 사업법」 제2조 제1호에 따른 액화석유가스의 저장소·판매소
④ 「수소경제 육성 및 수소 안전관리에 관한 법률」 제2조 제7호에 따른 수소연료공급시설 및 같은 조 제9호에 따른 수소연료사용시설
⑤ 「총포·도검·화약류 등의 안전관리에 관한 법률」 제2조 제3항에 따른 화약류를 저장하는 장소

64. 화재예방강화지구에서 「위험물안전관리법」 제2조 제1항 제1호에 따른 위험물을 방치하는 행위는 화재 예방조치에 따른 <u>금지 행위이다</u>. [×]

65. 화재예방강화지구에서 풍등 등 소형열기구 날리기는 화재 예방조치에 따른 금지 행위이다. [○]

66. 화재예방강화지구에서 용접·용단 등 불꽃을 발생시키는 행위는 화재 예방조치에 따른 금지 행위이다. [○]

67. 화재예방강화지구에서 「국민건강증진법」 제9조 제4항 각 호 외의 부분 후단에 따라 설치한 흡연실 등 법령에 따라 지정된 장소에서 화기 등을 취급하는 경우는 <u>안전조치를 한 경우이다</u>. [×]

68. 화재예방강화지구에서 소화기 등 소방시설을 비치 또는 설치한 장소에서 화기 등을 취급하는 경우는 안전조치를 한 경우이다. [○]

69. 「산업안전보건기준에 관한 규칙」 제241조의2 제1항에 따른 화재감시자 등 안전요원이 배치된 장소에서 화기 등을 취급하는 경우는 <u>안전조치를 한 경우이다</u>. [×]

70. (소방관서장)은 화재 발생 위험이 크거나 소화 활동에 지장을 줄 수 있다고 인정되는 행위나 물건에 대하여 행위 당사자나 그 물건의 관계인에게 행위의 금지 또는 제한과 이동 등의 명령을 할 수 있으며, 물건의 관계인을 알 수 없는 경우 (소속 공무원)으로 하여금 그 물건을 옮기거나 보관하는 등 필요한 조치를 하게 할 수 있다.

71. 소방관서장은 옮긴물건등을 보관하는 경우에는 그날부터 (14일) 동안 해당 소방관서의 인터넷 홈페이지에 그 사실을 공고해야 한다.

72. 옮긴물건등의 보관기간은 공고기간의 종료일 다음 날부터 (7일)까지로 한다.

73. 소방관서장은 보관기간이 종료된 때에는 보관하고 있는 옮긴물건등을 (매각)해야 한다. 다만, 보관하고 있는 옮긴물건등이 부패·파손 또는 이와 유사한 사유로 정해진 용도로 계속 사용할 수 없는 경우에는 (폐기)할 수 있다.

74. 소방관서장은 보관하던 옮긴물건등을 제3항 본문에 따라 매각한 경우에는 (지체 없이) 「국가재정법」에 따라 세입조치를 해야 한다.

75. (소방관서장)은 매각되거나 폐기된 옮긴물건등의 소유자가 보상을 요구하는 경우에는 보상금액에 대하여 소유자와의 협의를 거쳐 이를 보상해야 한다.

76. 옮긴물건등의 손실보상의 방법 및 절차 등에 관하여는 「화재의 예방 및 안전관리에 관한 법률」 제14조의 손실보상을 준용한다. [×]

77. 보일러, (난로), 건조설비, 가스·(전기시설), 그 밖에 화재 발생 우려가 있는 대통령령으로 정하는 설비 또는 기구 등의 위치·구조 및 관리와 화재 예방을 위하여 불을 사용할 때 지켜야 하는 사항은 대통령령으로 정한다.

78. 보일러를 사용할 때에는 가연성 벽·바닥 또는 천장과 접촉하는 증기기관 또는 연통의 부분은 규조토 등 (난연성) 또는 (불연성) 단열재로 덮어씌워야 한다.

79. 경유·등유 등 액체연료를 사용하는 보일러는 연료탱크는 보일러 본체로부터 (수평)거리 (1미터) 이상의 간격을 두어 설치하고 연료를 차단할 수 있는 개폐밸브를 (연료탱크)로부터 (0.5미터) 이내에 설치 하여야 한다.

80. 기체연료를 사용하는 보일러는 설치 장소에 환기구를 설치하고, 연료를 공급하는 배관은 (금속관)으로 해야 하며, 개폐밸브를 연료용기 등으로부터 (0.5미터) 이내에 설치하고, (가스누설경보기)를 설치해야 한다.

81. 화목 등 고체연료를 사용하는 보일러는 고체연료와 본체는 (수평)거리 (2미터) 이상 간격을 두어 보관하고, 연통은 천장으로부터 (0.6미터) 떨어지고, 연통의 배출구는 건물 밖으로 (0.6미터) 이상 나오도록 설치하고, 연통의 배출구는 보일러 본체보다 (2미터) 이상 높게 설치하여야 한다.

82. 보일러를 실내에 설치하는 경우에는 콘크리트바닥 또는 금속 외의 (불연재료)로 된 바닥 위에 설치해야 한다.

83. 난로를 설치하는 경우 연통은 (천장)으로부터 0.6미터 이상 떨어지고, 연통의 배출구는 건물 밖으로 (0.6 미터) 이상 나오게 설치해야 한다.

84. 건조설비와 벽·천장 사이의 거리는 (0.5미터) 이상이어야 한다.

85. 용접 또는 용단 작업장에서는 용접 또는 용단 작업장 주변 (반경) (5미터) 이내에 소화기를 갖추어 두어야 한다.

86. 용접 또는 용단 작업장에서는 용접 또는 용단 작업장 주변 (반경) (10미터) 이내에는 가연물을 쌓아두거나 놓아두지 말아야 한다. 다만, 가연물의 제거가 곤란하여 방화포 등으로 (방호조치)를 한 경우는 제외한다.

87. 노·화덕설비를 실내에 설치하는 경우에는 흙바닥 또는 금속 외의 (불연재료)로 된 바닥에 설치해야 한다.

88. 노 또는 화덕의 주위에는 녹는 물질이 확산되지 않도록 높이 (0.1미터) 이상의 턱을 설치해야 한다.

89. 시간당 열량이 (30만)킬로칼로리 이상인 노를 설치하는 경우에는 창문과 출입구는 「건축법 시행령」 제64 조에 따른 (60분+) 방화문 또는 (60분) 방화문으로 설치하고, 노 주위에는 (1미터) 이상 공간을 확보해야 한다.

90. 음식조리를 위하여 설치하는 주방설비에 부속된 배출덕트는 (0.5밀리미터) 이상의 아연도금강판 또는 이 와 같거나 그 이상의 내식성 불연재료로 설치해야 한다.

91. 음식조리를 위하여 설치하는 설비에서 열을 발생하는 조리기구는 반자 또는 선반으로부터 (0.6미터) 이상 떨어지게 하고, 열을 발생하는 조리기구로부터 (0.15미터) 이내의 거리에 있는 가연성 주요구조부는 단열 성이 있는 불연재료로 덮어 씌워야 한다.

92. 「화재의 예방 및 안전관리에 관한 법률 시행령」 18조 제2항에서 규정하는 보일러, 건조설비, 노·화덕설 비에서 (주택용)은 제외한다.

93. 보일러, 난로, 건조설비, 불꽃을 사용하는 용접·용단기구 및 노·화덕설비가 설치된 장소에는 (소화기) (1개) 이상을 갖추어 두어야 한다.

94. 화재가 발생하는 경우 불길이 빠르게 번지는 고무류·플라스틱류·석탄 및 목탄 등 대통령령으로 정하는 (특수가연물)의 저장 및 취급 기준은 대통령령으로 정한다.

95. 특수가연물의 지정 수량

품명		수량
면화류		(200킬로그램) 이상
나무껍질 및 대팻밥		(400킬로그램) 이상
넝마 및 종이부스러기		(1,000킬로그램) 이상
사류(絲類)		(1,000킬로그램) 이상
볏짚류		(1,000킬로그램) 이상
가연성 고체류		(3,000킬로그램) 이상
석탄·목탄류		(10,000킬로그램) 이상
가연성 액체류		(2세제곱미터) 이상
목재가공품 및 나무부스러기		(10세제곱미터) 이상
고무류·플라스틱류	발포시킨 것	(20세제곱미터) 이상
	그 밖의 것	(3,000킬로그램) 이상

96. 가연성 고체류의 기준

① 인화점이 섭씨 (40도) 이상 100도 미만인 것

② 인화점이 섭씨 100도 이상 200도 미만이고, 연소열량이 1그램당 (8킬로칼로리) 이상인 것

③ 인화점이 섭씨 200도 이상이고 연소열량이 1그램당 8킬로칼로리 이상인 것으로서 녹는점이 (100도) 미만인 것

④ 1기압과 섭씨 20도 초과 40도 이하에서 (액상)인 것으로서 인화점이 섭씨 (70도) 이상 섭씨 200도 미만인 것

97. 특수가연물을 저장하는 경우 품명별로 구분하여 쌓아야 한다. 다만, 석탄·목탄류를 발전용으로 저장하는 경우는 제외한다. [O]

98. 특수가연물의 저장 및 취급 기준

구분	살수설비를 설치하거나 방사능력 범위에 해당 특수가연물이 포함되도록 대형수동식소화기를 설치하는 경우	그 밖의 경우
높이	높이 (15미터) 이하	(10미터) 이하
쌓는 부분의 바닥면적	(200제곱미터) 이하. 단, 석탄·목탄류의 경우에는 (300제곱미터) 이하	(50제곱미터) 이하. 단, 석탄·목탄류의 경우에는 (200제곱미터) 이하

99. 특수가연물을 실외에 쌓아 저장하는 경우 쌓는 부분이 대지경계선, 도로 및 인접 건축물과 최소 (6미터) 이상 간격을 둘 것. 다만, 쌓는 높이보다 (0.9미터) 이상 높은 (내화구조) 벽체를 설치한 경우는 그렇지 않다.

100. 특수가연물을 쌓는 부분 바닥면적의 사이는 실내의 경우 (1.2)미터 또는 쌓는 (높이의 1/2) 중 큰 값 이상으로 간격을 두어야 하며, 실외의 경우 (3)미터 또는 쌓는 (높이) 중 큰 값 이상으로 간격을 두어야 한다.

101. 특수가연물을 저장 또는 취급하는 장소에는 (품명), 최대저장수량, 단위부피당 질량 또는 단위체적당 질량, 관리책임자 (성명) · 직책, 연락처 및 화기취급의 (금지표시)가 포함된 특수가연물 표지를 설치해야 한다.

102. 특수가연물 표지는 한 변의 길이가 (0.3미터) 이상, 다른 한 변의 길이가 (0.6미터) 이상인 직사각형으로 하고, 표지의 바탕은 (흰색)으로, 문자는 (검은색)으로 해야 한다. 다만, "화기엄금" 표시 부분은 바탕은 (붉은색)으로, 문자는 (백색)으로 해야 한다.

103. 시장지역과 공장 · 창고가 밀집한 지역은 화재예방강화지구 지정 대상이다. [×]

104. 목조건물이 밀집한 지역과 노후 · 불량건축물이 밀집한 지역은 화재예방강화지구 지정 대상이다. [×]

105. 위험물의 저장 및 처리 시설이 밀집한 지역과 석유화학제품을 생산하는 공장이 있는 지역은 화재예방강화지구 지정 대상이다. [×]

106. 「산업입지 및 개발에 관한 법률」 제2조 제8호에 따른 산업단지는 화재예방강화지구 지정 대상이다. [○]

107. 소방시설 · 소방용수시설 또는 소방출동로가 없는 지역은 화재예방강화지구 지정 대상이다. [×]

108. 「물류시설의 개발 및 운영에 관한 법률」 제2조 제6호에 따른 물류단지는 화재예방강화지구 지정 대상이다. [○]

109. 시 · 도지사가 화재예방강화지구로 지정할 필요가 있는 지역을 화재예방강화지구로 지정하지 아니하는 경우 (소방청장)은 해당 시 · 도지사에게 해당 지역의 화재예방강화지구 지정을 요청할 수 있다.

110. 소방관서장은 화재예방강화지구 안의 소방대상물의 위치 · 구조 및 설비 등에 대한 화재안전조사를 연 (1회) 이상 (실시해야 한다).

111. 소방관서장은 화재예방강화지구 안의 관계인에 대하여 소방에 필요한 훈련 및 교육을 연 (1회) 이상 (실시할 수 있다).

112. 소방관서장은 훈련 및 교육을 실시하려는 경우에는 화재예방강화지구 안의 관계인에게 훈련 또는 교육 (10일) 전까지 그 사실을 통보해야 한다.

113. (시 · 도지사)는 행정안전부령으로 정하는 화재예방강화지구 관리대장을 작성하고 관리해야 한다.

114. 소방관서장은 화재예방강화지구 안의 소방대상물에 대하여 화재안전조사를 한 결과 화재의 예방강화를 위하여 필요하다고 인정할 때에는 관계인에게 소화기구, 소방용수시설 또는 그 밖에 소방에 필요한 설비에 대하여 (보수), (보강)을 포함한 설치를 명할 수 있다.

115. 소방관서장은 「기상법」 제13조, 제13조의2 및 제13조의4에 따른 기상현상 및 기상영향에 대한 예보·특보·태풍예보에 따라 화재의 발생 위험이 높다고 분석·판단되는 경우에는 행정안전부령으로 정하는 바에 따라 화재에 관한 (위험경보)를 발령하고 그에 따른 필요한 조치를 할 수 있다.

116. 소방청장은 화재발생 원인 및 연소과정을 조사·분석하는 등의 과정에서 법령이나 (정책)의 개선이 필요하다고 인정되는 경우 그 법령이나 정책에 대한 (화재 위험성)의 유발요인 및 완화 방안에 대한 화재안전영향평가를 실시할 수 있다.

117. 소방청장은 화재안전영향평가를 하는 경우 화재현장 및 자료 조사 등을 기초로 (화재)·(피난) 모의실험 등 과학적인 예측·분석 방법으로 실시할 수 있다.

118. 소방청장은 화재안전영향평가에 관한 업무를 수행하기 위하여 위원장 1명을 포함한 (12명) 이내의 위원으로 구성된 (화재안전영향평가심의회)를 구성·운영할 수 있다.

119. 「장애인복지법」 제6조에 따른 중증장애인은 화재안전취약자 대상이다. [×]

120. 소방관서장은 「국민기초생활 보장법」 제2조 제2호에 따른 수급자에게는 소방시설등의 설치 및 개선 등의 지원을 할 수 있다. [○]

PART · 03

121. 특정소방대상물 중 전문적인 안전관리가 요구되는 대통령령으로 정하는 특정소방대상물의 관계인은 소방안전관리업무를 수행하기 위하여 (소방안전관리자) 자격증을 발급받은 사람을 (소방안전관리자)로 선임하여야 한다.

122. 지하층을 제외한 50층 이상이거나 지상으로부터 높이가 200미터 이상인 아파트는 특급 소방안전관리대상물이다. [×]

123. 지하층을 포함한 30층 이상이거나 지상으로부터 높이가 120미터 이상인 아파트를 제외한 특정소방대상물은 특급 소방안전관리대상물이다. [×]

124. 아파트를 제외한 특정소방대상물로서 연면적이 10만제곱미터 이상인 특정소방대상물은 특급 소방안전관리대상물이다. [○]

125. 지하층을 제외한 30층 이상이거나 지상으로부터 높이가 120미터 이상인 아파트는 1급 소방안전관리대상물이다. [×]

126. 아파트 및 연립주택을 제외한 연면적 1만5천제곱미터 이상인 특정소방대상물은 1급 소방안전관리대상물이다. [○]

127. 연면적 1만5천제곱미터 미만인 특정소방대상물로서 지상층의 층수가 11층 이상인 아파트를 제외한 특정소방대상물은 1급 소방안전관리대상물이다. [×]

128. 가연성 가스를 1천톤 이상 저장·취급하는 시설은 1급 소방안전관리대상물이다. [×]

129. 옥내소화전설비를 설치해야 하는 특정소방대상물과 스프링클러설비를 설치해야 하는 특정소방대상물은 2급 소방안전관리대상물이다. [○]

130. 호스릴방식을 제외한 물분무등소화설비를 설치해야 하는 특정소방대상물은 2급 소방안전관리대상물이다. [×]

131. 가스 제조설비를 갖추고 도시가스사업의 허가를 받아야 하는 시설 또는 가연성 가스를 100톤 이상 1천톤 미만 저장·취급하는 시설은 2급 소방안전관리대상물이다. [×]

132. 「문화유산의 보존 및 활용에 관한 법률」 제23조에 따라 보물 또는 국보로 지정된 목조건축물과 지하구는 2급 소방안전관리대상물이다. [O]

133. <u>옥내소화전설비</u> 또는 스프링클러설비가 설치된 공동주택은 2급 소방안전관리대상물이다. [×]

134. 주택전용 간이스프링클러설비 설치 대상을 <u>제외한</u> 간이스프링클러설비를 설치해야 하는 특정소방대상물은 3급 소방안전관리대상물이다. [×]

135. <u>자동화재탐지설비</u>를 설치해야 하는 특정소방대상물은 3급 소방안전관리대상물이다. [×]

136. 소방기술사 또는 소방시설관리사의 자격이 있는 사람은 특급 소방안전관리자 자격이 있다. [O]

137. 소방공무원으로 <u>20년 이상</u> 근무한 경력이 있는 사람은 특급 소방안전관리자 자격이 있다. [×]

138. 소방설비기사 또는 소방설비산업기사의 <u>자격이 있는 사람</u>은 1급 소방안전관리자 자격이 있다. [×]

139. 소방공무원으로 7년 이상 근무한 경력이 있는 사람은 1급 소방안전관리자 자격이 있다. [O]

140. 소방공무원으로 3년 이상 근무한 경력이 있는 사람은 2급 소방안전관리자 자격이 있다. [O]

141. 소방공무원으로 1년 이상 근무한 경력이 있는 사람은 3급 소방안전관리자 자격이 있다. [O]

142. 소방공무원으로 <u>10년 이상</u> 근무한 경력이 있는 사람은 특급 소방안전관리자 자격시험에 응시할 수 있다. [×]

143. 소방안전관리자는 <u>1명 이상</u> 선임하여야 한다. [×]

144. 「건축법 시행령」 별표 1 제2호 가목에 따른 아파트 중 <u>300세대 이상인 아파트</u>는 소방안전관리보조자를 선임해야 한다. [×]

145. 아파트 및 연립주택을 제외한 <u>연면적이 1만5천제곱미터</u> 이상인 특정소방대상물은 소방안전관리보조자를 선임해야 한다. [×]

146. 공동주택 중 기숙사, 의료시설, 노유자 시설, 수련시설, 숙박시설은 세대수나 연면적에 상관없이 소방안전관리보조자를 <u>1명</u> 선임해야 한다. [×]

147. 소방안전관리보조자를 선임하여야 하는 소방안전관리대상물의 경우 <u>보조자를 1명</u> 선임하여야 한다. 다만, 아파트의 경우 <u>300세대마다 1명</u> 이상을 추가로 선임하고 1만5천제곱미터 이상인 특정소방대상물은 연면적 <u>초과되는 1만5천제곱미터마다 1명</u> 이상을 추가로 선임해야 한다. [×]

148. 다른 안전관리자는 소방안전관리대상물 중 소방안전관리업무의 (전담)이 필요한 대통령령으로 정하는 소방안전관리대상물의 소방안전관리자를 겸할 수 없다.

149. 전담이 필요한 소방안전관리대상물은 (특급) 소방안전관리대상물과 (1급) 소방안전관리대상물이다.

150. 소방안전관리대상물의 관계인은 소방안전관리자의 선임 사유가 발생한 날로부터 (30일) 이내에 선임해야 한다.

151. 소방안전관리대상물의 관계인이 소방안전관리자 또는 소방안전관리보조자를 선임한 경우에는 행정안전부령으로 정하는 바에 따라 선임한 날부터 (14일) 이내에 소방본부장 또는 소방서장에게 신고하고, 소방안전관리대상물의 출입자가 쉽게 알 수 있도록 소방안전관리자의 성명과 그 밖에 행정안전부령으로 정하는 사항을 게시하여야 한다.

152. 소방안전관리대상물의 소방안전관리자만이 수행하는 업무는 (소방계획서)의 작성 및 시행, (자위소방대) 및 초기대응체계의 구성, 운영 및 교육, 소방훈련 및 교육, 소방안전관리에 관한 업무수행에 관한 기록ㆍ유지이다.

153. 소방안전관리대상물 중 연면적 등이 일정규모 미만인 대통령령으로 정하는 소방안전관리대상물의 관계인은 (관리업자)로 하여금 소방안전관리업무 중 대통령령으로 정하는 업무를 (대행)하게 할 수 있다.

154. 소방안전관리 업무의 대행 대상
① 지상층의 층수가 11층 이상인 1급 소방안전관리대상물(연면적 1만5천제곱미터 이상인 특정소방대상물과 아파트는 제외한다)
② 2급 소방안전관리대상물
③ 3급 소방안전관리대상물

155. 소방안전관리 업무의 대행 업무는 (피난시설), (방화구획) 및 (방화시설)의 관리와 소방시설이나 그 밖의 소방 관련 시설의 관리이다.

156. 소방안전관리등급 및 설치된 소방시설에 따른 대행인력의 배치 등급

소방안전관리대상물의 등급	설치된 소방시설의 종류	대행인력의 기술등급
1급 또는 2급	(스프링클러설비), 물분무등소화설비 또는 제연설비	(중급점검자) 이상 1명 이상
	(옥내소화전설비) 또는 옥외소화전설비	(초급점검자) 이상 1명 이상
3급	(자동화재탐지설비) 또는 간이스프링클러설비	(초급점검자) 이상 1명 이상

157. 소방안전관리업무를 관리업자에게 대행하게 하는 경우의 대가는 「엔지니어링산업 진흥법」 제31조에 따른 엔지니어링사업의 대가 기준 가운데 (실비정액가산방식)으로 정하는 방식에 따라 산정한다.

158. 소방안전관리대상물의 관계인이 소방안전관리자 또는 소방안전관리보조자를 해임한 경우에는 그 관계인 또는 해임된 소방안전관리자 또는 소방안전관리보조자는 소방본부장이나 소방서장에게 <u>그 사실을 알려 해임한 사실의 확인을 받을 수 있다.</u> [×]

159. (소방안전관리자)는 인명과 재산을 보호하기 위하여 소방시설·피난시설·방화시설 및 방화구획 등이 법령에 위반된 것을 발견한 때에는 지체 없이 소방안전관리대상물의 관계인에게 소방대상물의 개수·이전·제거·수리 등 필요한 조치를 할 것을 요구하여야 하며, 관계인이 시정하지 아니하는 경우 소방본부장 또는 소방서장에게 그 사실을 알려야 한다.

160. 건설현장 소방안전관리대상물을 신축·증축·개축·재축·이전·(용도변경) 또는 (대수선)하는 경우에는 소방안전관리자로서 교육을 받은 사람을 소방시설공사 착공 신고일부터 건축물 사용승인일까지 소방안전관리자로 선임하고 행정안전부령으로 정하는 바에 따라 소방본부장 또는 소방서장에게 신고하여야 한다.

161. 신축·증축·개축·재축·이전·용도변경 또는 대수선을 하려는 부분의 연면적의 합계가 (1만5천제곱미터) 이상인 것은 건설현장 소방안전관리대상물이다.

162. 연면적이 5천제곱미터 이상인 것으로서 지하층의 층수가 (2개) 층 이상인 것은 건설현장 소방안전관리대상물이다.

163. 연면적이 5천제곱미터 이상인 것으로서 지상층의 층수가 (11층) 이상인 것은 건설현장 소방안전관리대상물이다.

164. 연면적이 5천제곱미터 이상인 것으로서 (냉동)창고, (냉장)창고 또는 냉동·냉장창고는 건설현장 소방안전관리대상물이다.

165. 거짓이나 그 밖의 부정한 방법으로 소방안전관리자 자격증을 발급받은 경우에는 자격이 (취소)된다.

166. 소방청장은 소방안전관리자 및 소방안전관리보조자에 대한 정보를 효율적으로 관리하기 위하여 (종합정보망)을 구축·운영할 수 있다.

167. 소방안전관리자가 되려고 하는 사람 또는 소방안전관리자로 선임된 사람은 소방안전관리업무에 관한 능력의 습득 또는 향상을 위하여 행정안전부령으로 정하는 바에 따라 소방청장이 실시하는 (강습)교육 또는 (실무)교육을 받아야 한다.

168. 지하층을 제외한 층수가 (11)층 이상 또는 (연면적) 3만제곱미터 이상인 복합건축물은 관리의 권원이 분리된 특정소방대상물이다.

169. (지하)상가와 판매시설 중 도매시장, 소매시장 및 (전통)시장은 관리의 권원이 분리된 특정소방대상물이다.

170. 관리의 권원이 분리된 특정소방대상물이라도 하나의 (화재 수신기) 및 (소화펌프)가 설치된 경우에는 하나의 관리 권원으로 보아 1명의 소방안전관리자를 선임할 수 있다.

171. 권원별 관계인은 상호 협의하여 특정소방대상물의 전체에 걸쳐 소방안전관리상 필요한 업무를 하는 (총괄소방안전관리자)를 소방안전관리자 중에서 선임하거나 별도로 선임하여야 한다.

172. 소방안전관리대상물의 관계인은 그 장소에 근무하거나 거주 또는 출입하는 사람들이 화재가 발생한 경우에 안전하게 피난할 수 있도록 (피난계획)을 수립·시행하여야 한다.

173. 피난계획에 포함되어야 하는 사항 4가지 이상
① 화재경보의 수단 및 방식
② 층별, 구역별 피난대상 인원의 연령별·성별 현황
③ 피난약자의 현황
④ 각 거실에서 옥외(옥상 또는 피난안전구역을 포함한다)로 이르는 피난경로
⑤ 피난약자 및 피난약자를 동반한 사람의 피난동선과 피난방법
⑥ 피난시설, 방화구획, 그 밖에 피난에 영향을 줄 수 있는 제반 사항

174. 피난유도 안내정보의 제공 방법 3가지 이상
① 연 2회 피난안내 교육을 실시하는 방법
② 분기별 1회 이상 피난안내방송을 실시하는 방법
③ 피난안내도를 층마다 보기 쉬운 위치에 게시하는 방법
④ 엘리베이터, 출입구 등 시청이 용이한 장소에 피난안내영상을 제공하는 방법

175. 소방안전관리대상물의 관계인은 소방훈련과 교육을 (연 1회) 이상 실시해야 한다. 다만, 소방본부장 또는 소방서장이 화재예방을 위하여 필요하다고 인정하여 (2회)의 범위에서 추가로 실시할 것을 요청하는 경우에는 소방훈련과 교육을 추가로 실시해야 한다.

176. 소방안전관리대상물 중 소방안전관리업무의 전담이 필요한 (특급 소방안전관리대상물)과 (1급 소방안전관리대상물)의 관계인은 소방훈련 및 교육을 한 날부터 (30일) 이내에 소방훈련 및 교육 결과를 행정안전부령으로 정하는 바에 따라 소방본부장 또는 소방서장에게 제출하여야 한다.

177. 소방본부장 또는 소방서장은 소방안전관리대상물 중 불특정 다수인이 이용하는 대통령령으로 정하는 특정소방대상물의 근무자등에게 (불시)에 소방훈련과 교육을 실시할 수 있다.

178. 불시 소방훈련·교육의 대상 3가지 이상
① 의료시설
② 교육연구시설
③ 노유자 시설
④ 화재 발생 시 불특정 다수의 인명피해가 예상되어 소방본부장 또는 소방서장이 소방훈련·교육이 필요하다고 인정하는 특정소방대상물

179. 소방본부장 또는 소방서장은 불시 소방훈련·교육을 실시하려는 경우에는 소방안전관리대상물의 관계인에게 불시 소방훈련·교육 실시 (10일) 전까지 불시 소방훈련·교육 계획서를 통지해야 한다.

180. 불시 소방훈련·교육 실시 결과에 대한 평가를 실시하려는 경우 불시 소방훈련·교육의 내용의 (적절성), 유형 및 방법의 (적합성), 참여인력, 시설 및 장비 등의 적정성, 여건 및 참여도를 평가한다.

181. 불시 소방훈련·교육의 평가는 (현장평가)를 원칙으로 하되, 필요에 따라 (서면평가) 등을 병행할 수 있다. 이 경우 불시 소방훈련·교육 참가자에 대한 설문조사 또는 면접조사 등을 함께 실시할 수 있다.

182. 소방본부장 또는 소방서장은 불시 소방훈련·교육의 평가를 실시한 경우 소방안전관리대상물의 관계인에게 불시 소방훈련·교육 (종료)일부터 (10일) 이내에 불시 소방훈련·교육 평가 결과서를 통지해야 한다.

183. 소방본부장이나 소방서장은 (소방훈련)을 적용받지 아니하는 특정소방대상물의 관계인에 대하여 특정소방대상물의 화재예방과 소방안전을 위하여 행정안전부령으로 정하는 바에 따라 (소방안전교육)을 할 수 있다.

184. 소방안전교육 대상이 되는 특정소방대상물
① 소화기 또는 비상경보설비가 설치된 공장·창고 등의 특정소방대상물
② 관할 소방본부장 또는 소방서장이 화재에 대한 취약성이 높다고 인정하는 특정소방대상물

06 특별관리시설물의 소방안전관리 정답 및 해설

185. 「공항시설법」 제2조 제7호의 공항시설은 소방안전 특별관리시설물이다. [○]

186. 「문화유산의 보존 및 활용에 관한 법률」 제2조 제3항의 지정문화유산은 소방안전 특별관리시설물이다. [○]

187. 「영화 및 비디오물의 진흥에 관한 법률」 제2조 제10호의 영화상영관 중 <u>수용인원 1천명 이상인 영화상영관</u>은 소방안전 특별관리시설물이다. [×]

188. 전력용 및 통신용 지하구는 소방안전 특별관리시설물이다. [○]

189. 「전통시장 및 상점가 육성을 위한 특별법」 제2조 제1호의 전통시장으로서 <u>점포가 500개</u> 이상인 전통시장은 소방안전 특별관리시설물이다. [×]

190. 「물류시설의 개발 및 운영에 관한 법률」 제2조 제5호의2에 따른 물류창고로서 <u>연면적 10만제곱미터 이상</u>인 것은 소방안전 특별관리시설물이다. [×]

191. 대통령령으로 정하는 소방안전 특별관리시설물의 관계인은 화재의 예방 및 안전관리를 체계적・효율적으로 수행하기 위하여 대통령령으로 정하는 바에 따라 (한국소방안전원) 또는 소방청장이 지정하는 (화재예방안전진단기관)으로부터 정기적으로 화재예방안전진단을 받아야 한다.

192. 공항시설 중 여객터미널의 연면적이 <u>1천제곱미터 이상</u>인 공항시설은 화재예방안전진단을 받아야 하는 소방안전 특별관리시설물이다. [×]

193. 철도시설 중 역 시설의 연면적이 5천제곱미터 이상인 철도시설은 화재예방안전진단을 받아야 하는 소방안전 특별관리시설물이다. [○]

194. 도시철도시설 중 역사 및 역 시설의 <u>연면적</u>이 5천제곱미터 이상인 도시철도시설은 화재예방안전진단을 받아야 하는 소방안전 특별관리시설물이다. [×]

195. 항만시설 중 여객이용시설 및 지원시설의 연면적이 <u>5천제곱미터 이상</u>인 항만시설은 화재예방안전진단을 받아야 하는 소방안전 특별관리시설물이다. [×]

196. 전력용 및 통신용 지하구 중 「국토의 계획 및 이용에 관한 법률」 제2조 제9호에 따른 공동구는 화재예방안전진단을 받아야 하는 소방안전 특별관리시설물이다. [○]

197. 천연가스 인수기지 및 공급망 중 「소방시설 설치 및 관리에 관한 법률 시행령」 별표 2 제17호 나목에 따른 가스시설은 화재예방안전진단을 받아야 하는 소방안전 특별관리시설물이다. [O]

198. 발전소 중 연면적이 5천제곱미터 이상인 발전소는 화재예방안전진단을 받아야 하는 소방안전 특별관리시설물이다. [×]

199. 가스공급시설 중 가연성 가스 탱크의 저장용량의 합계가 100톤 이상이거나 저장용량이 30톤 이상인 가연성 가스 탱크가 있는 가스공급시설은 화재예방안전진단을 받아야 하는 소방안전 특별관리시설물이다. [×]

200. 화재예방안전진단 결과에 따른 안전등급 기준

안전등급	화재예방안전진단 대상물의 상태
우수(A)	화재예방안전진단 실시 결과 (문제점)이 발견되지 않은 상태
양호(B)	화재예방안전진단 실시 결과 (문제점)이 (일부) 발견되었으나 대상물의 화재안전에는 이상이 없으며 대상물 일부에 대해 보수·보강 등의 (조치명령)이 필요한 상태
보통(C)	화재예방안전진단 실시 결과 문제점이 다수 발견되었으나 대상물의 (전반적)인 화재안전에는 이상이 없으며 대상물에 대한 (다수)의 조치명령이 필요한 상태
미흡(D)	화재예방안전진단 실시 결과 (광범위)한 문제점이 발견되어 대상물의 화재안전을 위해 조치명령의 (즉각적인) 이행이 필요하고 대상물의 사용 (제한)을 권고할 필요가 있는 상태
불량(E)	화재예방안전진단 실시 결과 (중대한) 문제점이 발견되어 대상물의 화재안전을 위해 조치명령의 즉각적인 이행이 필요하고 대상물의 사용 (중단)을 권고할 필요가 있는 상태

201. 화재예방안전진단 결과 안전등급이 우수인 경우 안전등급을 통보받은 날부터 (6년)이 경과한 날이 속하는 해에 정기적으로 화재예방안전진단을 받아야 한다.

202. 화재예방안전진단 결과 안전등급이 양호·보통인 경우 안전등급을 통보받은 날부터 (5년)이 경과한 날이 속하는 해에 정기적으로 화재예방안전진단을 받아야 한다.

203. 화재예방안전진단 절차는 '(위험요인 조사) → (위험성 평가) → 위험성 감소대책의 수립' 순이다.

204. 화재예방안전진단 방법 3가지 이상
① 준공도면, 시설 현황, 소방계획서 등 자료수집 및 분석
② 화재위험요인 조사, 소방시설등의 성능점검 등 현장조사 및 점검
③ 정성적·정량적 방법을 통한 화재위험성 평가
④ 불시·무각본 훈련에 의한 비상대응훈련 평가
⑤ 지진 등 외부 환경 위험요인에 대한 예방·대비·대응태세 평가

205. 법령에서 규정한 사항 외에 화재예방안전진단의 세부 절차 및 평가방법 등에 관하여 필요한 사항은 (소방청장)이 정하여 (고시)한다.

206. 화재예방안전진단의 범위 4가지 이상
　① 화재위험요인의 조사에 관한 사항
　② 소방계획 및 피난계획 수립에 관한 사항
　③ 소방시설등의 유지·관리에 관한 사항
　④ 비상대응조직 및 교육훈련에 관한 사항
　⑤ 화재 위험성 평가에 관한 사항
　⑥ 화재 등의 재난 발생 후 재발방지 대책의 수립 및 그 이행에 관한 사항
　⑦ 지진 등 외부 환경 위험요인 등에 대한 예방·대비·대응에 관한 사항
　⑧ 화재예방안전진단 결과 보수·보강 등 개선요구 사항 등에 대한 이행 여부

207. 소방청장은 진단기관의 지정신청서를 접수한 경우에는 지정기준 등에 적합한지를 검토하여 (60일) 이내에
진단기관 지정 여부를 결정해야 한다.

208. 화재예방안전진단기관의 지정취소 및 업무정지의 처분 시 위반행위가 둘 이상인 경우에는 (각 위반행위에
따라 각각) 처분한다.

209. 화재예방안전진단기관의 지정취소 및 업무정지의 처분 시 위반행위의 횟수에 따른 행정처분 기준은 최근
(3년)간 같은 위반행위로 행정처분을 받은 경우에 적용한다. 이 경우 기준 적용일은 위반행위에 대한 행정
처분일과 그 처분 후에 한 위반행위가 (다시 적발된) 날을 기준으로 한다.

210. 소방청장 또는 시·도지사는 소방안전관리자의 자격 취소 또는 화재예방안전진단기관의 지정취소를 하는 경우 (청문)을 하여야 한다.

211. 소방청장은 소방안전관리자를 두어야 하는 특정소방대상물 등의 규제와 관련하여 정하는 날을 기준일로 하여 (3년)마다 그 타당성을 검토하여 개선 등의 조치를 해야 한다.

212. 화재안전조사단의 구성원에 해당하는 자 중 공무원이 아닌 사람은 「형법」 제129조부터 제132조까지의 규정을 적용할 때에는 공무원으로 본다. 이를 벌칙 적용에서 (공무원 의제)라 한다.

총칙 정답 및 해설

1. 소방시설이란 (소화설비), 경보설비, 피난구조설비, 소화용수설비, 그 밖에 (소화활동설비)로서 대통령령으로 정하는 것을 말한다.

2. 소방시설등이란 소방시설과 비상구, (방화문) 및 (자동방화셔터)를 말한다.

3. (특정소방대상물)이란 건축물 등의 규모·용도 및 수용인원 등을 고려하여 소방시설을 설치하여야 하는 소방대상물로서 대통령령으로 정하는 것을 말한다.

4. (화재안전성능)이란 화재를 예방하고 화재발생 시 피해를 최소화하기 위하여 소방대상물의 재료, 공간 및 설비 등에 요구되는 안전성능을 말한다.

5. 성능위주설계란 건축물 등의 재료, 공간, 이용자, 화재 특성 등을 종합적으로 고려하여 공학적 방법으로 화재 (위험성)을 평가하고 그 결과에 따라 (화재안전성능)이 확보될 수 있도록 특정소방대상물을 설계하는 것을 말한다.

6. 화재안전기준 중 (성능기준)은 화재안전 확보를 위하여 재료, 공간 및 설비 등에 요구되는 안전성능으로서 소방청장이 고시로 정하는 기준을 말한다.

7. 화재안전기준 중 (기술기준)은 성능기준을 충족하는 상세한 규격, 특정한 수치 및 시험방법 등에 관한 기준으로서 행정안전부령으로 정하는 절차에 따라 소방청장의 승인을 받은 기준을 말한다.

8. 소방용품이란 소방시설등을 구성하거나 소방용으로 사용되는 제품 또는 기기로서 (대통령령)으로 정하는 것을 말한다.

9. 무창층이란 지상층 중 요건을 모두 갖춘 개구부의 면적의 합계가 해당 층의 바닥면적의 (30분의 1) 이하가 되는 층을 말한다.

10. 무창층의 개구부는 건축물에서 (채광)·환기·통풍 또는 (출입) 등을 위하여 만든 (창)·출입구, 그 밖에 이와 비슷한 것을 말한다.

11. 무창층 개구부의 크기는 지름 (50센티미터) 이상의 원이 통과할 수 있고 해당 층의 바닥면으로부터 개구부 밑부분까지의 높이가 (1.2미터) 이내여야 한다.

12. 무창층의 개구부는 도로 또는 차량이 진입할 수 있는 (빈터)를 향해야 하며, 내부 또는 외부에서 쉽게 (부수)거나 열 수 있어야 한다.

13. 무창층의 개구부는 화재 시 건축물로부터 쉽게 피난할 수 있도록 (창살)이나 그 밖의 (장애물)이 설치되지 않아야 한다.

14. 피난층이란 곧바로 (지상)으로 갈 수 있는 출입구가 있는 층을 말한다.

15. (소화설비)란 물 또는 그 밖의 소화약제를 사용하여 소화하는 기계·기구 또는 설비를 말한다.

16. (경보설비)란 화재발생 사실을 통보하는 기계·기구 또는 설비를 말한다.

17. (피난구조설비)란 화재가 발생할 경우 피난하기 위하여 사용하는 기구 또는 설비를 말한다.

18. (소화용수설비)란 화재를 진압하는 데 필요한 물을 공급하거나 저장하는 설비를 말한다.

19. (소화활동설비)란 화재를 진압하거나 인명구조활동을 위하여 사용하는 설비를 말한다.

20. 스프링클러설비등에는 (스프링클러설비), 캐비닛형을 포함한 간이스프링클러설비, (화재조기진압용 스프링클러설비)가 있다.

21. 물분무등소화설비에는 (물분무)소화설비, 미분무소화설비, 포소화설비, 이산화탄소 소화설비, 할론소화설비, 할로겐화합물 및 (불활성기체) 소화설비, 분말소화설비, 강화액소화설비, (고체)에어로졸소화설비가 있다.

22. 인명구조기구에는 방열복·방화복, 공기호흡기, (인공소생기)가 있다.

23. 유도등에는 (피난)유도선, 피난구유도등, 통로유도등, (객석)유도등, (유도)표지가 있다.

24. 소화용수설비에는 상수도소화용수설비, 소화수조·(저수조), 그 밖의 소화용수설비가 있다.

25. 소화활동설비에는 (제연설비), 연결송수관설비, (연결살수설비), 비상콘센트설비, 무선통신보조설비, (연소방지설비)가 있다.

26. 공동주택 중 아파트등은 주택으로 쓰는 층수가 (5층) 이상인 주택을 말한다.

27. 공동주택 중 (연립주택)은 주택으로 쓰는 1개 동의 바닥면적 합계가 $660m^2$를 초과하고, 층수가 4개 층 이하인 주택을 말한다.

28. 공동주택 중 기숙사는 학교 또는 공장 등의 학생 또는 종업원 등을 위하여 쓰는 것으로서 1개 동의 (공동취사)시설 이용 세대 수가 전체의 (50퍼센트) 이상인 것을 말한다.

29. 의원, 치과의원, 한의원, 침술원, 접골원, 조산원, 산후조리원 및 안마원은 (근린생활)시설이다.

30. 동물원, 식물원, 수족관은 (문화 및 집회시설)이다.

31. 근린생활시설에 해당하지 않는 종교집회장에 설치하는 봉안당은 (종교시설)이다.

32. 종합병원, 병원, 치과병원, 한방병원, 요양병원, 전염병원, 마약진료소는 (의료시설)이다.

33. 학교의 교사 중 병설유치원으로 사용되는 부분은 (노유자시설)이다.

34. 「청소년활동 진흥법」에 따른 유스호스텔은 (수련시설)이다.

35. 체육관으로서 관람석이 없거나 관람석의 바닥면적이 1천m^2 미만인 것은 (운동시설)이다.

36. 체육관 및 운동장으로서 관람석의 바닥면적의 합계가 1천m^2 이상인 것은 (문화 및 집회시설)이다.

37. 경찰서, 지구대, 파출소, 소방서, 119안전센터, 공중화장실은 (업무시설)이다.

38. 단란주점으로서 해당 용도로 쓰는 바닥면적의 합계가 150m^2 미만인 것은 (근린생활시설)이다.

39. 단란주점으로서 해당 용도로 쓰는 바닥면적의 합계가 150m^2 이상인 것은 (위락시설)이다.

40. 무도학원은 (위락시설)이다.

41. 운전학원·정비학원은 (항공기 및 자동차 관련 시설)이다.

42. 전신전화국, 촬영소, 통신용 시설, 데이터센터는 (방송통신시설)이다.

43. 야외음악당, 야외극장, 어린이회관은 (관광 휴게시설)이다.

44. 지하의 인공구조물 안에 설치되어 있는 상점, 사무실, 그 밖에 이와 비슷한 시설이 연속하여 지하도에 면하여 설치된 것과 그 지하도를 합한 것은 (지하상가)이다.

45. 궤도차량을 제외한 차량 등의 통행을 목적으로 지하, 수저 또는 산을 뚫어서 만든 것과 「도로법」 제50조 제2항에 따른 방음터널은 (터널)이다.

46. 지하구의 기준

① 전력·(통신)용의 전선이나 (가스)·냉난방용의 배관 또는 이와 비슷한 것을 집합수용하기 위하여 설치한 지하 인공구조물로서 사람이 점검 또는 보수를 하기 위하여 출입이 가능한 것 중 다음의 어느 하나에 해당하는 것

 ㉠ 전력 또는 통신사업용 지하 인공구조물로서 전력구(케이블 접속부가 없는 경우는 제외) 또는 통신구 방식으로 설치된 것

 ㉡ '㉠'외의 지하 인공구조물로서 폭이 (1.8m) 이상이고 높이가 (2m) 이상이며 길이가 (50m) 이상인 것

② 「국토의 계획 및 이용에 관한 법률」 제2조 제9호에 따른 (공동구)

47. (내화구조)로 된 하나의 특정소방대상물이 개구부 및 연소 확대 우려가 없는 (내화구조)의 바닥과 벽으로 구획되어 있는 경우에는 그 구획된 부분을 각각 별개의 특정소방대상물로 본다.

48. 둘 이상의 특정소방대상물이 내화구조로 된 연결통로가 벽이 없는 구조로서 그 길이가 (6m) 이하인 경우와 벽이 있는 구조로서 그 길이가 (10m) 이하인 경우에는 하나의 특정소방대상물로 본다. 단, 벽 높이가 바닥에서 천장까지의 높이의 (2분의 1) 이상인 경우에는 벽이 있는 구조로 보고, 벽 높이가 바닥에서 천장까지의 높이의 (2분의 1) 미만인 경우에는 벽이 없는 구조로 본다.

49. 둘 이상의 특정소방대상물이 내화구조로 된 연결통로가 자동방화셔터 또는 (60분+) 방화문이 설치되지 않은 피트로 연결된 경우에는 하나의 특정소방대상물로 본다.

50. (국립소방연구원장)은 화재안전기준 중 기술기준을 제정·개정하려는 경우 제정안·개정안을 작성하여 「소방시설 설치 및 관리에 관한 법률」 제18조 제1항에 따른 중앙소방기술심의위원회의 심의·의결을 거쳐야 한다. 이 경우 제정안·개정안의 작성을 위해 소방 관련 기관·단체 및 개인 등의 의견을 수렴할 수 있다.

소방시설등의 설치 · 관리 및 방염 정답 및 해설

51. 건축물 등의 신축 · 증축 · 개축 · 재축 · 이전 · (용도변경) 또는 (대수선)의 허가 · 협의 및 사용승인의 권한이 있는 행정기관은 건축허가등을 할 때 미리 그 건축물 등의 시공지 또는 소재지를 관할하는 소방본부장이나 소방서장의 동의를 받아야 한다.

52. 건축물 등의 (증축) · (개축) · (재축) · 용도변경 또는 대수선의 신고를 수리할 권한이 있는 행정기관은 그 신고를 수리하면 그 건축물 등의 시공지 또는 소재지를 관할하는 소방본부장이나 소방서장에게 지체 없이 그 사실을 알려야 한다.

53. (방화시설)이란 방화벽, 마감재료 등을 말한다.

54. 건축허가등의 동의에 따라 사용승인에 대한 동의를 할 때에는 「소방시설공사업법」 제14조 제3항에 따른 소방시설공사의 (완공검사증명서)를 발급하는 것으로 동의를 갈음할 수 있다.

55. 「학교시설사업 촉진법」 제5조의2 제1항에 따라 건축등을 하려는 학교시설이 (연면적) (100)제곱미터 이상인 경우 건축허가등의 동의대상물이다.

56. 특정소방대상물 중 노유자 시설 및 수련시설은 (연면적) (200)제곱미터 이상인 경우 건축허가등의 동의대상물이다.

57. 정신의료기관과 장애인 의료재활시설은 (연면적) (300)제곱미터 이상인 경우 건축허가등의 동의대상물이다.

58. 지하층 또는 무창층이 있는 건축물로서 바닥면적이 150제곱미터(공연장의 경우에는 100제곱미터) 이상인 층이 있는 것은 건축허가등의 동의대상물이다.

59. 입원실 또는 인공신장실이 있는 (의원)과 공동주택, 조산원 · 산후조리원, 숙박시설은 건축허가등의 동의대상물이다.

60. 「소방시설공사업법 시행령」 제4조에 따른 소방시설공사의 (착공신고) 대상에 해당하지 않는 경우 해당 특정소방대상물은 건축허가등의 동의대상물이 아니다.

61. 내진설계기준에 맞게 설치해야 하는 소방시설은 (옥내소화전설비), (스프링클러설비) 및 물분무등소화설비이다.

62. 연면적 · 높이 · 층수 등이 일정 규모 이상인 대통령령으로 정하는 특정소방대상물에 소방시설을 설치하려는 자는 성능위주설계를 하여야 한다. 단, (신축)하는 것만 해당한다.

63. 아파트등을 제외한 연면적 (20만)제곱미터 이상인 특정소방대상물은 성능위주설계 대상이다.

64. 지하층을 제외한 (50층) 이상이거나 지상으로부터 높이가 (200)미터 이상인 아파트등은 성능위주설계 대상이다.

65. 연면적 (3만)제곱미터 이상인 철도 및 도시철도 시설과 (공항)시설은 성능위주설계 대상이다.

66. 하나의 건축물에 「영화 및 비디오물의 진흥에 관한 법률」 제2조 제10호에 따른 영화상영관이 (10개) 이상인 특정소방대상물은 성능위주설계 대상이다.

67. 터널 중 수저터널 또는 길이가 (5천)미터 이상인 것은 성능위주설계 대상이다.

68. 소방시설을 설치하려는 자가 성능위주설계를 한 경우에는 「건축법」 제11조에 따른 건축허가를 신청하기 전에 해당 특정소방대상물의 시공지 또는 소재지를 관할하는 (소방서장)에게 (신고)하여야 한다.

69. 특정소방대상물의 연면적 · 높이 · 층수의 변경 등 행정안전부령으로 정하는 사유로 신고한 (성능위주설계)를 변경하려는 경우 특정소방대상물의 시공지 또는 소재지를 관할하는 소방서장에게 신고하여야 한다.

70. 성능위주설계의 신고 또는 변경신고를 하려는 자는 해당 특정소방대상물이 「건축법」 제4조의2에 따른 건축위원회의 심의를 받아야 하는 건축물인 경우에는 그 심의를 신청하기 전에 성능위주설계의 기본설계도서 등에 대해서 해당 특정소방대상물의 시공지 또는 소재지를 관할하는 소방서장의 (사전검토)를 받아야 한다.

71. 소방서장은 성능위주설계의 신고, 변경신고 또는 사전검토 신청을 받은 경우에는 소방청 또는 관할 소방본부에 설치된 (성능위주설계평가단)의 검토 · 평가를 거쳐야 한다. 다만, 소방서장은 신기술 · 신공법 등 검토 · 평가에 고도의 기술이 필요한 경우에는 (중앙소방기술심의위원회)에 심의를 요청할 수 있다.

72. 화재안전성능의 확보 계획과 부지 및 도로의 설치 계획은 성능위주설계의 사전검토 신청 시 <u>제출해야 하는 서류이다.</u> [×]

73. 주단면도 및 입면도와 층별 평면도 및 창호도는 성능위주설계의 사전검토 신청 시 제출해야 하는 서류 중 건축물 설계도면이다. [○]

74. 소방서장은 성능위주설계 사전검토 신청서를 받은 경우 성능위주설계 대상 및 자격 여부 등을 확인하고, 첨부서류의 보완이 필요한 경우에는 (7일) 이내의 기간을 정하여 성능위주설계를 한 자에게 보완을 요청할 수 있다.

75. 성능위주설계의 신고 시 제출해야 하는 건축물 설계도면
① 주단면도 및 입면도
② 층별 평면도 및 창호도
③ 실내·실외 마감재료표
④ 방화구획도(화재 확대 방지계획을 포함한다)
⑤ 건축물의 구조 설계에 따른 피난계획 및 피난 동선도

76. 성능위주설계의 신고 시 제출해야 하는 건축물 소방시설 설계도면
① 소방시설 계통도 및 층별 평면도
② 소화용수설비 및 연결송수구 설치 위치 평면도
③ 종합방재실 설치 및 운영계획
④ 상용전원 및 비상전원의 설치계획
⑤ 소방시설의 내진설계 계통도 및 기준층 평면도(내진 시방서 및 계산서 등 세부 내용이 포함된 상세 설계도면은 제외한다)

77. 성능위주설계 평가단 및 중앙소방심의위원회의 검토·평가 구분 및 통보 시기

구분		성립요건	통보 시기
수리	(원안채택)	신고서(도면 등) 내용에 수정이 없거나 경미한 경우 원안대로 수리	지체 없이
	(보완)	평가단 또는 중앙위원회에서 검토·평가한 결과 보완이 요구되는 경우로서 보완이 완료되면 수리	보완완료 후 지체 없이 통보
불수리	(재검토)	평가단 또는 중앙위원회에서 검토·평가한 결과 보완이 요구되나 단기간에 보완될 수 없는 경우	지체 없이
	(부결)	평가단 또는 중앙위원회에서 검토·평가한 결과 소방 관련 법령 및 건축 법령에 위반되거나 평가 기준을 충족하지 못한 경우	지체 없이

78. 성능위주설계 기준 4가지 이상
① 소방자동차 진입(통로) 동선 및 소방관 진입 경로 확보
② 화재·피난 모의실험을 통한 화재위험성 및 피난안전성 검증
③ 건축물의 규모와 특성을 고려한 최적의 소방시설 설치
④ 소화수 공급시스템 최적화를 통한 화재피해 최소화 방안 마련
⑤ 특별피난계단을 포함한 피난경로의 안전성 확보
⑥ 건축물의 용도별 방화구획의 적정성
⑦ 침수 등 재난상황을 포함한 지하층 안전확보 방안 마련

79. 성능위주설계에 대한 전문적·기술적인 검토 및 평가를 위하여 소방청 또는 소방본부에 (성능위주설계 평가단)을 둔다.

80. 아파트 및 기숙사를 제외한 공동주택과 단독주택의 소유자는 (소화기) 및 (단독경보형) 감지기를 설치하여 야 한다.

81. 「자동차관리법」제3조 제1항에 따른 자동차 중 (5인승) 이상의 승용자동차, 승합자동차, 화물자동차, 특수 자동차에 해당하는 자동차를 제작·조립·수입·판매하려는 자 또는 해당 자동차의 소유자는 (차량용 소화기)를 설치하거나 비치하여야 한다.

82. 승용자동차는 능력단위 (1) 이상의 소화기 (1개) 이상을 사용하기 쉬운 곳에 설치 또는 비치한다.

83. 승차정원 15인 이하의 승합자동차는 능력단위 (2) 이상인 소화기 (1개) 이상 또는 능력단위 1 이상인 소화 기 2개 이상을 설치한다. 이 경우 승차정원 (11인) 이상 승합자동차는 운전석 또는 운전석과 옆으로 나란 한 좌석 주위에 1개 이상을 설치한다.

84. 승차정원 36인 이상의 승합자동차는 능력단위 (3) 이상인 소화기 (1개) 이상 및 능력단위 (2) 이상인 소화 기 1개 이상을 설치한다. 다만, 2층 대형승합자동차의 경우에는 위층 차실에 능력단위 3 이상인 소화기 1개 이상을 (추가) 설치한다.

85. 대형 이상의 화물자동차 및 특수자동차 능력단위 (2)이상인 소화기 1개 이상 또는 능력단위 1 이상인 소화 기 (2개) 이상을 사용하기 쉬운 곳에 설치한다.

86. 터널에 설치하는 소방시설
① (소화기구), 유도등 : 터널
② 옥내소화전설비, 자동화재탐지설비, 연결송수관설비 : 길이가 (1천m) 이상인 터널
③ 비상경보설비, 비상조명등, 비상콘센트설비, 무선통신보조설비 : 길이가 (500m) 이상인 터널

87. 수용인원별 설치해야 하는 소방시설 정리
① 스프링클러설비 : 동·식물원을 제외한 문화 및 집회시설, 종교시설, 운동시설로서 수용인원이 (100명) 이상인 것과 물류터미널 중 내화구조에 해당하지 않는 것으로서 바닥면적의 합계가 2천 5백m^2 이상이거나 수용인원이 (250명) 이상인 경우에는 모든 층과 판매시설, 물류터미널 중 내화구조로서 바닥면적의 합계가 5천m^2 이상이거나 수용인원이 (500명) 이상인 경우에는 모든 층에 설치해야 한다.
② 자동화재탐지설비 : 노유자 생활시설에 해당하지 않는 노유자 시설로서 연면적 400m^2 이상인 노유자 시설 및 숙박시설이 있는 수련시설로서 수용인원 (100명) 이상인 경우에는 모든 층에 설치해야 한다.
③ 비상경보설비 : (50명) 이상의 근로자가 작업하는 옥내 작업장에 설치해야 한다.
④ 단독형 감지기 : 숙박시설이 있는 수련시설로 수용인원이 (100명) 미만인 경우에 설치해야 한다.
⑤ 공기호흡기 : 수용인원 (100명) 이상인 문화 및 집회시설 중 영화상영관에 설치해야 한다.
⑥ 휴대용비상조명등 : 수용인원 (100명) 이상의 영화상영관에 설치해야 한다.
⑦ 제연설비 : 문화 및 집회시설 중 영화상영관으로서 수용인원 (100명) 이상인 경우에 설치해야 한다.

88. 건물을 임차하여 「출입국관리법」 제52조 제2항에 따른 보호시설로 사용하는 부분에는 (간이스프링클러설비)를 설치해야 한다.

89. 연소 우려가 있는 구조란 건축물대장의 건축물 현황도에 표시된 (대지경계선) 안에 둘 이상의 건축물이 각각의 건축물이 다른 건축물의 외벽으로부터 수평거리가 1층의 경우에는 (6미터) 이하, 2층 이상의 층의 경우에는 (10미터) 이하이고, (개구부)가 다른 건축물을 향하여 설치되어 있는 경우이다.

90. 공동주택 중 연립주택 및 다세대주택과 연면적 400m^2 미만의 유치원에는 (단독경보형) 감지기를 설치해야 한다.

91. 지하구에는 소화설비, (옥내소화전)설비, 자동화재탐지설비, (통합감시)시설을 설치해야 한다.

92. 지하구 중 공동구는 (무선통신보조설비)를 설치해야 한다.

93. (연소방지설비)는 전력 또는 통신사업용인 지하구에 설치해야 한다.

94. 화재알림설비를 설치해야 하는 특정소방대상물은 판매시설 중 (전통시장)으로 한다.

95. 방열복 또는 방화복, 인공소생기 및 공기호흡기를 설치해야 하는 특정소방대상물은 지하층을 포함하는 층수가 7층 이상인 것 중 (관광호텔) 용도로 사용하는 층이다.

96. 소방본부장이나 소방서장은 소방시설이 (화재안전기준)에 따라 설치·관리되고 있지 아니할 때에는 해당 특정소방대상물의 관계인에게 필요한 조치를 명할 수 있으며, 이에 따른 명령을 정당한 사유 없이 위반한 자는 (3년) 이하의 징역 또는 (3천만원) 이하의 벌금에 처한다.

97. 특정소방대상물의 관계인은 소방시설을 설치·관리하는 경우 화재 시 소방시설의 기능과 성능에 지장을 줄 수 있는 (폐쇄)·(차단) 등의 행위를 하여서는 아니 된다.

98. 소방청장, 소방본부장 또는 소방서장은 소방시설의 작동정보 등을 실시간으로 수집·분석할 수 있는 (소방시설정보관리시스템)을 구축·운영할 수 있다.

99. 소방본부장이나 소방서장은 대통령령 또는 화재안전기준이 변경되어 그 기준이 강화되는 경우 기존의 특정소방대상물의 소방시설에 대하여는 (변경 전)의 대통령령 또는 화재안전기준을 적용한다.

100. 대통령령 또는 화재안전기준의 변경으로 강화된 기준을 적용할 수 있는 소방시설은 소화기구, (비상경보설비), (자동화재탐지설비), (자동화재속보설비), 피난구조설비이다.

101. 강화된 소방시설기준의 적용대상
① 「국토의 계획 및 이용에 관한 법률」 제2조 제9호에 따른 공동구에 설치하는 (소화기), 자동소화장치, 자동화재탐지설비, 통합감시시설, 유도등 및 (연소방지설비)
② 전력 및 통신사업용 지하구에 설치하는 소화기, (자동소화장치), (자동화재탐지설비), 통합감시시설, 유도등 및 연소방지설비
③ 노유자 시설에 설치하는 (간이스프링클러설비), (자동화재탐지설비) 및 (단독경보형 감지기)
④ 의료시설에 설치하는 (스프링클러설비), (간이스프링클러설비), (자동화재탐지설비) 및 (자동화재속보설비)

102. 특정소방대상물의 소방시설 설치의 면제 기준(모두 화재안전기준에 적합하게 설치)

설치면제 가능 대상 설비	설치면제 기준이 되는 설비	
자동소화장치	(물분무등소화설비)	
옥내소화전설비	• 호스릴 미분무소화설비	• (옥외소화전설비)
스프링클러설비	• (자동소화장치)	• 물분무등소화설비
간이스프링클러 설비	• 스프링클러설비 • 물분무소화설비	• (미분무소화설비)
물분무등소화설비를 설치해야 하는 차고·주차장	(스프링클러설비)	

옥외소화전설비를 설치해야 하는 문화유산인 목조건축물	(상수도소화용수설비)	
비상경보설비	(단독경보형) 감지기를 2개 이상 설치	
비상경보설비 또는 단독경보형 감지기	• 자동화재탐지설비	• (화재알림설비)
자동화재탐지설비	• 화재알림설비 • (스프링클러설비)	• 물분무등소화설비
화재알림설비	(자동화재탐지설비)	
비상방송설비	• 자동화재탐지설비	• (비상경보설비)
자동화재속보설비	(화재알림설비)	
연결송수관설비	• 옥내소화전설비 • 스프링클러설비	• 간이스프링클러설비 • (연결살수설비)
상수도소화용수설비	(수평거리 140m 이내에 소화전)	
제연설비	• 자동 전환되는 (공기조화설비) • 배출구 면적 합이 제연구역 바닥면적의 100분의 1 이상이며, 각 수평거리가 30m 이내에 (공기유입구) 설치 • 노대와 연결된 (특별피난계단) • 배연설비가 설치된 피난용 승강기의 승강장	
연결살수설비	• 스프링클러설비 • (간이스프링클러설비)	• 물분무소화설비 • 미분무소화설비
무선통신보조설비	• 이동통신 구내 중계기 선로설비	• (무선이동중계기)
연소방지설비	• (스프링클러설비) • 물분무소화설비	• 미분무소화설비

103. 소방본부장 또는 소방서장은 특정소방대상물이 (증축)되는 경우에는 기존 부분을 포함한 특정소방대상물의 전체에 대하여 (증축) 당시의 소방시설의 설치에 관한 대통령령 또는 화재안전기준을 적용해야 한다.

104. 소방본부장 또는 소방서장은 특정소방대상물이 (용도변경)되는 경우에는 (용도변경)되는 부분에 대해서만 (용도변경) 당시의 소방시설의 설치에 관한 대통령령 또는 화재안전기준을 적용한다.

105. 기존 부분과 증축 부분이 <u>내화구조</u>로 된 바닥과 벽으로 구획된 경우에는 기존 부분에 대해서는 증축 당시의 소방시설의 설치에 관한 대통령령 또는 화재안전기준을 적용하지 않는다. [×]

106. 기존 부분과 증축 부분이 자동방화셔터 또는 <u>60분+ 방화문</u>으로 구획되어 있는 경우에는 기존 부분에 대해서는 증축 당시의 소방시설의 설치에 관한 대통령령 또는 화재안전기준을 적용하지 않는다. [×]

107. 자동차 생산공장 등 화재 위험이 낮은 특정소방대상물 내부에 <u>연면적 33제곱미터 이하</u>의 직원 휴게실을 증축하는 경우에는 기존 부분에 대해서는 증축 당시의 소방시설의 설치에 관한 대통령령 또는 화재안전기준을 적용하지 않는다. [×]

108. 자동차 생산공장 등 화재 위험이 낮은 특정소방대상물에 캐노피를 설치하는 경우에는 기존 부분에 대해서는 증축 당시의 소방시설의 설치에 관한 대통령령 또는 화재안전기준을 적용하지 않는다. [○]

109. 특정소방대상물의 구조·설비가 화재연소 확대 요인이 적어지거나 피난 또는 화재진압활동이 쉬워지도록 변경되는 경우에는 특정소방대상물 전체에 대하여 용도변경 전에 해당 특정소방대상물에 적용되던 소방시설의 설치에 관한 대통령령 또는 화재안전기준을 적용한다. [○]

110. 용도변경으로 인하여 천장·바닥·벽 등에 고정되어 있는 가연성 물질의 양이 줄어드는 경우에는 특정소방대상물 전체에 대하여 용도변경 전에 해당 특정소방대상물에 적용되던 소방시설의 설치에 관한 대통령령 또는 화재안전기준을 적용한다. [○]

111. 소방시설을 설치하지 않을 수 있는 특정소방대상물 및 소방시설의 범위

구분	특정소방대상물	설치하지 않을 수 있는 소방시설
1. (화재 위험도가 낮은) 특정소방대상물	석재, 불연성금속, 불연성 건축재료 등의 가공공장·기계조립공장 또는 불연성 물품을 저장하는 창고	(옥외소화전) 및 (연결살수설비)
2. (화재안전기준을 적용하기 어려운) 특정소방대상물	펄프공장의 작업장, 음료수 공장의 세정 또는 충전을 하는 작업장 그 밖에 이와 비슷한 용도로 사용하는 것	(스프링클러설비), 상수도소화용수설비 및 연결살수설비
	정수장, (수영장), (목욕장), 농예·축산·어류양식용 시설, 그 밖에 이와 비슷한 용도로 사용되는 것	(자동화재탐지설비), 상수도소화용수설비 및 연결살수설비
3. 화재안전기준을 달리 적용해야 하는 특수한 용도 또는 구조를 가진 특정소방대상물	(원자력발전소), 중·저준위방사성폐기물의 저장시설	(연결송수관설비) 및 (연결살수설비)
4. 「위험물 안전관리법」 제19조에 따른 자체소방대가 설치된 특정소방대상물	자체소방대가 설치된 제조소등에 부속된 사무실	(옥내소화전설비), (소화용수설비), 연결살수설비 및 연결송수관설비

112. 소방시설을 설치하지 않을 수 있는 특정소방대상물에 해당하는 특정소방대상물에 구조 및 원리 등에서 공법이 특수한 설계로 인정된 소방시설을 설치하는 경우에는 (중앙소방기술심의위원회)의 심의를 거쳐 (화재안전기준)을 적용하지 아니할 수 있다.

113. 특정소방대상물에 설치하는 소방시설 규정에 따라 대통령령으로 소방시설을 정할 때에는 특정소방대상물의 (규모)·(용도)·(수용인원) 및 (이용자 특성) 등을 고려하여야 한다.

114. 침대가 있는 숙박시설은 해당 특정소방대상물의 종사자 수에 침대 수(2인용 침대는 2개로 산정)를 합한 수로 수용인원을 산정한다.

115. 침대가 없는 숙박시설은 해당 특정소방대상물의 종사자 수에 숙박시설 (바닥면적)의 합계를 (3m²)로 나누어 얻은 수를 합한 수로 수용인원을 산정한다.

116. 강의실·교무실·상담실·실습실·휴게실 용도로 쓰는 특정소방대상물은 해당 용도로 사용하는 (바닥면적)의 합계를 (1.9m²)로 나누어 얻은 수로 수용인원을 산정한다.

117. 강당, 문화 및 집회시설, 운동시설, 종교시설은 해당 용도로 사용하는 (바닥면적)의 합계를 (4.6m²)로 나누어 얻은 수로 수용인원을 산정한다. 다만, 관람석이 있는 경우 고정식 의자를 설치한 부분은 그 부분의 의자 수로 하고, 긴 의자의 경우에는 의자의 정면너비를 (0.45m)로 나누어 얻은 수로 한다.

118. 소방청장은 건축 환경 및 화재위험특성 변화사항을 효과적으로 반영할 수 있도록 소방시설 규정을 (3)년에 (1)회 이상 정비하여야 한다.

119. 「건설산업기본법」 제2조 제4호에 따른 건설공사를 하는 공사시공자는 특정소방대상물의 신축·증축·개축·재축·이전·용도변경·대수선 또는 설비 설치 등을 위한 공사 현장에서 인화성 물품을 취급하는 작업 등 대통령령으로 정하는 화재위험작업을 하기 전에 설치 및 철거가 쉬운 (화재대비시설 또는 임시소방시설)을 설치하고 관리하여야 한다.

120. 공사 현장에서 인화성·가연성·폭발성 물질을 취급하거나 가연성 가스를 발생시키는 작업을 하려는 공사시공자는 임시소방시설을 설치해야 한다. [O]

121. 공사 현장에서 용접·용단 등 불꽃을 발생시키거나 화기를 취급하는 작업을 하려는 공사시공자는 임시소방시설을 설치해야 한다. [O]

122. 공사 현장에서 전열기구, 가열전선 등 열을 발생시키는 기구를 취급하는 작업을 하려는 공사시공자는 임시소방시설을 설치해야 한다. [O]

123. 공사 현장에서 <u>알루미늄, 마그네슘 등을 취급하여 폭발성 부유분진</u>을 발생시킬 수 있는 작업을 하려는 공사시공자는 임시소방시설을 설치해야 한다. [×]

124. 임시소방시설의 종류는 소화기, (간이소화장치), (비상경보장치), 가스누설경보기, 간이피난유도선, 비상조명등, (방화포)가 있다.

125. 임시소방시설 중 (소화기)를 설치해야 하는 공사는 소방본부장 또는 소방서장의 동의를 받아야 하는 특정소방대상물의 신축·증축·개축·재축·이전·용도변경 또는 대수선 등을 위한 공사 중 화재위험작업현장이다.

126. 임시소방시설 중 간이소화장치를 설치해야 하는 공사는 연면적 (3천m²) 이상이거나 바닥면적이 (600m²) 이상인 지하층, 무창층 또는 4층 이상의 층의 화재위험작업현장이다.

127. 임시소방시설 중 비상경보장치를 설치해야 하는 공사는 연면적 (400m²) 이상이거나 바닥면적이 (150m²) 이상인 지하층 또는 무창층의 화재위험작업현장이다.

128. 임시소방시설 중 가스누설경보기, 간이피난유도선, 비상조명등을 설치해야 하는 공사는 바닥면적이 (150m²) 이상인 지하층 또는 무창층의 화재위험작업현장이다.

129. 소방청장이 정하여 고시하는 기준에 맞는 소화기 또는 옥내소화전설비를 설치하면 (간이소화장치)를 설치한 것으로 본다.

130. (비상방송설비) 또는 (자동화재탐지설비)를 설치하면 비상경보장치를 설치한 것으로 본다.

131. 피난유도선, 피난구유도등, 통로유도등 또는 비상조명등을 설치하면 (간이피난유도선)을 설치한 것으로 본다.

132. 특정소방대상물의 관계인은 (피난)시설, (방화)구획 및 방화시설을 폐쇄·훼손·변경 등의 행위를 하여서는 아니 된다.

133. 분말형태의 소화약제를 사용하는 소화기의 내용연수는 (10년)으로 한다.

134. 화재안전기준에 관한 사항 등을 심의하기 위하여 소방청에 (중앙소방기술심의위원회), 시·도에 (지방소방 기술심의위원회)를 둔다.

135. 화재안전기준에 관한 사항은 중앙소방기술심의위원회에서 심의한다. [O]

136. 소방시설의 구조 및 원리 등에서 공법이 특수한 설계 및 시공에 관한 사항은 <u>중앙소방기술심의위원회</u>에서 심의한다. [×]

137. 소방시설의 설계 및 공사감리의 방법에 관한 사항은 <u>중앙소방기술심의위원회</u>에서 심의한다. [×]

138. 소방시설공사의 하자를 판단하는 기준에 관한 사항은 <u>중앙소방기술심의위원회</u>에서 심의한다. [×]

139. 소방서장이 성능위주설계와 관련하여 신기술·신공법 등 검토·평가에 고도의 기술이 필요한 경우로서 심의를 요청한 사항은 중앙소방기술심의위원회에서 심의한다. [O]

140. 연면적 10만제곱미터 이상의 특정소방대상물에 설치된 소방시설의 설계·시공·감리의 하자 유무에 관한 사항은 중앙소방기술심의위원회에서 심의한다. [○]

141. 새로운 소방시설과 소방용품 등의 도입 여부에 관한 사항은 중앙소방기술심의위원회에서 심의한다. [○]

142. 소방기술과 관련하여 소방청장이 소방기술심의위원회의 심의에 부치는 사항은 중앙소방기술심의위원회에서 심의한다. [○]

143. 소방시설에 하자가 있는지의 판단에 관한 사항은 <u>지방소방기술심의위원회</u>에서 심의한다. [×]

144. 소방본부장 또는 소방서장이 제조소등의 시설기준 또는 화재안전기준의 적용에 관하여 기술검토를 요청하는 사항은 <u>지방소방기술심의위원회</u>에서 심의한다. [×]

145. 시·도지사가 소방기술심의위원회의 심의에 부치는 사항은 지방소방기술심의위원회에서 심의한다. [○]

146. 중앙소방기술심의위원회는 위원장을 포함하여 (60명) 이내의 위원으로 성별을 고려하여 구성하고, 지방소방기술심의위원회는 위원장을 포함하여 (5명) 이상 (9명) 이하의 위원으로 구성한다.

147. (소방청장)은 화재안전기준을 효율적으로 관리·운영하기 위하여 화재안전기준의 제정·개정 및 운영 등의 업무를 수행하여야 한다.

148. 대통령령으로 정하는 특정소방대상물에 실내장식 등의 목적으로 설치 또는 부착하는 물품으로서 대통령령으로 정하는 물품은 (방염성능)기준 이상의 것으로 설치하여야 한다.

149. 근린생활시설 중 (의원), 치과의원, 한의원, 조산원, (산후조리원), 체력단련장, 공연장 및 종교집회장은 방염성능기준 이상의 실내장식물 등을 설치해야 한다.

150. 건축물의 (옥내)에 있는 (문화 및 집회)시설, 종교시설, 수영장을 제외한 (운동)시설은 방염성능기준 이상의 실내장식물 등을 설치해야 한다.

151. 창문에 설치하는 커튼류(블라인드 포함), 카펫, 벽지류(두께가 2밀리미터 미만인 종이벽지는 제외)는 제조 또는 가공 공정에서 방염처리를 한 물품이다. [×]

152. 전시용 합판·목재 또는 섬유판, 무대용 합판·목재 또는 섬유판은 제조 또는 가공 공정에서 방염처리를 한 물품이다. [○]

153. 암막·무대막, 영화상영관에 설치하는 스크린, 가상체험 체육시설업에 설치하는 스크린은 제조 또는 가공 공정에서 방염처리를 한 물품이다. [○]

154. 섬유류 또는 합성수지류 등을 원료로 하여 제작된 소파·의자 중 단란주점영업, 유흥주점영업 및 노래연습장업의 영업장에 설치하는 것은 가공 공정에서 방염처리를 한 물품이다. [×]

155. 종이류(두께 2밀리미터 이상)·합성수지류 또는 섬유류를 주원료로 한 물품, 합판이나 목재는 건축물 내부의 천장이나 벽에 부착하거나 설치하는 방염대상 물품이다. [×]

156. 공간을 구획하기 위하여 설치하는 간이 칸막이, 흡음을 위하여 설치하는 흡음재, 방음을 위하여 설치하는 방음재는 건축물 내부의 천장이나 벽에 부착하거나 설치하는 방염대상 물품이다. [○]

157. 옷장, 찬장, 식탁, 식탁용 의자, 사무용 책상, 사무용 의자, 계산대, 너비 10센티미터 이하인 반자돌림대 등과 내부 마감재료는 건축물 내부의 천장이나 벽에 부착하거나 설치하는 방염대상 물품에서 제외한다. [×]

158. 소방본부장 또는 소방서장은 다중이용업소, 의료시설, 노유자 시설, 숙박시설 또는 장례식장에서 사용하는 침구류·소파 및 의자는 방염처리된 물품을 사용하도록 권장할 수 있다. [×]

159. 소방본부장 또는 소방서장은 건축물 내부의 천장 또는 벽에 부착하거나 설치하는 가구류는 방염처리된 물품을 사용하도록 권장할 수 있다. [○]

160. 방염성능기준
① 버너의 불꽃을 제거한 때부터 불꽃을 올리며 연소하는 상태가 그칠 때까지 시간은 (20초) 이내일 것
② 버너의 불꽃을 제거한 때부터 불꽃을 올리지 않고 연소하는 상태가 그칠 때까지 시간은 (30초) 이내일 것
③ 탄화한 면적은 (50)제곱센티미터 이내, 탄화한 길이는 (20)센티미터 이내일 것
④ 불꽃에 의하여 완전히 녹을 때까지 불꽃의 접촉 횟수는 (3회) 이상일 것
⑤ 소방청장이 정하여 고시한 방법으로 발연량을 측정하는 경우 최대연기밀도는 (400) 이하일 것

161. 시·도지사가 실시하는 방염성능검사 대상
① 제조 또는 가공 공정에서 방염처리를 한 물품으로서 전시용 합판·목재 또는 무대용 합판·목재 중 설치 현장에서 방염처리를 하는 (합판)·(목재류)
② 건축물 내부의 천장이나 벽에 부착하거나 설치하는 물품으로서 방염대상물품 중 설치 현장에서 방염처리를 하는 (합판)·(목재류)

05 소방시설등의 자체점검 정답 및 해설

162. 특정소방대상물의 관계인은 그 대상물에 설치되어 있는 소방시설등이 이 법이나 이 법에 따른 명령 등에 적합하게 설치·관리되고 있는지에 대하여 해당 특정소방대상물의 소방시설등이 신설된 경우 사용할 수 있게 된 날부터 (60)일 또는 행정안전부령으로 정하는 기간 내에 스스로 점검하거나 제34조에 따른 점검 능력 평가를 받은 관리업자 또는 행정안전부령으로 정하는 기술자격자로 하여금 (자체점검)하게 하여야 한다.

163. 자체점검의 구분 및 대상, 점검인력의 배치기준, 점검자의 자격, 점검 장비, 점검 방법 및 횟수 등 자체점검 시 준수하여야 할 사항은 (행정안전부령)으로 정한다.

164. 소방시설등에 대한 자체점검은 (작동점검)과 (종합점검)으로 구분한다.

165. 최초점검은 소방시설이 신설된 경우 「건축법」 제22조에 따라 건축물을 사용할 수 있게 된 날부터 (60일) 이내 점검하는 것을 말한다.

166. 작동점검 대상은 소방안전관리자를 선임하지 않는 특정소방대상물, (제조소등), (특급소방안전관리대상물) 이다.

167. 작동점검과 종합점검은 (연 1회) 이상 실시한다. 다만 특급 소방안전관리대상물의 종합점검은 (반기에 1회) 이상 실시한다.

168. 점검인력 1단위가 하루 동안 점검할 수 있는 특정소방대상물의 연면적은 종합점검은 (8,000m^2), 작동점검 은 (10,000m^2)이다.

169. 스프링클러설비가 설치된 특정소방대상물은 종합점검 대상이다. [○]

170. 물분무등소화설비(호스릴방식의 물분무등소화설비만을 설치한 경우는 제외)가 설치된 연면적 5,000m^2 이 상인 특정소방대상물은 종합점검 대상이다. [×]

171. 다중이용업의 영업장이 설치된 특정소방대상물로서 연면적이 2,000m^2 이상인 것은 종합점검 대상이다. [×]

172. 제연설비가 설치된 터널은 종합점검 대상이다. [○]

173. 「공공기관의 소방안전관리에 관한 규정」 제2조에 따른 공공기관 중 <u>연면적이 1,000m² 이상</u>인 것으로서 옥내소화전설비 또는 자동화재탐지설비가 설치된 것은 종합점검 대상이다. [×]

174. 모든 소방시설의 자체점검의 점검 장비는 (방수압력측정계), (절연저항계), (전류전압측정계)이다.

175. 소방시설등의 자체점검 시 점검인력 1단위
① 관리업자가 점검하는 경우 : 주된 점검인력인 (특급점검자) 1명과 보조 점검인력인 주된 기술인력 또는 보조 기술인력 (2명)이 점검인력 1단위로 하되, 점검인력 1단위에 보조 점검인력으로 (2명 단, 같은 건축물을 점검할 때는 4명) 이내의 주된 기술인력 또는 보조 기술인력을 추가할 수 있다.
② 소방안전관리자로 선임된 소방시설관리사 또는 소방기술사가 점검하는 경우 : 주된 점검인력인 소방시설관리사 또는 소방기술사 중 (1명)과 보조 점검인력 (2명)을 점검인력 1단위로 하되, 점검인력 1단위에 (2명) 이내의 보조 점검인력을 추가할 수 있다. 이 경우 보조 점검인력은 해당 특정소방대상물의 관계인, (소방안전관리보조자) 또는 관리업자 소속의 소방기술인력으로 할 수 있다.
③ 관계인이 점검하는 경우 : 주된 점검인력인 관계인 1명과 보조 점검인력 (2명)을 점검인력 1단위로 한다. 이 경우 보조 점검인력은 해당 특정소방대상물의 관계인, (소방안전관리자), 소방안전관리보조자 또는 관리업자 소속의 소방기술인력으로 할 수 있다.

176. 관리업자가 점검하는 경우 특정소방대상물의 규모 등에 따른 점검인력의 배치기준

구분	주된 점검인력	보조 점검인력
가. (50층) 이상 또는 성능위주설계를 한 특정소방대상물	소방시설관리사 경력 5년 이상인 특급점검자 1명 이상	고급점검자 이상의 기술인력 1명 이상 및 중급점검자 이상의 기술인력 1명 이상
나. 「화재의 예방 및 안전관리에 관한 법률 시행령」 별표 4 제1호에 따른 특급 소방안전관리대상물 (가목의 특정소방대상물은 제외한다)	소방시설관리사 (경력 3년) 이상인 특급점검자 1명 이상	고급점검자 이상의 기술인력 1명 이상 및 초급점검자 이상의 기술인력 1명 이상
다. 「화재의 예방 및 안전관리에 관한 법률 시행령」 별표 4 제2호 및 제3호에 따른 1급 또는 2급 소방안전관리대상물	소방시설관리사 경력 1년 이상인 특급점검자 1명 이상	(중급점검자) 이상의 기술인력 1명 이상 및 초급점검자 이상의 기술인력 1명 이상
라. 「화재의 예방 및 안전관리에 관한 법률 시행령」 별표 4 제4호에 따른 3급 소방안전관리대상물	(특급점검자 1명) 이상	초급점검자 이상의 기술인력 2명 이상

177. 자체점검 시 점검인력 1단위에 보조 점검인력을 1명씩 추가할 때마다 종합점검의 경우에는 (2,000m²), 작동점검의 경우에는 (2,500m²)씩을 점검한도 면적에 더한다.

178. 자체점검 시 점검인력은 하루에 (5개)의 특정소방대상물에 한하여 배치할 수 있다. 다만 2개 이상의 특정소방대상물을 (2일) 이상 연속하여 점검하는 경우에는 배치기한을 초과해서는 안 된다.

179. 관리업자등으로 하여금 자체점검하게 하는 경우의 점검 대가는 실비정액가산방식에도 불구하고 소방청장은 소방시설등 자체점검에 대한 품질확보를 위하여 필요하다고 인정하는 경우에는 특정소방대상물의 규모, 소방시설등의 종류 및 점검인력 등에 따라 관계인이 부담하여야 할 자체점검 비용의 표준이 될 (표준자체점검비)를 정하여 공표하거나 관리업자등에게 이를 소방시설등 자체점검에 관한 표준가격으로 활용하도록 권고할 수 있다.

180. 소방시설등의 자체점검 결과 중대위반사항
① 소화펌프, (동력) · (감시) 제어반 또는 소방시설용 전원의 고장으로 소방시설이 작동되지 않는 경우
② 화재 수신기의 고장으로 (화재경보음)이 자동으로 울리지 않거나 화재 수신기와 연동된 소방시설의 작동이 불가능한 경우
③ 소화배관 등이 (폐쇄) · (차단)되어 소화수 또는 소화약제가 자동 방출되지 않는 경우
④ 방화문 또는 (자동방화셔터)가 훼손되거나 철거되어 본래의 기능을 못하는 경우

181. 자체점검 결과 보고를 마친 관계인은 관리업자등, 점검일시, 점검자 등 자체점검과 관련된 사항을 (점검기록표)에 기록하여 특정소방대상물의 출입자가 쉽게 볼 수 있는 장소에 게시하여야 한다.

182. 소방본부장 또는 소방서장은 자체점검 결과를 공개하는 경우 (30일) 이상 전산시스템 또는 인터넷 홈페이지 등을 통해 공개해야 한다.

183. 소방본부장 또는 소방서장은 자체점검 결과를 공개하려는 경우 공개 (기간), 공개 내용 및 공개 방법을 해당 특정소방대상물의 (관계인)에게 미리 알려야 한다.

184. 특정소방대상물의 관계인은 자체점검 결과를 공개 내용 등을 통보받은 날부터 (10일) 이내에 관할 소방본부장 또는 소방서장에게 이의신청을 할 수 있다.

185. 소방본부장 또는 소방서장은 자체점검 결과를 공개에 이의신청을 받은 날부터 (10일) 이내에 심사 · 결정하여 그 결과를 지체 없이 신청인에게 알려야 한다.

186. 자체점검 결과의 공개가 제3자의 법익을 침해하는 경우에는 <u>제3자와 관련된 사실을 제외하고 공개해야 한다.</u> [×]

06 소방시설관리사 및 소방시설관리업 정답 및 해설

187. 소방시설관리사가 되려는 사람은 (소방청장)이 실시하는 관리사시험에 합격하여야 한다.

188. 소방기술사·건축사·건축기계설비기술사·건축전기설비기술사 또는 공조냉동기계기술사는 소방시설관리사 시험에 응시할 수 있다. [○]

189. 위험물기능장, 소방설비기사는 소방시설관리사 시험에 응시할 수 있다. [○]

190. 「국가과학기술 경쟁력 강화를 위한 이공계지원 특별법」 제2조 제1호에 따른 이공계 분야의 박사학위를 취득한 사람은 소방시설관리사 시험에 응시할 수 있다. [×]

191. 소방청장이 정하여 고시하는 소방안전 관련 분야의 석사 이상의 학위를 취득한 사람은 소방시설관리사 시험에 응시할 수 있다. [×]

192. 소방설비산업기사 또는 소방공무원 등 소방청장이 정하여 고시하는 사람 중 소방에 관한 실무경력(자격 취득 후의 실무경력으로 한정한다)이 3년 이상인 사람은 소방시설관리사 시험에 응시할 수 있다. [×]

193. 소방시설관리사는 발급 또는 재발급받은 소방시설관리사증을 다른 사람에게 빌려주거나 빌려서는 아니되며, 이를 알선하여서도 아니 된다. [○]

194. 소방시설관리사증을 다른 사람에게 빌려주거나 빌리거나 이를 알선한 자는 1년 이하의 징역 또는 1천만원 이하의 벌금에 처한다. [×]

195. 소방시설관리사는 동시에 둘 이상의 업체에 취업하여서는 아니되며, 이를 위반하여 동시에 둘 이상의 업체에 취업한 자는 1년 이하의 징역 또는 1천만원 이하의 벌금에 처한다. [○]

196. 소방청장은 소방시설관리사 시험에서 부정한 행위를 한 응시자에 대하여는 그 시험을 정지 또는 무효로 하고, 그 처분이 있은 날부터 2년간 시험 응시자격을 정지한다. [×]

197. 피성년후견인은 관리사가 될 수 없다. [○]

198. 소방관계법령을 위반하여 금고 이상의 실형을 선고받고 그 집행이 끝나거나(집행이 끝난 것으로 보는 경우를 포함한다) 집행이 면제된 날부터 2년이 지나지 아니한 사람은 관리사가 될 수 없다. [×]

199. 소방관계법령을 위반하여 금고 이상의 형의 집행유예를 선고받고 그 유예기간 중에 있는 사람은 관리사가 될 수 없다. [○]

200. 소방시설관리사 자격이 취소(피성년후견인에 해당하여 자격이 취소된 경우는 제외한다)된 날부터 2년이 지나지 아니한 사람은 관리사가 될 수 없다. [×]

201. 소방시설등의 점검 및 관리를 업으로 하려는 자 또는 「화재의 예방 및 안전관리에 관한 법률」 제25조에 따른 소방안전관리업무의 대행을 하려는 자는 대통령령으로 정하는 업종별로 (시·도지사)에게 소방시설 관리업 등록을 하여야 한다.

202. 소방시설관리업의 업종별 등록기준 및 영업범위

업종별 \ 기술인력 등	기술인력	영업범위
전문 소방시설관리업	가. 주된 기술인력 　1) 소방시설관리사 자격을 취득한 후 소방 관련 실무 경력이 (5년) 이상인 사람 1명 이상 　2) 소방시설관리사 자격을 취득한 후 소방 관련 실무 경력이 (3년) 이상인 사람 1명 이상 나. 보조 기술인력 　1) 고급점검자 이상의 기술인력 : (2명) 이상 　2) 중급점검자 이상의 기술인력 : (2명) 이상 　3) 초급점검자 이상의 기술인력 : (2명) 이상	모든 특정소방대상물
일반 소방시설관리업	가. 주된 기술인력: 소방시설관리사 자격을 취득한 후 소방 관련 실무경력이 (1년) 이상인 사람 1명 이상 나. 보조 기술인력 　1) 중급점검자 이상의 기술인력 : (1명) 이상 　2) 초급점검자 이상의 기술인력 : (1명) 이상	특정소방대상물 중 「화재의 예방 및 안전관리에 관한 법률 시행령」 별표 4에 따른 (1급), (2급), (3급) 소방안전관리대상물

203. 소방시설 관리업자는 제29조에 따라 등록한 사항 중 행정안전부령으로 정하는 중요 사항이 변경되었을 때에는 행정안전부령으로 정하는 바에 따라 (시·도지사)에게 변경사항을 신고하여야 한다.

204. 등록사항의 변경사항을 신고해야 하는 중요 사항은 (명칭·상호 또는 영업소 소재지), (대표자), (기술인력)이다.

205. 소방시설 관리업자는 등록사항의 중요 사항이 변경됐을 때에는 변경일부터 (30일) 이내에 소방시설관리업 등록사항 변경신고서에 그 변경사항별로 서류를 첨부하여 시·도지사에게 제출해야 한다.

206. 「민사집행법」에 따른 경매, 「채무자 회생 및 파산에 관한 법률」에 따른 환가, 「국세징수법」, 「관세법」 또는 「지방세징수법」에 따른 압류재산의 매각과 그 밖에 이에 준하는 절차에 따라 관리업의 시설 및 장비의 (전부)를 인수한 자는 종전의 관리업자의 지위를 승계한다.

207. (소방청장)은 특정소방대상물의 관계인이 적정한 관리업자를 선정할 수 있도록 하기 위하여 (관리업자)의 신청이 있는 경우 해당 관리업자의 점검능력을 종합적으로 평가하여 공시하여야 한다.

208. 소방시설 관리업자의 점검능력 평가 산정기준
점검능력평가액 = 실적평가액 + (기술력평가액) + 경력평가액 ± 신인도평가액

209. 소방시설 관리업자의 실적평가액 산정기준
실적평가액 = [(연평균점검실적액) + (연평균대행실적액)] × 50/100

210. 시·도지사는 소방시설 관리업자에게 영업정지를 명하는 경우로서 그 영업정지가 이용자에게 불편을 주거나 그 밖에 공익을 해칠 우려가 있을 때에는 영업정지처분을 갈음하여 (3천만원) 이하의 과징금을 부과할 수 있다.

소방용품의 품질관리 정답 및 해설

211. 대통령령으로 정하는 소방용품을 제조하거나 수입하려는 자는 소방청장의 (형식승인)을 받아야 한다. 다만, (연구개발) 목적으로 제조하거나 수입하는 소방용품은 그러하지 아니하다.

212. 소방용품 형식승인을 받으려는 자는 행정안전부령으로 정하는 기준에 따라 형식승인을 위한 (시험시설)을 갖추고 소방청장의 심사를 받아야 한다. 다만, 소방용품을 수입하는 자가 (판매)를 목적으로 하지 아니하고 자신의 건축물에 직접 설치하거나 사용하려는 경우 등 행정안전부령으로 정하는 경우에는 (시험시설)을 갖추지 아니할 수 있다.

213. 소방용품 형식승인을 받은 자는 그 소방용품에 대하여 소방청장이 실시하는 (제품검사)를 받아야 한다.

214. 소방용품의 형상 · 구조 · 재질 · 성분 · 성능 등을 (형상등)이라 한다.

215. 누구든지 (형식승인을 받지 아니한 것), (형상등을 임의로 변경한 것), (제품검사를 받지 아니하거나 합격표시를 하지 아니한 것)에 해당하는 소방용품을 판매하거나 판매 목적으로 진열하거나 소방시설공사에 사용할 수 없다.

216. 소방청장, 소방본부장 또는 소방서장은 형식승인 규정 등을 위반한 소방용품에 대하여는 그 제조자 · 수입자 · 판매자 또는 시공자에게 (수거) · (폐기) 또는 교체 등 행정안전부령으로 정하는 필요한 조치를 명할 수 있다.

217. 소방청장은 소방용품의 작동기능, 제조방법, 부품 등이 소방청장이 고시하는 형식승인 및 제품검사의 기술기준에서 정하고 있는 방법이 아닌 새로운 기술이 적용된 제품의 경우에는 관련 전문가의 평가를 거쳐 행정안전부령으로 정하는 바와 다른 방법 및 절차로 형식승인을 할 수 있으며, (외국의 공인기관)으로부터 인정받은 신기술 제품은 형식승인을 위한 시험 중 일부를 생략하여 형식승인을 할 수 있다.

218. 하나의 소방용품에 두 가지 이상의 형식승인 사항 또는 형식승인과 성능인증 사항이 결합된 경우에는 두 가지 이상의 형식승인 또는 형식승인과 성능인증 시험을 함께 실시하고 (하나)의 형식승인을 할 수 있다.

219. 소방청장은 제조자 또는 수입자 등의 (요청)이 있는 경우 소방용품에 대하여 (성능인증)을 할 수 있다.

220. 성능인증을 받은 자는 그 소방용품에 대하여 소방청장의 (제품검사)를 받아야 한다.

221. 소방청장은 형식승인의 대상이 되는 소방용품 중 품질이 우수하다고 인정하는 소방용품에 대하여 (우수품질인증)을 할 수 있다.

222. 우수품질인증의 유효기간은 (5년)의 범위에서 행정안전부령으로 정한다.

223. 중앙행정기관과 지방자치단체, 공공기관은 우수품질인증 소방용품을 우선 구매·사용하도록 노력하여야 한다. [O]

224. 지방공사, 지방공단, 지방자치단체가 출자·출연한 기관은 우수품질인증 소방용품을 우선 구매·사용하도록 노력하여야 한다. [O]

225. 소방청장은 소방용품의 품질관리를 위하여 필요하다고 인정할 때에는 유통 중인 소방용품을 수집하여 검사할 수 있다. [O]

보칙 정답 및 해설

226. 소방청장은 제품검사를 전문적 · 효율적으로 실시하기 위하여 요건을 모두 갖춘 기관을 제품검사 (전문기관)으로 지정할 수 있다.

227. 소방청장은 전문기관을 지정하는 경우에는 소방용품의 품질 향상, 제품검사의 기술개발 등에 드는 비용을 부담하게 하는 등 필요한 (조건)을 붙일 수 있다.

228. 전문기관에 따른 조건은 공공의 이익을 증진하기 위하여 필요한 (최소한도)에 그쳐야 하며, (부당한) 의무를 부과하여서는 아니 된다.

229. 소방청장, 소방본부장 또는 소방서장은 특정소방대상물의 체계적인 안전관리를 위하여 건축허가등의 동의에 따라 제출받은 설계도면의 관리 및 활용 등의 정보가 포함된 전산시스템을 (구축 · 운영하여야 한다).

230. 소방청장 또는 시 · 도지사가 청문을 하여야 하는 처분
① 소방시설 관리사 자격의 취소 및 정지
② 소방시설 관리업의 등록취소 및 영업정지
③ 소방용품의 형식승인 취소 및 제품검사 중지
④ 소방용품 성능인증의 취소
⑤ 소방용품 우수품질인증의 취소
⑥ 제품검사 전문기관의 지정취소 및 업무정지

231. 특정소방대상물에 설치하는 소방시설의 관리 규정을 위반하여 소방시설에 폐쇄 · 차단 등의 행위를 한 자는 (5년) 이하의 징역 또는 (5천만원) 이하의 벌금에 처한다.

총칙 정답 및 해설

1. 소방시설공사업법은 소방시설공사 및 소방기술의 관리에 필요한 사항을 규정함으로써 소방시설업을 건전하게 발전시키고 소방기술을 (진흥)시켜 화재로부터 공공의 (안전)을 확보하고 국민(경제)에 이바지함을 목적으로 한다.

2. (소방시설설계업) : 소방시설공사에 기본이 되는 공사계획, 설계도면, 설계 설명서, 기술계산서 및 이와 관련된 서류를 작성하는 영업을 말한다.

3. (소방시설공사업) : 설계도서에 따라 소방시설을 신설, 증설, 개설, 이전 및 정비하는 영업을 말한다.

4. (소방공사감리업) : 소방시설공사에 관한 발주자의 권한을 대행하여 소방시설공사가 설계도서와 관계 법령에 따라 적법하게 시공되는지를 확인하고, 품질·시공 관리에 대한 기술지도를 하는 영업을 말한다.

5. (방염처리업) : 「소방시설 설치 및 관리에 관한 법률」 제20조 제1항에 따른 방염대상물품에 대하여 방염처리하는 영업을 말한다.

6. (소방시설업자)란 소방시설업을 경영하기 위하여 소방시설업을 등록한 자를 말한다.

7. (감리원)이란 소방공사감리업자에 소속된 소방기술자로서 해당 소방시설공사를 감리하는 사람을 말한다.

8. (발주자)란 소방시설의 설계, 시공, 감리 및 방염을 소방시설업자에게 도급하는 자를 말한다. 다만, (수급인)으로서 도급받은 공사를 하도급하는 자는 제외한다.

9. 특정소방대상물의 소방시설공사등을 하려는 자는 업종별로 (자본금), (기술인력) 등 대통령령으로 정하는 요건을 갖추어 시·도지사에게 소방시설업을 등록하여야 한다. 단, 자본금은 개인인 경우에는 (자산 평가액)을 말한다.

10. 소방시설공사업의 등록을 하려는 자는 기준을 갖추어 소방청장이 지정하는 금융회사 또는 「소방산업의 진흥에 관한 법률」 제23조에 따른 소방산업공제조합이 자본금 기준금액의 <u>100분의 20 이상</u>에 해당하는 금액의 담보를 제공받거나 현금의 예치 또는 출자를 받은 사실을 증명하여 발행하는 확인서를 시·도지사에게 제출하여야 한다. [×]

11. 소방시설업의 <u>등록기준을 갖추지 못한 경우 시·도지사는 소방시설업의 등록을 해주어서는 아니 된다.</u> [×]

12. 소방시설업의 등록을 신청한 자가 결격사유에 해당하는 경우 시·도지사는 소방시설업의 등록을 해주어서는 아니 된다. [○]

13. 소방시설공사업법, 이 영 또는 <u>다른 법령에 따른 제한에 위반되는 경우</u> 시·도지사는 소방시설업의 등록을 해주어서는 아니 된다. [×]

14. 현금의 예치 또는 출자 등의 증명 확인서를 제출하지 아니한 경우 시·도지사는 소방시설업의 등록을 해주어서는 아니 된다. [○]

15. 소화기구, 자동소화장치, 옥내소화전설비, 스프링클러설비등, 물분무등소화설비, 옥외소화전설비는 일반 소방시설설계업에서 기계분야이다. [○]

16. 피난기구, 인명구조기구, 상수도소화용수설비, 소화수조·저수조, 그 밖의 소화용수설비는 일반 소방시설설계업에서 기계분야이다. [○]

17. 제연설비, 연결송수관설비, 연결살수설비 및 연소방지설비는 일반 소방시설설계업에서 기계분야이다. [○]

18. 기계분야 소방시설에 부설되는 전기시설은 일반 소방시설설계업에서 기계분야이다. [○]

19. 비상전원, 동력회로, 제어회로, 기계분야 소방시설을 작동하기 위하여 설치하는 화재감지기에 의한 화재감지장치 및 전기신호에 의한 소방시설의 작동장치는 일반 소방시설설계업에서 <u>전기분야</u>이다. [×]

20. 단독경보형감지기, 비상경보설비, 비상방송설비, 누전경보기, 자동화재탐지설비, 시각경보기, 화재알림설비, 자동화재속보설비, 가스누설경보기, 통합감시시설은 일반 소방시설설계업에서 <u>전기분야</u>이다. [×]

21. 비상조명등, 휴대용비상조명등, 비상콘센트설비 및 무선통신보조설비는 일반 소방시설설계업에서 전기분야이다. [O]

22. 일반 소방시설설계업의 기계분야 및 전기분야를 함께 하는 경우 주된 기술인력은 소방기술사 1명 또는 기계분야 소방설비기사와 전기분야 소방설비기사 자격을 함께 취득한 사람 <u>1명 이상</u>으로 할 수 있다. [×]

23. 소방시설설계업을 하려는 자가 소방시설공사업, 소방시설관리업 또는 화재위험평가 대행업 중 어느 하나를 함께 하려는 경우 소방시설공사업, 소방시설관리업 또는 화재위험평가 대행업을 하려는 자가 갖추어야 하는 기술인력의 기준
① 전문 소방시설설계업과 소방시설관리업을 함께 하는 경우 : 소방기술사 자격과 소방시설관리사 자격을 함께 취득한 사람 [O]
② 전문 소방시설설계업과 전문 소방시설공사업을 함께 하는 경우 : <u>소방기술사 자격</u>을 취득한 사람 [×]
③ 전문 소방시설설계업과 화재위험평가 대행업을 함께 하는 경우 : <u>소방기술사 자격</u>을 취득한 사람 [×]
④ 일반 소방시설설계업과 소방시설관리업을 함께 하는 경우
  ㉠ <u>소방기술사</u> 자격과 소방시설관리사 자격을 함께 취득한 사람 [×]
  ㉡ 기계분야 소방설비기사 또는 전기분야 소방설비기사 자격을 취득한 사람 중 소방시설관리사 자격을 취득한 사람 [O]
⑤ 일반 소방시설설계업과 일반 소방시설공사업을 함께 하는 경우 : 소방기술사 자격을 취득하거나 기계분야 또는 전기분야 소방설비기사 자격을 취득한 사람 [O]
⑥ 일반 소방시설설계업과 전문 소방시설공사업을 함께 하는 경우 : 소방기술사 자격을 취득하거나 <u>기계분야 및 전기분야 소방설비기사</u> 자격을 함께 취득한 사람 [×]
⑦ 전문 소방시설설계업과 일반 소방시설공사업을 함께 하는 경우 : 소방기술사 자격을 취득한 사람 [O]

24. 보조기술인력 기준
① 소방기술사, 소방설비기사 또는 소방설비산업기사 자격을 취득한 사람 [O]
② <u>소방공무원으로 재직한 경력이 3년 이상</u>인 사람으로서 자격수첩을 발급받은 사람 [×]
③ 행정안전부령으로 정하는 소방기술과 관련된 자격·경력 및 학력을 갖춘 사람으로서 자격수첩을 발급받은 사람 [O]

25. 소방시설 설계업의 등록기준 및 영업범위

업종별 \ 항목		기술인력	영업범위
전문 소방시설 설계업		가. 주된 기술인력 : (소방기술사) 1명 이상 나. 보조기술인력 : (1명) 이상	모든 특정소방대상물에 설치되는 소방시설의 설계
일반 소방 시설 설계업	기계 분야	가. 주된 기술인력 : 소방기술사 또는 기계분야 소방설비기사 1명 이상 나. 보조기술인력 : (1명) 이상	가. 아파트에 설치되는 기계분야 소방시설의 설계. 제연설비는 제외 나. 연면적 (3만제곱미터) 미만의 특정소방대상물에 설치되는 기계분야 소방시설의 설계. 공장의 경우에는 (1만제곱미터) 미만이며, 제연설비가 설치되는 특정소방대상물은 제외 다. 위험물제조소등에 설치되는 기계분야 소방시설의 설계
	전기 분야	가. 주된 기술인력 : 소방기술사 또는 전기분야 소방설비기사 1명 이상 나. 보조기술인력 : (1명) 이상	가. 아파트에 설치되는 전기분야 소방시설의 설계 나. 연면적 (3만제곱미터) 미만의 특정소방대상물에 설치되는 전기분야 소방시설의 설계. 공장의 경우에는 (1만제곱미터) 미만 다. 위험물제조소등에 설치되는 전기분야 소방시설의 설계

26. 전문 소방시설 공사업의 기술인력으로 주된 기술인력은 (소방기술사) 또는 기계분야와 전기분야의 소방설비기사 각 1명을 갖추어야 한다. 단, 기계분야 및 전기분야의 자격을 함께 취득한 사람 1명 이상, 보조기술인력은 (2명) 이상 갖추어야 한다.

27. 일반 소방시설 공사업의 등록기준은 법인은 (자본금) (1억원) 이상, 개인은 (자산평가액) (1억원) 이상이다.

28. 일반 소방시설 공사업 중 전기분야의 영업 범위는 연면적 (1만제곱미터) 미만의 특정소방대상물에 설치되는 전기분야 소방시설의 공사 · (개설) · (이전) · 정비이다.

29. 전문 소방공사감리업의 기술인력. 단, 기계분야 및 전기분야의 자격을 함께 가지고 있는 사람이 있는 경우에는 그에 해당하는 사람 1명
① 소방기술사 (1명) 이상
② 기계분야 및 전기분야의 특급 감리원 (각 1명) 이상
③ 기계분야 및 전기분야의 고급 감리원 이상의 감리원 (각 1명) 이상
④ 기계분야 및 전기분야의 중급 감리원 이상의 감리원 (각 1명) 이상
⑤ 기계분야 및 전기분야의 초급 감리원 이상의 감리원 (각 1명) 이상

30. 방염처리업에는 (섬유류)방염업, (합성수지류)방염업, (합판 · 목재류)방염업이 있다.

31. 「소방시설공사업법」 제4조 제1항에 따라 소방시설업을 등록하려는 자는 소방시설업 등록신청서에 필요한 서류를 첨부하여 「소방시설공사업법 시행령」 제20조 제3항에 따라 (소방시설업자협회)에 제출해야 한다.

32. 소방시설업자협회는 소방시설업의 등록신청 서류에 첨부서류가 첨부되지 아니한 경우 등에 해당되는 경우에는 (10일) 이내의 기간을 정하여 이를 보완하게 할 수 있다.

33. 소방시설업자협회는 검토·확인을 마쳤을 때에는 소방시설업 등록신청 서류에 그 결과를 기재한 소방시설업 등록신청서 서면심사 및 확인 결과를 첨부하여 접수일부터 (7일) 이내에 신청인의 주된 영업소 소재지를 관할하는 시·도지사에게 보내야 한다.

34. 시·도지사는 접수일부터 (15일) 이내에 협회를 경유하여 소방시설업 등록증 및 소방시설업 등록수첩을 신청인에게 발급해 주어야 한다.

35. 소방시설업자는 소방시설업 등록증 또는 등록수첩을 잃어버리거나 소방시설업 등록증 또는 등록수첩이 헐어 못 쓰게 된 경우에는 (시·도지사)에게 소방시설업 등록증 또는 등록수첩의 재발급을 신청할 수 있다.

36. 시·도지사는 재발급신청서를 제출받은 경우에는 (3일) 이내에 협회를 경유하여 소방시설업 등록증 또는 등록수첩을 재발급하여야 한다.

37. 「공공기관의 운영에 관한 법률」에 따른 공기업·준정부기관 및 「지방공기업법」에 따라 설립된 지방공사나 지방공단이 (주택의 건설·공급)을 목적으로 설립되고, (설계·감리 업무)를 주요 업무로 규정하고 있는 요건을 모두 갖춘 경우에는 시·도지사에게 등록을 하지 아니하고 자체 기술인력을 활용하여 설계·감리를 할 수 있다. 이 경우 대통령령으로 정하는 기술인력을 보유하여야 한다.

38. 소방시설업자는 등록한 사항 중 행정안전부령으로 정하는 중요 사항을 변경할 때에는 행정안전부령으로 정하는 바에 따라 (시·도지사)에게 신고하여야 한다.

39. 행정안전부령으로 정하는 중요 사항이란 (상호), (영업소 소재지), (대표자), (기술인력)이다.

40. 소방시설업자는 소방시설업을 휴업·폐업 또는 (재개업)하는 때에는 행정안전부령으로 정하는 바에 따라 시·도지사에게 신고하여야 한다.

41. 소방시설업의 (폐업)신고를 받은 시·도지사는 소방시설업 등록을 말소하고 그 사실을 행정안전부령으로 정하는 바에 따라 공고하여야 한다.

42. 소방시설업의 폐업신고를 한 자가 소방시설업 등록이 말소된 후 (6개월) 이내에 같은 업종의 소방시설업을 다시 등록한 경우 해당 소방시설업자는 폐업신고 전 소방시설업자의 지위를 (승계)한다.

43. 소방시설업자는 다른 자에게 자기의 성명이나 상호를 사용하여 소방시설공사등을 수급 또는 시공하게 하거나 소방시설업의 (등록증) 또는 (등록수첩)을 빌려 주어서는 아니 된다.

44. 영업정지처분이나 등록취소처분을 받은 소방시설업자는 (그 날)부터 소방시설공사등을 하여서는 아니 된다. 다만, 소방시설의 착공신고가 (수리)되어 공사를 하고 있는 자로서 (도급)계약이 해지되지 아니한 소방시설공사업자 또는 소방공사감리업자가 그 공사를 하는 동안이나 방염처리업을 등록한 자가 도급을 받아 방염 중인 것으로서 (도급)계약이 해지되지 아니한 상태에서 그 방염을 하는 동안에는 그러하지 아니하다.

45. 소방시설업자가 소방시설공사등을 맡긴 특정소방대상물의 관계인에게 지체 없이 그 사실을 알려야 하는 경우
① 소방시설업자의 지위를 승계한 경우
② 소방시설업의 등록취소처분 또는 영업정지처분을 받은 경우
③ 휴업하거나 폐업한 경우

46. 소방시설업자가 보관하여야 하는 관계 서류
① 소방시설설계업 : 소방시설 (설계기록부) 및 소방시설 설계도서
② 소방시설공사업 : (소방시설공사) 기록부
③ 소방공사감리업 : 소방공사 감리기록부, 소방공사 감리일지 및 소방시설의 (완공 당시 설계도서)

47. 시 · 도지사는 소방시설업의 등록취소와 영업정지의 어느 하나에 해당하는 경우로서 영업정지가 그 이용자에게 불편을 주거나 그 밖에 공익을 해칠 우려가 있을 때에는 영업정지처분을 갈음하여 (2억원) 이하의 과징금을 부과할 수 있다.

48. 소방시설설계업을 등록한 자는 이 법이나 이 법에 따른 명령과 (화재안전기준)에 맞게 소방시설을 설계하여야 한다. 다만, 「소방시설 설치 및 관리에 관한 법률」 제18조 제1항에 따른 중앙소방기술심의위원회의 심의를 거쳐 소방시설의 구조와 원리 등에서 특수한 설계로 인정된 경우는 (화재안전기준)을 따르지 아니할 수 있다.

49. 「소방시설 설치 및 관리에 관한 법률」 제8조 제1항에 따른 특정소방대상물에 대해서는 그 (용도), (위치), 구조, 수용인원, (가연물)의 종류 및 양 등을 고려하여 성능위주설계하여야 한다. 단, (신축)하는 것만 해당한다.

50. 성능위주설계를 하기 위한 기술인력은 소방기술사 2명 이상이다. [×]

51. 성능위주설계자의 자격은 전문 소방시설설계업을 등록한 자이다. [O]

52. 성능위주설계자의 자격은 전문 소방시설설계업 등록기준에 따른 기술인력을 갖춘 자로서 소방청장이 정하여 고시하는 연구기관 또는 단체이다. [×]

53. (공사업자)는 이 소방시설공사업법이나 이 법에 따른 명령과 화재안전기준에 맞게 시공하여야 한다.

54. 연면적 20만제곱미터 이상인 특정소방대상물의 공사현장에는 행정안전부령으로 정하는 특급기술자인 소방기술자(기계분야 및 전기분야)를 배치해야 한다. [×]

55. 지하층을 포함한 층수가 40층 이상인 특정소방대상물의 공사 현장에는 행정안전부령으로 정하는 특급기술자인 소방기술자(기계분야 및 전기분야)를 배치해야 한다. [×]

56. 연면적 3만제곱미터 이상 20만제곱미터 미만인 특정소방대상물(아파트는 제외한다)의 공사 현장에는 행정안전부령으로 정하는 고급기술자 이상의 소방기술자(기계분야 및 전기분야)를 배치해야 한다. [×]

57. 지하층을 포함한 층수가 16층 이상 40층 미만인 특정소방대상물의 공사 현장에는 행정안전부령으로 정하는 고급기술자 이상의 소방기술자(기계분야 및 전기분야)를 배치해야 한다. [O]

58. 물분무등소화설비(호스릴 방식의 소화설비는 제외한다) 또는 제연설비가 설치되는 특정소방대상물의 공사 현장에는 행정안전부령으로 정하는 중급기술자 이상의 소방기술자(기계분야 및 전기분야)를 배치해야 한다. [×]

59. 연면적 5천제곱미터 이상 3만제곱미터 미만인 특정소방대상물(아파트는 제외한다)의 공사 현장에는 행정 안전부령으로 정하는 중급기술자 이상의 소방기술자(기계분야 및 전기분야)를 배치해야 한다. [○]

60. 연면적 1만제곱미터 이상 20만제곱미터 미만인 아파트의 공사 현장에는 행정안전부령으로 정하는 중급기 술자 이상의 소방기술자(기계분야 및 전기분야)를 배치해야 한다. [○]

61. 연면적 1천제곱미터 이상 5천제곱미터 미만인 특정소방대상물(아파트는 제외한다)의 공사 현장에는 행정 안전부령으로 정하는 초급기술자 이상의 소방기술자(기계분야 및 전기분야)를 배치해야 한다. [○]

62. 연면적 1천제곱미터 이상 1만제곱미터 미만인 아파트의 공사 현장에는 행정안전부령으로 정하는 <u>초급기 술자 이상</u>의 소방기술자(기계분야 및 전기분야)를 배치해야 한다. [×]

63. 지하구(地下溝)의 공사 현장에는 행정안전부령으로 정하는 <u>초급기술자 이상</u>의 소방기술자(기계분야 및 전 기분야)를 배치해야 한다. [×]

64. 연면적 1천제곱미터 미만인 특정소방대상물의 공사 현장에는 자격수첩을 발급받은 소방기술자를 배치해 야 한다. [○]

65. 소방시설의 비상전원을 「전기공사업법」에 따른 전기공사업자가 공사하는 경우에는 소방기술자를 소방시 설공사 현장에 배치하지 않을 수 있다. [○]

66. 소방 외의 용도와 겸용되는 비상방송설비 또는 무선통신보조설비를 「정보통신공사업법」에 따른 정보통신 공사업자가 공사하는 경우에는 소방기술자를 소방시설공사 현장에 배치하지 않을 수 있다. [○]

67. 공사업자는 예외적인 경우를 제외하고 1명의 소방기술자를 2개의 공사 현장을 초과하여 배치해서는 안 된다. [○]

68. 건축물의 연면적이 5천제곱미터 미만인 공사 현장에만 배치하는 경우에는 1명의 소방기술자를 2개의 공 사 현장을 초과하여 배치할 수 있다. 다만, 그 연면적의 합계는 <u>2만제곱미터</u>를 초과해서는 안 된다. [×]

69. 건축물의 연면적이 5천제곱미터 이상인 공사 현장 <u>2개 이하</u>와 5천제곱미터 미만인 공사 현장에 같이 배치 하는 경우에는 1명의 소방기술자를 2개의 공사 현장을 초과하여 배치할 수 있다. 다만, 5천제곱미터 미만 의 공사 현장의 연면적의 합계는 1만제곱미터를 초과해서는 안 된다. [×]

70. 1명의 소방기술자를 2개의 공사 현장을 초과하여 배치할 수 있는 경우에도 연면적 <u>3만제곱미터 이상</u>의 특정소방대상물(아파트는 제외한다)이거나 지하층을 포함한 층수가 <u>16층 이상으로서 500세대 이상</u>인 아 파트에 대한 소방시설 공사의 경우에는 소방기술자를 1개의 공사 현장에만 배치해야 한다. [×]

71. 공사업자는 소방기술자를 소방시설공사의 착공일부터 소방시설 완공검사증명서 발급일까지 배치한다. [○]

72. 민원 또는 계절적 요인 등으로 해당 공정의 공사가 일정 기간 중단된 경우에 발주자가 서면으로 승낙하는 경우에는 해당 공사가 중단된 기간 동안 소방기술자를 공사 현장에 배치하지 않을 수 있다. [○]

73. 예산의 부족 등 발주재(하도급의 경우에는 수급인을 포함)의 책임 있는 사유 또는 천재지변 등 불가항력으로 공사가 일정기간 중단된 경우에 공사가 중단된 기간 동안 소방기술자를 공사 현장에 배치하지 않을 수 있다. [×]

74. 발주자가 공사의 중단을 요청하는 경우 공사가 중단된 기간 동안 소방기술자를 공사 현장에 배치하지 않을 수 있다. [×]

75. 공사업자는 대통령령으로 정하는 소방시설공사를 하려면 행정안전부령으로 정하는 바에 따라 그 공사의 내용, 시공 장소, 그 밖에 필요한 사항을 소방본부장이나 소방서장에게 (신고)하여야 한다.

76. 신설하는 소방시설공사의 착공신고 대상

소화설비	경보설비	소화용수설비	소화활동설비
• 호스릴 포함한 옥내소화전설비 • 호스릴 포함한 (옥외소화전설비) • (스프링클러설비등) • 물분무등소화설비	• 자동화재탐지설비 • (화재알림설비) • 비상경보설비 • (비상방송설비)	소화용수설비	• 연결송수관설비 • 연결살수설비 • (제연설비) • 연소방지설비 • (비상콘센트설비) • 무선통신보조설비

77. 「위험물안전관리법」 제2조 제1항 제6호에 따른 제조소등의 소방시설공사는 착공신고 제외 대상이다. [×]

78. 「다중이용업소의 안전관리에 관한 특별법」 제2조 제1항 제4호에 따른 다중이용업소에서의 소방시설공사는 착공신고 제외 대상이다. [○]

79. 「건설산업기본법 시행령」 별표 1에 따른 기계설비·가스공사업자가 공사하는 소방시설공사의 경우에는 착공신고 제외 대상이다. [×]

80. 상·하수도설비공사업자가 소방시설 공사를 하는 경우에는 착공신고 제외 대상이다. [○]

81. 「정보통신공사업법」에 따른 정보통신공사업자가 소방시설 공사를 하는 경우에는 착공신고 제외 대상이다. [○]

82. 제연설비를 기계가스설비공사업자가 공사하는 경우에는 착공신고 제외 대상이다. [×]

83. 증설하는 소방시설공사의 착공신고 대상

소화설비	경보설비	소화활동설비
• 호스릴 포함한 옥내소화전설비 • 호스릴 포함한 옥외소화전설비 • 스프링클러설비등의 방호·방수구역 • (물분무등소화설비)의 방호·방수구역	• (자동화재탐지설비)의 경계구역 • (화재알림설비)의 경계구역	• 제연설비의 제연구역 • 연결살수설비의 살수구역 • 연결송수관설비의 송수구역 • (비상콘센트설비)의 전용회로 • (연소방지설비)의 살수구역

84. 특정소방대상물에 설치된 소방시설등을 구성하는 (수신반), 소화펌프, (동력제어반), 감시제어반의 전부 또는 일부를 개설, 이전 또는 정비하는 공사는 소방본부장이나 소방서장에게 신고하여야 한다. 다만, 고장 또는 파손 등으로 인하여 작동시킬 수 없는 소방시설을 긴급히 교체하거나 보수하여야 하는 경우에는 신고하지 않을 수 있다.

85. 소방본부장 또는 소방서장은 착공신고 또는 변경신고를 받은 날부터 (2일) 이내에 신고수리 여부를 신고인에게 통지하여야 한다.

86. 소방본부장 또는 소방서장이 착공신고 또는 변경신고를 정한 기간 내에 신고수리 여부 또는 민원 처리 관련 법령에 따른 처리기간의 연장을 신고인에게 통지하지 아니하면 (그 기간이 끝난 날의 다음 날에 신고를 수리한 것으로 본다).

87. 공사업자는 소방시설공사를 완공하면 소방본부장 또는 소방서장의 (완공검사)를 받아야 한다. 다만, 공사감리자가 지정되어 있는 경우에는 공사감리 결과보고서로 (완공검사)를 갈음하되, 대통령령으로 정하는 특정소방대상물의 경우에는 소방본부장이나 소방서장이 소방시설공사가 공사감리 결과보고서대로 완공되었는지를 (현장)에서 확인할 수 있다.

88. 문화 및 집회시설, 종교시설, 판매시설, 노유자시설, 수련시설, 운동시설, 숙박시설, 창고시설, 지하상가 및 다중이용업소는 완공검사를 위한 현장확인 대상 특정소방대상물이다. [×]

89. 스프링클러설비등이나 물분무등소화설비(호스릴 방식의 소화설비는 제외한다)가 설치된 특정소방대상물은 완공검사를 위한 현장확인 대상 특정소방대상물이다. [○]

90. 연면적 1만제곱미터 이상이거나 11층 이상인 특정소방대상물(아파트는 제외)은 완공검사를 위한 현장확인 대상 특정소방대상물이다. [×]

91. 가연성가스를 제조·저장 또는 취급하는 시설 중 지상에 노출된 가연성가스탱크의 저장용량 합계가 1천톤 이상인 시설은 완공검사를 위한 현장확인 대상 특정소방대상물이다. [×]

92. 공사업자가 소방대상물 일부분의 소방시설공사를 마친 경우로서 전체 시설이 준공되기 전에 부분적으로 사용할 필요가 있는 경우에는 그 일부분에 대하여 소방본부장이나 소방서장에게 부분완공검사를 신청할 수 <u>있다</u>. [×]

93. 소방본부장이나 소방서장은 완공검사나 부분완공검사를 하였을 때에는 완공검사증명서나 부분완공검사증명서를 발급하여야 한다. [○]

94. 비상경보설비, 비상방송설비, 피난기구의 하자보수 보증기간은 2년이다. [○]

95. 유도등, 비상조명등 및 무선통신보조설비의 하자보수 보증기간은 <u>2년</u>이다. [×]

96. 자동소화장치, 옥내소화전설비, 스프링클러설비등, 물분무등소화설비, 옥외소화전설비의 하자보수 보증기간은 3년이다. [○]

97. 자동화재탐지설비, 화재알림설비의 하자보수 보증기간은 <u>3년</u>이다. [×]

98. 소화용수설비 및 소화활동설비(<u>무선통신보조설비는 제외한다</u>)의 하자보수 보증기간은 3년이다. [×]

99. 관계인은 하자보수 기간에 소방시설의 하자가 발생하였을 때에는 공사업자에게 그 사실을 알려야 하며, 통보를 받은 공사업자는 (3일) 이내에 하자를 보수하거나 보수 일정을 기록한 하자보수계획을 관계인에게 (서면)으로 알려야 한다.

100. 공사업자가 하자보수를 <u>3일 이내</u>에 이행하지 아니한 경우 관계인은 소방본부장이나 소방서장에게 그 사실을 알릴 수 있다. [×]

101. 공사업자가 하자보수 기간에 하자보수계획을 <u>서면으로</u> 알리지 아니한 경우 관계인은 소방본부장이나 소방서장에게 그 사실을 알릴 수 있다. [×]

102. 공사업자의 하자보수계획이 불합리하다고 인정되는 경우 관계인은 소방본부장이나 소방서장에게 그 사실을 알릴 수 있다. [○]

103. 소방본부장이나 소방서장은 하자보수계획의 통보를 받았을 때에는 <u>「소방시설 설치 및 관리에 관한 법률」 제18조 제2항에 따른 지방소방기술심의위원회</u>에 심의를 요청하여야 하며, 그 심의 결과 불합리하다고 인정할 때에는 시공자에게 기간을 정하여 하자보수를 명하여야 한다. [×]

104. 감리업자의 업무 중 적법성 검토
 ① 소방시설등의 설치계획표의 적법성 검토
 ② 피난시설 및 방화시설의 적법성 검토
 ③ 실내장식물의 불연화(不燃化)와 방염 물품의 적법성 검토

105. 감리업자의 업무 중 적합성(적법성+합리성) 검토
① 소방시설등 설계도서의 적합성 검토
② 소방시설등 설계 변경 사항의 적합성 검토
③ 「소방시설 설치 및 관리에 관한 법률」 제2조 제1항 제7호의 소방용품의 위치ㆍ규격 및 사용 자재의 적합성 검토
④ 공사업자가 작성한 시공 상세 도면의 적합성 검토

106. 감리업자의 업무 중 지도ㆍ감독 업무
• 공사업자가 한 소방시설등의 시공이 설계도서와 화재안전기준에 맞는지에 대한 지도ㆍ감독

107. 감리업자의 업무 중 성능시험 업무
• 완공된 소방시설등의 성능시험

108. 상주공사감리 대상
① 연면적 (3만제곱미터) 이상의 아파트는 제외한 특정소방대상물에 대한 소방시설의 공사
② 지하층을 포함한 층수가 (16)층 이상으로서 (500)세대 이상인 아파트에 대한 소방시설의 공사

109. 상주공사감리 대상의 감리원이 행정안전부령으로 정하는 기간 중 부득이한 사유로 (1일) 이상 현장을 이탈하는 경우에는 감리일지 등에 기록하여 발주청 또는 발주자의 확인을 받아야 한다.

110. 일반공사감리 대상의 감리원은 행정안전부령으로 정하는 기간 중에는 주 (1회) 이상 공사 현장에 배치되어 감리업무를 수행하고 감리일지에 기록해야 한다.

111. 일반공사감리 대상의 감리업자는 감리원이 부득이한 사유로 (14일) 이내의 범위에서 업무를 수행할 수 없는 경우에는 업무대행자를 지정하여 그 업무를 수행하게 해야 한다.

112. 일반공사감리 대상의 감리원 업무로 지정된 업무대행자는 주 (2회) 이상 공사 현장에 배치되어 감리업무를 수행하며, 그 업무수행 내용을 감리원에게 통보하고 감리일지에 기록해야 한다.

113. 대통령령으로 정하는 특정소방대상물의 (관계인)이 특정소방대상물에 대하여 자동화재탐지설비, 옥내소화전설비 등 대통령령으로 정하는 소방시설을 시공할 때에는 소방시설공사의 감리를 위하여 감리업자를 공사감리자로 지정하여야 한다.

114. 주택건설 공사에서 (시ㆍ도지사)가 감리업자를 선정한 경우에는 그 감리업자를 공사감리자로 지정한다.

115. 공사감리자 지정대상 특정소방대상물의 범위
① 소화설비
㉠ 옥내소화전설비를 신설ㆍ(개설) 또는 (증설)할 때

ⓛ 스프링클러설비등을 신설·개설하거나 방호·(방수) 구역을 증설할 때
　　단, (캐비닛형) 간이스프링클러설비는 제외한다.
ⓒ 물분무등소화설비를 신설·개설하거나 (방호)·방수구역을 증설할 때
　　단, (호스릴) 방식의 소화설비는 제외한다.
ⓔ 옥외소화전설비를 (신설)·개설 또는 증설할 때
② 경보설비
ⓐ 자동화재탐지설비를 (신설) 또는 (개설)할 때
ⓑ (화재알림설비)를 신설 또는 개설할 때
ⓒ (비상방송설비)를 신설 또는 개설할 때
ⓔ (통합감시시설)을 신설 또는 개설할 때
③ 소화용수설비를 신설 또는 (개설)할 때
④ 소화활동설비
ⓐ 제연설비를 신설·개설하거나 제연구역을 (증설)할 때
ⓑ 연결살수설비를 신설·개설하거나 (송수구역)을 증설할 때
ⓒ 비상콘센트설비를 신설·개설하거나 (전용회로)를 증설할 때
ⓔ 연소방지설비를 신설·개설하거나 (살수구역)을 증설할 때
ⓜ (연결송수관설비)를 신설 또는 개설할 때
ⓗ (무선통신보조설비)를 신설 또는 개설할 때

116. 소방공사 감리원의 배치기준

감리원 배치기준		소방시설공사 현장기준		
책임감리원	보조감리원	아파트	특정소방대상물	기타
① 특급감리원 중 (소방기술사)	초급감리원 : 기계분야·전기분야	ⓐ 연면적 (20만)m² 이상 ⓑ 지하를 포함한 (40)층 이상	ⓐ 연면적 (20만)m² 이상 ⓑ 지하를 포함한 (40)층 이상	
② 특급감리원 이상 : 기계분야·전기분야	초급감리원 : 기계분야·전기분야	지하를 포함한 (16)층 ~ (40)층	ⓐ 연면적 (3만)m² ~ (20만)m² ⓑ 지하를 포함한 (16)층 ~ (40)층	
③ 고급감리원 이상 : 기계분야·전기분야	초급감리원 : 기계분야·전기분야	연면적 (3만)m² ~ (20만)m²		ⓐ 호스릴 제외한 (물분무등 소화설비) ⓑ (제연설비)
④ 중급감리원 이상 : 기계분야·전기분야		연면적 (5천)m² ~ (3만)m²	연면적 (5천)m² ~ (3만)m²	
⑤ 초급감리원 이상 : 기계분야·전기분야		연면적 (5천)m² 미만	연면적 (5천)m² 미만	(지하구)

117. 소방시설공사 현장의 연면적 합계가 (20만제곱미터) 이상인 경우에는 (20만제곱미터)를 초과하는 연면적에 대하여 10만제곱미터마다 보조감리원 (1명) 이상을 추가로 배치해야 한다. 단, 20만제곱미터를 초과하는 연면적이 10만제곱미터에 미달하는 경우에는 10만제곱미터로 본다.

118. 감리업자는 소방공사 감리원을 상주 공사감리 및 일반 공사감리로 구분하여 소방시설공사의 (착공)일부터 소방시설 (완공검사증명서) 발급일까지의 기간 중 행정안전부령으로 정하는 기간 동안 배치한다.

119. 상주 공사감리 대상인 경우 기계분야의 감리원 자격을 취득한 사람과 전기분야의 감리원 자격을 취득한 사람 각 1명 이상을 감리원으로 배치한다. 다만, 기계분야 및 전기분야의 감리원 자격을 함께 취득한 사람이 있는 경우에는 (그에 해당하는 사람 1명) 이상을 배치할 수 있다.

120. 상주 공사감리 대상인 경우 소방시설용 배관을 설치하거나 (매립)하는 때부터 소방시설 완공검사증명서를 발급받을 때까지 소방공사감리현장에 감리원을 배치한다.

121. 일반 공사감리 대상인 경우 1명의 감리원이 담당하는 소방공사감리현장은 (5개) 이하로서 감리현장 연면적의 총 합계가 (10만)제곱미터 이하여야 한다. 다만, 일반 공사감리 대상인 아파트의 경우에는 연면적의 합계에 관계없이 1명의 감리원이 (5개) 이내의 공사현장을 감리할 수 있다. 다만, 자동화재탐지설비 또는 (옥내소화전설비) 중 어느 하나만 설치하는 2개의 소방공사감리현장이 최단 차량주행거리로 (30)킬로미터 이내에 있는 경우에는 1개의 소방공사감리현장으로 본다.

122. 감리업자는 감리를 할 때 소방시설공사가 설계도서나 화재안전기준에 맞지 아니할 때에는 관계인에게 알리고, (공사업자)에게 그 공사의 시정 또는 보완 등을 요구하여야 한다.

123. 감리업자는 (공사업자)가 그 공사의 시정 또는 보완 등의 요구를 이행하지 아니하고 그 공사를 계속할 때에는 행정안전부령으로 정하는 바에 따라 (소방본부장)이나 (소방서장)에게 그 사실을 보고하여야 한다.

124. 관계인은 감리업자가 소방본부장이나 소방서장에게 보고한 것을 이유로 감리계약을 (해지)하거나 감리의 대가 지급을 거부하거나 (지연)시키거나 그 밖의 불이익을 주어서는 아니 된다.

125. 감리업자는 소방공사의 감리를 마쳤을 때에는 행정안전부령으로 정하는 바에 따라 그 감리 결과를 그 특정소방대상물의 (관계인), 소방시설공사의 (도급인), 그 특정소방대상물의 공사를 감리한 (건축사)에게 서면으로 알리고, 소방본부장이나 소방서장에게 공사감리 결과보고서를 제출하여야 한다.

126. (소방청장)은 방염처리업자의 방염처리능력 평가 요청이 있는 경우 해당 방염처리업자의 방염처리 실적 등에 따라 방염처리능력을 평가하여 공시할 수 있다.

127. 특정소방대상물의 관계인 또는 발주자는 소방시설공사등을 (도급)할 때에는 해당 소방시설업자에게 (도급)하여야 한다.

128. 소방시설공사는 다른 업종의 공사와 (분리)하여 도급하여야 한다.

129. 「재난 및 안전관리 기본법」 제3조 제1호에 따른 재난의 발생으로 긴급하게 착공해야 하는 공사인 경우 소방시설공사 분리 도급의 예외 사유이다. [×]

130. 국방 및 국가안보 등과 관련하여 기밀을 유지해야 하는 공사인 경우 소방시설공사 <u>분리 도급의 예외 사유이다</u>. [×]

131. 착공신고를 해야 하는 소방시설공사에 해당하지 않는 공사인 경우 소방시설공사 분리 도급의 예외 사유이다. [O]

132. <u>연면적이 1천제곱미터 이하인</u> 특정소방대상물에 비상경보설비를 설치하는 공사인 경우 소방시설공사 분리 도급의 예외 사유이다. [×]

133. 공사업자가 도급받은 소방시설공사의 도급금액 중 그 공사의 근로자에게 지급하여야 할 노임에 해당하는 금액은 (압류)할 수 없다.

134. 도급을 받은 자는 소방시설의 설계, 시공, 감리를 제3자에게 하도급할 수 없다. 다만, (시공)의 경우에는 대통령령으로 정하는 바에 따라 도급받은 소방시설공사의 일부를 다른 공사업자에게 하도급할 수 있다.

135. 발주자는 하수급인이 계약내용을 수행하기에 현저하게 부적당하다고 인정되거나 하도급계약금액이 대통령령으로 정하는 비율에 따른 금액에 미달하는 경우에는 하수급인의 시공 및 (수행능력), 하도급계약 내용의 (적정성) 등을 심사할 수 있다.

136. 하도급계약금액이 소방시설공사등에 대한 발주자의 예정가격의 (100분의 60)에 해당하는 금액에 미달하는 경우 하도급 계약의 적정성 심사 대상이다.

137. 수급인은 발주자로부터 도급받은 소방시설공사등에 대한 (준공금)을 받은 경우에는 하도급대금의 전부를, (기성금)을 받은 경우에는 하수급인이 시공하거나 수행한 부분에 상당한 금액을 각각 지급받은 날부터 15일 이내에 하수급인에게 현금으로 지급하여야 한다.

138. 도급계약의 해지 사유 3가지 이상
① 소방시설업이 등록취소되거나 영업정지된 경우
② 소방시설업을 휴업하거나 폐업한 경우
③ 정당한 사유 없이 30일 이상 소방시설공사를 계속하지 아니하는 경우
④ 하도급계약의 적정성 심사에 따른 요구에 정당한 사유 없이 따르지 아니하는 경우

139. 공사업자와 감리업자가 같은 자인 경우 특정소방대상물의 소방시설에 대한 시공과 감리를 함께 할 수 없다. [O]

140. 「독점규제 및 공정거래에 관한 법률」제2조 제11호에 따른 기업집단의 관계인 경우 특정소방대상물의 소방시설에 대한 시공과 감리를 함께 할 수 없다. [○]

141. 법인과 그 법인의 임직원의 관계인 경우 특정소방대상물의 소방시설에 대한 시공과 감리를 함께 할 수 <u>없다</u>. [×]

142. 공사업자와 감리업자가 「민법」제777조에 따른 친족관계인 경우 특정소방대상물의 소방시설에 대한 시공과 감리를 함께 할 수 <u>없다</u>. [×]

143. 소방청장은 관계인 또는 발주자가 적절한 공사업자를 선정할 수 있도록 하기 위하여 공사업자의 신청이 있으면 그 공사업자의 소방시설공사 (실적), (자본금) 등에 따라 시공능력을 평가하여 공시할 수 있다.

144. (시공능력평가액) = 실적평가액 + 자본금평가액 + 기술력평가액 + 경력평가액 ± 신인도평가액

145. 국가, (지방자치단체) 또는 대통령령으로 정하는 (공공기관)은 그가 발주하는 소방시설의 설계·공사 감리 용역 중 소방청장이 정하여 고시하는 금액 이상의 사업에 대하여는 대통령령으로 정하는 바에 따라 집행 계획을 작성하여 공고하여야 한다. 이 경우 공고된 사업을 하려면 기술능력, 경영능력, 그 밖에 대통령령으로 정하는 사업수행능력 평가기준에 적합한 (설계)·(감리)업자를 선정하여야 한다.

146. 시·도지사가 감리업자를 선정해야 하는 주택건설공사의 규모 및 대상은 「주택법」에 따른 공동주택으로서 (300)세대 이상인 것으로 한다.

147. 소방시설업자의 자본금·기술인력 보유 현황, 소방시설공사등 수행상황, 행정처분 사항 등 소방시설업자에 관한 정보는 소방시설업 종합정보시스템에서 관리·제공한다. [○]

148. 소방시설공사등의 착공 및 완공에 관한 사항, 소방기술자 및 감리원의 배치 현황 등 소방시설공사등과 관련된 정보는 소방시설업 종합정보시스템에서 관리·제공한다. [○]

149. 소방기술자는 (「소방시설공사업법」)과 이 법에 따른 명령과 (「소방시설 설치 및 관리에 관한 법률」) 및 같은 법에 따른 명령에 따라 업무를 수행하여야 한다.

150. 소방기술자는 다른 사람에게 (자격증)을 빌려 주어서는 아니 된다.

151. (소방기술자)는 동시에 둘 이상의 업체에 취업하여서는 아니 된다. 다만, 소방기술자 업무에 영향을 미치지 아니하는 범위에서 근무시간 외에 소방시설업이 아닌 다른 업종에 종사하는 경우는 제외한다.

152. 소방청장은 소방기술의 효율적인 활용과 소방기술의 향상을 위하여 소방기술과 관련된 자격·학력 및 경력을 가진 사람을 (소방기술자)로 인정할 수 있다.

153. 소방기술자의 기술등급

구분	기계분야	전기분야
특급 기술자	• (소방기술사) • 소방시설관리사 자격을 취득한 후 5년 이상 소방 관련 업무를 수행한 사람	
	• 건축사, 건축기계설비기술사, 건설기계기술사, 공조냉동기계기술사, 화공기술사, 가스기술사 자격을 취득한 후 (5년) 이상 소방 관련 업무를 수행한 사람	• 건축전기설비기술사 자격을 취득한 후 (5년) 이상 소방 관련 업무를 수행한 사람
	• 소방설비기사 기계분야의 자격을 취득한 후 (8년) 이상 소방 관련 업무를 수행한 사람	• 소방설비기사 전기분야의 자격을 취득한 후 (8년) 이상 소방 관련 업무를 수행한 사람
	• 소방설비산업기사 기계분야의 자격을 취득한 후 (11년) 이상 소방 관련 업무를 수행한 사람	• 소방설비산업기사 전기분야의 자격을 취득한 후 (11년) 이상 소방 관련 업무를 수행한 사람
	• 건축기사, 건축설비기사, 건설기계설비기사, 일반기계기사, 공조냉동기계기사, 화공기사, 가스기능장, 가스기사, 산업안전기사, 위험물기능장 자격을 취득한 후 (13년) 이상 소방 관련 업무를 수행한 사람	• 전기기능장, 전기기사, 전기공사기사 자격을 취득한 후 (13년) 이상 소방 관련 업무를 수행한 사람
고급 기술자	• (소방시설관리사)	
	• 건축사, 건축기계설비기술사, 건설기계기술사, 공조냉동기계기술사, 화공기술사, 가스기술사 자격을 취득한 후 (3년) 이상 소방 관련 업무를 수행한 사람	• 건축전기설비기술사 자격을 취득한 후 (3년) 이상 소방 관련 업무를 수행한 사람
	• 소방설비기사 기계분야의 자격을 취득한 후 (5년) 이상 소방 관련 업무를 수행한 사람	• 소방설비기사 전기분야의 자격을 취득한 후 (5년) 이상 소방 관련 업무를 수행한 사람

	• 소방설비산업기사 기계분야의 자격을 취득한 후 (8년) 이상 소방 관련 업무를 수행한 사람 • 건축기사, 건축설비기사, 건설기계설비기사, 일반기계기사, 공조냉동기계기사, 화공기사, 가스기능장, 가스기사, 산업안전기사, 위험물기능장 자격을 취득한 후 (11년) 이상 소방 관련 업무를 수행한 사람 • 건축산업기사, 건축설비산업기사, 건설기계설비산업기사, 공조냉동기계산업기사, 화공산업기사, 가스산업기사, 산업안전산업기사, 위험물산업기사 자격을 취득한 후 (13년) 이상 소방 관련 업무를 수행한 사람	• 소방설비산업기사 전기분야의 자격을 취득한 후 (8년) 이상 소방 관련 업무를 수행한 사람 • 전기기능장, 전기기사, 전기공사기사 자격을 취득한 후 (11년) 이상 소방 관련 업무를 수행한 사람 • 전기산업기사, 전기공사산업기사 자격을 취득한 후 (13년) 이상 소방 관련 업무를 수행한 사람
중급 기술자	• 건축사, 건축기계설비기술사, 건설기계기술사, 공조냉동기계기술사, 화공기술사, 가스기술사 • 기계분야 (소방설비기사)	• 건축전기설비기술사 • 전기분야 (소방설비기사)
	• 소방설비산업기사 기계분야의 자격을 취득한 후 (3년) 이상 소방 관련 업무를 수행한 사람 • 건축기사, 건축설비기사, 건설기계설비기사, 일반기계기사, 공조냉동기계기사, 화공기사, 가스기능장, 가스기사, 산업안전기사, 위험물기능장 자격을 취득한 후 (5년) 이상 소방 관련 업무를 수행한 사람 • 건축산업기사, 건축설비산업기사, 건설기계설비산업기사, 공조냉동기계산업기사, 화공산업기사, 가스산업기사, 산업안전산업기사, 위험물산업기사 자격을 취득한 후 (8년) 이상 소방 관련 업무를 수행한 사람	• 소방설비산업기사 전기분야의 자격을 취득한 후 (3년) 이상 소방 관련 업무를 수행한 사람 • 전기기능장, 전기기사, 전기공사기사 자격을 취득한 후 (5년) 이상 소방 관련 업무를 수행한 사람 • 전기산업기사, 전기공사산업기사 자격을 취득한 후 (8년) 이상 소방 관련 업무를 수행한 사람
초급 기술자	• 기계분야 (소방설비산업기사) • 건축기사, 건축설비기사, 건설기계설비기사, 일반기계기사, 공조냉동기계기사, 화공기사, 가스기능장, 가스기사, 산업안전기사, 위험물기능장 자격을 취득한 후 (2년) 이상 소방 관련 업무를 수행한 사람 • 건축산업기사, 건축설비산업기사, 건설기계설비산업기사, 공조냉동기계산업기사, 화공산업기사, 가스산업기사, 산업안전산업기사, 위험물산업기사 자격을 취득한 후 (4년) 이상 소방 관련 업무를 수행한 사람 • 위험물기능사 자격을 취득한 후 (6년) 이상 소방 관련 업무를 수행한 사람	• 전기분야 (소방설비산업기사) • 전기기능장, 전기기사, 전기공사기사 자격을 취득한 후 (2년) 이상 소방 관련 업무를 수행한 사람 • 전기산업기사, 전기공사산업기사 자격을 취득한 후 (4년) 이상 소방 관련 업무를 수행한 사람

154. 소방공사감리원의 기술등급

구분	기계분야	전기분야
특급 감리원	• (소방기술사) 자격을 취득한 사람 • 소방설비기사 기계분야 자격을 취득한 후 (8년) 이상 소방 관련 업무를 수행한 사람 • 소방설비산업기사 기계분야 자격을 취득한 후 (12년) 이상 소방 관련 업무를 수행한 사람	• 소방설비기사 전기분야 자격을 취득한 후 (8년) 이상 소방 관련 업무를 수행한 사람 • 소방설비산업기사 전기분야 자격을 취득한 후 (12년) 이상 소방 관련 업무를 수행한 사람
고급 감리원	• 소방설비기사 기계분야 자격을 취득한 후 (5년) 이상 소방 관련 업무를 수행한 사람 • 소방설비산업기사 기계분야 자격을 취득한 후 (8년) 이상 소방 관련 업무를 수행한 사람	• 소방설비기사 전기분야 자격을 취득한 후 (5년) 이상 소방 관련 업무를 수행한 사람 • 소방설비산업기사 전기분야 자격을 취득한 후 (8년) 이상 소방 관련 업무를 수행한 사람
중급 감리원	• 소방설비기사 기계분야 자격을 취득한 후 (3년) 이상 소방 관련 업무를 수행한 사람 • 소방설비산업기사 기계분야 자격을 취득한 후 (6년) 이상 소방 관련 업무를 수행한 사람 • 초급감리원을 취득한 후 (5년) 이상 기계분야 소방감리업무를 수행한 사람	• 소방설비기사 전기분야 자격을 취득한 후 (3년) 이상 소방 관련 업무를 수행한 사람 • 소방설비산업기사 전기분야 자격을 취득한 후 (6년) 이상 소방 관련 업무를 수행한 사람 • 초급감리원을 취득한 후 (5년) 이상 전기분야 소방감리업무를 수행한 사람
초급 감리원	• 해당하는 학사 이상의 학위를 취득한 후 (1년) 이상 소방 관련 업무를 수행한 사람 • 「고등교육법」에 해당하는 학과의 전문학사학위를 취득한 후 (3년) 이상 소방 관련 업무를 수행한 사람 • 고등학교 소방학과를 졸업한 후 (4년) 이상 소방 관련 업무를 수행한 사람 • (3년) 이상 소방공무원으로서 해당하는 경력이 있는 사람 • (5년) 이상 소방 관련 업무를 수행한 사람	

155. 소방기술자 양성·인정 교육훈련은 (소방청장)이 실시할 수 있다.

156. 소방청장은 전문적이고 체계적인 소방기술자 양성·인정 교육훈련을 위하여 소방기술자 양성·인정 (교육훈련기관)을 지정할 수 있다.

157. 소방기술자 양성·인정 교육훈련기관 지정요건
① 전국 (4개) 이상의 시·도에 이론교육과 실습교육이 가능한 교육·훈련장을 갖출 것
② 소방기술자 양성·인정 교육훈련을 실시할 수 있는 전담인력을 (6명) 이상 갖출 것
③ 교육과목별 교재 및 (강사) 매뉴얼을 갖출 것
④ 교육훈련의 신청·수료, 성과측정, 경력관리 등에 필요한 교육훈련 (관리시스템)을 구축·운영할 것

05 소방시설업자협회 정답 및 해설

158. 소방시설업자는 소방시설업자의 권익보호와 소방기술의 개발 등 소방시설업의 건전한 발전을 위하여 (소방시설업자협회)를 설립할 수 있다.

159. 소방시설업자협회는 법인으로 하고 소방청장의 (인가)를 받아 주된 사무소의 소재지에 설립등기를 함으로써 성립한다.

160. 소방시설업자협회의 업무
① 소방시설업의 기술발전과 소방기술의 (진흥)을 위한 조사·연구·분석 및 평가
② 소방산업의 발전 및 (소방기술)의 향상을 위한 지원
③ 소방시설업의 기술발전과 관련된 국제(교류)·활동 및 행사의 (유치)
④ 소방시설공사업법에 따른 (위탁) 업무의 수행

161. 소방시설업자협회에 관하여 이 법에 규정되지 아니한 사항은 「민법」 중 (사단)법인에 관한 규정을 준용한다.

162. (시·도지사), (소방본부장) 또는 (소방서장)은 소방시설업의 감독을 위하여 필요할 때에는 소방시설업자나 관계인에게 필요한 보고나 자료 제출을 명할 수 있고, 관계 공무원으로 하여금 소방시설업체나 특정소방대상물에 출입하여 관계 서류와 시설 등을 검사하거나 소방시설업자 및 관계인에게 질문하게 할 수 있다.

163. (소방청장)은 규정에 따라 소방청장의 업무를 위탁받은 실무교육기관 또는 「소방기본법」에 따른 한국소방안전원, 협회, 법인 또는 단체에 필요한 보고나 자료 제출을 명할 수 있고, 관계 공무원으로 하여금 실무교육기관, 한국소방안전원, 협회, 법인 또는 단체의 사무실에 출입하여 관계 서류 등을 검사하거나 관계인에게 질문하게 할 수 있다.

164. 소방시설업 (등록취소)처분이나 (영업정지)처분 또는 소방기술 인정 (자격취소)처분을 하려면 청문을 하여야 한다.

165. 방염처리능력 평가 및 공시에 관한 업무는 <u>소방청장</u>이 협회에 위탁하는 업무이다. [×]

166. 시공능력 평가 및 공시에 관한 업무는 소방청장이 협회에 위탁하는 업무이다. [○]

167. 소방시설업 종합정보시스템의 구축·운영은 소방청장이 협회에 위탁하는 업무이다. [○]

168. 소방시설업 등록신청의 접수 및 신청내용의 확인은 시·도지사가 협회에 위탁하는 업무이다. [○]

169. 소방시설업 등록사항 변경신고의 접수 및 신고내용의 확인은 <u>시·도지사</u>가 협회에 위탁하는 업무이다. [×]

170. 소방시설업 휴업·폐업 또는 재개업 신고의 접수 및 신고내용의 확인은 시·도지사가 협회에 위탁하는 업무이다. [○]

171. 소방시설업자의 지위승계 신고의 접수 및 신고내용의 확인은 시·도지사가 협회에 위탁하는 업무이다. [○]

172. 소방시설업 등록을 하지 아니하고 영업을 한 자는 3년 이하의 징역 또는 3천만원 이하의 벌금에 처한다. [○]

173. 부정한 청탁을 받고 재물 또는 재산상의 이익을 취득하거나 부정한 청탁을 하면서 재물 또는 재산상의 이익을 제공한 자는 <u>3년 이하의 징역 또는 3천만원 이하의 벌금</u>에 처한다. [×]

174. 과태료의 부과기준 중 위반행위자가 처음 위반행위를 한 경우로서 <u>3년 이상</u> 해당 업종을 모범적으로 영위한 사실이 인정되는 경우는 감경대상이다. [×]

01 총칙 정답 및 해설

1. 위험물안전관리법은 위험물의 저장·취급 및 (운반)과 이에 따른 안전관리에 관한 사항을 규정함으로써 위험물로 인한 위해를 방지하여 공공의 (안전)을 확보함을 목적으로 한다.

2. 위험물이라 함은 (인화)성 또는 (발화)성 등의 성질을 가지는 것으로서 (대통령령)이 정하는 물품을 말한다.

3. 지정수량이라 함은 위험물의 (종류)별로 위험성을 고려하여 대통령령이 정하는 수량으로서 제조소등의 설치 허가 등에 있어서 (최저)의 기준이 되는 수량을 말한다.

4. (제조소)라 함은 위험물을 제조할 목적으로 지정수량 이상의 위험물을 취급하기 위하여 허가를 받은 장소를 말한다.

5. (저장소)라 함은 지정수량 이상의 위험물을 저장하기 위한 대통령령이 정하는 장소로서 허가를 받은 장소를 말한다.

6. (취급소)라 함은 지정수량 이상의 위험물을 제조외의 목적으로 취급하기 위한 대통령령이 정하는 장소로서 허가를 받은 장소를 말한다.

7. (제조소등)이라 함은 제조소·저장소 및 취급소를 말한다.

8. 과염소산염류와 질산염류는 (제1류) 위험물이고, 과염소산과 질산은 (제6류) 위험물이다.

9. 염소화규소화합물은 (제3류) 위험물이다.

10. 과아이오딘산과 아질산염류는 제1류 위험물로서 지정수량은 (300)킬로그램이다.

11. 황화인, 적린, 황은 (제2류) 위험물로서 위험등급 (II)에 해당한다.

12. 칼륨, 나트륨, 알킬알루미늄, 알킬리튬은 제3류 위험물로서 지정수량은 (10)킬로그램이고, 위험등급 (I)에 해당한다.

13. 황린은 제3류 위험물로서 지정수량은 (20)킬로그램이고, 위험등급 (I)에 해당한다.

14. 질산에스터류, 유기과산화물, 나이트로화합물, 하이드록실아민은 (제5류) 위험물이다.

15. 제1류 위험물은 (산화성)고체, 제2류 위험물은 (가연성)고체, 제3류 위험물은 (자연발화성) 물질 및 (금수성) 물질, 제4류 위험물은 (인화성)액체, 제5류 위험물은 (자기반응성) 물질, 제6류 위험물은 (산화성)액체의 성질을 갖는다.

16. 인화성고체라 함은 (고형)알코올 그 밖에 1기압에서 인화점이 섭씨 (40)도 미만인 고체를 말한다.

17. 철분이라 함은 철의 분말로서 (53마이크로미터)의 표준체를 통과하는 것이 (50중량퍼센트) 미만인 것은 제외한다.

18. 황은 순도가 (60중량퍼센트) 이상인 것을 말한다. 이 경우 순도측정에 있어서 불순물은 활석 등 불연성물질과 수분으로 한정한다.

19. 금속분이라 함은 알칼리금속·알칼리토류금속·철 및 (마그네슘) 외의 금속의 분말을 말하고, 구리분·(니켈분) 및 (150마이크로미터)의 체를 통과하는 것이 50중량퍼센트 미만인 것은 제외한다.

20. 제3석유라 함은 중유, 클레오소트유 그 밖에 1기압에서 인화점이 섭씨 (70도) 이상 섭씨 (200도) 미만인 것을 말한다. 다만, 도료류 그 밖의 물품은 가연성 액체량이 40중량퍼센트 이하인 것은 제외한다.

21. 산화성고체라 함은 고체로서 (산화력)의 잠재적인 위험성 또는 (충격)에 대한 민감성을 판단하기 위하여 소방청장이 정하여 고시하는 시험에서 고시로 정하는 성질과 상태를 나타내는 것을 말한다.

22. 특수인화물이라 함은 이황화탄소, 다이에틸에터 그 밖에 1기압에서 발화점이 섭씨 (100도) 이하인 것 또는 인화점이 섭씨 (영하 20도) 이하이고 비점이 섭씨 40도 이하인 것을 말한다.

23. 제1석유류라 함은 아세톤, 휘발유 그 밖에 1기압에서 인화점이 섭씨 (70도) 미만인 것을 말한다.

24. 제2류 위험물 중 황 또는 인화성고체(인화점이 섭씨 0도 이상인 것에 한한다)는 지정수량 이상의 위험물을 옥외저장소에 저장할 수 있다. [○]

25. 제4류 위험물 중 <u>제1석유류(인화점이 섭씨 0도 이상인 것에 한한다)·알코올류·제2석유류·제3석유류·제4석유류 및 동식물유류</u>는 지정수량 이상의 위험물을 옥외저장소에 저장할 수 있다. [×]

26. 제6류 위험물은 지정수량 이상의 위험물을 옥외저장소에 저장할 수 있다. [○]

27. 위험물 취급소는 (이송취급소), (주유취급소), (판매취급소), (일반취급소)로 나누어진다.

28. 위험물을 저장 또는 취급하는 탱크의 용량은 해당 탱크의 (내용적)에서 (공간용적)을 뺀 용적으로 한다.

29. 지정수량 미만인 위험물의 저장 또는 취급에 관한 기술상의 기준은 (시·도의 조례)로 정한다.

02 위험물시설의 설치 및 변경 정답 및 해설

30. 제조소등을 설치하고자 하는 자는 대통령령이 정하는 바에 따라 그 설치장소를 관할하는 (시·도지사)의 허가를 받아야 한다.

31. 위험물의 품명·수량 또는 지정수량의 배수를 변경하고자 하는 자는 변경하고자 하는 날의 (1일) 전까지 행정안전부령이 정하는 바에 따라 시·도지사에게 신고하여야 한다.

32. 농예용·축산용 또는 수산용으로 필요한 난방시설 또는 건조시설을 위한 지정수량 (20배) 이하의 저장소는 허가를 받지 아니하고 당해 제조소등을 설치하거나 그 위치·구조 또는 설비를 변경할 수 있으며, 신고를 하지 아니하고 위험물의 품명·수량 또는 지정수량의 배수를 변경할 수 있다.

33. 주택의 난방시설(공동주택의 중앙난방시설을 제외한다)을 위한 저장소 또는 취급소는 허가를 받지 아니하고 위험물의 품명·수량 또는 지정수량의 배수를 변경할 수 있다. [O]

34. 시·도의 조례가 정하는 바에 따라 (관할소방서장)의 승인을 받아 지정수량 이상의 위험물을 (90일) 이내의 기간 동안 임시로 저장 또는 취급하는 경우 제조소등이 아닌 장소에서 지정수량 이상의 위험물을 취급할 수 있다.

35. 군부대가 지정수량 이상의 위험물을 군사목적으로 (임시)로 저장 또는 취급하는 경우 제조소등이 아닌 장소에서 지정수량 이상의 위험물을 취급할 수 있다.

36. 위험물을 저장 또는 취급하는 탱크로서 대통령령이 정하는 위험물탱크가 있는 제조소등의 설치 또는 그 위치·구조 또는 설비의 변경에 관하여 허가를 받은 자가 위험물탱크의 설치 또는 그 위치·구조 또는 설비의 변경공사를 하는 때에는 완공검사를 받기 전에 기술기준에 적합한지의 여부를 확인하기 위하여 (시·도지사)가 실시하는 탱크안전성능검사를 받아야 한다.

37. 옥외탱크저장소의 액체위험물탱크 중 그 용량이 (100만리터) 이상인 탱크는 기초·지반검사를 받아야 한다.

38. (액체위험물)을 저장 또는 취급하는 탱크는 충수·수압검사를 받아야 한다.

39. 제조소 또는 일반취급소에 설치된 탱크로서 용량이 지정수량 (미만)인 것은 충수·수압검사 대상이 아니다.

40. 옥외탱크저장소의 (액체위험물탱크) 중 그 용량이 100만리터 이상인 탱크는 용접부검사를 받아야 한다.

41. 액체위험물을 저장 또는 취급하는 (암반내)의 공간을 이용한 탱크는 암반탱크검사를 받아야 한다.

42. 시·도지사가 면제할 수 있는 탱크안전성능검사는 (충수·수압검사)로 한다.

43. 위험물탱크에 대한 충수·수압검사를 면제받고자 하는 자는 위험물탱크안전성능시험자 또는 (기술원)으로부터 충수·수압검사에 관한 (탱크안전성능시험)을 받아 완공검사를 받기 전에 해당 시험에 합격하였음을 증명하는 서류를 시·도지사에게 제출해야 한다.

44. 허가를 받은 자가 제조소등의 설치를 마쳤거나 그 위치·구조 또는 설비의 변경을 마친 때에는 당해 제조소등마다 시·도지사가 행하는 (완공검사)를 받아 기술기준에 적합하다고 인정받은 후가 아니면 이를 사용하여서는 아니된다.

45. 제조소등의 위치·구조 또는 설비를 변경함에 있어서 변경허가를 신청하는 때에 화재예방에 관한 조치사항을 기재한 서류를 제출하는 경우에는 당해 (변경공사)와 관계가 없는 부분은 완공검사를 받기 전에 미리 사용할 수 있다.

46. 완공검사를 받고자 하는 자가 제조소등의 일부에 대한 설치 또는 변경을 마친 후 그 (일부)를 미리 사용하고자 하는 경우에는 당해 제조소등의 (일부)에 대하여 완공검사를 받을 수 있다.

47. 완공검사의 신청시기
① 지하탱크가 있는 제조소등의 경우 : 당해 지하탱크를 (매설하기 전)
② 이동탱크저장소의 경우 : 이동저장탱크를 완공하고 (상치장소)를 확보한 후
③ 이송취급소의 경우 : 이송배관 공사의 전체 또는 (일부)를 완료한 (후). 다만, (지하)·하천 등에 매설하는 이송배관의 공사의 경우에는 (이송배관)을 매설하기 전
④ 전체 공사가 완료된 후에는 완공검사를 실시하기 곤란한 경우
　㉠ 위험물설비 또는 배관의 설치가 완료되어 기밀시험 또는 (내압시험)을 실시하는 시기
　㉡ 배관을 지하에 설치하는 경우에는 시·도지사, 소방서장 또는 (기술원)이 지정하는 부분을 매몰하기 직전
　㉢ 기술원이 지정하는 부분의 (비파괴시험)을 실시하는 시기
⑤ 그 외의 제조소등의 경우 : 제조소등의 공사를 완료한 (후)

48. 제조소등의 설치자의 지위를 승계한 자는 행정안전부령이 정하는 바에 따라 승계한 날부터 (30일) 이내에 시·도지사에게 그 사실을 신고하여야 한다.

49. 제조소등의 관계인은 당해 제조소등의 용도를 폐지한 때에는 행정안전부령이 정하는 바에 따라 제조소등의 용도를 폐지한 날부터 (14일) 이내에 시·도지사에게 신고하여야 한다.

50. 제조소등의 관계인은 제조소등의 사용을 중지하려는 경우에는 위험물의 제거 및 제조소등에의 출입통제 등 행정안전부령으로 정하는 (안전조치)를 하여야 한다. 다만, 제조소등의 사용을 중지하는 기간에도 위험물안전관리자가 계속하여 직무를 수행하는 경우에는 (안전조치)를 아니할 수 있다.

51. 사용이 중지된 제조소등의 안전조치
① 탱크ㆍ(배관) 등 위험물을 저장 또는 취급하는 설비에서 위험물 및 가연성 (증기) 등의 제거
② 관계인이 아닌 사람에 대한 해당 제조소등에의 (출입금지) 조치
③ 해당 제조소등의 사용중지 사실의 (게시)
④ 위험물의 사고 (예방)에 필요한 조치

52. 제조소등의 관계인은 제조소등의 사용을 중지하거나 중지한 제조소등의 사용을 재개하려는 경우에는 해당 제조소등의 사용을 중지하려는 날 또는 재개하려는 날의 (14일) 전까지 행정안전부령으로 정하는 바에 따라 제조소등의 사용 중지 또는 재개를 시ㆍ도지사에게 신고하여야 한다.

53. 시ㆍ도지사는 제조소등의 관계인이 다음의 어느 하나에 해당하는 때에는 행정안전부령이 정하는 바에 따라 허가를 취소하거나 (6월) 이내의 기간을 정하여 제조소등의 전부 또는 일부의 사용정지를 명할 수 있다.

54. 위험물안전관리법 시행규칙에 따른 제조소등의 사용정지에 관한 행정처분은 위반행위의 횟수에 따른 행정처분기준은 최근 (2년)간 같은 위반행위로 행정처분을 받은 경우에 적용한다. 이 경우 기간의 계산은 위반행위에 대하여 행정처분을 받은 날과 그 처분 후 다시 같은 위반행위를 하여 적발된 날을 기준으로 한다.

55. 시ㆍ도지사는 제조소등에 대한 사용의 정지가 그 이용자에게 심한 불편을 주거나 그 밖에 공익을 해칠 우려가 있는 때에는 사용정지처분에 갈음하여 (2억원) 이하의 과징금을 부과할 수 있다.

위험물시설의 안전관리 정답 및 해설

56. 제조소등의 (관계인)은 당해 제조소등의 위치·구조 및 설비가 기술기준에 적합하도록 유지·관리하여야 한다.

57. 시·도지사, 소방본부장 또는 소방서장은 유지·관리의 상황이 기술기준에 부적합하다고 인정하는 때에는 그 기술기준에 적합하도록 제조소등의 위치·구조 및 설비의 (수리)·(개조) 또는 (이전)을 명할 수 있다.

58. 제조소등의 관계인은 위험물의 안전관리에 관한 직무를 수행하게 하기 위하여 제조소등마다 대통령령이 정하는 위험물의 취급에 관한 자격이 있는 위험물취급자격자를 (위험물안전관리자)로 선임하여야 한다.

59. 허가를 받지 아니하는 제조소등과 (이동탱크저장소)는 위험물안전관리자를 선임하지 않아도 된다.

60. 산화성고체, 가연성고체, 자연발화성 물질 및 금수성 물질, 인화성 액체, 자기반응성 물질, 산화성액체를 취급할 수 있는 위험물취급자격자는 (위험물기능장), (위험물산업기사), (위험물기능사)의 자격을 취득한 사람이다.

61. 특수인화물, 제1석유류, 알코올류, 제2석유류, 제3석유류, 제4석유류, 동식물유류를 취급할 수 있는 위험 물취급자격자는 (안전관리자교육)이수자와 소방공무원으로 근무한 경력이 (3년) 이상인 자를 말한다.

62. 제조소등에서 저장·취급하는 위험물이 「화학물질관리법」에 따른 인체급성유해성물질, 인체만성유해성물질, 생태유해성물질에 해당하는 경우 등 대통령령이 정하는 경우에는 당해 제조소등을 설치한 자는 다른 법률에 의하여 (안전관리업무)를 하는 자로 선임된 자 가운데 대통령령이 정하는 자를 (안전관리자)로 선임할 수 있다.

63. 제조소등에서 저장·취급하는 위험물이 「화학물질관리법」 제2조 제2호에 따른 유독물질에 해당하는 경우 「화학물질관리법」 제32조 제1항에 따라 해당 제조소등의 (유해화학물질관리자)로 선임된 자로서 법 제28조 또는 「화학물질관리법」 제33조에 따라 유해화학물질 안전교육을 받은 자를 (안전관리자)로 선임할 수 있다.

64. 안전관리자를 선임한 제조소등의 관계인은 그 안전관리자를 해임하거나 안전관리자가 퇴직한 때에는 해임하거나 퇴직한 날부터 (30일) 이내에 다시 안전관리자를 선임하여야 한다.

65. 제조소등의 관계인은 안전관리자를 선임한 경우에는 선임한 날부터 (14일) 이내에 (행정안전부령)으로 정하는 바에 따라 소방본부장 또는 소방서장에게 신고하여야 한다.

66. 제조소등의 관계인이 안전관리자를 해임하거나 안전관리자가 퇴직한 경우 그 관계인 또는 안전관리자는 소방본부장이나 소방서장에게 그 사실을 알려 (해임)되거나 (퇴직)한 사실을 확인받을 수 있다.

67. 안전관리자를 선임한 제조소등의 관계인은 안전관리자가 여행·질병 그 밖의 사유로 인하여 일시적으로 직무를 수행할 수 없거나 안전관리자의 해임 또는 퇴직과 동시에 다른 안전관리자를 선임하지 못하는 경우에는 국가기술자격법에 따른 위험물의 취급에 관한 자격취득자 또는 위험물안전에 관한 기본지식과 경험이 있는 자로서 행정안전부령이 정하는 자를 (대리자)로 지정하여 그 직무를 대행하게 하여야 한다. 이 경우 (대리자)가 안전관리자의 직무를 대행하는 기간은 (30일)을 초과할 수 없다.

68. 제조소등에 있어서 위험물취급자격자가 아닌 자는 (안전관리자) 또는 (대리자)가 참여한 상태에서 위험물을 취급하여야 한다.

69. 다수의 제조소등을 동일인이 설치한 경우에는 관계인은 대통령령이 정하는 바에 따라 1인의 안전관리자를 (중복)하여 선임할 수 있다.

70. 보일러·버너 또는 이와 비슷한 것으로서 위험물을 소비하는 장치로 이루어진 (7개) 이하의 일반취급소와 그 일반취급소에 공급하기 위한 위험물을 저장하는 저장소를 동일인이 설치한 경우 1인의 안전관리자를 중복하여 선임할 수 있다. 단, 일반취급소 및 저장소가 모두 (동일구내)에 있는 경우에 한한다.

71. 위험물을 차량에 고정된 탱크 또는 운반용기에 옮겨 담기 위한 (5개) 이하의 일반취급소와 그 일반취급소에 공급하기 위한 위험물을 저장하는 저장소를 동일인이 설치한 경우 1인의 안전관리자를 중복하여 선임할 수 있다. 단, 일반취급소 간의 보행거리가 (300미터) 이내인 경우에 한한다.

72. 동일구내에 있거나 상호 (100미터) 이내의 거리에 있는 저장소로서 저장소의 규모, 저장하는 위험물의 종류 등을 고려하여 행정안전부령이 정하는 저장소를 동일인이 설치한 경우 1인의 안전관리자를 중복하여 선임할 수 있다.

73. 1인의 안전관리자를 중복하여 선임할 수 있는 저장소 등
① 10개 이하의 (옥내)저장소, (옥외)저장소, (암반탱크)저장소
② 30개 이하의 (옥외)탱크저장소
③ (옥내)탱크저장소, (지하)탱크저장소, (간이)탱크저장소

74. 선박주유취급소의 고정주유설비에 공급하기 위한 위험물을 저장하는 저장소와 당해 선박주유취급소는 1인의 안전관리자를 중복하여 선임할 수 있다. [×]

75. 동일인이 설치한 각 제조소등이 동일구내에 위치하거나 상호 100미터 이내의 거리에 동일인이 설치하고, 각 제조소등에서 저장 또는 취급하는 위험물의 최대수량이 지정수량의 3천배 미만인 5개 이하의 제조소등은 1인의 안전관리자를 중복하여 선임할 수 있다. [×]

76. (시·도지사) 또는 제조소등의 (관계인)은 안전관리업무를 전문적이고 효율적으로 수행하기 위하여 탱크안전성능시험자로 하여금 이 법에 의한 검사 또는 점검의 일부를 실시하게 할 수 있다.

77. 관계인이 예방규정을 정하여야 하는 제조소등
① 지정수량의 (10배) 이상의 위험물을 취급하는 제조소
② 지정수량의 (100배) 이상의 위험물을 저장하는 옥외저장소
③ 지정수량의 (150배) 이상의 위험물을 저장하는 옥내저장소
④ 지정수량의 (200배) 이상의 위험물을 저장하는 옥외탱크저장소
⑤ (암반)탱크저장소
⑥ (이송)취급소
⑦ 지정수량의 10배 이상의 위험물을 취급하는 (일반취급소)

78. 예방규정의 이행 실태 평가는 (최초평가), (정기평가), (수시평가)가 있다.

79. 정기점검의 대상인 제조소등
① (예방)규정을 두어야 하는 제조소등
② 지하(탱크)저장소
③ (이동)탱크저장소
④ 위험물을 취급하는 탱크로서 (지하에 매설)된 탱크가 있는 제조소·주유취급소 또는 일반취급소

80. 제조소등의 관계인은 당해 제조소등에 대하여 (연 1회) 이상 정기점검을 실시하여야 한다.

81. 옥외탱크저장소 중 저장 또는 취급하는 액체위험물의 최대수량이 50만리터 이상 100만리터 미만인 경우를 (준특정옥외탱크저장소)라 한다.

82. 옥외탱크저장소 중 저장 또는 취급하는 액체위험물의 최대수량이 100만리터 이상인 경우를 (특정옥외탱크저장소)라 한다.

83. 특정·준특정옥외탱크저장소의 관계인은 특정·준특정옥외탱크저장소의 설치허가에 따른 완공검사합격확인증을 발급받은 날부터 (12년)에 해당하는 기간 이내에 1회 이상 구조안전점검을 해야 한다.

84. 특정·준특정옥외탱크저장소의 관계인은 최근의 정밀정기검사를 받은 날부터 (11년)에 해당하는 기간 이내에 1회 이상 구조안전점검을 해야 한다.

85. 특정·준특정옥외탱크저장소의 관계인은 특정·준특정옥외저장탱크에 안전조치를 한 후 구조안전점검시기 연장신청을 하여 해당 안전조치가 적정한 것으로 인정받은 경우에는 최근의 정밀정기검사를 받은 날부터 (13년)에 해당하는 기간 이내에 1회 이상 구조안전점검을 해야 한다.

86. 정기점검을 한 제조소등의 관계인은 점검을 한 날부터 (30일) 이내에 점검결과를 시·도지사에게 제출하여야 한다.

87. 정기점검의 대상이 되는 제조소등의 관계인 가운데 대통령령으로 정하는 제조소등의 관계인은 행정안전부령으로 정하는 바에 따라 소방본부장 또는 소방서장으로부터 해당 제조소등이 기술기준에 적합하게 유지되고 있는지의 여부에 대하여 정기적으로 (검사)를 받아야 한다.

88. 액체위험물을 저장 또는 취급하는 (50만리터) 이상의 옥외탱크저장소는 정기검사의 대상이다.

89. 특정·준특정옥외탱크저장소의 관계인은 특정·준특정옥외탱크저장소의 설치허가에 따른 완공검사합격확인증을 발급받은 날부터 (12년)에 해당하는 기간 내에 1회 정밀정기검사를 받아야 한다.

90. 특정·준특정옥외탱크저장소의 관계인은 최근의 정밀정기검사를 받은 날부터 (11년)에 해당하는 기간 내에 1회 정밀정기검사를 받아야 한다.

91. 특정·준특정옥외탱크저장소의 관계인은 특정·준특정옥외탱크저장소의 설치허가에 따른 완공검사합격확인증을 발급받은 날부터 (4년)에 해당하는 기간 내에 1회 중간정기검사를 받아야 한다.

92. 특정·준특정옥외탱크저장소의 관계인은 최근의 정밀정기검사 또는 중간정기검사를 받은 날부터 (4년)에 해당하는 기간 내에 1회 중간정기검사를 받아야 한다.

93. 정밀정기검사를 받아야 하는 특정·준특정옥외탱크저장소의 관계인은 정밀정기검사를 (구조안전점검)을 실시하는 때에 함께 받을 수 있다.

94. 제조소등의 관계인은 당해 제조소등의 정기점검을 안전관리자 또는 (위험물운송자)로 하여금 실시하도록 하여야 한다.

95. 안전관리자 등이 정기점검을 하여야 하는 규정에도 불구하고 제조소등의 관계인은 (안전관리대행기관) 또는 (탱크시험자)에게 정기점검을 의뢰하여 실시할 수 있다. 이 경우 해당 제조소등의 안전관리자는 (안전관리대행기관) 또는 (탱크시험자)의 점검현장에 참관해야 한다.

96. 다량의 위험물을 저장·취급하는 제조소등으로서 대통령령이 정하는 제조소등이 있는 동일한 사업소에서 대통령령이 정하는 수량 이상의 위험물을 저장 또는 취급하는 경우 당해 사업소의 (관계인)은 대통령령이 정하는 바에 따라 당해 사업소에 자체소방대를 설치하여야 한다.

97. 제조소 또는 일반취급소에서 취급하는 제4류 위험물의 최대수량의 합이 지정수량의 (3천배) 이상인 경우 자체소방대를 설치하여야 한다.

98. 옥외탱크저장소에 저장하는 제4류 위험물의 최대수량이 지정수량의 (50만배) 이상인 경우 자체소방대를 설치하여야 한다.

99. 보일러, 버너 그 밖에 이와 유사한 장치로 위험물을 소비하는 일반취급소는 <u>자체소방대의 설치 제외 대상이다.</u> [×]

100. 이동저장탱크 그 밖에 이와 유사한 것에 위험물을 주입하는 일반취급소는 <u>자체소방대의 설치 제외 대상이다.</u> [×]

101. 용기에 위험물을 옮겨 담는 일반취급소는 자체소방대의 설치 제외 대상이다. [○]

102. 유압장치, 윤활유순환장치 그 밖에 이와 유사한 장치로 위험물을 취급하는 일반취급소는 자체소방대의 설치 제외 대상이다. [○]

103. 「광산안전법」의 적용을 받는 일반취급소는 자체소방대의 설치 제외 대상이다. [○]

104. 자체소방대에 두는 화학소방자동차 및 인원

사업소의 구분	화학소방자동차	자체소방대원의 수
1. 제조소 또는 일반취급소에서 취급하는 제4류 위험물의 최대수량의 합이 지정수량의 3천배 이상 12만배 미만인 사업소	(1)대	(5)인
2. 제조소 또는 일반취급소에서 취급하는 제4류 위험물의 최대수량의 합이 지정수량의 12만배 이상 24만배 미만인 사업소	(2)대	(10)인
3. 제조소 또는 일반취급소에서 취급하는 제4류 위험물의 최대수량의 합이 지정수량의 24만배 이상 48만배 미만인 사업소	(3)대	(15)인
4. 제조소 또는 일반취급소에서 취급하는 제4류 위험물의 최대수량의 합이 지정수량의 48만배 이상인 사업소	(4)대	(20)인
5. 옥외탱크저장소에 저장하는 제4류 위험물의 최대수량이 지정수량의 50만배 이상인 사업소	(2)대	(10)인

105. 자체소방대 편성의 특례에 의해 2 이상의 사업소가 상호응원에 관한 협정을 체결하고 있는 경우 화학소방차 대수의 (2분의 1) 이상의 대수와 화학소방자동차마다 (5)인 이상의 자체소방대원을 두어야 한다.

106. 누구든지 제조소등에서는 지정된 장소가 아닌 곳에서 흡연을 하여서는 아니되며, 제조소등의 관계인은 해당 제조소등이 (금연)구역임을 알리는 표지를 설치하여야 한다.

107. 제조소등의 관계인은 제조소등에서 흡연장소를 지정할 필요가 있다고 인정하는 경우 흡연장소는 (폭발위험장소) 외의 장소에 지정하는 등 위험물을 저장·취급하는 건축물, 공작물 및 기계·기구, 그 밖의 설비로부터 안전 확보에 필요한 일정한 거리를 두고, 흡연장소는 (옥외)로 지정할 것. 다만, 부득이한 경우에는 건축물 내에 지정할 수 있다.

108. 제조소등에 <u>흡연장소</u>를 지정하는 경우 <u>흡연장소</u>는 구획된 실로 하되, 가연성의 증기 또는 미분이 실내에 체류하거나 실내로 유입되는 것을 방지하기 위한 구조 또는 설비를 갖추어야 한다. [×]

109. 제조소등에 흡연장소를 지정하는 경우 소형수동식소화기(이에 준하는 소화설비를 포함한다)를 <u>1개 이상</u> 비치하여야 한다. [×]

04 위험물의 운반 등 정답 및 해설

110. 위험물의 운반은 그 용기·적재방법 및 운반방법에 관하여 (중요)기준과 (세부)기준으로 나누어진다.

111. 위험물 운반 규정에 따라 운반용기에 수납된 위험물을 지정수량 이상으로 차량에 적재하여 운반하는 차량의 운전자를 (위험물운반자)라 한다.

112. 이동탱크저장소에 의하여 위험물을 운송하는 운송책임자 및 이동탱크저장소운전자를 (위험물운송자)라 한다.

113. 위험물운반자의 자격 요건
① 「국가기술자격법」에 따른 (위험물) 분야의 자격을 취득할 것
② (안전교육)을 수료할 것

114. (시·도지사)는 운반용기를 제작하거나 수입한 자 등의 신청에 따라 운반용기를 검사할 수 있다.

115. 운송책임자의 감독·지원을 받아 운송하여야 하는 위험물
① (알킬알루미늄)
② (알킬리튬)
③ (알킬알루미늄) 또는 (알킬리튬)을 함유하는 위험물

116. 운송책임자의 감독 또는 지원의 방법으로는 운송책임자가 (이동탱크저장소)에 동승하여 운송 중인 위험물의 안전확보에 관하여 운전자에게 필요한 감독 또는 지원을 하는 방법이 있다.

감독 및 조치명령 정답 및 해설

117. (소방청장), (시·도지사), (소방본부장) 또는 (소방서장)은 위험물의 저장 또는 취급에 따른 화재의 예방 또는 진압대책을 위하여 필요한 때에는 위험물을 저장 또는 취급하고 있다고 인정되는 장소의 관계인에 대하여 필요한 보고 또는 자료제출을 명할 수 있으며, 관계공무원으로 하여금 당해 장소에 출입하여 그 장소의 위치·구조·설비 및 위험물의 저장·취급상황에 대하여 검사하게 하거나 관계인에게 질문하게 하고 시험에 필요한 최소한의 위험물 또는 위험물로 의심되는 물품을 수거하게 할 수 있다. 다만, 개인의 주거는 관계인의 (승낙)을 얻은 경우 또는 화재발생의 우려가 커서 (긴급한) 필요가 있는 경우가 아니면 출입할 수 없다.

118. 소방공무원 또는 경찰공무원은 (위험물운반자) 또는 (위험물운송자)의 요건을 확인하기 위하여 필요하다고 인정하는 경우에는 주행 중인 위험물 운반 차량 또는 이동탱크저장소를 정지시켜 해당 (위험물운반자) 또는 (위험물운송자)에게 그 자격을 증명할 수 있는 국가기술자격증 또는 교육수료증의 제시를 요구할 수 있다.

119. 출입·검사 등은 그 장소의 (공개)시간이나 (근무)시간내 또는 해가 뜬 후부터 해가 지기 전까지의 시간내 에 행하여야 한다. 다만, 건축물 그 밖의 공작물의 관계인의 (승낙)을 얻은 경우 또는 화재발생의 우려가 커서 (긴급한) 필요가 있는 경우에는 그러하지 아니하다.

120. (소방청장), (소방본부장) 또는 (소방서장)은 위험물의 누출·화재·폭발 등의 사고가 발생한 경우 사고의 원인 및 피해 등을 조사하여야 한다.

121. 소방청장, 소방본부장 또는 소방서장은 사고 조사에 필요한 경우 자문을 하기 위하여 관련 분야에 전문지 식이 있는 사람으로 구성된 (사고조사위원회)를 둘 수 있다.

122. 위험물사고 조사위원회는 위원장 1명을 포함한 (7명) 이내의 위원으로 구성한다.

123. 시·도지사, 소방본부장 또는 소방서장은 (탱크)시험자에 대하여 당해 업무를 적정하게 실시하게 하기 위 하여 필요하다고 인정하는 때에는 감독상 필요한 명령을 할 수 있다.

124. 시·도지사, 소방본부장 또는 소방서장은 위험물에 의한 재해를 방지하기 위하여 허가를 받지 아니하고 지정수량 이상의 위험물을 (저장) 또는 (취급)하는 자에 대하여 그 위험물 및 시설의 제거 등 필요한 조치 를 명할 수 있다.

125. 시·도지사, 소방본부장 또는 소방서장은 공공의 안전을 유지하거나 재해의 발생을 방지하기 위하여 긴급한 필요가 있다고 인정하는 때에는 제조소등의 관계인에 대하여 당해 제조소등의 사용을 (일시정지)하거나 그 사용을 (제한)할 것을 명할 수 있다.

126. 제조소등의 관계인은 당해 제조소등에서 위험물의 유출 그 밖의 사고가 발생한 때에는 즉시 그리고 지속적으로 위험물의 유출 및 확산의 (방지), 유출된 위험물의 (제거) 그 밖에 재해의 발생방지를 위한 (응급)조치를 강구하여야 한다.

06 보칙 정답 및 해설

127. (안전관리자)·(탱크시험자)·(위험물운반자)·(위험물운송자) 등 위험물의 안전관리와 관련된 업무를 수행하는 자로서 대통령령이 정하는 자는 해당 업무에 관한 능력의 습득 또는 향상을 위하여 소방청장이 실시하는 교육을 받아야 한다.

128. 시·도지사, 소방본부장 또는 소방서장은 제조소등 설치허가의 취소 처분을 하고자 하는 경우에는 청문을 실시하여야 한다. [○]

129. 시·도지사, 소방본부장 또는 소방서장은 <u>탱크시험자</u>의 등록취소 처분을 하고자 하는 경우에는 청문을 실시하여야 한다. [×]

130. 제조소등의 관계인, 위험물운송자, 탱크시험자 및 안전관리자의 업무를 위탁받아 수행할 수 있는 안전관리대행기관으로 소방청장의 지정을 받은 자는 위험물의 안전관리, 사고 예방을 위한 안전기술 개발, 그 밖에 위험물 안전관리의 건전한 발전을 도모하기 위하여 위험물 안전관리에 관한 (협회)를 설립할 수 있다.

131. 협회는 (법인)으로 하되 소방청장의 (인가)를 받아 주된 사무소의 소재지에 설립등기를 함으로써 성립한다.

132. 협회의 업무는 (정관)으로 정하고, 협회에 관하여 이 법에서 규정한 것 외에는 「민법」 중 (사단)법인에 관한 규정을 준용한다.

133. 소방청장 또는 시·도지사는 이 법에 따른 권한의 일부를 대통령령이 정하는 바에 따라 (시·도지사), (소방본부장) 또는 (소방서장)에게 위임할 수 있다.

시행규칙 세부표 정답 및 해설

134. 제조소 또는 일반취급소의 위치를 이전하는 경우 제조소등의 변경허가를 받아야 한다. [○]

135. 옥외저장탱크의 지붕판 표면적 <u>30% 이상</u>을 교체하거나 구조·재질 또는 두께를 변경하는 경우 제조소등의 변경허가를 받아야 한다. [×]

136. 옥외저장탱크의 밑판 또는 옆판의 표면적의 <u>20%</u>를 초과하는 겹침보수공사 또는 육성보수공사를 하는 경우 제조소등의 변경허가를 받아야 한다. [×]

137. 옥내저장소의 건축물의 벽·기둥·바닥·보 또는 지붕을 증설 또는 철거하나 배출설비를 신설하는 경우 제조소등의 변경허가를 받아야 한다. [○]

138. 옥내탱크저장소의 위치를 이전하거나 주입구의 위치를 이전하거나 신설하는 경우 제조소등의 변경허가를 받아야 한다. [○]

139. 이동탱크저장소의 상치장소의 위치를 이전하는 경우(같은 사업장 또는 같은 울안에서 이전하는 경우는 제외한다) 제조소등의 <u>변경허가를 받아야 한다.</u> [×]

140. 안전거리란 위험물 시설과 방호 대상물 사이 외벽 간 (수평거리)를 말한다.

141. 제조소의 안전거리

안전거리	대상물
(50m) 이상	지정문화유산, 천연기념물
(30m) 이상	학교, 병원급 의료기관, 3백명 이상의 인원을 수용하는 영화상영관 및 유사 시설, 아동복지시설·노인복지시설·장애인복지시설·한부모가족복지시설·어린이집·성매매피해자 등을 위한 지원시설·정신건강증진시설·가족폭력 복지시설 및 이와 유사시설로서 20명 이상의 인원을 수용할 수 있는 것
(20m) 이상	고압가스, 액화석유가스 또는 도시가스를 저장 또는 취급하는 시설 중 고압가스제조시설, 고압가스저장시설, 액화산소를 소비하는 시설, 액화석유가스제조시설 및 액화석유가스저장시설, 가스공급시설
(10m) 이상	주거용으로 사용되는 것(제조소가 설치된 부지내에 있는 것은 제외)
(5m) 이상	사용전압이 35,000V를 초과하는 특고압가공전선
(3m) 이상	사용전압이 7,000V 초과 35,000V 이하의 특고압가공전선

142. (보유공지)란 위험물 시설 또는 그 구성 부분에 확보해야 할 절대공간을 말한다.

143. 제조소의 보유공지

취급하는 위험물의 최대수량	공지의 너비
지정수량의 10배 이하	(3m) 이상
지정수량의 10배 초과	(5m) 이상

144. 제조소에는 보기 쉬운 곳에 "위험물 제조소"라는 표시를 한 표지 설치
① 표지는 한변의 길이가 (0.3m) 이상, 다른 한변의 길이가 (0.6m) 이상인 직사각형으로 할 것
② 표지의 바탕은 (백색)으로, 문자는 (흑색)으로 할 것
③ 게시판에는 저장 또는 취급하는 위험물의 유별·(품명) 및 저장(최대수량) 또는 취급최대수량, 지정수량의 배수 및 안전관리자의 (성명) 또는 직명을 기재할 것

145. 제조소 게시판 설치 시 주의 사항
① 제1류 위험물 중 알칼리금속의 과산화물과 이를 함유한 것 또는 제3류 위험물 중 금수성물질에 있어서는 "(물기엄금)"
② 제2류 위험물에 있어서는 "(화기주의)". 단, 인화성고체를 제외
③ 제2류 위험물 중 인화성고체, 제3류 위험물 중 자연발화성물질, 제4류 위험물 또는 제5류위험물에 있어서는 "(화기엄금)"
④ 게시판의 색은 "물기엄금"을 표시하는 것에 있어서는 (청색)바탕에 (백색)문자로, "화기주의" 또는 "화기엄금"을 표시하는 것에 있어서는 (적색)바탕에 (백색)문자로 할 것

146. 제조소에는 보기 쉬운 곳에 다음의 기준에 따라 해당 제조소가 금연구역임을 알리는 표지를 설치해야 한다. 다만, 제조소에 출입하는 사람이 (특정인)으로 한정되고, 해당 제조소를 포함하는 사업소의 출입구에 해당 사업소 (전체)가 금연구역임을 알리는 표지를 설치한 경우에는 해당 제조소에 금연구역임을 알리는 표지를 설치한 것으로 본다.
① 표지에는 금연을 상징하는 (그림) 또는 문자, 위반 시 (조치)사항 등이 포함될 것
② 건축물 또는 시설의 규모나 구조에 따라 표지의 (크기)를 다르게 할 수 있으며, (바탕색) 및 글씨 색상 등은 그 내용이 눈에 잘 띄도록 배색할 것

147. 위험물 운반시 운반용기의 외부 표시사항
① 제1류 위험물 중 (알칼리금속)의 과산화물 또는 이를 함유한 것에 있어서는 "화기·충격주의", "(물기엄금)" 및 "가연물접촉주의", 그 밖의 것에 있어서는 "화기·충격주의" 및 "가연물접촉주의"
② 제2류 위험물 중 철분·금속분·마그네슘 또는 이들중 어느 하나 이상을 함유한 것에 있어서는 "화기주의" 및 "(물기엄금)", 인화성고체에 있어서는 "(화기엄금)", 그 밖의 것에 있어서는 "화기주의"
③ 제3류 위험물 중 자연발화성물질에 있어서는 "화기엄금" 및 "(공기접촉엄금)", 금수성물질에 있어서는 "물기엄금"
④ 제4류 위험물에 있어서는 "(화기엄금)"
⑤ 제5류 위험물에 있어서는 "화기엄금" 및 "(충격주의)"
⑥ 제6류 위험물에 있어서는 "(가연물접촉주의)"

148. (제1류 위험물)은 가연물과의 접촉·혼합이나 분해를 촉진하는 물품과의 접근 또는 과열·충격·마찰 등을 피하는 한편, 알칼리금속의 과산화물 및 이를 함유한 것에 있어서는 물과의 접촉을 피하여야 한다.

149. (제2류 위험물)은 산화제와의 접촉·혼합이나 불티·불꽃·고온체와의 접근 또는 과열을 피하는 한편, 철분·금속분·마그네슘 및 이를 함유한 것에 있어서는 물이나 산과의 접촉을 피하고 인화성 고체에 있어서는 함부로 증기를 발생시키지 아니하여야 한다.

150. (제3류 위험물) 중 자연발화성물질에 있어서는 불티·불꽃 또는 고온체와의 접근·과열 또는 공기와의 접촉을 피하고, 금수성물질에 있어서는 물과의 접촉을 피하여야 한다.

151. (제4류 위험물)은 불티·불꽃·고온체와의 접근 또는 과열을 피하고, 함부로 증기를 발생시키지 아니하여야 한다.

152. (제5류 위험물)은 불티·불꽃·고온체와의 접근이나 과열·충격 또는 마찰을 피하여야 한다.

153. (제6류 위험물)은 가연물과의 접촉·혼합이나 분해를 촉진하는 물품과의 접근 또는 과열을 피하여야 한다.

154. 제조소 건축물의 구조
① (지하)층이 없도록 하여야 한다. 단, 새어나온 위험물 또는 가연성의 증기가 흘러 들어갈 우려가 없는 구조로 된 경우는 제외한다.
② 벽·기둥·바닥·보·서까래 및 계단을 (불연재료)로 하고, 연소의 우려가 있는 외벽은 출입구 외의 개구부가 없는 (내화구조)의 벽으로 하여야 한다. 이 경우 제6류 위험물을 취급하는 건축물에 있어서 위험물이 스며들 우려가 있는 부분에 대하여는 아스팔트 그 밖에 부식되지 아니하는 재료로 피복하여야 한다.
③ 지붕은 폭발력이 위로 방출될 정도의 가벼운 (불연재료)로 덮어야 한다. 다만, 위험물을 취급하는 건축물이 다음에 해당하는 경우에는 그 지붕을 내화구조로 할 수 있다.
   ㉠ 제2류 (위험물). 단, 분말상태의 것과 인화성고체 제외, 제4류 위험물 중 (제4석유류)·(동식물유류) 또는 (제6류) 위험물을 취급하는 건축물인 경우
   ㉡ (밀폐형) 구조의 건축물인 경우 발생할 수 있는 내부의 과압 또는 부압에 견딜 수 있는 (철근콘크리트조)일 것
   ㉢ 밀폐형 구조의 건축물인 경우 외부화재에 (90분) 이상 견딜 수 있는 구조일 것
④ 출입구와 「산업안전보건기준에 관한 규칙」 제17조에 따라 설치하여야 하는 비상구에는 (60분+)방화문·(60분)방화문 또는 (30분)방화문을 설치하되, 연소의 우려가 있는 외벽에 설치하는 출입구에는 수시로 열 수 있는 자동폐쇄식의 (60분+)방화문·(60분)방화문을 설치하여야 한다.
⑤ 위험물을 취급하는 건축물의 창 및 출입구에 유리를 이용하는 경우에는 (망입유리)로 하여야 한다.
⑥ 액체의 위험물을 취급하는 건축물의 바닥은 위험물이 스며들지 못하는 재료를 사용하고, 적당한 경사를 두어 그 최저부에 (집유설비)를 하여야 한다.

155. 제조소의 채광설비는 (불연재료)로 하고, 연소의 우려가 없는 장소에 설치하되 채광면적을 (최소)로 할 것

156. 제조소의 조명설비

① 가연성가스 등이 체류할 우려가 있는 장소의 조명등은 (방폭등)으로 할 것

② 전선은 (내화)·(내열)전선으로 할 것

③ 점멸스위치는 출입구 (바깥)부분에 설치할 것. 다만, 스위치의 스파크로 인한 화재·폭발의 우려가 없을 경우에는 그러하지 아니하다.

157. 제조소의 환기설비

① 환기는 (자연)배기방식으로 할 것

② 급기구는 당해 급기구가 설치된 실의 바닥면적 (150m²)마다 1개 이상으로 하되, 급기구의 크기는 (800cm²) 이상으로 할 것. 다만 바닥면적이 (150m²) 미만인 경우에는 다음의 크기로 한다.

바닥면적	급기구의 면적
60m² 미만	(150cm²) 이상
60m² 이상 90m² 미만	(300cm²) 이상
90m² 이상 120m² 미만	(450cm²) 이상
120m² 이상 150m² 미만	(600cm²) 이상

③ 급기구는 (낮은) 곳에 설치하고 가는 눈의 구리망 등으로 (인화방지망)을 설치할 것

④ 환기구는 지붕위 또는 지상 (2m) 이상의 높이에 회전식 고정벤티레이터 또는 루프팬 방식으로 설치

⑤ 배출설비가 설치되어 유효하게 환기가 되는 건축물에는 (환기설비)를 하지 아니할 수 있고, 조명설비가 설치되어 유효하게 조도가 확보되는 건축물에는 (채광설비)를 하지 아니할 수 있다.

158. 제조소의 배출설비

가연성의 증기 또는 미분이 체류할 우려가 있는 건축물에는 그 증기 또는 미분을 (옥외)의 높은 곳으로 배출할 수 있도록 다음 각호의 기준에 의하여 배출설비를 설치하여야 한다.

① 배출설비는 (국소)방식으로 하여야 한다. 다만, 다음 어느 하나에 해당하는 경우에는 (전역)방식으로 할 수 있다.

  ㉠ 위험물취급설비가 (배관이음) 등으로만 된 경우

  ㉡ 건축물의 (구조)·(작업장소)의 분포 등의 조건에 의하여 전역방식이 유효한 경우

② 배출설비는 배풍기·배출 덕트·후드 등을 이용하여 (강제적)으로 배출하는 것으로 해야 한다.

③ 배출능력은 1시간당 배출장소 용적의 (20배) 이상인 것으로 하여야 한다. 다만, 전역방식의 경우에는 바닥면적 1m²당 (18m³) 이상으로 할 수 있다.

④ 배출설비의 급기구 및 배출구는 다음 각목의 기준에 의하여야 한다.

  ㉠ 급기구는 (높은) 곳에 설치하고, 가는 눈의 구리망 등으로 인화방지망을 설치할 것

  ㉡ 배출구는 지상 (2m) 이상으로서 연소의 우려가 없는 장소에 설치하고, 배출 덕트가 관통하는 벽부분의 바로 가까이에 화재시 자동으로 폐쇄되는 방화댐퍼를 설치할 것

⑤ 배풍기는 (강제배기)방식으로 하고, 옥내 덕트의 내압이 대기압 이상이 되지 아니하는 위치에 설치하여야 한다.

159. 제조소 옥외설비의 바닥

① 바닥의 둘레에 높이 (0.15)m 이상의 턱을 설치하는 등 위험물이 외부로 흘러나가지 아니하도록 하여야 한다.

② 바닥은 (콘크리트) 등 위험물이 스며들지 아니하는 재료로 하고, 턱이 있는 쪽이 (낮게) 경사지게 하여야 한다.

③ 바닥의 최저부에 (집유설비)를 하여야 한다.

④ 위험물을 취급하는 설비에 있어서는 당해 위험물이 직접 배수구에 흘러들어가지 아니하도록 집유설비에 (유분리장치)를 설치하여야 한다.

160. 제조소의 정전기 제거설비는 (접지)에 의한 방법, 공기 중의 상대습도를 (70%) 이상으로 하는 방법, 공기를 (이온화)하는 방법으로 정전기를 유효하게 제거할 수 있는 설비를 설치하여야 한다.

161. 피뢰설비는 지정수량의 (10배) 이상의 위험물을 취급하는 제조소에 설치하여야 한다. 단, (제6류) 위험물을 취급하는 위험물 제조소를 제외한다.

162. (주유취급소)는 고정된 주유설비에 의하여 자동차·항공기 또는 선박 등의 연료탱크에 직접 주유하기 위하여 위험물을 취급하는 장소를 말한다.

163. (판매취급소)는 점포에서 위험물을 용기에 담아 판매하기 위하여 지정수량의 40배 이하의 위험물을 취급하는 장소를 말한다.

164. (이송취급소)는 배관 및 이에 부속된 설비에 의하여 위험물을 이송하는 장소를 말한다. 다만, (송유관)에 의하여 위험물을 이송하는 경우는 제외한다.

165. 주유취급소의 고정주유설비의 주위에는 주유를 받으려는 자동차 등이 출입할 수 있도록 너비 (15m) 이상, 길이 (6m) 이상의 콘크리트 등으로 포장한 공지를 보유하여야 한다.

166. 주유공지의 바닥은 주위 지면보다 (높게) 하고, 그 표면을 적당하게 경사지게 하여 새어나온 기름 그 밖의 액체가 공지의 외부로 유출되지 아니하도록 (배수구)·(집유)설비 및 (유분리)장치를 하여야 한다.

167. 주유취급소에는 (황색)바탕에 (흑색)문자로 "주유중엔진정지"라는 표시를 한 게시판을 설치하여야 한다.

168. 주유취급소의 고정주유설비 또는 고정급유설비의 펌프기기의 토출량

종류	토출량(분당)
제1석유류	(50L) 이하
경유	(180L) 이하
등유	(80L) 이하

169. 이동저장탱크에 주입하기 위한 고정급유설비의 펌프기기는 최대토출량이 분당 (300L) 이하인 것으로 할 수 있으며, 분당 토출량이 (200L) 이상인 것의 경우에는 주유설비에 관계된 모든 배관의 안지름을 40mm 이상으로 하여야 한다.

170. 고정주유설비 또는 고정급유설비의 주유관의 길이는 (5m) 이내로 하고 그 선단에는 축적된 정전기를 유효하게 제거할 수 있는 장치를 설치하여야 한다.

171. 현수식 주유관의 경우에는 지면위 (0.5m)의 수평면에 수직으로 내려 만나는 점을 중심으로 반경 (3m) 이내가 되도록 설치하여야 한다.

172. 고정주유설비 또는 고정급유설비의 위치 기준
① 고정주유설비의 중심선을 기점으로 하여 도로경계선까지 (4m) 이상
② 부지경계선·담 및 건축물의 벽까지 (2m) 이상의 거리 유지. 단, 개구부가 없는 벽까지는 (1m)
③ 고정급유설비의 중심선을 기점으로 하여 도로경계선까지 (4m) 이상
④ 부지경계선 및 담까지 (1m) 이상
⑤ 건축물의 벽까지 (2m) 이상의 거리 유지. 단 개구부가 없는 벽까지는 (1m)
⑥ 고정주유설비와 고정급유설비의 사이에는 (4m) 이상의 거리 유지

173. 주유취급소의 주위에는 자동차 등이 출입하는 쪽 외의 부분에 높이 (2m) 이상의 내화구조 또는 불연재료의 담 또는 벽을 설치해야 한다.

174. 제1종 판매취급소는 저장 또는 취급하는 위험물의 수량이 지정수량의 (20배) 이하인 판매취급소를 말한다.

175. 제2종 판매취급소는 저장 또는 취급하는 위험물의 수량이 지정수량의 (40배) 이하인 판매취급소를 말한다.

176. 지하에 매설하는 이송취급소의 안전거리

시설물	안전거리
건축물(지하상가 내의 건축물 제외)	(1.5m) 이상
지하상가 및 터널	(10m) 이상
수도시설(위험물의 유입 우려가 있는 것)	(300m) 이상

177. 지하에 매설하는 이송취급소의 안전거리 중 지하상가 및 터널, 수도시설의 경우 누설확산방지조치를 하는 경우 안전거리를 (2분의 1)의 범위 안에서 단축할 수 있다.

178. 지하에 매설하는 이송취급소의 배관은 그 외면으로부터 다른 공작물에 대하여 (0.3m) 이상의 거리를 보유할 것

179. 지하에 매설하는 이송취급소 배관의 외면과 지표면과의 거리는 산이나 들에 있어서는 (0.9m) 이상, 그 밖의 지역에 있어서는 (1.2m) 이상으로 할 것

180. 지하에 매설하는 이송취급소의 배관은 지반의 (동결)로 인한 손상을 받지 아니하는 적절한 깊이로 매설할 것

181. 도로 밑에 매설하는 이송취급소 배관은 그 외면으로부터 도로의 경계에 대하여 (1m) 이상의 안전거리를 둘 것

182. 철도부지 밑에 매설하는 이송취급소 배관은 그 외면으로부터 철도 중심선에 대하여는 (4m) 이상, 당해 철도부지의 용지경계에 대하여는 (1m) 이상의 거리를 유지할 것. 다만, 열차하중의 영향을 받지 아니하도록 매설하거나 배관의 구조가 열차하중에 견딜 수 있도록 된 경우에는 그러하지 아니하다.

183. 철도부지 밑에 매설하는 이송취급소 배관의 외면과 지표면과의 거리는 (1.2m) 이상으로 할 것

184. 지상에 설치하는 이송취급소

시설물	안전거리
• 철도 또는 도로의 경계선(공업지역 상업지역에 있는 것 제외) • 주택 또는 다수의 사람이 출입 또는 근무하는 곳	(25m) 이상
• 고압가스제조시설, 고압가스저장시설, 액화산소소비시설, 액화석유가스제조시설, 액화석유가스저장시설	(35m) 이상
• 학교, 병원(종합병원, 병원, 치과병원, 한방병원, 요양병원), 공연장, 영화상영관, 복지시설(아동복지시설, 노인복지시설, 장애인복지시설 등) • 공공공지, 도시공원 • 판매시설, 숙박시설, 위락시설(연면적 1,000m^2 이상) • 기차역 또는 버스터미널(1일 평균 2만명 이상 이용객)	(45m) 이상
• 지정문화유산 및 천연기념물	(65m) 이상
• 수도시설(위험물이 유입될 가능성이 있는 곳)	(300m) 이상

185. (옥내저장소)란 옥내에 저장하는 장소를 말한다. 단, 옥내탱크저장소 제외

186. (옥외탱크저장소)란 옥외에 있는 탱크에 위험물을 저장하는 장소를 말한다. 단, 이동탱크, 암반탱크 제외

187. (옥내탱크저장소)란 옥내에 있는 탱크에 위험물을 저장하는 장소를 말한다.

188. (지하탱크저장소)란 지하에 매설한 탱크에 위험물을 저장하는 장소를 말한다.

189. (간이탱크저장소)란 간이탱크에 위험물을 저장하는 장소를 말한다.

190. (이동탱크저장소)란 차량에 고정된 탱크에 위험물을 저장하는 장소를 말한다.

191. (옥외저장소)란 제2류 위험물중 황 또는 인화성고체, 제4류 위험물 중 제1석유류·알코올류·제2석유류·제3석유류·제4석유류 및 동식물유류, 제6류 위험물을 옥외에 저장하는 장소를 말한다.

192. (암반탱크저장소)란 암반내의 공간을 이용한 탱크에 액체의 위험물을 저장하는 장소를 말한다.

193. 옥내저장소의 저장창고는 위험물의 저장을 전용으로 하는 (독립)된 건축물로 하여야 한다.

194. 옥내저장소의 저장창고는 지면에서 처마까지의 높이가 (6m) 미만인 단층건물로 하고 그 바닥을 지반면보다 (높게) 하여야 한다.

195. 옥내저장소 중 제2류 또는 제4류의 위험물만을 저장하는 창고로서 벽·기둥·보 및 바닥을 (내화구조)로 하고, 출입구에 (60분+)방화문·60분방화문을 설치했으며, 피뢰침을 설치한 창고의 경우에는 높이 (20m) 이하로 할 수 있다.

196. 옥내저장소 저장창고의 바닥면적의 기준면적(하나의 창고 기준)

위험물을 저장하는 창고	기준면적
① 제1류 위험물 중 아염소산염류, 염소산염류, 과염소산염류, 무기과산화물 그 밖에 지정수량이 50kg인 위험물 ② 제3류 위험물 중 칼륨, 나트륨, 알킬알루미늄, 알킬리튬 그 밖에 지정수량이 10kg인 위험물 및 황린 ③ 제4류 위험물 중 특수인화물, 제1석유류 및 알코올류 ④ 제5류 위험물 중 유기과산화물, 질산에스터류 그 밖에 지정수량이 10kg인 위험물 ⑤ 제6류 위험물	(1,000m²) 이하
'①' ~ '⑤' 외의 위험물을 저장하는 창고	(2,000m²) 이하

197. 옥외탱크저장소의 보유공지

저장 또는 취급하는 위험물의 최대수량	공지의 너비
지정수량의 500배 이하	(3m) 이상
지정수량의 500배 초과 1,000배 이하	(5m) 이상
지정수량의 1,000배 초과 2,000배 이하	(9m) 이상
지정수량의 2,000배 초과 3,000배 이하	(12m) 이상
지정수량의 3,000배 초과 4,000배 이하	(15m) 이상
지정수량의 4,000배 초과	당해 탱크의 수평단면의 최대지름과 높이 중 큰 것과 같은 거리 이상. 다만, 30m 초과의 경우에는 (30m) 이상으로 할 수 있고, 15m 미만의 경우에는 (15m) 이상으로 하여야 한다.

198. 제6류 위험물 외의 위험물을 저장 또는 취급하는 옥외저장탱크를 동일한 방유제 안에 2개 이상 인접하여 설치하는 경우 그 인접하는 방향의 기준 보유공지의 (3분의 1) 이상의 너비로 할 수 있다. 이 경우 보유공지의 너비는 (3m) 이상이 되어야 한다.

199. 제6류 위험물을 저장 또는 취급하는 옥외저장탱크는 보유공지의 (3분의 1) 이상의 너비로 할 수 있다. 이 경우 보유공지의 너비는 (1.5m) 이상이 되어야 한다.

200. 옥외탱크저장소 방유제의 용량은 방유제 안에 설치된 탱크가 하나인 때에는 그 탱크 용량의 (110%) 이상, 2기 이상인 때에는 그 탱크 중 용량이 최대인 것의 용량의 (110%) 이상으로 할 것

201. 옥외탱크저장소 방유제는 높이 (0.5m) 이상 3m 이하, 두께 (0.2m) 이상, 지하매설깊이 (1m) 이상으로 할 것

202. 옥외탱크저장소 방유제 내의 면적은 (8만m^2) 이하로 하며, 방유제 내에 설치하는 옥외저장탱크의 수는 (10기) 이하로 할 것

203. 옥외탱크저장소 방유제 외면의 2분의 1 이상은 자동차 등이 통행할 수 있는 (3m) 이상의 노면폭을 확보한 구내 도로에 직접 접하도록 할 것

204. 옥외탱크저장소 방유제에는 그 내부에 고인 물을 외부로 배출하기 위한 배수구를 설치하고 이를 개폐하는 밸브 등을 방유제의 (외부)에 설치할 것

205. 높이가 1m를 넘는 방유제 및 간막이 둑의 안팎에는 방유제내에 출입하기 위한 계단 또는 경사로를 약 (50m)마다 설치할 것

206. 제1류 위험물 중 아염소산염류, 염소산염류, 과염소산염류, (무기과산화물) 그 밖에 지정수량이 (50kg)인 위험물은 위험등급 I 이다.

207. 제3류 위험물 중 칼륨, 나트륨, 알킬알루미늄, 알킬리튬, (황린) 그 밖에 지정수량이 (10kg) 또는 (20kg)인 위험물은 위험등급 I 이다.

208. 제4류 위험물 중 (특수인화물)은 위험등급 I 이다.

209. 제5류 위험물 중 지정수량이 (10kg)인 위험물은 위험등급 I 이다.

210. 제6류 위험물은 위험등급(I)이다.

211. 제1류 위험물 중 브로민산염류, (질산염류), 아이오딘산염류, 그 밖에 지정수량이 (300kg)인 위험물은 위험등급 II 이다.

212. 제2류 위험물 중 (황화인), 적린, 황, 그 밖에 지정수량이 (100kg)인 위험물은 위험등급Ⅱ이다.

213. 제3류 위험물 중 알칼리금속 및 알칼리토금속, 유기금속화합물 그 밖에 지정수량이 (50kg)인 위험물은 위험등급Ⅱ이다. 단, 알킬알루미늄 및 알킬리튬을 제외한다.

214. 제4류 위험물 중 제1석유류 및 (알코올류)는 위험등급Ⅱ이다.

215. 화학소방자동차에 갖추어야 하는 소화능력 및 설비의 기준

화학소방자동차의 구분	소화능력 및 설비의 기준
포수용액 방사차	포수용액의 방사능력이 매분 (2,000L) 이상일 것
	소화약액탱크 및 소화약액(혼합장치)를 비치할 것
	(10만L) 이상의 포수용액을 방사할 수 있는 양의 소화약제를 비치할 것
분말 방사차	분말의 방사능력이 매초 (35kg) 이상일 것
	분말탱크 및 (가압용)가스설비를 비치할 것
	(1,400kg) 이상의 분말을 비치할 것
할로젠화합물 방사차	할로젠화합물의 방사능력이 매초 (40kg) 이상일 것
	할로젠화합물탱크 및 (가압용)가스설비를 비치할 것
	(1,000kg) 이상의 할로젠화합물을 비치할 것
이산화탄소 방사차	이산화탄소의 방사능력이 매초 (40kg) 이상일 것
	이산화탄소(저장용기)를 비치할 것
	(3,000kg) 이상의 이산화탄소를 비치할 것
제독차	가성소다 및 규조토를 각각 (50kg) 이상 비치할 것

216. 옥내저장소에서는 용기에 수납하여 저장하는 위험물의 온도가 (55℃)를 넘지 아니하도록 필요한 조치를 강구하여야 한다.

217. 보냉장치가 있는 이동저장탱크에 저장하는 아세트알데하이드등 또는 다이에틸에터등의 온도는 당해 위험물의 (비점) 이하로 유지하여야 한다.

218. 고인화점 위험물이란 인화점이 (100℃) 이상인 제4류 위험물을 말한다.

219. 옥외탱크저장소의 밸브 없는 통기관의 경우 인화점이 (38℃) 미만인 위험물만을 저장 또는 취급하는 탱크에 설치하는 통기관에는 (화염)방지장치를 설치한다.

220. 옥외탱크저장소의 대기밸브 부착 통기관은 (5kPa) 이하의 압력 차이로 작동할 수 있어야 한다.

221. 옥외탱크저장소의 밸브 없는 통기관의 끝부분은 수평면보다 (45도) 이상 구부려 빗물 등의 침투를 막는 구조로 한다.

222. 옥외탱크저장소의 밸브 없는 통기관의 지름은 (30mm) 이상이어야 한다.

223. 지하탱크저장소의 탱크의 주위에 마른 모래 또는 습기 등에 응고되지 아니하는 입자지름 (5mm) 이하의 마른 자갈분을 채워야 한다.

224. 지하탱크저장소의 지하저장탱크와 탱크전용실의 안쪽과의 사이는 (0.1m) 이상의 간격을 유지하도록 한다.

225. 지하탱크저장소에서 위험물을 저장 또는 취급하는 지하탱크는 지면하에 설치된 (탱크전용실)에 설치하여야 한다.

226. 지하탱크저장소의 탱크전용실은 지하의 가장 가까운 벽·피트·가스관 등의 시설물 및 대지경계선으로부터 (0.1m) 이상 떨어진 곳에 설치한다.

227. 지하저장탱크의 주위에는 당해 탱크로부터의 액체위험물의 누설을 검사하기 위한 관을 (이중)관으로 할 것. 다만, (소공)이 없는 상부는 단관으로 할 수 있다.

228. 지하저장탱크의 주위에는 당해 탱크로부터의 액체위험물의 누설을 검사하기 위해 관의 밑부분으로부터 탱크의 중심 높이까지의 부분에는 (소공)이 뚫려 있을 것. 다만, 지하수위가 높은 장소에 있어서는 지하수위 높이까지의 부분에 (소공)이 뚫려 있어야 한다.

229. 지하저장탱크의 주위에는 당해 탱크로부터의 액체위험물의 누설을 검사하기 위해 (상부)는 물이 침투하지 아니하는 구조로 하고, 뚜껑은 (검사)시에 쉽게 열 수 있도록 할 것

230. 이동저장탱크는 그 내부에 (4,000L) 이하마다 (3.2mm) 이상의 강철판 또는 이와 동등 이상의 강도·내열성 및 내식성이 있는 금속성의 것으로 칸막이를 설치하여야 한다.

231. 고객이 직접 주유하는 주유취급소의 주유노즐은 자동차 등의 연료탱크가 가득 찬 경우 (자동)으로 정지시키는 구조이어야 한다.

232. 고객이 직접 주유하는 주유취급소의 주유호스는 (200kg중) 이하의 하중에 의하여 깨져 분리되거나 이탈되어야 하고, 깨져 분리되거나 이탈된 부분으로부터의 위험물 (누출)을 방지할 수 있는 구조일 것

233. 고객이 직접 주유하는 주유취급소의 1회의 연속주유량 및 주유시간의 (상한)을 미리 설정할 수 있는 구조일 것

234. 제1종 판매취급소의 출입구 문턱의 높이는 바닥면으로부터 (0.1m) 이상으로 한다.

235. 제조소등에는 화재발생시 소화가 곤란한 정도에 따라 그 소화에 (적응성)이 있는 소화설비를 설치하여야 한다.

236. 주유취급소 중 건축물의 2층 이상의 부분을 점포·휴게음식점 또는 전시장의 용도로 사용하는 것과 옥내주유취급소에는 (피난설비)를 설치하여야 한다.

237. 지정수량의 10배 이상의 위험물을 저장 또는 취급하는 제조소등에는 화재발생시 이를 알릴 수 있는 (경보설비)를 설치하여야 한다. 단, 이동탱크저장소 제외

238. 지정수량의 10배 이상의 위험물을 저장 또는 취급하는 제조소등에 설치하는 경보설비는 (자동화재탐지설비)·(비상경보설비)·(확성장치) 및 (비상방송설비)로 구분하여 제조소등별로 그에 맞게 설치하여야 한다. 단, 이동탱크저장소 제외

239. 일반취급소 중 연면적 (1,000제곱미터) 이상인 경우는 소화난이도 등급 I의 제조소등이다.

240. 옥내저장소 중 처마높이가 (6미터) 이상인 단층건물의 경우는 소화난이도 등급 I의 제조소등이다.

241. 옥외탱크저장소 중 지정수량의 (100배) 이상의 고체위험물을 저장하는 경우는 소화난이도 등급 I의 제조소등이다.

242. 암반탱크저장소 중 지정수량의 (100배) 이상의 고체위험물만을 저장하는 경우는 소화난이도 등급 I의 제조소등이다.

243. 위험물의 운반에 관한 기준 중 적재방법
① 하나의 (외장용기)에는 다른 종류의 위험물을 수납하지 아니할 것
② 고체 위험물은 운반용기 내용적의 (95%) 이하의 수납율로 수납할 것
③ 액체 위험물은 운반용기 내용적의 (98%) 이하의 수납율로 수납하되, 55 ℃의 온도에서 누설되지 아니하도록 충분한 공간용적을 유지하도록 할 것
④ 자연발화성물질 중 알킬알루미늄등은 운반용기 내용적의 (90%) 이하의 수납율로 수납하되, (50℃)의 온도에서 (5%) 이상의 공간용적을 유지하도록 할 것
⑤ 위험물이 온도변화 등에 의하여 누설되지 아니하도록 운반용기를 (밀봉)하여 수납할 것

244. 소화설비의 설치기준
① 위험물은 지정수량의 (10배)를 1소요단위로 할 것
② 저장소의 건축물은 외벽이 내화구조인 것은 연면적 (150m^2)를 1소요단위로 할 것
③ 제조소등에 전기설비가 설치된 경우에는 당해 장소의 면적 (100m^2)마다 소형수동식소화기를 1개 이상 설치할 것
④ 옥내소화전은 제조소등의 건축물의 층마다 당해 층의 각 부분에서 하나의 호스접속구까지의 수평거리가 (25m) 이하가 되도록 설치할 것

정태화 교수

주요 약력

- 경영학 · 행정학 · 법학 학사
- 행정학 석사
- 법학 박사수료
- 김재규경찰학원(서울, 안동) 소방학개론 및 소방관계법규 전임
- YBM공무원학원 행정법 전임
- 인천행정고시학원 소방학개론 및 소방관계법규 전임
- 인천스파르타행정고시학원 소방학개론 및 소방관계법규 전임
- 동부직업전문학교 강사
- 에듀윌 소방학개론 및 소방관계법규 검수위원 및 해설 강의
- 중앙공무원학원 행정법 전임
- 중앙국가고시학원 소방학개론 및 소방관계법규 전임

주요 저서

- 정태화 소방학개론 기본서(박문각)
- 정태화 소방학개론 단원별 550제(박문각)
- 정태화 소방관계법규 기본서(박문각)
- 정태화 소방관계법규 조문별 600제(박문각)
- 소방학개론 및 소방관계법규 기본서(서원각)
- 소방학개론 및 소방관계법규 기출(서원각)
- 소방학개론 및 소방관계법규 기본서(법학원)
- 소방학개론 및 소방관계법규 기출(법학원)

정태화 소방학개론, 소방관계법규
빈칸 채우기 및 OX형 문제

초판 인쇄 | 2025. 8. 20.　**초판 발행** | 2025. 8. 25.　**편저자** | 정태화

발행인 | 박 용　**발행처** | (주)박문각출판　**등록** | 2015년 4월 29일 제2019-000137호

주소 | 06654 서울시 서초구 효령로 283 서경 B/D 4층　**팩스** | (02)584-2927

전화 | 교재 문의 (02)6466-7202

저자와의
협의하에
인지생략

정가 30,000원
ISBN 979-11-7519-030-6